विमुक्त जनजातियों की विकास-यात्रा

नीति एवं व्यवहार

विमुक्त जनजातियों की विकास-यात्रा

नीति एवं व्यवहार

[आन्ध्र प्रदेश/तेलंगाना में सिद्धापुरम और
स्टुअर्टपुरम अधिवासों का अध्ययन]

मल्ली गांधी

अनुवाद
युगांक धीर

राजकमल प्रकाशन

मूल कृति *Development of Denotified Tribes : Policy and Practice (A Case Study of Siddhapuram & Stuartpuram Settlements in Andhra Pradesh/Telangana)* का हिन्दी अनुवाद

ISBN : 978-81-19159-37-6

मूल्य : ₹995

पहला संस्करण : 2023

प्रकाशक : राजकमल प्रकाशन प्रा. लि.
1-बी, नेताजी सुभाष मार्ग, दरियागंज
नई दिल्ली-110 002
शाखाएँ : अशोक राजपथ, साइंस कॉलेज के सामने, पटना-800 006
पहली मंजिल, दरबारी बिल्डिंग, महात्मा गांधी मार्ग, प्रयागराज-211 001
1, अनमोल सोराबजी संतुक लेन, धोबी तलाव, मरीन लाइंस, मुम्बई-400 002
वेबसाइट : www.rajkamalprakashan.com
ई-मेल : info@rajkamalprakashan.com

मुद्रक : बी.के. ऑफसेट
नवीन शाहदरा, दिल्ली-110 032

VIMUKT JANJATIYON KI VIKAS-YATRA : NITI EVAM VYAVHAR
by Malli Gandhi
Translated by Yugank Dhir

मेरे पूज्य माता-पिता
को समर्पित

क्रम

प्रस्तावना

भारत हमेशा से ही भिन्न-भिन्न समुदायों, जातियों और जनजातियों का बसेरा रहा है। इनमें से कई जनजातियाँ ऐसी भी हैं जो सदियों से अपने-आप में सिमटी और बाहर की दुनिया से पूरी तरह कटी रही थीं। परिणामस्वरूप, वे आधुनिक सभ्यता से अनछुई ही रह गई थीं। उनकी घोर गरीबी और सामाजिक बिलगाव का सबसे बड़ा कारण भी यही था। इनमें कुछ ऐसी जनजातियाँ भी शामिल थीं जिन पर 'आपराधिक' जनजाति होने का धब्बा लगा हुआ था और वे वर्षों तक सरकारी रजिस्टरों में इसी रूप में जानी जाती रहीं। इन तथाकथित 'डिनोटीफाइड ट्राइब्स' के उद्भव और विकास के बारे में जानना और इनकी जीवन-शैली, परम्पराओं, रीति-रिवाजों, मान्यताओं और अन्धविश्वासों का अध्ययन करना इतिहास और समाजशास्त्र के विद्यार्थियों के लिए बहुत रोचक विषय हो सकता है। इसी उद्देश्य को ध्यान में रखते हुए हमने ऐसी कुछ जनजातियों—येरुकला और वोड्डार—के जीवन और उनके कबीलों और बस्तियों का गहराई से अध्ययन किया है।

इस पुस्तक का उद्देश्य तेलंगाना/आन्ध्र प्रदेश के स्टुअर्टपुरम और सिद्धापुरम की इन आदिवासी बस्तियों की सामाजिक-आर्थिक दशा का अध्ययन और विश्लेषण करने के साथ-साथ इन जनजातियों के अर्थपूर्ण पुनर्वास के उपाय सुझाना भी है। हमने इन जनजातियों के उद्भव और विकास से जुड़ी सामाजिक-ऐतिहासिक पृष्ठभूमि का भी गहराई से अध्ययन किया है। इस अध्ययन का उद्देश्य आदिवासी और गैर आदिवासी समाज के बीच सूत्रों और साथ ही उपनिवेशीय प्रशासन के साथ भी इसके सूत्रों को स्थापित करना है। लेकिन पुस्तक का मूल उद्देश्य इन भूतपूर्व 'आपराधिक' जनजातियों की ऐतिहासिक पृष्ठभूमि का अध्ययन और विश्लेषण करना ही है।

गरीबी, बेरोजगारी और सामाजिक उपेक्षा के कारण इनमें से कुछ जनजातियाँ आजीविका के अवैध साधन अपनाने के लिए बाध्य हो गई थीं। लेकिन इन 'आपराधिक' गतिविधियों के बावजूद न तो कभी इनकी गरीबी दूर हो पाई और न ही कभी ये कबीले सुख-शान्ति से ही जी पाए। इसके पीछे क्या कारण थे? इन समस्याओं के अध्ययन के साथ-साथ इस पुस्तक में इन जनजातियों के पारिवारिक-सामाजिक सम्बन्धों और जीवन-शैली को भी गहराई से समझने का प्रयास किया गया है।

ये तथाकथित भूतपूर्व 'आपराधिक' कबीले तरह-तरह के आन्तरिक द्वन्द्वों के भी शिकार रहे हैं। साथ ही, बाहर की दुनिया के साथ उनके सम्बन्ध भी दिलचस्प अध्ययन का विषय हैं। पुस्तक में परिवार नियोजन और अन्य कल्याणकारी योजनाओं से उनके जीवन में पड़ने वाले प्रभाव के साथ-साथ उनके आपराधिक कृत्यों की कार्य-विधि (मोडस ऑपरेंडी) का भी अध्ययन किया गया है ताकि भविष्य में इस तरह के अपराधों को रोका जा सके। इसी तरह, इन जनजातियों की पारिवारिक इकाइयों में स्त्रियों और बच्चों की स्थिति और उनके आर्थिक योगदान का भी अध्ययन किया गया है।

इन जनजातियों को अपराध से दूर रखने के लिए सरकार ने जो तरह-तरह की पुनर्वास योजनाएँ बनाई हैं, इस पुस्तक में उनका आकलन और समीक्षा करने का प्रयास किया गया है। इसी तरह, केन्द्र और राज्यों की सरकारों द्वारा इन्हें उपलब्ध करवाए जाने वाले रोजगार के अवसरों की पृष्ठभूमि में इनके पारिवारिक-आर्थिक ढाँचे, जरूरतों और कामकाज से जुड़ी योग्यताओं का भी अध्ययन और विश्लेषण किया गया है। इसके अलावा, पुलिस इनके साथ किस तरह का व्यवहार करती है या जेलों में इन्हें किस तरह का जीवन गुजारना पड़ता है, आदि के अध्ययन के साथ-साथ इनके सुधार और पुनर्वास से जुड़ी समस्याओं का भी हमने गहराई से अध्ययन करने का प्रयास किया है।

यह अध्ययन पाँच अध्यायों में विभाजित है।

पहले अध्याय अर्थात 'भूमिका' में इन जनजातियों के 'आपराधिक' जनजातियों में बदलाव के ऐतिहासिक कारणों की छानबीन की गई है। इसके पीछे ब्रिटिशों की वन-नीति, खेती-बाड़ी में हो रहे बदलावों, जनजातियों का विस्थापन और सामाजिक उपेक्षा इत्यादि कई प्रमुख कारण थे। इस अध्याय में इन जनजातियों के अपराधीकरण के साथ-साथ ईसाई मिशनरियों की भूमिका और उनके कल्याणकारी कार्यों पर भी प्रकाश डाला गया है। इसके साथ ही हमने इस अध्याय से जुड़ी समस्याओं, इसके उद्देश्यों और ऐतिहासिक महत्त्व की भी चर्चा की है। इस अध्याय में सिद्धापुरम और स्टुअर्टपुरम की भौगोलिक स्थिति और वहाँ इन जनजातियों के बसने की प्रक्रिया का विस्तार से अध्ययन करने के साथ-साथ इस प्रक्रिया में भौगोलिक और जातिगत प्रभावों की भूमिका का भी विश्लेषण किया गया है।

दूसरे अध्याय 'अपराध और आपराधिक जनजातियाँ कानून' (क्रिमिनल ट्राइब्स एक्ट) में इस सम्बन्ध में समय-समय पर बनाए गए विभिन्न कानूनों, उनके प्रभावों और कालान्तर में उनके निरस्तीकरण का अध्ययन किया गया है। इस अध्याय में 'अपराध' और 'अपराधिता' को परिभाषित करने के साथ-साथ आपराधिक जनजातियों के साथ जुड़े कलंक और उनके प्रति उपनिवेशीय रवैये का भी विस्तार से अध्ययन किया गया है। इसके अलावा, इसी अध्याय में इन जनजातियों की बस्तियों के बसने की प्रक्रिया

और उनके उद्धार के लिए विभिन्न सामाजिक कार्यकर्ताओं और सरकारी संस्थाओं द्वारा उठाए गए कदमों का भी अध्ययन और विश्लेषण किया गया है।

तीसरे अध्याय 'सिद्धापुरम और स्टुअर्टपुरम की आदिवासी स्त्रियों के सामाजिक-आर्थिक पहलू' में येरुकला और वोड्डार जनजातियों के सामाजिक-आर्थिक ढाँचे और जीवन-शैली का विस्तार से अध्ययन किया गया है। इसके साथ ही इस अध्याय में उनके सांस्कृतिक रुझानों और उनकी वर्तमान स्थिति की भी चर्चा की गई है।

चौथे अध्याय 'सुधार और पुनर्वास' में इन जनजातियों के आधुनिकीकरण की प्रक्रिया का अध्ययन किया गया है, जिसमें उपनिवेशीय शासन से लेकर स्वतंत्र भारत में इस दिशा में उठाए गए कदमों का विस्तार से आकलन किया गया है। इसके साथ इन अलग-थलग जनजातियों को मुख्यधारा में लाने और इन पर लगे 'अपराधी जनजाति' के धब्बे को मिटाने के लिए विभिन्न संस्थाओं, अधिकारियों और व्यक्तियों द्वारा उठाए गए कदमों की भी इस अध्ययन में चर्चा की गई है।

पाँचवें और अन्तिम अध्याय 'निष्कर्ष' है जिसमें पिछले सभी अध्यायों के निचोड़ और समीक्षा के साथ-साथ इन जनजातियों के पुनर्वास से जुड़ी समस्याओं को लेकर कुछ सुझाव दिए गए हैं।

इस शोध में सहयोग के लिए मैं बहुत-से लोगों का आभारी हूँ। इनमें प्रो. वी. रामकृष्ण और डॉ. वी. ललिता की सबसे महत्त्वपूर्ण भूमिका रही है, जिनके प्रोत्साहन, मार्गदर्शन, सहयोग और बहुमूल्य सुझावों के बिना यह काम सम्भव नहीं हो सकता था। उनके ममता भरे संरक्षण और धैर्य ने इस पुस्तक के हर पृष्ठ को समृद्ध बनाने में मेरी भरपूर मदद की है।

मैं प्रो. कृष्ण कुमार का भी आभारी हूँ, जिन्होंने एन.सी.ई.आर.टी. के निदेशक की हैसियत से इस पुस्तक के प्रकाशन में दिलचस्पी दिखाई। इसी तरह, मैं इस परिषद के संयुक्त निदेशक प्रो. जी. रविन्द्र और रिजिनल इंस्टीट्यूट ऑफ़ एजुकेशन (एन.सी.ई.आर.टी.), मैसूर के प्रिंसिपल प्रो. सी.एस. नागराजू के प्रोत्साहन और सहयोग के लिए भी आभार व्यक्त करना चाहूँगा।

मैं अपने स्वर्गवासी पिता श्री मल्ली येसुरत्नम और अपनी माँ श्रीमती एम. मार्था रत्नम के प्रति अपनी हार्दिक कृतज्ञता व्यक्त करना चाहूँगा, जिन्होंने इस काम को सफलतापूर्वक पूरा करने में मुझे असीम सहयोग और प्रोत्साहन दिया। मेरी हर उपलब्धि के पीछे उन्हीं का प्रेम और आशीर्वाद है। सबसे बढ़कर मैं अपनी दादी माँ श्रीमती बी. कमलाम्मा का ऋणी हूँ, जिनका नैतिक प्रोत्साहन मेरे लिए एक आजीवन वरदान से कम नहीं है।

अपने फील्डवर्क के दौरान बहुत-से लोगों के सहयोग और मदद को भी मैं बड़ी कृतज्ञ भावना से याद करता हूँ। मैं उन सभी लोगों का आभारी हूँ, जिन्होंने

सिद्धापुरम और स्टुअर्टपुरम की आदिवासी बस्तियों के अध्ययन के दौरान मुझे बहुमूल्य जानकारियाँ देने के साथ-साथ हर तरह का सहयोग दिया।

मैं नई दिल्ली के राष्ट्रीय अभिलेखागार के साथ-साथ तमिलनाडु, चेन्नई और आन्ध्र प्रदेश के अभिलेखागारों के अधिकारियों और कर्मचारियों को भी धन्यवाद देना चाहूँगा, जिन्होंने मुझे समय-समय पर आवश्यक रिकॉर्ड और पुस्तकें उपलब्ध करवाकर इस अध्ययन को सम्भव बनाया।

मैं विजयवाड़ा के एथीस्ट सेंटर के श्री लवनम, श्रीमती हेमलता लवनम और श्री विजयम का विशेष रूप से आभारी हूँ, जिनके साथ लम्बी चर्चाओं ने इस शोध के विभिन्न बिन्दुओं और पहलुओं को स्पष्ट करने में मेरी भरपूर मदद की। इसी तरह मैं श्री पालापर्थी वीरैय्या और श्री पोन्ना कोटेस्वर राव के प्रति भी अपना आभार प्रकट करना चाहूँगा, जिन्होंने मेरे साथ अपनी स्मृतियों और अनुभवों को बाँटकर इस अध्ययन को समृद्ध बनाया है।

मैं बहुत-सी लाइब्रेरियों के स्टाफ का भी धन्यवाद करना चाहूँगा, जिन्होंने मुझे जरूरी दस्तावेज़ और पुस्तकें उपलब्ध करवाने में महत्त्वपूर्ण भूमिका निभाई। इनमें सारस्वत निकेतनम लाइब्रेरी, राजामुन्दरी; गौतमी लाइब्रेरी, पेटापालेम; जवाहर लाल नेहरू विश्वविद्यालय पुस्तकालय, नई दिल्ली; यूनीवर्सिटी ऑफ़ हैदराबाद लाइब्रेरी, हैदराबाद; भारतीय आदिम जाति सेवक संघ, नई दिल्ली और नेहरू संग्रहालय और पुस्तकालय, नई दिल्ली शामिल हैं। मैं मैसूर के रिजिनल इंस्टीट्यूट ऑफ़ एजुकेशन के कम्प्यूटर विभाग से जुड़े डॉ. के.पी. शंकरन, डॉ. एम.एन. बापट और अन्य कर्मचारियों के निरन्तर सहयोग के लिए भी उन सबका धन्यवाद करता हूँ।

अन्त में, मैं इंडियन काउंसिल ऑफ़ हिस्टोरिकल रिसर्च (आई.सी.एच.आर.), नई दिल्ली के प्रति अपनी कृतज्ञता प्रकट करता हूँ, जिसने इस शोध के लिए 'रिसर्च फेलोशिप' प्रदान करके मुझे भरपूर सहयोग और प्रोत्साहन दिया।

विमुक्त जनजातियों की विकास-यात्रा
नीति एवं व्यवहार

अध्याय-1

भूमिका

स्वाधीनता प्राप्त करते ही भारत में समाज के कमजोर वर्गों और खासकर सदियों से अलग-थलग पड़ी आदिवासी जातियों के उत्थान के लिए बहुत उत्साह दिखाई देने लगा था। देश के योजनाकारों, प्रशासकों और राजनेताओं के सामने सबसे बड़ी चुनौती यही थी कि किस तरह सामाजिक और आर्थिक असमानताओं को दूर करके देश में एक समतावादी समाज की स्थापना की जाए।

समाज के इन कमजोर वर्गों में सबसे विकट स्थिति अपने-अपने कबीलों में सिमटे आदिवासियों की रही है। इनकी विकास प्रक्रिया में तेजी लाकर इन्हें देश की आधुनिकता और मुख्यधारा से जोड़ने का अभियान अपने-आप में एक अनूठा अभियान रहा है। इस अभियान का उद्देश्य न सिर्फ इनके जीवन स्तर में सुधार लाना है बल्कि इन जनजातियों की अपनी आकांक्षाओं को जगाना और प्रोत्साहित करना भी है। इसलिए इनके उत्थान से जुड़ी योजनाओं का अध्ययन करते हुए न सिर्फ यह देखना जरूरी है कि ये लोग आज किस तरह अपनी रोजी-रोटी कमा रहे हैं बल्कि यह भी कि इनके अपने पेशेवर रुझान और इनकी अपनी आकांक्षाएँ क्या हैं? इससे भविष्य में इनके लिए कल्याणकारी योजनाएँ बनाने में मदद मिल सकती है। जब तक इन जनजातियों की स्थिति में सुधार नहीं होता, इनमें शामिल तथाकथित 'आपराधिक' जनजातियों की दशा भी नहीं सुधर सकती, जो सदियों से सामाजिक कलंक और तिरस्कार का शिकार रही हैं।

दरअसल, इन तथाकथित आपराधिक कबीलों की समस्या पर हमारे देश में पर्याप्त ध्यान ही नहीं दिया गया है। यह सोचने की जरूरत ही नहीं समझी गई है कि इनके बीच बढ़ते अपराधों के पीछे बहुत-से सामाजिक और आर्थिक कारण भी हो सकते हैं। यह समस्या इन जनजातियों के मध्य युग से आधुनिक युग में और अलग-थलग कबीलों से मुख्यधारा में प्रवेश के विभिन्न पहलुओं से जुड़ी हुई है। हमें इस बात की गहराई से छानबीन करने की जरूरत है कि अपराध करने के पीछे कारण क्या हैं और इनका आर्थिक-सामाजिक स्थितियों, कानून, धर्म और सामाजिक

नियंत्रण से जुड़ी अन्य संस्थाओं के साथ क्या सम्बन्ध है। हमारे देश में ज्यादातर अपराध आर्थिक दबाव या सामाजिक अवहेलना से जुड़े होते हैं।

कोई भी जन्म से अपराधी नहीं होता। अपराध हमेशा समाज की उपज है। कोई मनुष्य किस तरह अपराधी बनता है, यह समझने के लिए आपराधिक समुदायों की स्थिति और वातावरण का अध्ययन करने की जरूरत है। येरुकला जनजाति तो अपराधों में इतनी ज्यादा लिप्त रही है कि प्रशासन के लिए यह एक बड़ी समस्या बनी रही। लेकिन इनकी सामाजिक-आर्थिक और सांस्कृतिक स्थितियों के विश्लेषण से पता चलता है कि इस आपराधिक रुझान के पीछे मुख्य कारण मुख्यधारा के साथ जुड़ाव न होना और मेल-मिलाप का अभाव है। या यूँ कहें कि ये लोग मुख्य समाज की व्यवस्था में अपने आपको असहज और असंगत महसूस करते रहे हैं।

अपराधी प्रवृत्ति वंशागत भी नहीं होती। आन्ध्र प्रदेश की येरुकला जनजाति का 'आपराधिक' व्यवहार आमतौर से उनके सामाजिक ढाँचे के बिखराव और समय-समय पर एक जगह से दूसरी जगह पर विस्थापन का परिणाम रहा है। ब्रिटिश प्रशासन के वन-प्रान्तों से जुड़े कानूनों के कारण यह जाति अपनी आजीविका के परम्परागत साधनों से वंचित होती चली गई। उनकी जीवन-शैली में गैर-आदिवासी आबादी की दखलअन्दाजी और घुसपैठ भी इसका एक कारण थी। अपनी गुजर-बसर के साधन जुटाने के लिए उन्हें एक जगह से दूसरी जगह और एक प्रान्त से दूसरे प्रान्त भटकते रहना पड़ता था। जैसा कि भौमिक ने इस समस्या के बारे में लिखा है—

> नई व्यवस्था के अन्तर्गत इस आर्थिक और क्षेत्रीय विस्थापन ने उनके पुराने आर्थिक ढाँचे को गम्भीर रूप से प्रभावित किया और पूरे समाज के सन्तुलन को बिगाड़कर रख दिया।[1]

उपनिवेशीय प्रशासन की नई राजस्व नीतियों के साथ-साथ उनकी सामाजिक और सांस्कृतिक नीतियों ने भी इन जनजातियों के पुराने काम-धन्धों और सामाजिक ढाँचे को उखाड़ने का काम किया है। मौजूदा अध्ययन में हम न सिर्फ आदिवासी और गैर-आदिवासी आबादी के बीच के सूत्रों को खोजने की कोशिश करेंगे, बल्कि उपनिवेशीय प्रशासन की भूमिका की भी गहराई से जाँच करने की कोशिश करेंगे।

1

सभी बंजारा कबीले पहले जंगलों में रहा करते थे। लेकिन समय के साथ वे मैदानों में भी बसते चले गए। आन्ध्र प्रदेश में येरुकला, यानाडी, लम्बाडी और डोमरा जनजातियों को बंजारा जाति का माना जाता है। ऐसे कई प्रमाण मौजूद हैं जिनसे पता चलता है कि ये पहले वन-प्रान्तों में बसा करते थे। इनकी घुमन्तू प्रकृति के

कारण ही इन्हें बंजारा जाति का माना जाता है। हालाँकि आज इनकी जीवन-शैली का पूरी तरह कायाकल्प हो चुका है।[2]

ये बंजारा कबीले समाज के कई तरह के काम करने और अपनी उदारता के लिए जाने जाते थे। वे कानून का पालन करने वाले शान्ति-प्रिय नागरिक थे। वे हस्तकला के कामों के साथ-साथ छोटा-मोटा व्यापार भी किया करते थे। येरुकला और लम्बाडी व्यापार में काफी कुशल भी माने जाते थे। वे एक जगह से नमक और इमली खरीदते थे और दूसरी जगह बेचते थे। कई जगह ऐसे उल्लेख मिलते हैं कि स्टुअर्टपुरम के येरुकला व्यापार में वैश्यों से भी ज्यादा कुशल थे। वे पूरी मद्रास प्रेसीडेंसी के लिए मार्गोसी के पत्ते सप्लाई करते थे।[3] येरुकला और अन्य बंजारा जनजातियाँ धीरे-धीरे जंगलों को छोड़कर मैदानों में बसने लगी थीं और हस्तकला और छोटे व्यापारों में काफी कुशल हो चली थीं। उन्हें ये काम अच्छे भी लगते थे और आसान भी। लेकिन आवागमन और संचार के साधनों में विकास होने के साथ-साथ उनकी आजीविका खतरे में पड़ने लगी। व्यापार घटने लगा और हस्तकला की माँग भी कम होने लगी। इंग्लैंड की फैक्टरियों में निर्मित सस्ता माल भारत आने लगा और आवागमन और संचार के बेहतर साधनों के कारण ऐसा माल देश के कोने-कोने में पहुँचने लगा।[4]

किसी भी देश के सबसे प्राचीन निवासी वहाँ की आदिम जातियाँ और जनजातियाँ ही होती हैं। लेकिन इसके साथ यह सत्य भी जुड़ा हुआ है कि इन्हें गैर-राष्ट्रीय या हाशिए में सिमटे समूहों की तरह देखा जाता रहा है।[5] समय के साथ ये अलग-थलग पड़े समूह विभिन्न कारणों से मुख्यधारा से जुड़ते चले गए और उनका एकान्तवास खत्म होता चला गया।[6] यह सही है कि इन्हें इतिहास के किसी एक चरण या सामाजिक विकास के किसी एक काल-खंड के साथ जोड़कर नहीं देखा जा सकता।[7] हजारों वर्षों तक ये जनजातियाँ बाहरी दुनिया से पूरी तरह कटी हुई अपने-अपने कबीलों में सिमटी रहीं। इसलिए ये आधुनिक सभ्यता के प्रभावों से लगभग अछूती ही रह गईं। इनके पिछड़ेपन का सबसे बड़ा कारण भी यही रहा है।

आधुनिक युग में ईस्ट इंडिया कम्पनी ने भारत में अपने आगमन के बाद पूरे देश पर अपना राजनीतिक, आर्थिक और सांस्कृतिक वर्चस्व स्थापित कर लिया तो देश के जंगल भी ब्रिटिश की नजरों से नहीं बच पाए। वे अपने उद्योगों के लिए इन जंगलों का ज्यादा-से-ज्यादा फायदा उठाना चाहते थे, इसलिए उन्होंने इस सम्बन्ध में तरह-तरह के कानून बनाने शुरू कर दिए। बीसवीं सदी के शुरुआती दशकों में पहाड़ी और जंगली इलाकों में रेल और सड़क के रूप में संचार-साधनों का भी विकास होने लगा था। परिणामस्वरूप, मैदानी आबादी का कुछ हिस्सा आदिवासी क्षेत्रों में जाकर बसने लगा और अपने निजी स्वार्थों के लिए वहाँ की प्राकृतिक सम्पदा का लाभ उठाने लगा था। इससे आदिवासियों का अस्तित्व खतरे में पड़ने लगा और वे अपनी जमीन के साथ-साथ अपनी आर्थिक स्वाधीनता भी खोने लगे।[8] आन्ध्र प्रदेश

के लम्बे इतिहास में, और सातवाहन, चालुक्य, राष्ट्रकूट, ककतिया, कुतुबशाही और आसिफजाह के पूरे शासन कालों के दौरान, आदिवासी अपने कबीलों, जंगलों और पहाड़ों से खदेड़े जाते रहे।[9] लगभग बीसवीं सदी तक ये आदिवासी हिन्दू और मुसलमान दोनों ही वर्गों की सामन्ती शक्तियों के शिकार होते रहे। इस लम्बी प्रक्रिया में वे न सिर्फ अपनी पैतृक भू-सम्पदा से वंचित होते रहे, बल्कि कड़ी मेहनत से बसाए गए अपने कबीलों से भी खदेड़े जाते रहे या लूटमार के शिकार होते रहे।[10]

2

भारत में ब्रिटिश उपनिवेशीय शासन की स्थापना देश के पर्यावरण के इतिहास में भी एक बड़ा मोड़ साबित हुई। उपनिवेशीय शासन के अन्तर्गत पर्यावरण सम्बन्धी नीतियों में भारी फेरबदल होने लगे। इन नीतियों की प्रकृति विशुद्ध व्यावसायिक थी। शुरू के दशकों में, उपनिवेशीय शासन ने वनों के संरक्षण पर लगभग न के बराबर ही ध्यान दिया था। देश की ग्रामीण जनता अपनी गुजर-बसर के लिए सदियों से वनों का परम्परागत उपयोग करती चली आ रही थी। एक कानून बनाकर इस पर रोक लगाने की कोशिश की गई तो उपनिवेशीय प्रशासन के ही कुछ अधिकारियों ने इसकी कड़ी आलोचना की। उनके अनुसार यह जनता की सम्पत्ति को जब्त करने जैसा था। सन् 1871 के इस 'क्रिमिनल ट्राइब्स एक्ट' ने वन सामग्री की बिक्री पर कड़ा प्रतिबन्ध लगा दिया था।[11]

जंगलों में बसे आदिवासी कबीले शिकार के साथ-साथ वन सामग्री पर भी बहुत ज्यादा आश्रित थे। वे बंजारों की जिन्दगी जीते थे और एक जगह से दूसरी जगह भटकते रहते थे। इसलिए जमीन को लेकर उनके मन में कोई खास मोह नहीं था। मैदानी इलाकों की अधिक विकसित आबादी में वे अपने को असुरक्षित और अलग-थलग महसूस करते थे। जंगलों में या पहाड़ों पर वे कहीं अधिक सहज और स्वतंत्र महसूस करते थे। इसलिए वे वहीं बसना पसन्द करते थे।[12] इन इलाकों में वे सदियों से रह रहे थे और अपने-आपको जंगल के राजा की तरह मानते थे। ये आदिवासी कबीले आमतौर से छोटे-छोटे कबीले होते थे, जो बड़े कबीलों से टूटकर बने होते थे। समय के साथ वे इतने बिखरते और फैलते चले गए कि वे अलग और स्वतंत्र कबीलों के रूप में देखे जाने लगे। शिकार और वन सामग्री पर आश्रित होने के कारण भी छोटे-छोटे समूहों में रहना उन्हें अधिक सुविधाजनक लगता था।[13]

ब्रिटिश उपनिवेशकों ने धीरे-धीरे पूरे भारत को जोड़कर सारी भूमि पर अपना साम्राज्य स्थापित कर लिया था। वे भारत की समस्त भूमि के साथ-साथ यहाँ के जंगलों पर भी अपना अधिकार स्थापित करने के इच्छुक थे। इन जंगलों में छिपी भरपूर प्राकृतिक सम्पदा ने पहले तो उनका मन मोह लिया और फिर वे दोनों हाथों

से इसका व्यावसायिक लाभ उठाने में जुट गए। जंगलों से लकड़ी काटकर इंग्लैंड भेजी जाने लगी। इसी तरह दूसरी वन सामग्रियों को भी संग्रहीत करके बेचा जाने लगा। बड़े पैमाने पर चाय, कॉफी और रबड़ के बागानों की स्थापना होने लगी। अब तक अछूते रहे जंगलों में रेल-पटरियों और सड़कों का जाल बिछाया जाने लगा। इस तरह, जंगलों में बसे आदिवासी कबीलों की सुख-शान्ति भंग होने लगी और उनका और उनके क्षेत्रों का आर्थिक शोषण किया जाने लगा।[14] सरकार ने जंगलों का प्रशासन अपने हाथ में ले लिया। ठेकेदारों को लकड़ी काटने और अन्य वन-सामग्रियों को बटोरने के लिए ठेके दिए जाने लगे। कुछ जगहों पर वन-उत्पादों को ठेकेदारों द्वारा निर्धारित मूल्य पर ही बेचा जाना जरूरी था।

आन्ध्र प्रदेश के आदिवासी कबीले आसपास के किसानों के साथ अदला-बदली का व्यापार भी करते रहते थे। वे उन्हें जड़ी-बूटियाँ और शहद लाकर देते थे और बदले में अनाज, कपड़े, औजार इत्यादि ले जाते थे।[15] वे इन वन-उत्पादों को मद्रास, कलकत्ता और बम्बई ही नहीं, बल्कि दूरदराज लन्दन और हम्बर्ग तक भी भेजा करते थे। लेकिन समय के साथ मैदानी आबादी बढ़ने लगी तो जंगल काटकर उन्हें मैदानों और खेतों का रूप दे दिया गया। अपनी आजीविका के परम्परागत साधनों से वंचित हो जाने के कारण आदिवासियों को स्थान बदल-बदल कर खेती-बाड़ी करने पर मजबूर होना पड़ा।

'मुत्तादारी' की व्यवस्था के प्रसार के साथ ज्यादा-से-ज्यादा आदिवासी अपनी गुजर-बसर के लिए खेती-बाड़ी पर निर्भर होने लगे। लेकिन इसके साथ-साथ वे आसपास के जंगलों से फल, अखरोट, कंद-मूल और शहद इकट्ठा करके भी बेचते रहते थे। वे नारियल और खजूर के पेड़ों से ताड़ी भी निकालते थे। वे ज्यादातर मोटे अनाज, दालें और कन्द-मूल की खेती करते थे।

ब्रिटिश सरकार ने आदिवासियों के विकास के लिए और उन्हें समाज की मुख्यधारा से जोड़ने के लिए कुछ योजनाएँ बनानी शुरू कीं। पहाड़ी इलाकों में इस बदलाव की हवा सड़कों के निर्माण के साथ देखने को मिली। आवागमन आसान हो जाने के कारण वहाँ की मंडियों का भी तेजी से विस्तार होने लगा। ब्रिटिश सरकार राजस्व बढ़ाने के लिए इतनी ज्यादा उत्सुक थी कि उसने शराब और नशीले द्रव्यों के उत्पादन और बिक्री को भी खुलकर प्रोत्साहन देना शुरू कर दिया।

आदिवासियों की जीवन-शैली पर कृषि-प्रधान वर्गों का प्रभाव तो पड़ ही रहा था, साथ ही सरकारी वन-विभाग की नीतियों ने भी उनके पारम्परिक काम-धन्धों को चौपट करने में कोई कसर नहीं छोड़ी। इन नीतियों में बाँस के व्यापार से जुड़ी नीतियाँ सबसे प्रमुख थीं। व्यापारी भोले-भाले और निरक्षर आदिवासियों को अग्रिम राशि देकर उनका शोषण करने लगे। उन्हें बात-बात पर कचहरी-अदालतों में घसीटा जाने लगा। आदिवासी अदालत का नाम सुनकर ही डर जाते थे। व्यापारी उनके

इस डर का लाभ उठाकर उनकी सम्पत्ति जब्त करने के आदेश प्राप्त कर लेते थे। भोले-भाले आदिवासियों को पाँच रुपए के बदले में अकसर सौ रुपए के मूल्य के माल और पशुधन से हाथ धोना पड़ता था।[16]

आदिवासी छोटी-छोटी झोंपड़ियों में अभावग्रस्त जीवन गुजार रहे थे। इसके बावजूद, उन पर सूदखोरों का कर्ज चढ़ा रहता था। खुद अपने ढंग से अपनी आजीविका कमाने का उन्हें कोई रास्ता दिखाई नहीं देता था। कई बार कड़ी मेहनत-मजदूरी से कमाए गए पैसों को भी वे कपड़े-लत्ते या घर-परिवार पर खर्च करने की बजाय शराब में उड़ा देते थे।[17] उन्हें काम के बदले में इतनी कम मजदूरी दी जाती थी कि वे न तो ढंग का भोजन कर पाते थे और न ही अपना तन ढक पाते थे।

वन क्षेत्रों में सड़कों के निर्माण से वहाँ सैनिक वाहनों और व्यापारियों की आवाजाही शुरू हो गई थी।[18] ब्रिटिश सरकार ने इन क्षेत्रों में स्कूल और दवाखाने भी खुलवाए लेकिन वहाँ नियुक्त मैदानी कर्मचारी आदिवासियों को ठगने से बाज नहीं आते थे। सरकारी वन विभाग आदिवासियों की मदद करने की बजाय उन्हें वन-विध्वंसक के रूप में देखता था। इसका कारण यह था कि आदिवासी कई बार खेती-बाड़ी करने के लिए पेड़ों को गिराकर उन्हें जला देते थे और उनकी राख को उर्वरक की तरह इस्तेमाल करते थे। इस प्रथा को एक विध्वंसकारी प्रथा का रंग देकर आदिवासियों को वन संरक्षण के वास्तविक शत्रुओं के रूप में चित्रित किया जाने लगा।

वन विभाग ने इस समस्या का हल यह ढूँढ़ा कि खेती-बाड़ी के इस तरीके पर रोक लगाकर वनों की बहुमूल्य लकड़ी का संरक्षण और विकास किया जाए और आदिवासियों को किन्हीं दूसरे काम-धन्धों में लगा दिया जाए। इस उद्देश्य को ध्यान में रखते हुए वनों में चौकीदार और सुरक्षा गार्ड नियुक्त कर दिए गए, जो किसी वन अधिकारी के अधीन काम करते थे। आदिम कबीलों की विचित्र और विनाशकारी प्रथाओं को रोकने के लिए इन कानूनों को कड़ाई से लागू किया जाने लगा। लेकिन इन कानूनों की आड़ में आदिवासियों का शोषण ही जारी रहा।

कुरनूल का चैंचू कबीला खासतौर से सरकार की नजरों में था, जो अपने निठल्लेपन और उत्पात के लिए मशहूर था। वन विभाग के अधिकारियों के प्रयास से इस कबीले के लोगों को नियमित रोजगारों में लगाया जाने लगा और उनकी जीवन-शैली में एक परिवर्तन दिखाई देने लगा।[19] उन्हें जंगली रास्तों को साफ करने, पेड़ों को गिराने और बाँस बनाने जैसे काम दिए जाते थे। इसके अलावा वे जड़ी-बूटियों और शहद इकट्ठा करने या छोटी-मोटी खेती करने जैसे काम भी करते थे, जिसके लिए उन्हें जमीन के साथ-साथ खेती-बाड़ी का प्रशिक्षण भी दिया जाता था। सरकार के इन कदमों से चैंचुओं द्वारा किए जाने वाले अपराधों में काफी कमी आ गई। पर वे खेती-बाड़ी के बजाय वन-सम्बन्धी कामों में ज्यादा कुशल साबित हो

रहे थे।[20] इसी तरह खोंड कबीले के लोगों को सड़कें बनाने या बाँस के काम और ईंट के भट्ठों से जुड़े छोटे-मोटे व्यवसायों में लगाया जाने लगा। लम्बाडी कबीले के लोगों को बोरियाँ बनाना सिखाया गया, जिसमें वे काफी कुशल साबित हुए।

फिर भी, मैदानी इलाकों में डकैती और अन्य तरह के अपराध जारी रहे इसके पीछे खेती-बाड़ी में आने वाले उतार-चढ़ावों का प्रमुख हाथ था, जो पूरी तरह मौसम पर निर्भर था। फसल अच्छी न होने पर आदिवासियों को खाने के लाले पड़ जाते थे। ऐसे अवसरों पर स्थानीय साहूकार आदिवासियों का जमकर शोषण करते थे। अगले वर्ष फसल अच्छी होने पर भी आदिवासियों के हाथ कुछ नहीं लगता था। इसलिए उनके लिए अच्छे और खराब मौसम में शायद ही कोई फर्क था।[21]

इसके अलावा, ब्रिटिश सरकार भी कई तरह के टैक्सों के माध्यम से उन्हें खूब निचोड़ रही थी। इनमें मडुलुपन्नु (मनसबदार द्वारा लगाया जाने वाला कर), चिगरुपन्नु (एक-तिहाई से आधा तक की दर से), कलपापन्नु (पेड़ काटने का कर) और वन-कर, चरागाह-कर, इत्यादि शामिल थे।

सन् 1860 के आसपास प्रादेशिक पुलिस की स्थापना के बाद वन क्षेत्रों में भी थाने स्थापित किए जाने लगे। लेकिन पुलिस लोगों को सुरक्षा प्रदान करने के बजाय भ्रष्टाचार और भय की प्रतीक बन गई। किसी की अचानक मृत्यु हो जाती तो पुलिस इसे हत्या का रंग देने की कोशिश करती। इसके पीछे भोले-भाले आदिवासियों से पैसे वसूलने का उद्देश्य रहता था। इसके अलावा तीज-त्योहारों के अवसरों पर भी पुलिसवालों को तोहफे देकर खुश रखना पड़ता था। एक पहाड़ी गाँव के निवासी के अनुसार—

> पुलिस हमारे लिए दुश्मन की तरह है, हमारी आत्माओं की दुश्मन। पर हमारे पूर्वजों की आत्माएँ हमें सरकार से बचाती रही हैं और हम पैसे देकर पुलिस का मुँह बन्द करते रहे हैं।[22]

उन्नीसवीं सदी के मध्य तक 'पोडु' के अलावा कृषि अर्थ-व्यवस्था की कोई दूसरी प्रणाली नहीं थी।[23] पशुपालन दोयम दर्जे का काम समझा जाता था। 'पोडु' अपने-आप में एक विनाशकारी प्रणाली थी, जिसके खात्मे के बाद आदिवासियों ने अपना दुखड़ा सुनाते हुए कहा था—"हम भूखे मरने पर मजबूर हैं क्योंकि हमारे पास अनाज तक नहीं है...हमारे पास तन ढँकने के लिए कपड़े भी नहीं हैं।"[24]

वे अपनी दुर्दशा में सुधार के लिए सरकार का मुँह ताक रहे थे। एक पहाड़ी आदिवासी के अनुसार—

> जंगलों पर सदियों से हमारा अधिकार रहा है। हमारे पूर्वजों ने उन्हें रोपा, सींचा और इनका संरक्षण किया। अब वे मूल्यवान हो गए हैं तो सरकार बीच में कूद पड़ी है और इन्हें हमसे छीनने पर तुली हुई है।[25]

वन कानूनों का हैदराबाद के चैंचू कबीले पर बहुत गहरा असर पड़ा था। उनकी शिकार से जुड़ी गतिविधियों को गैर-कानूनी घोषित कर दिया गया। उन्हें वन-उत्पादों के अधिकार से भी वंचित कर दिया गया। वनों के व्यावसायिक इस्तेमाल और बाहरी दुनिया के दिनोदिन बढ़ते हस्तक्षेप ने चैंचू कबीलों की कमर ही तोड़ डाली।[26]

कुछ क्षेत्रों में, उपनिवेशीय सरकार ने आदिवासियों को बड़ी बस्तियों में बसने के लिए उन्हें बाध्य किया, जिसके कारण वे अपनी स्वायत्तता खो बैठे। उन्हें शक्तिशाली कृषक जातियों के दबदबे में रहना पड़ा। परिणामस्वरूप, कुरनूल के चैंचू डाकू बनने पर विवश हो गए।[27] वे अकसर श्री सैलम मन्दिर में आने वाले तीर्थयात्रियों को अपना निशाना बनाते थे।[28] सन् 1914 का वर्ष आते-आते वे वन-विभाग और आसपास के जमींदारों के लिए एक बड़ी मुसीबत बन गए थे।

1917 से 1919 के बीच मद्रास प्रेसीडेंसी में नियुक्त एक पुलिस अधिकारी साउंडर्स ने अपनी एक रिपोर्ट में लिखा था—

> कोई काम सुलभ न होने के कारण चेंचू जो थोड़ा-बहुत कमाते थे वह सिर्फ अपना पेट भरने के लिए काफी होता था। वे अपने परिवारों का खर्च नहीं उठा पाते थे। उनके लिए जिन्दगी का मतलब सिर्फ दो जून की रोटी तक ही सीमित रह गया था।[29]

इन बस्तियों से कई अन्य आदिवासी जातियाँ भी प्रभावित हुए बिना नहीं रही थीं।[30] लम्बाडी इमली और शहद के बदले में नमक, अनाज और लोहे का सामान लेकर अपनी गुजर-बसर चला रहे थे। वे अकसर ब्रिटिश उपनिवेशीय प्रशासन के दमन और शोषण के शिकार होते रहते थे। दक्षिण के येरुकला आदिवासियों के बारे में लेफ्टिनेंट बामर ने कलेक्टर के नाम दिनांक 22 मई, 1865 के अपने पत्र में लिखा था—

> इन्हें चोरी, राजमार्गों पर लूटपाट और किसी भी अन्य तरह की डकैती की लत पड़ गई है। हमारे यहाँ की सभी बंजारा जातियों में वे हमारे लिए सबसे ज्यादा परेशानी का कारण बने हुए हैं।[31]

तथाकथित आपराधिक जनजातियों (क्रिमिनल टाइब्स) से जुड़े अलग कानून उपनिवेशीय शासन के राजनीतिक हथकंडों और आर्थिक जरूरतों का परिणाम थे। ब्रिटिश प्रशासन का मानना था कि देसी प्रजा पर बेहतर नियंत्रण स्थापित किए बिना कानून और व्यवस्था को सही ढंग से लागू नहीं किया जा सकता। उसके लिए बंजारा या घुमन्तू आबादियाँ एक मुसीबत बनी हुई थीं, जो किसी एक जगह टिककर नहीं रहती थीं। प्रशासन का खयाल था कि एक अच्छी और ठोस शासन-व्यवस्था के लिए आबादियों का इधर-उधर भटकना ठीक नहीं है। इस उद्देश्य को प्राप्त करने

के लिए भारत में एक ऐसा कानून लागू कर दिया गया जो खुद इंग्लैंड में भी लागू नहीं था—अपराध को रोकने के बजाय तथाकथित आपराधिक जनजातियों को कुछ निश्चित बस्तियों में बसा देने से जुड़ा कानून। इस कानून के अन्तर्गत कुछ बंजारा जनजातियों को 'आपराधिक' ठहरा कर उन्हें कुछ खास बस्तियों में बसने के लिए बाध्य किया जाने लगा।[32] इन कानूनों पर संसद में या लोक-मंचों पर ठीक से चर्चा भी नहीं की गई ताकि कहीं इन कानूनों का क्रूर चेहरा बेनकाब न हो जाए और इस कारण देश की जनता भड़क न उठे।

निजी सम्पत्ति का विकास और प्रसार भी कड़े आपराधिक कानूनों का एक कारण था। समय के साथ वनों और खदानों को पूरी तरह उपनिवेशीय शासन की जिम्मेदारी और सम्पत्ति के रूप में देखा जाने लगा। संरक्षित वनों की धारणा और नए आबकारी कानून इसी बात के परिचायक थे। जंगली और बंजारे कबीलों को वन-सम्पदा के संरक्षण में एक बाधा और खतरे के रूप में देखा जाने लगा।

कई अन्य क्षेत्रों से जुड़े ब्रिटिश हित भी उनकी वन नीतियों को प्रभावित कर रहे थे। उन्नीसवीं सदी में, भारत में अपने प्रसार के शुरुआती दौर में, सैनिक शिविरों और रेलवे लाइनों की स्थापना के कारण वन क्षेत्रों में ब्रिटिश प्रशासन का दखल बढ़ने लगा था।[33] इसके अलावा, इंग्लैंड में जहाजों के निर्माण के लिए लकड़ी की कमी भी भारत में उसकी वन नीतियों को प्रभावित कर रही थी। दरअसल, इन उपनिवेशीय आर्थिक हितों के कारण ही वनों के नियंत्रण के लिए शुरुआती कदम उठाए गए थे। उन्नीसवीं सदी के उत्तरार्द्ध में ब्रिटिश सरकार इस निष्कर्ष पर पहुँच चुकी थी कि वनों पर सरकार का पूरा नियंत्रण जरूरी भी है और लाभदायक भी।[34] हालाँकि, सरकार के भीतर भी इस मामले में दो अलग-अलग मत थे और सरकार की वन नीति ब्रिटिश अफसरों के बीच बहस का विषय बनी हुई थी। लेकिन अन्त में, वनों पर पूरा सरकारी नियंत्रण चाहने वालों की ही जीत हुई। इस प्रक्रिया में जंगलों में इधर-उधर भटकते रहने वाले बंजारे कबीले एक बड़ी रुकावट प्रतीत हो रहे थे। उनके खेती-बाड़ी के विचित्र और गैर-उत्पादक तरीके भी परेशानी पैदा करने वाले थे। पहले 1865 में और फिर 1878 में कुछ नए कानून बनाकर इस दिशा में कुछ गम्भीर प्रयास किए गए। सरकार इन घुमन्तू कबीलों को कुछ निश्चित क्षेत्रों में बसा कर इनकी गतिविधियों पर नियंत्रण रखने की इच्छुक थी। जब भी ये कबीले कोई कानून तोड़ते तो इन्हें 'आपराधिक' कबीले कहकर बदनाम किया जाता था। यह अलग बात थी कि इन्हीं कबीलों के लोगों से सस्ती मजदूरी करवाकर सरकार अपना बहुत-सा खर्च बचा रही थी।

कुछ क्षेत्रों में आदिवासी विद्रोह पर उतर आए और कभी-कभी यह विद्रोह हिंसक रूप भी लेने लगा। उन्नीसवीं सदी के शुरू में ही, 1802-03 में, इस तरह का पहला विद्रोह हो चुका था। आन्ध्र प्रदेश में गोदावरी एजेंसी क्षेत्र के रामपचोदावरम

के पास हुए इस विद्रोह को 'रम्पा विद्रोह' के नाम से जाना जाता है, जिसका नेतृत्व रामभूपति ने किया था।[35] वर्षों बाद, 1879 में ऐसा ही एक और विद्रोह देखने को मिला। चन्दरय्या, साम्बय्या और थम्माडोरा के नेतृत्व में हुआ यह विद्रोह दूर-दूर तक, लगभग 5,000 वर्गमील के क्षेत्र में फैल गया। बाद में आदिवासियों के इस तरह के और भी विद्रोह होते रहे। बस्तर का 1910 का विद्रोह और सीतारामा राजु के नेतृत्व में 1922-23 का विद्रोह काफी मशहूर है।[36] 'फितूरी' के नाम से जाने जाने वाले इन आदिवासी विद्रोहों का सिलसिला देश की आजादी के बाद भी जारी रहा। इनमें 1968-70 के दौरान श्रीकाकुलम जिले में जंगल सान्याल के नेतृत्व में हुआ विद्रोह सबसे उल्लेखनीय था। इससे पहले 1940 में, इसी तरह का विद्रोह आदिलाबाद में भी हुआ था, जहाँ गोंड और कोलम कबीले 'पोडु' तरीके से खेती-बाड़ी करते थे।[37] इन विद्रोहों के बावजूद जंगलों पर उपनिवेशीय प्रशासन का कड़ा नियंत्रण जारी रहा। हर विद्रोह कुछ समय बाद कमजोर पड़कर खत्म होता रहा।

स्वतंत्रता सेनानी और सामाजिक कार्यकर्ता वेनेलागंति राघवैया के अनुसार, पहले दो विद्रोह मुत्तादारी बागानों के उत्तराधिकार के विवाद का परिणाम थे। ये मुत्तादार ईस्ट इंडिया कम्पनी द्वारा नियुक्त कबीलों के सरदार होते थे, जो आदिवासियों से राजस्व वसूलने और शान्ति बनाए रखने का काम करते थे। कई बार ये मुत्तादार हिंसक तरीकों से और गरीब आदिवासियों को डरा-धमका कर राजस्व से कहीं ज्यादा रकम वसूलने की कोशिश करते थे।[38]

परिणामस्वरूप बंजारा, अर्द्ध-बंजारा और कृषक जनजातियाँ समय-समय पर ब्रिटिशों से सीधे या गोरिल्ला तरीकों से टक्कर लेने पर विवश हो गईं। ब्रिटिशों ने इसका बदला इन्हें 'आपराधिक जनजातियाँ' (क्रिमिनल ट्राइब्स) घोषित करके लिया। दरअसल यह 'कलंक' उन्हीं आदिवासी जातियों को झेलना पड़ा जो अपनी वीरता के लिए जानी जाती थीं और ब्रिटिश शासकों के आगे झुकने के लिए तैयार नहीं थीं। ब्रिटिश सरकार इन्हें तरह-तरह की यातनाएँ देने पर तुल गई तो ये गरीब आदिवासी अपने घर-बार और कबीलों को छोड़कर रोजी-रोटी के लिए इधर-उधर भटकने पर विवश हो गए। कभी-कभी वे अपनी परिस्थितियों से विवश होकर चोरी-चकारी, पशुओं को भगा ले जाने या राह चलते लूटपाट और डकैती जैसे अपराध भी करने लगे।[39]

3

उन्नीसवीं सदी की उपनिवेशीय आर्थिक नीतियों ने बहुत-से समुदायों के काम-धन्धों को चौपट कर दिया था। प्रशासन की कुछ खास नीतियों ने व्यापार से जुड़े समुदायों को बहुत अधिक प्रभावित किया था। नमक को लेकर सरकार की नीति भी ऐसी ही

एक नीति थी, जिसने कोरवा, येरुकला, कोरचा और लम्बाडी समुदायों के व्यापार की कमर तोड़ दी थी। इस नीति के तहत सरकार ने नमक उत्पादन का काम अपने हाथ में ले लिया था। अब व्यापारियों को सरकार से नमक खरीदना पड़ता था, जिससे परम्परागत नमक उत्पादकों और व्यापारियों दोनों का ही काम चौपट हो गया था। सरकार नमक के उत्पादन के साथ-साथ उसका व्यापार भी करने लगी थी।[40]

बहुत-सी 'निचली' शूद्र जातियों में एक खास तरह का जन-आन्दोलन जोर पकड़ने लगा था। इस आन्दोलन में येरुकला सबसे आगे थे। इसके बाद वोड्डार, यनाडी और गोला जातियाँ आती थीं। ये सभी जातियाँ मिल-जुलकर एक बड़े मोर्चे का रूप लेने लगी थीं। इसी बीच बहुत-से येरुकला ईसाई धर्म अपनाने लगे। शूद्र जातियों में सबसे पहले येरुकला ही धर्म परिवर्तन की तरफ आकर्षित हुए थे। एक रिपोर्ट के अनुसार—

> सभी का यह मानना है कि सिर्फ ईसाइयत ही येरुकलाओं का सच्चा उद्धार कर सकती है। कुछ लोग इतने लम्बे समय से मूर्ति-पूजा करते रहे हैं कि इस प्रथा को उनके दिमाग से निकालने में कुछ समय लगेगा। कुछ अपने पापों में इतने लिप्त हैं कि वे इनको भी धीरे-धीरे ही छोड़ सकते हैं लेकिन पाँच-दस वर्षों में ये सभी लोग पूरे ईसाई बन जाएँगे।[41]

येरुकलाओं और वोड्डारों के ईसाई धर्म अपनाने के पीछे तीन प्रमुख कारण थे—(1) धर्म परिवर्तन कर चुके लोगों की जिन्दगी में आया परिवर्तन; (2) हिन्दू धर्म में दिनोदिन घटती आस्था और (3) स्कूलों और चर्चों का प्रभाव।[42]

सरकार की वन नीतियों के कारण इन जातियों के लिए अपने पशु चराना और वन उत्पादों को इकट्ठा करना मुश्किल हो गया था।[43] ऐसे भी प्रमाण मिलते हैं कि ब्रिटिश शासन के शुरुआती दौर में बाद की अपेक्षा कहीं ज्यादा अकाल पड़े थे। ये काफी व्यापक होते थे और 1866, 1876-78 और 1898 के अकाल तो बहुत भयंकर थे।[44] इन अवसरों पर डकैती, सेंधमारी, पशु-चोरी और बाजारों में खाने-पीने की चीजों की लूटपाट की घटनाओं में बहुत तेजी आ गई थी। 1877 में एक इंस्पेक्टर जनरल ऑफ़ पुलिस (आई.जी.पी.) ने अपनी रिपोर्ट में लिखा था—

> यह डकैती एक 'विशिष्ट अकाल अपराध' के रूप में भूखे लोगों द्वारा की गई थी, न कि सामान्य अपराधियों द्वारा।[45]

सन् 1866 के अकाल के दौरान अनाज के व्यापारी जमाखोरी करके उसे दुगने-चौगुने दामों पर बेचने लगे तो इन गरीब जातियों के लिए इसे खरीद पाना असम्भव हो गया। लेकिन अकाल खत्म होने के बाद भी इन जातियों के कुछ लोग चोरी-डकैती करते रहे। सन् 1824 में मद्रास के गवर्नर सर थॉमस मुनरो ने अपनी एक रिपोर्ट में लिखा था—

हमारे देश में जगह-जगह ऐसे हजारों लोग फैले हुए हैं जिनका व्यवसाय शुरू से ही लूटपाट और डकैती करना रहा है।[46]

सड़कों और रेलवे के विकास के बाद इन जातियों के पारम्परिक काम-धन्धे चौपट होते चले गए।[47] जैसा कि अपनी पुस्तक 'द मड बैंक' में मकेन्जी ने लिखा है, "ये जातियाँ जंगलों, पहाड़ों और रेगिस्तानों में बंजारों का जीवन जी रही थीं और इनका कोई निश्चित ठौर-ठिकाना नहीं था। ये अपना सामान साथ लेकर चलती थीं और किसी गाँव या शहर के बाहर या किसी दूसरी एकान्त जगह पर तम्बू गाड़कर रहने लगती थीं।[48]

आजीविका के संघर्ष और कठिनाइयों ने इन्हें मिल-जुलकर रहना और एक सामुदायिक जीवन जीना सिखा दिया था। गुजर-बसर का कोई उपयुक्त साधन न होने के कारण ये भीख माँगने या पशुओं और फसलों की चोरी करने के लिए विवश थे।[49] इन्हें लगता था कि पुराने वक्तों में इनका जीवन कहीं ज्यादा आसान था। लेकिन 'सभ्यता' के साथ दिनोदिन बढ़ते सम्पर्क ने इन्हें सच्चाई को स्वीकार करना और 'आपराधिक' जीवन से जुड़ी रोज-रोज की मुसीबतें को झेलना सिखा दिया था।

इन अपराधों को रोकने के लिए ब्रिटिश सरकार ने कुछ सख्त कदम उठाए। परिणामस्वरूप, इन लोगों को गिरफ्तार करके इन्हें सजाएँ दी जाने लगीं। ब्रिटिश ठगों और पिंडारियों के साथ अपने कटु अनुभव को नहीं भूले थे।[50] जैसा कि बिस्वास ने अपने आकलन में लिखा है, "इस बात की बहुत ज्यादा सम्भावना है कि भारत की आज की भूतपूर्व आपराधिक जनजातियाँ ठगी की परम्परा की ही एक शाखा हैं। भारत सरकार में ठगी विभाग की स्थापना के बाद इन लोगों की जगह-जगह भटकने की आदत खत्म होने लगी और इनमें से बहुत से लोग बाद में भारत के विभिन्न प्रदेशों में बस गए।"[51]

डकैती, लूटपाट, चोरी इत्यादि अपराधों में लिप्त जनजातियों को ब्रिटिश सरकार ने 'आपराधिक जनजातियाँ' (क्रिमिनल ट्राइब्स) घोषित कर दिया।[52] ब्रिटिशों के साथ-साथ उच्च वर्ण हिन्दू और पुलिस अधिकारी भी इन बंजारों की जीवन-शैली और समस्याओं को समझ पाने में असमर्थ रहे। उनकी विचित्र प्रथाओं, मदिरापान की आदत और घटिया खान-पान के साथ-साथ उनका तथाकथित काहिलपना और कामचोरी भी उनकी इस खराब छवि के लिए जिम्मेदार थीं। इन जातियों की स्त्रियों को भी जंगली, असभ्य और लड़ाकू स्त्रियों के रूप में चित्रित किया जाता था।[53] पिछली कई सदियों की बाध्यताओं से पैदा हुई उनकी घुमन्तू जीवन-शैली को भी सहानुभूति से देखने और समझने की कोशिश करने के बजाय उन्हें 'आवारा' और 'भटकू' ठहरा दिया जाता था। कुछ ब्रिटिशों का यह भी मानना था कि शारीरिक दृष्टि से भी ये बंजारा जनजातियाँ आम मनुष्यों से अलग दिखती थीं।[54]

4

उन्नीसवीं सदी के अन्तिम दशक के आस-पास ब्रिटिश प्रशासन इस निष्कर्ष पर पहुँचने लगा कि आपराधिक प्रवृत्ति वंशानुगत भी हो सकती हैं। इसके पीछे आदिवासी जातियों में अपराध की बढ़ती घटनाएँ थीं। प्रशासन अब इस धारणा पर विश्वास करने लगा कि 'एक बार का अपराधी यानी हमेशा का अपराधी'। इन जनजातियों को अब बंजारा जनजातियों के बजाय 'आपराधिक जनजातियाँ' घोषित कर दिया गया। इनमें से कुछ भिखारी, आवारा, उठाईगीर, पशु-चोर और चोरी के माल के खरीददार की श्रेणियों में आते थे। बाद में इन श्रेणियों में और वृद्धि होती चली गई।[55]

भारतीय समाज के सबसे निचले स्तर पर तीन प्रमुख वर्ग थे—आदिम जनजातियाँ, आपराधिक जनजातियाँ और बंजारा जनजातियाँ। ये सभी जनजातियाँ घोर अज्ञान और पिछड़ेपन में डूबी हुई थीं और समाज के तिरस्कार, उपेक्षा और लांछनों की शिकार थीं। जैसा कि बोर्न ने लिखा है—

"हिन्दू इन लोगों में कोई दिलचस्पी नहीं लेते। इनके उद्धार और उत्थान के लिए जो कुछ भी किया जा रहा है, (ईसाई) मिशनरियों द्वारा किया जा रहा है।"[56]

इसी तरह मैंगलोर के डिस्ट्रिक्ट मैन्युल में लिखा गया था—

> उन्हें इतना अस्वच्छ माना जाता था कि उन्हें आम रास्तों पर थूकने भी नहीं दिया जाता था। वे अपने गले में एक थूकदान लटका कर चलते थे।[57]

दादाभाई नौरोजी ने इन 'डीनोटीफाइड' आदिवासियों के उद्धार का मुद्दा उठाया और कहा था, "सरकार इनमें इतनी दिलचस्पी भी नहीं ले रही कि इन्हें मामूली-से-मामूली नौकरियाँ भी दे सके।"[58] दादाभाई ने मद्रास में भी यही बात उठाते हुए कहा था, "दमित वर्गों की संख्या बहुत ज्यादा है। इनमें से कुछ को सार्वजनिक जगहों पर भी नहीं घुसने दिया जाता...उच्च वर्गों के दमन से बचने के लिए ये लोग ईसाई या इस्लाम धर्म अपनाते जा रहे हैं।"[59]

इसी तरह सुरेन्द्रनाथ बनर्जी ने भी कहा था—

> हम दमित वर्गों की अवहेलना नहीं कर सकते। वे सब भारतीय हैं। वे हममें से ही हैं और हम उनमें से ही हैं। हम एक ही हाड़-मांस के बने हुए हैं। हमारा मानना है कि हम जिस राष्ट्रीय आन्दोलन को लेकर आगे बढ़ रहे हैं, उसमें हमें इनको साथ लेकर चलना होगा। अगर हम ऐसा नहीं करेंगे तो वे हमें पीछे घसीटते रहेंगे और हम आगे नहीं बढ़ पाएँगे।[60]

मधुसूदन दास के शब्दों में—

> जो आदमी पुलिस के सामने यह बात स्वीकार कर लेता है कि उसने चोरी की है, वह अपने पड़ोसी से इसे छिपाए रखना चाहता है। दुश्मन की तोपों के मुँह के सामने जा खड़ा होने वाला सैनिक समाज द्वारा जरा-सी भी उँगली उठाए जाने से डरता है। समाज मनुष्य के व्यवहार को प्रभावित करने में बहुत शक्तिशाली भूमिका निभाता है और मनुष्य समाज द्वारा स्थापित मापदंडों पर खरा उतरने का प्रयास करता रहता है। लेकिन इन उपेक्षित वर्गों की इस सम्बन्ध में क्या स्थिति है? तो फिर आश्चर्य ही क्या अगर वे अपराधी बन जाएँ! सी.टी. (क्रिमिनल ट्राइब्स) के बारे में बात करना बड़ा आसान है लेकिन हममें से कितने इन दो शब्दों के अर्थों को सचमुच समझ पाते हैं? गाँव के कुछ लोग अगर भूख से बेहाल होकर कोई अपराध करने पर विवश हो जाएँ तो उनकी पूरी जाति को ही अपराधियों की जाति घोषित कर देना कहाँ तक उचित है? कोई बच्चा ईश्वर की मासूम झलक अपने चेहरे पर लिए अभी अपनी माँ के गर्भ में ही होता है कि उस पर 'अपराधी' होने का ठप्पा लग जाता है। तो इन दो शब्दों 'सी' और 'टी' का यह अर्थ है। यह उसी ब्रिटिश सरकार की देन है जिसने दुनिया से गुलाम प्रथा को दूर करने का सुनहरी ताज पहन रखा है।[61]

इनमें से बहुत-से डी.सी. (डिप्रेस्ड क्लास) जेलों में बन्द हैं। कोई आदमी जेल जाता है तो उसे कोई कामकाज सिखाया जाता है। लेकिन अकसर देखा गया है कि जेल से छूटते ही वह फिर कोई अपराध कर बैठता है। यह बड़ा दिलचस्प मनोवैज्ञानिक प्रश्न है कि वह ऐसा क्यों करता है? वह जेल में होता है तो उसे अपने परिजनों का साथ नहीं मिल पाता। वह जीवन के कई बहुमूल्य सुखों से वंचित रह जाता है। लेकिन जेल से छूटते ही वह फिर अपराध करता है। इसका कारण यह है कि उसे जिन नियमों के अन्तर्गत काम करने के लिए कहा जाता है, वे उसके गले नहीं उतरते हैं। वह अपने श्रम को उससे प्राप्त होने वाले फल से जोड़कर नहीं देख पाता है। उसे लगता है कि उसे जो कुछ भी मिल रहा है, जेल में बन्द होने के कारण ही मिल रहा है। अगर जेल के नियमों में थोड़ी ढील दे दी जाए और जो काम वह जेल में करता है, वह जेल से छूटने के बाद भी उसे करने दिया जाए तो वह एक ईमानदार जिन्दगी जी सकता है। जेल में रह चुके कैदियों पर पुलिस का नियंत्रण बना रहता है, इसलिए 'एक बार का अपराधी हमेशा का अपराधी' वाली कहावत चरितार्थ होने लगती है।[62]

जन्मजात अपराधी मानी जाने वाली ये आदिवासी जातियाँ वन-जीवन को ही अपना स्वाभाविक जीवन मानती हैं और वनों को ही अपनी आजीविका के साधन के रूप में देखती रही हैं। इसलिए इनकी स्वाभाविक प्रवृत्ति में धीरे-धीरे बदलाव

लाने और इनके लिए ईमानदारी से अपनी रोजी-रोटी कमाने के साधन जुटाने की जरूरत है। इन्हें इधर-उधर से पकड़कर जेलों में बन्द करते रहने से यह समस्या हल नहीं हो सकती। पुलिस की ज्यादतियों और दुर्व्यवहार से इनकी आपराधिक प्रवृत्ति खत्म होने के बजाय और मजबूत होती है। देश में कृषि, उद्योगों और अन्य क्षेत्रों में विकास के साथ सभी जातियों और जनजातियों का विकास होना चाहिए और इनकी स्वाभाविक और पारम्परिक प्रतिभाओं के सदुपयोग के रास्ते निकाले जाने चाहिए।[63]

इन तथाकथित आपराधिक जनजातियों में बहुत-से सद्‌गुण भी देखे जा सकते हैं जैसे धैर्य, साहस, सहृदयता, सादगी और ईमानदारी इत्यादि। देखा जाए तो ये जंगली कही जाने वाली जनजातियाँ प्रकृति की सच्ची सन्तानें हैं। मदन मोहन मालवीय का मानना था कि बच्चे के वर्ग, जाति या समुदाय, इत्यादि को उसके शिक्षण में बाधा नहीं बनना चाहिए। शिक्षा प्राप्त करने के बाद ये सभी जनजातियाँ साफ-सुथरा और सामान्य जीवन जी सकती हैं और अपनी अन्धविश्वास भरी प्रथाओं से मुक्त हो सकती हैं।[64] इनके पिछड़ेपन के तीन सबसे बड़े कारण हैं—अज्ञान, निर्धनता और अन्य वर्गों द्वारा दमन और शोषण। अज्ञानता निर्धनता को जन्म देती है और निर्धनता दूसरों द्वारा दमन और शोषण का कारण बनती है। इन जातियों का पिछड़ापन और अज्ञान पूरे समाज के लिए एक नैतिक रोग की तरह है। अज्ञानता के कारण ये लोग दूसरों द्वारा शोषण के शिकार होते हैं और अन्तत: अपराध करने पर विवश हो जाते हैं।[65] अगर इन्हें शिक्षित करके अज्ञान के अन्धेरे से बाहर निकाल दिया जाए तो ये राष्ट्र के लिए बोझ बनने के बजाय एक शक्ति साबित हो सकते हैं।

जब हम पेशेवर अपराधियों की बात करते हैं तो हमें यह अहसास होना चाहिए कि इन शब्दों का वास्तविक अर्थ क्या है? इनका अर्थ है एक ऐसी जनजाति जिसके पूर्वज युगों-युगों से अपराधी थे।[66] ब्रिटिशों ने पूरी जाति को ही अपराधी ठहरा दिया था। इस घोषणा के अनुसार—

> अगर स्थानीय सरकार के पास यह विश्वास करने का कोई कारण है कि कोई कबीला, समूह या वर्ग या इसका कोई अंग सुनियोजित ढंग से अपराध करने का आदी है तो वह इस कबीले, समूह या वर्ग या इसके किसी अंग को अपराधी कबीला घोषित कर सकती है।[67]

इन आपराधिक जनजातियों (सी.टी.) के लिए स्थापित बस्तियों को कई ईसाई मिशनरी और अन्य परोपकारी संगठन चलाते थे और इनके नैतिक उत्थान के लिए काम करते थे। इनमें प्रमुख मिशनरी और परोपकारी संस्थाएँ थीं—(1) कनाडा मिशन, (2) प्रमुख खालसा दीवान, (3) देव समाज, (4) अन्जुमन इस्लामिया, (5) अहमदिया सोसाइटी, (6) अहमदिया अन्जुमन इसादी इस्लाम, (7) सनातन धर्म सभा,

(8) आर्य समाज, (9) पंजाब हिन्दू सभा, (10) सर्वेंट्स ऑफ़ इंडिया सोसाइटी, (11) रामकृष्ण मिशन, (12) साल्वेशन आर्मी, (13) अमेरिकन बॅपटिस्ट तेलुगु मिशन, (14) ब्रह्म समाज और (15) सोशल सर्विस लीग।[68]

एक दिलचस्प तथ्य यह है कि इन बस्तियों के प्रबन्धन को लेकर मद्रास की विधानसभा में बड़ी जोरदार बहस हुई थी और कई सदस्यों ने यह प्रश्न उठाया था कि इन बस्तियों की देखभाल सिर्फ ईसाई मिशनरियों को ही क्यों सौंपी जानी चाहिए? इन मिशनरियों की लगन और उत्साह और उपेक्षित वर्गों के उद्धार और पुनर्वास में इनकी गहरी दिलचस्पी को देखते हुए ही इन्हें इन तथाकथित आपराधिक बस्तियों की देखरेख की जिम्मेदारी सौंपी गई थी।[69]

ब्रिटिश सरकार इन बस्तियों में साल्वेशन आर्मी, अमेरिकन बॅपटिस्ट तेलुगु मिशन और अन्य मिशनरी संस्थाओं के प्रभावशाली और सफल प्रयासों से बहुत प्रसन्न थी। आपराधिक जनजातियों की तरफ ध्यान देने वाली पहली संस्था साल्वेशन आर्मी ही थी। इसी संस्था ने सबसे पहले उत्तर प्रदेश में डोम जनजाति के पुनर्वास का काम किया था। संस्था के कुशल कामकाज ने सहज ही सभी प्रदेशों का ध्यान खींच लिया था। मद्रास सरकार ने साल्वेशन आर्मी को अपनी कुछ आदिवासी बस्तियों का कामकाज सम्भालने का अनुरोध किया। दादाभाई नौरोजी ने इस सम्बन्ध में टिप्पणी करते हुए कहा था—

> साल्वेशन आर्मी की समय-समय पर मदद ली जाती रही है। साल्वेशन आर्मी हो या कोई अन्य सुधारवादी संस्था लेकिन इस तरह के लोगों को समझा-बुझाकर उनका दिल जीतकर सही रास्ते पर लाने के मुश्किल काम में अकसर धार्मिक भावना और लगन बहुत जरूरी होती है।[70]

साल्वेशन आर्मी के संस्थापक बूथ टकर अपनी निस्वार्थ सेवा के लिए जाने जाते थे।[71] इस संस्था ने आन्ध्र प्रदेश के गुंटूर जिले की दो आदिवासी बस्तियों—सीतानगरम (1913) और स्टुअर्टपुरम (1914)—का सफल संचालन कर दिखाया।

इसी तरह अमेरिकन बॅपटिस्ट मिशन (ए.बी.एम.) भी पहले बंगाल की खाड़ी के पूर्व में और फिर पूरे आन्ध्र प्रदेश में आदिवासियों के उद्धार के काम में जुटा रहा। 1836 में नेल्लोर में मिशन की स्थापना के बाद इन जनजातियों को शिक्षा के साथ-साथ कई भौतिक सुविधाएँ भी उपलब्ध करवाई जाने लगीं। मिशन का सबसे महत्त्वपूर्ण योगदान था आदिवासियों में आत्म-सम्मान और समाज के दूसरे वर्गों के साथ समानता का अहसास पैदा करना, जिससे वे सदियों से वंचित थे। रेवरेंड बुलर्ड और रेवरेंड एस.डी. बॉडेन ने कठेरा और येरुकला जातियों के लगभग पचास परिवारों के उद्धार का काम अपने हाथ में ले लिया। ये सभी परिवार अपराधों में गहराई से लिप्त थे। मिशन ने डीनोटिफाइड जनजातियों के लिए कावाली में एक

बस्ती की भी स्थापना की।[72] मिशन के अलावा ब्रिटिश सरकार और निजाम सरकार भी आन्ध्र प्रदेश की सी.टी. बस्तियों की देखभाल कर रही थी।[73]

अपराध पूरी मनुष्य जाति के लिए हमेशा से ही एक समस्या बना रहा है, भले ही दुनिया के अलग-अलग हिस्सों में और अलग-अलग युगों में इसका स्वरूप बदलता रहा हो। हम कह सकते हैं कि अपराध उतना ही पुराना है जितनी पुरानी खुद मानव-सभ्यता। आज भी कोई दिन ऐसा नहीं जाता जब अखबारों में तरह-तरह की आपराधिक घटनाओं का जिक्र न हो। उल्टे, भारतीय और विश्व मीडिया अपराध के एक-से-एक दुस्साहसिक कारनामों, दिल दहला देने वाली हत्याओं, सनसनीखेज डकैतियों और करोड़ों-अरबों की हेरा-फेरी और गबन की घटनाओं की खबरों से भरा रहता है। इनमें से बहुत-से अपराधों में समाज के उच्च वर्गों के अत्यन्त सम्मानित लोग भी जुड़े रहते हैं।

हॉब्सबॉम के अनुसार, अपराधी दो तरह के होते हैं—विशुद्ध उद्दंड व्यक्ति जो किसी भी तरीके से कानून तोड़ने की ताक में रहते हैं और राबिनहुड किस्म के वे अपराधी जो अन्यायपूर्ण व्यवस्था के खिलाफ हैं, विद्रोह करने के लिए बाध्य हो जाते हैं।[74] समाज की भलाई के लिए लूटपाट करने वाले सभी देशों और सभी कालों में पैदा होते रहे हैं। थॉमस मूर ने इन सामाजिक लुटेरों को 'अ0मीरों के षड्यंत्र' की उपज बताया था।[75] इन भले दिल के लुटेरों को गरीबों की आकांक्षाओं पर खरा उतरना पड़ता है। दूसरों की मदद करने के कारण इन्हें अपराधी न मानकर सम्मान की दृष्टि से देखा जाता रहा है यद्यपि ये समाज से कटे रहते हैं। (स्टुअर्टपुरम के टाइगर नागेश्वर राव को इसी तरह के भले दिल के लुटेरे के रूप में 'हीरो' का दर्जा प्राप्त है, जो गरीबों की मदद करने के लिए विख्यात था।)

'मनु धर्मशास्त्र' और कौटिल्य के 'अर्थशास्त्र' में भी 'चोरी' का उल्लेख मिलता है। अमेरिकन विद्वान सर रिचड्र्स ने भारत में मुगल शासन के दौरान लुटेरों की स्थिति पर अपने पर्चों में दो लुटेरों का उदाहरण दिया है। इनमें से एक भूतपूर्व मुगल फौजदार 'रिज़ाखान' (1712) था, जो बाद में लूटपाट करने लगा था; दूसरा 'पपड़ा' (1710) नामक छोटी जाति का तेलुगु लुटेरा था, जिसे सुरवई पपड़ु के नाम से जाना जाता है।[76] इन दो नामों को ऐतिहासिक दस्तावेज़ों से खोज कर निकाला गया है।

अपराध आर्थिक स्थिति से प्रभावित होता है। अच्छी फसल न होने वाले वर्षों में देश में अपराध के आँकड़े बहुत ऊपर पहुँच जाते हैं।[77] इसका कारण चीजों के बढ़ते दामों से पैदा होने वाली कुंठा और निराशा होती है, जब गरीबों के लिए अपने सीमित साधनों में गुजारा करना असम्भव हो जाता है। वह बात आज भी उन दो बस्तियों में देखी जा सकती है, जिनका हमने इस शोध के दौरान अध्ययन किया है।

अपराध को लेकर कई तरह के सिद्धान्त बनाए जाते रहे हैं लेकिन इन्हें रोकने का कोई नुस्खा आज भी किसी के पास नहीं है। कानून का उद्देश्य समाज के प्रति

व्यक्ति के व्यवहार को पूर्ण या आंशिक रूप से नियंत्रित करना होता है। इस कानून का आधार अपने सार-तत्व में और अपने परिणामों को लेकर हमेशा मानवतावादी होना चाहिए। शर्मा के अनुसार—

> कानून जिस कृत्य को अपराध कहता है, वह समाज के शक्तिशाली समूहों को नुकसान पहुँचाने वाला व्यवहार मात्र होता है। यही समूह कानून को प्रभावित करने की क्षमता भी रखते हैं।[78]

पिछले कुछ दशकों में समाज में अपराध की समस्या ने विकराल रूप ले लिया है। इसे देखते हुए सामाजिक-आर्थिक और राजनीतिक स्थितियों में भारी बदलाव की जरूरत है। पूरी दुनिया में ही अपराध की दर बड़ी तेजी से बढ़ रही है। जैसा कि ललिता ने लिखा है—

> जहाँ भी लोग आर्थिक अभावों, सामाजिक बाधाओं और नस्ली भेदभाव के शिकार होते हैं, वहाँ अपराध तेजी से पनपता और फलता-फूलता है।[79]

असमानता, आर्थिक शोषण, भौतिक सुविधाओं के लिए अस्वस्थ ललक और मूल्य व्यवस्था में तेजी से बदलाव समाज में दिनोदिन बढ़ते अपराध के मुख्य कारण हैं।

हमारे इस मौजूदा अध्ययन का उद्देश्य और लक्ष्य सिद्धापुरम और स्टुअर्टपुरम बस्तियों में भूतपूर्व आपराधिक जनजातियों की स्थिति के विभिन्न पहलुओं का और अधिक विश्लेषण करना है। इसके साथ ही यह भी जरूरी है कि इन स्थितियों में सुधार लाने और इन जनजातियों को एक बेहतर भविष्य की तरफ अग्रसर करने के रास्ते और उपाय भी टटोले और सुझाए जाएँ।

सामाजिक वातावरण, पारिवारिक सम्बन्ध, पास-पड़ोस और शिक्षण संस्थान किसी व्यक्ति के चरित्र और व्यक्तित्व के निर्माण में बहुत महत्त्वपूर्ण भूमिका निभाते हैं। जैसा कि हैकरवाल लिखते हैं—

> भारतीय परिवार सामाजिक रवैयों के विकास का एक सशक्त माध्यम रहा है और सामाजिक नियंत्रण का भी।[80]

समाज को अपराध से पूरी तरह मुक्त करना कपोल कल्पना है। फिर भी इसमें कमी जरूर लाई जा सकती है। उपनिवेशीय सरकार विभिन्न कदमों और कानूनों से अपराध पर लगाम लगाने की कोशिश कर रही थी। देश की स्वाधीनता के बाद भी ये सरकारी प्रयास जारी रहे हैं लेकिन अपराध कम होने का नाम नहीं ले रहे हैं। समाज के सामाजिक-आर्थिक ढाँचे में आमूल-चूल परिवर्तन की जरूरत है। जहाँ तक सी.टी. या 'आपराधिक जनजातियों' की बात है, इस कलंक से मुक्त हुए बिना ये समाज के अन्य अंगों के साथ भावनात्मक स्तर पर नहीं जुड़ सकतीं। परिवर्तन

एक निरन्तर जारी प्रक्रिया होती है जो समर्पण, उत्साह और लगन की माँग करती है। आदिवासियों में परिवर्तन की इस प्रक्रिया को बारीकी और गहराई से समझने की जरूरत है। हमारे अध्ययन का विषय भी यही है। सरकार द्वारा शुरू किए गए पुनर्वास कार्यक्रमों का आकलन करने के साथ-साथ इन जनजातियों की प्रतिक्रिया का अध्ययन करना इसी व्यापक विषय का एक हिस्सा है।

ये आदिवासी बस्तियाँ ऐसे जिलों में स्थापित की गई थीं जहाँ गम्भीर अपराध हो रहे थे। बंजारा जनजातियों को एक नियमित और स्थायी जीवन-शैली प्रदान करने के लिए इन बस्तियों को कृषि प्रधान, औद्योगिक या दंड और सुधार प्रधान स्वरूप दिया गया था।[81] इनका संचालन साल्वेशन आर्मी, अमेरिकन बॅपटिस्ट तेलुगु मिशन, कनाडा मिशन और कुछ अन्य परोपकारी संस्थाओं या फिर खुद सरकार के हाथ में था।[82]

आन्ध्र प्रदेश में सबसे पहली सी.टी. बस्ती अमेरिकन बॅपटिस्ट तेलुगु मिशन द्वारा 1912 में कावाली में स्थापित की गई थी।[83] इससे पहले 1911 में नेल्लोर जिले के कलीचेडु क्षेत्र में डोमरों और कठेरों के लिए भी एक बस्ती स्थापित की गई थी। 1913 में साल्वेशन आर्मी ने सीतानगरम में एक बस्ती स्थापित की। इसी वर्ष सिद्धापुरम बस्ती की भी स्थापना हुई, जो एक स्वयंसेवी बस्ती थी। अगले वर्ष 1914 में वेडुलापल्ली या बेटापुड़ी बस्ती की स्थापना हुई। बाद में स्टुअर्टपुरम के नाम से जाने जाने वाली यह बस्ती साल्वेशन आर्मी द्वारा स्थापित की गई थी। इसी वर्ष साल्वेशन आर्मी ने एक और बस्ती भुम्मन्ना गड्डा की भी स्थापना की, जो एक कृषि प्रधान बस्ती थी और नवाबपेटा कोरचों के लिए थी। इसी संस्था ने गुंटूर में एक सुधारवादी बस्ती की भी स्थापना की जो जेलों में सजा भुगत रहे कैदियों के सुधार के लिए थी। इसी तरह 1914 में नेल्लोर जिले में स्थापित चिन्तला देवी बस्ती कंजर भाटों के उद्धार के लिए थी, जो बम्बई प्रेसीडेंसी से सम्बन्ध रखते थे।[84] इन सबके अलावा निजाम सरकार ने भी 1917 में महबूबनगर जिले में लिंगाग में डोंग वोड्डारों और येरुकलाओं के लिए एक बस्ती की स्थापना की थी।

हमारे वर्तमान अध्ययन की पहली बस्ती सिद्धापुरम, करनूल जिले में स्थित है। जैसा कि हम कह चुके हैं 1913 में स्थानीय प्रयासों से स्थापित इस बस्ती का संचालन खुद सरकार के हाथ में था। यह बस्ती चेंचू और डोंग वोड्डार जातियों के आदिवासियों के लिए थी।

यह डोंग वोड्डार वही जाति है जिसे देश के विभिन्न हिस्सों में कठेरा, डोंग दुसारी, अलीगढ़ी या गुडु डसरी के नाम से जाना जाता है।[85] ऐसा माना जाता है कि ये लोग डसरी या भिखारी थे और 1876-78 के अकाल के बाद चोरी-चकारी करने लगे थे। वे भेस बदलकर मेलों-समारोहों में जाने और पशुओं का व्यापार करने का स्वाँग रचने में माहिर थे।

ब्रिटिश अधिकारी बॉडेन ने डोंग वोड्डारों को सबसे खतरनाक अपराधी जाति बताया था, येरुकलाओं से भी ज्यादा। उनके अनुसार—

> मैं कहूँगा कि कलिचेड्डू के डसरी कहीं ज्यादा खतरनाक अपराधी प्रवृत्ति के लोग हैं।[86]

इसका एक कारण यह था कि ये लोग कई कबीलों और जातियों से थे और जगह-जगह भटकते रहते थे। ये बहुत चालाक माने जाते थे और आपराधिक जनजातियों की सूची में शामिल थे। इनकी अपराधी प्रकृति के पीछे भुखमरी, गरीबी, मौसम की मार और घुमन्तू जीवन-शैली जैसे कारण शामिल थे। पौपा राव नायडू के अनुसार—

> दक्षिण भारत के अलीगढ़ी या केपमड़ी इसी विशाल कबीले की शाखा माने जाते हैं...[87]

यह वोड्डार जनजाति धर्म, व्यवहार, रीति-रिवाजों, भाषा और अन्य मामलों में दूसरे आदिवासियों से बिलकुल अलग है। जगह-जगह से उखड़ते रहने, मिश्रित जाति-स्वरूप और नई जगहों और परिवेशों के प्रभाव के कारण ये अपने मूल कबीले से भिन्न होते चले गए। इनमें बोया, गोल्ला और सालिया जैसी कई जातियाँ हैं। इतना ही नहीं, इनमें विभिन्न वर्णों के हिन्दू और और कभी-कभी तो मुसलमान भी देखने को मिल जाते हैं। इनकी सबसे अलग खूबी यह है कि ये अच्छे कपड़े पहनकर और धार्मिक प्रतीक चिन्हों को धारण करके सम्मानजनक व्यापारियों के भेस में कहीं भी पहुँच जाते हैं।[88] इतना ही नहीं, ये समाज के प्रतिष्ठित लोगों और उनकी निजी जिन्दगी के बारे में काफी जानकारी हासिल कर लेते थे और बातचीत में इस जानकारी का उपयोग भी करते थे। फिर भी ये अपनी आदिवासी प्रकृति और जीवन-शैली नहीं छोड़ते थे।[89]

जनजाति और जाति की जनगणना के सरकारी आँकड़ों में 'डोंगा वोड्डार' का कोई उल्लेख नहीं मिलता। किसी दूसरी जाति या जनजाति के साथ इसका कोई जुड़ाव न होने के कारण इन्हें आरक्षण का लाभ भी नहीं मिल पाया। इन्होंने सरकार को कई बार ज्ञापन देकर अपनी जनजाति को येरुकलाओं के समान माने जाने का अनुरोध किया है लेकिन कोई परिणाम नहीं निकला है।

हमारे अध्ययन की दूसरी बस्ती स्टुअर्टपुरम की आदिवासी बस्ती है। गुंटूर जिले में बापट्ला तालुका के वेडुलापल्ली गाँव में स्थित इस बस्ती की स्थापना 1914 में हुई थी। साल्वेशन आर्मी द्वारा संचालित यह बस्ती एक कृषि प्रधान बस्ती है, जिसमें आन्ध्र प्रदेश की सबसे बड़ी जनजाति येरुकला के सदस्य बसे हुए हैं। यह जनजाति सीमान्ध्र और रायलसीमा दोनों क्षेत्रों में ही फैली हुई है। असल में ये

लोग भूतपूर्व मद्रास प्रेसीडेंसी के सभी हिस्सों में पाए जाते हैं। अलग-अलग जगहों पर इन्हें अलग नामों से जाना जाता है। सुदूर दक्षिण से नार्थ आर्काट जिले तक इन्हें कोरवा के नाम से और मैसूर में कोरचा के नाम से जाना जाता है। आन्ध्र प्रदेश में इन्हें येरुकला कहा जाता है।[90]

'कोरचा' या 'कोर्चा' शब्द 'कोरवा' शब्द के काफी बाद में प्रचलन में आया प्रतीत होता है। माना जाता है कि इसका सम्बन्ध हिन्दी-उर्दू के शब्द 'कोरी' या 'कोरी निग्गा' से है, जो बाद में बिगड़कर 'कोरचा' बन गया। इस जाति के कई गोत्र, कुल या वंश मिलते हैं, जिन्हें अलग-अलग ऊँचा या निचला दर्जा प्राप्त है। इनमें सथुपति, कवाड़ी, मानपेटी और मेंद्रा गुट्टी इत्यादि शामिल हैं।[91] ये सभी तमिल शब्दों के बिगड़े रूप हैं। इन जातियों की स्त्रियाँ दो कामों के लिए खासतौर से जानी जाती हैं—गोदना और ज्योतिष विद्या। वे खेती-बाड़ी में भी अपने पतियों का हाथ बँटाती हैं।

इस अध्ययन का उद्देश्य सरकार द्वारा इन जनजातियों के पुनर्वास के लिए उठाए गए कदमों की समीक्षा करना और इन बस्तियों में इनके जीवन और जीवन-शैली में आए बदलावों का आकलन और विश्लेषण करना है। हमने इनके पारिवारिक जीवन के सामाजिक और आर्थिक पहलुओं के साथ-साथ इनके घरेलू काम-काज, बच्चों के पालन-पोषण और इनकी आमदनी और खर्च इत्यादि का भी गहराई से अध्ययन किया है। इसके अलावा हमने प्रशासन द्वारा उठाए जाने वाले कदमों, पुलिस की भूमिका और व्यवहार, जेलों में इन लोगों के अनुभवों और इनके उद्धार और पुनर्वास से जुड़ी योजनाओं का भी बारीकी से अध्ययन और विश्लेषण किया है।

5

इन दोनों बस्तियों के अध्ययन के लिए हमने बहुत-से लोगों के साक्षात्कारों के साथ-साथ कई केस-हिस्ट्रियों का गहराई से अध्ययन करने का तरीका अपनाया है। यह सब इस अध्ययन का महत्त्वपूर्ण स्रोत है। इसके अलावा दोनों बस्तियों में रहने वाले सभी निवासियों के बारे में विस्तृत जानकारियाँ बटोरी गईं। आन्ध्र प्रदेश में इन जनजातियों के पुनर्वास के काम से जुड़े कुछ सामाजिक कार्यकर्ताओं—लवनम और हेमलता लवनम इत्यादि—के साथ भी लम्बी भेंट वार्ताएँ की गईं। यह अध्ययन सीधे प्राप्त की गईं और दूसरे स्रोतों से जुटाई गईं—दोनों तरह की जानकारियों पर आधारित है। ये जानकारियाँ प्राप्त करने के लिए हमने सर्वेक्षण और फील्डवर्क दोनों ही विधियों का उपयोग किया है। अध्ययन के ऐतिहासिक स्वरूप को देखते हुए राष्ट्रीय और प्रादेशिक अभिलेखागार इस अध्ययन का मूल आधार रहे हैं।

दूसरे स्रोतों के अलावा सिद्धपुरम और स्टुअर्टपुरम के निवासियों और अन्य बहुत-से मौखिक साक्ष्य हमारे अध्ययन का प्रमुख स्रोत रहे हैं। साल्वेशन आर्मी के

मैनेजरों और वार्डनों के साथ-साथ हमने स्टुअर्टपुरम में मदिगनी दत्तु नामक एक स्वतंत्रता सेनानी और गाँव के सरपंच देवरा सैमसन से भी भेंटवार्ता की। इसके अलावा हमने पोन्ना कोटेश्वर राव और पालापर्थी वीरैय्या जैसे विद्वानों और सामाजिक कार्यकर्ताओं के साथ भी लम्बी बातचीत की। सेवानिवृत्त अध्यापक, बड़े-बूढ़े, वन अधिकारी और गाँव के पंच, सिद्धापुरम में हमारी जानकारियों का एक प्रमुख माध्यम रहे। इसके अलावा राजस्व, कानून, न्याय, गृह, श्रम और पुलिस विभाग के पुराने रिकॉर्डों को भी हमने गहराई से और विस्तार से खँगालने का प्रयास किया है। इसी तरह 1925 से लेकर 1954 तक की मद्रास प्रदेश सरकार की प्रशासनिक रिपोर्टों और 1956 से लेकर 1975 तक की आन्ध्र प्रदेश सरकार की प्रशासनिक रिपोर्टों से भी हमें काफी मदद मिली है। 1960 से लेकर 1980 तक के बीस वर्षों में अनुसूचित जातियों और जनजातियों के कमिश्नर की रिपोर्टों का भी हमने अपने अध्ययन में उपयोग किया है।

सामाजिक वैज्ञानिकों ने आपराधिक जनजातियों की समस्या पर शायद ही कोई ध्यान दिया है। वे कुल मिलाकर उपनिवेशीय प्रशासन की धारणाओं का ही अनुसरण करते रहे हैं। हेस्टिंग्स, कोर्नवोलिस, विलियम बेंटिंक और विलियम स्लीमैन जैसे प्रशासकों ने आपराधिक और बंजारा जनजातियों पर कई पुस्तकें लिखी थीं। इस समस्या का गहराई से चित्रण करने वाले यूरोपीयन लेखकों में मीडोज़ टेलर ('द कन्फेशंस ऑफ़ ए ठग एंड द स्टोरी ऑफ़ माय लाइफ')[92], विलियम स्लीमैन ('रैम्बल्स एंड री-क्लेकशंस ऑफ़ एन इंडियन आफीशियल')[93] और फिलिप मैसन ('कॉल द नेक्स्ट विटनेस')[94] इत्यादि शामिल थे। इन पुस्तकों से हमें उपनिवेशीय काल की स्थितियों की झलक मिलती है। इसी तरह, थॉमस मुनरो की 'सिलेक्शंस ऑफ़ हिज मिनट्स एंड अदर ऑफीशियल राइटिंग्स' से हमें मद्रास प्रेसीडेंसी के साथ-साथ अन्य क्षेत्रों की आपराधिक जनजातियों के बारे में भी बहुत-सी जानकारियाँ मिलती हैं। स्लीमैन को मध्य भारत और देश के अन्य भागों में आपराधिक वर्गों से निपटने का लम्बा अनुभव था। उनकी कृतियों से हमें ठगों और पिंढारियों के बारे में कई दिलचस्प और महत्त्वपूर्ण जानकारियाँ मिलती हैं।

यह एक दुखद तथ्य है कि आपराधिक जनजातियों का बहुत कम अध्ययन हुआ है। जो थोड़े-बहुत अध्ययन हैं भी, वे मूल रूप से मानवशास्त्रीय या सामाजिक प्रकृति के अध्ययन हैं। वर्षों पहले जनरल हारवे ने कोरवाओं द्वारा किए गए अपराधों की काल-क्रम के अनुसार एक लम्बी सूची बनाई थी।[95] लेकिन इसके पीछे उनकी बंजारा जीवन-शैली को लिपिबद्ध करने का उद्देश्य था। दक्षिण भारत के कई सरकारी जिला गजटों में भी इन जनजातियों का बहुत संक्षिप्त वर्णन मिलता है।[96] 1857 के विद्रोह के बाद ब्रिटिश राज के कुछ अधिकारियों ने देश की जनजातियों का अध्ययन किया था। लेकिन इसका दायरा इतना फैला हुआ

और अव्यवस्थित था कि यह पुलिस विभाग के अधिकार क्षेत्र के मामलों तक सीमित रह गया।

1892 में मद्रास के पुलिस सुपरिंटेंडेंट एफ.एस. मुलैली ने 'द सी.टी.ज़' के नाम से एक पुस्तक लिखी थी।[97] इससे पहले 1882 में ई.जे. गुनथ्रोप 'नोट्स ऑन सी.टी.ज़' के नाम से एक पुस्तक लिख चुके थे। इससे भी पहले 1876 में 'जिप्सीज ऑफ़ इंडिया' के नाम से डेविड मैकरिची भी इन जनजातियों पर लिख चुके थे।[98] यह पुस्तक बंजारों की उत्पत्ति और शुरुआती इतिहास के बारे में कई महत्त्वपूर्ण जानकारियाँ देती है। इसी तरह मद्रास के पुलिस डी.आई.जी. ई.एस.बी. स्टीवेंसन ने भी बंजारों के रीति-रिवाजों और जीवन-शैली ('कस्टम एंड हैबिट्स') पर विस्तार से लिखा था, लेकिन उनकी यह पुस्तक प्रकाशित नहीं हो सकी। 1905 में मद्रास पुलिस के ए. पौपा राव नायडू ने भी 'द हिस्ट्री ऑफ़ कोरवाज़' के नाम से एक पुस्तिका लिखी थी।[99] उनकी दो अन्य कृतियाँ 'द सी.टी.ज़ ऑफ़ इंडिया' और 'द रेलवे थीव्ज़' हमारे अध्ययन का एक महत्त्वपूर्ण स्रोत रही हैं। इसी तरह 1910 में प्रकाशित जी.डब्ल्यू. गेयर की 'लेक्चर्स ऑन सम सी.टी.ज़ ऑफ़ इंडिया एंड रीलीजियस मेंडीकेंट्स' में भी येरुकलाओं के बारे में कई महत्त्वपूर्ण जानकारियाँ मिलती हैं। इस पुस्तक में वोड्डारों, सेंचलुओं, तिरमल्लियों (जिन्हें डोंग सचलू भी कहा जाता है) की बाजारू भाषा, जीवन-शैली, संस्कृति, आदतों और अपराध करने के तरीकों के साथ-साथ इन सभी जनजातियों की उत्पत्ति के बारे में भी बहुत-सी दिलचस्प जानकारियाँ हैं।[100] हेरोल्ड बेगबी की 'अदर शीप' और 'द ट्वाईस बोर्न मेन' में 'आपराधिक वर्गों' का दिलचस्प वर्णन है।[101] 'अदर शीप' में भीलों, डोमों, भाटुओं और हबुराओं इत्यादि पर विशेष जोर दिया गया है। इस पुस्तक में साल्वेशन आर्मी के काम का भी विस्तार से उल्लेख किया गया है। दूसरी पुस्तक 'द ट्वाइस बोर्न मेन' में आपराधिक जनजातियों पर अलग से एक अध्याय है। इस अध्याय में अपराधों से जुड़ी परिस्थितियों और पक्का अपराधी बनने से जुड़े मनोविज्ञान का विश्लेषण किया गया है।

एडगर थर्स्टन की 'साउथ इंडियन कास्ट्स एंड ट्राइब्स' में दक्षिण भारत की जनजातियों का सबसे अच्छा विवरण मिलता है।[102] इस पुस्तक की रचना में मद्रास म्यूजियम के के. रंगनाचारी का भी महत्त्वपूर्ण योगदान था।[103] यह महत्त्वपूर्ण पुस्तक 1909 में खुद मद्रास सरकार द्वारा सात खंडों में प्रकाशित की गई थी। 1915 में प्रकाशित मुहम्मद अब्दुल गनी की 'नोट्स ऑन द सी.टी.ज़ ऑफ़ मद्रास प्रेसीडेंसी' एक और महत्त्वपूर्ण पुस्तक है।[104] इससे मद्रास प्रेसीडेंसी के आपराधिक वर्गों की सबसे उल्लेखनीय और महत्त्वपूर्ण चारित्रिक विशिष्टताओं का वर्णन किया गया है। 1921 में मद्रास के पब्लिसिटी ब्यूरो द्वारा प्रकाशित 'दे चेंचूज़ एंड मद्रास पुलिस' एक और विशिष्ट पुस्तक है।[105] दो भागों में विभाजित इस पुस्तक के पहले भाग में

नल्लामलई जंगल के चेंचुओं के जीवन का वर्णन है जबकि दूसरा भाग नल्लामलाई की पहाड़ियों में उनके आपराधिक कृत्यों पर केन्द्रित है। 1924 में प्रकाशित एस.एम. एडवर्ड की पुस्तक 'क्राइम एंड सी.टी.ज़ इन इंडिया' में विभिन्न अपराधों, उनके कारणों और उनकी रोकथाम के उपायों के बारे में बहुत-सी जानकारियाँ हैं।[106] एक अलग अध्याय में उन्होंने आपराधिक जनजातियों और उनसे जुड़े 1871 के कानून की भी विस्तार से चर्चा की है। यह एक महत्त्वपूर्ण पुस्तक है और अपराधी की मनोस्थिति और मनोविज्ञान पर प्रकाश डालती है। 1928 में डब्ल्यू.जे. हेंच ने तमिलनाडु के कोरवाओं पर 'द लैंड पायरेट्स ऑफ़ इंडिया' के नाम से एक पुस्तक लिखी, जो इसी क्षेत्र की उपज माने जाते हैं।[107] ई. रामचन्द्र शास्त्री ने भी 'हिस्ट्री ऑफ़ सी.टी.ज़ ऑफ़ मद्रास प्रेसीडेंसी' के नाम से एक पुस्तक लिखी, जो 1929 में प्रकाशित हुई थी। उन्हीं की एक दूसरी पुस्तक 'थीविंग कम्युनिटीज़' के तेलुगु संस्करण में मद्रास प्रेसीडेंसी की आपराधिक जनजातियों का विस्तृत ब्यौरा दिया गया था। इस पुस्तक में इन जनजातियों की सांस्कृतिक गतिविधियों और आदतों का भी विस्तार से वर्णन किया गया था।[108] तेलुगु की एक अन्य पुस्तक 'आदिम वसुलु' (आदिम जनजातियाँ) में भी खोंड, सवर, गादाबा, कोटल और चेंचू जैसी जनजातियों का वर्णन किया गया था। चिराबुरी नागभूषणाचार्युलु द्वारा लिखित इस पुस्तक में येरुकला, यनादी, लम्बाडी, डोमर इत्यादि जनजातियों का भी उल्लेख था।[109] पुस्तक के अन्तिम अध्याय में इन जनजातियों के पुनर्वास और उत्थान के लिए उठाए गए कदमों की भी चर्चा की गई थी। ओ.एच.बी. स्टार्टी ने भी उपनिवेशीय शासन के दौरान इन लोगों के उद्धार और पुनर्वास के उपायों का विस्तार से वर्णन किया था।[110] बी.एस. हेकरवाल द्वारा लिखित 'इकोनॉमी एंड सोशल एस्पेक्ट्स ऑफ़ क्राइम इन इंडिया' तो भारतीय अपराध विज्ञान के क्षेत्र में पहली प्रामाणिक पुस्तक मानी जाती है।[111] ए.टी. फिशमैन की कई पुस्तकों में भी भारत में अपराध और जनजातियों की स्थिति का महत्त्वपूर्ण वर्णन है।[112]

इन सब मूल्यवान स्रोतों के अलावा हमने कई अन्य लिखित दस्तावेज़ों की भी मदद ली है। इनमें 'सी.टी.ज़ इन्क्वारी कमिटी रिपोर्ट्स ऑफ़ बॉम्बे प्रेसीडेंसी' (1939)[113], 'युनाइटेड प्राविंसेस' (1948)[114], 'मद्रास' (1924)[115] और 'ऑल इंडिया सी.टी.ज़ इन्क्वारी कमिटी रिपोर्ट्स', 'मैन्युल्स ऑफ़ द एडमिनिस्ट्रेशन ऑफ़ द मद्रास प्रेसीडेंसी, 1885 और 1886' और 1930 तक आपराधिक जनजातियों को बसाने में हुई प्रगति पर एक 'नोट', 'एडमिनिस्ट्रेशन रिपोर्ट्स ऑफ़ द हरिजन वेलफेयर डिपार्टमेंट फ्रॉम 1953 टू 1956', 'एडमिनिस्ट्रेशन रिपोर्ट्स ऑफ़ हैदराबाद डिस्ट्रिक्ट पोलिस फॉर द ईयर 1945-48', 'रिपोर्ट ऑन द एडमिनिस्ट्रेशन ऑफ़ पोलिस एच.ई.एच. द निजाम गवर्नमेंट फ्रॉम 1914-20' और 'एडमिनिस्ट्रेशन रिपोर्ट ऑफ़ द इंस्पेक्टर जनरल ऑफ़ पोलिस मद्रास फ्रॉम 1910 टू 1930' जैसे पुराने

दस्तावेज़ शामिल थे। इन सभी दस्तावेज़ों से हमें भारत में आपराधिक जनजातियों की ऐतिहासिक पृष्ठभूमि को समझने में मदद मिली है।

1943 में भी हेमनडॉर्फ ने 'द एबोरिजनल ट्राइब्स हैदराबाद, वॉल्यूम-1' के नाम से एक महत्त्वपूर्ण पुस्तक लिखी थी। इसमें आन्ध्र प्रदेश में इन जनजातियों की स्थिति का वर्णन है। उनकी कई अन्य पुस्तकें भी हमारे लिए बहुत मूल्यवान साबित हुईं।[116]

जिलिन जॉन लेविस[117], जे.एच. हटन[118] और वेरियर एल्विन[119] ने जनजातियों से जुड़े अपराधों पर कई पुस्तकें लिखी हैं। वेरियर एल्विन की अन्य पुस्तकों में 'द ट्राइबल वर्ल्ड' (1964) और 'ए न्यू बुक ऑफ़ ट्राइब्ल फिक्शन' (1970) शामिल हैं, जिनमें अपराध की बजाय इन जनजातियों का मानवशास्त्रीय और सामाजिक अध्ययन है। जे.एच. हटन की 'ए पॉपुलर एकाउंट ऑफ़ ठग्स एंड डकॉयट्स' में आपराधिक जनजातियों के बारे में कई महत्त्वपूर्ण जानकारियाँ हैं। वेनेलागुंटी राघवैया द्वारा लिखित और दो खंडों में प्रकाशित 'ट्राइब्स ऑफ़ इंडिया' में आपराधिक जनजातियों पर अलग से एक अध्याय है।[120] उनकी 'द प्रॉबलम्ज़ ऑफ़ सी.टी.ज़ द यनडी एंड द नोमॅडज' एक और मूल्यवान पुस्तक है। इसी तरह 'ट्राइब्ल रिवोल्ट्स' उनकी एक और पुस्तक है जबकि 'ट्राइब्ल जस्टिस' में उन्होंने इन जनजातियों से जुड़े अपराधों और उनकी रोकथाम के उपायों की चर्चा की है। इसी तरह, अयप्पन की पुस्तक 'रिपोर्ट ऑन द सोशियो-इकोनॉमिक कंडीशंस ऑफ़ द एबेरिजिनल ट्राइब्स ऑफ़ द प्राविंस ऑफ़ मद्रास' में भी आपराधिक और अन्य जनजातियों की बस्तियों के बारे में बहुत-सी जानकारियाँ हैं।[121] बी.आर. अम्बेडकर द्वारा ख़ासकर 'अछूतों' पर लिखे गए कई लेखों में भी जनजातियों की पृष्ठभूमि की जानकारी मिलती है।[122]

1948 में मद्रास सरकार द्वारा आदिम जाति कल्याण जाँच समिति के तत्वावधान में प्रकाशित 'रिपोर्ट ऑन द सोशियो-इकोनॉमिक कंडीशंस ऑफ़ द एबोरिजिनल ट्राइब्स ऑफ़ द प्राविंस ऑफ़ मद्रास' में मद्रास प्रेसीडेंसी की आपराधिक जनजातियों और उनकी बस्तियों का संक्षिप्त वर्णन है। इन जनजातियों की सामाजिक-आर्थिक स्थिति पर यह एक महत्त्वपूर्ण पुस्तक है। एक पुलिस अधिकारी वी. सुब्बा रेयन ने भी 'एबोरिजिनल ट्राइब्स ऑफ़ इंडिया'[123] के नाम से इन जनजातियों पर एक पुस्तक लिखी थी। इस पुस्तक में कोरत, कोंडा, डोरा, जातपु, यानाडी, कोरवा और लम्बाडी समेत ऐसी बावन जनजातियों के बारे में महत्त्वपूर्ण जानकारियाँ हैं। यह पुस्तक तीन भागों में विभक्त है। 1952 में प्रकाशित और सैयद ख्वाजा अब्दुल गफ्फार द्वारा लिखित 'ट्राइब्स एंड ट्राइबल वेलफेयर इन हैदराबाद' इस विषय पर एक अन्य पुस्तक है। इसमें सरकार द्वारा इन जनजातियों के पुनर्वास के लिए उठाए गए कदमों का वर्णन है।[124]

इस विषय पर लिखी गई कुछ अन्य पुस्तकों में एल्बर्ट कोहेन की 'डिलिक्वेंट बॉय्ज'[125] और हॉब्सबॉय की 'प्रिमिटिव रिबेल्स एंड बैंडिट्स'[126] शामिल हैं। एफ.जी. बेली की पुस्तक 'ट्राइब, कास्ट एंड नेशन' में भी जनजातियों और खासकर आपराधिक जनजातियों को लेकर बहुत ही मूल्यवान जानकारियाँ हैं।[127] 1965 में प्रकाशित डी.एन. मजुमदार की 'रेसिस एंड कल्चर्स ऑफ़ इंडिया' एक और जानकारियों भरी पुस्तक है।[128] इसी तरह एस. वेणुगोपाल राव की 'क्राइम इन इंडिया' इन जनजातियों के आपराधिक पहलुओं का गहराई से विश्लेषण करती है।[129] पी.के भौमिक की 'द लोढाज ऑफ़ वेस्ट बंगाल' में लोढ़ा जनजाति का विस्तृत अध्ययन किया गया है।[130] 1963 में प्रकाशित एक और पुस्तक 'द सी.टी.ज़ ऑफ़ दिल्ली स्टेट' में दिल्ली में आपराधिक जनजातियों की स्थिति की वैज्ञानिक जाँच-पड़ताल की गई है।[131] पी.सी. बिस्वास की इस पुस्तक की तरह वी. शिवप्रसाद राव का एक अप्रकाशित तेलुगु शोध-ग्रन्थ भी एक महत्त्वूर्ण अध्ययन है, जिसमें कप्परल्ला टिप्पा की जनजाति बस्ती के उद्‌भव और विकास का वर्णन है। इस शोध ग्रन्थ में सरकार के पुनर्वास प्रयासों की भी समीक्षा की गई है।[132]

शेर सिंह शेर की पुस्तक 'द सेंसीज़ ऑफ़ पंजाब' पंजाब की बंजारा जनजाति 'सेंसी' (साँसी) पर केन्द्रित है।[133] इस पुस्तक में सेंसियों को एक 'आपराधिक जनजाति' के रूप में डीनोटिफाइड किए जाने के दुखद परिणामों और संवेदना रहित अधिकारियों द्वारा उनके शोषण का वर्णन है। यह कृति उन सभी शोधकर्ताओं के लिए एक आदर्श उदाहरण है जो इसी तरह की दूसरी जनजातियों का वैज्ञानिक अध्ययन करना चाहते हैं। जॉर्ज ब्रूस की पुस्तक 'द स्ट्रेंग्लर्स, द कल्ट ऑफ़ द ठगी एंड इट्स ओवरथ्रो इन ब्रिटिश इंडिया' उपनिवेशीय काल के ठगों और पिंढारियों पर केन्द्रित है।[134] इसी तरह गुस्ताव ओपर्ट की पुस्तक 'द क्रिमिनल इन्हेबिटेंट्स ऑफ़ इंडिया' एक और महत्त्वपूर्ण पुस्तक है, जिसमें कुरु और येरुकला समेत बहुत-सी जनजातियों का वर्णन है।[135]

साल्वेशन आर्मी और अमेरिकन बॅपटिस्ट मिशन जैसी कुछ संस्थाओं द्वारा भी भारत की जनजातियों पर कुछ पुस्तकें लिखी गईं, जिनमें आन्ध्र प्रदेश की जनजातियों पर विशेष ध्यान दिया गया था। इन महत्त्वपूर्ण ब्यौरों में 'आदतन अपराधी' मानी जाने वाली जनजातियों की शुरुआती स्थितियों की झलक मिलती है। उदाहरण के लिए साल्वेशन आर्मी के अधिकारियों विलियम बूथ और फ्रेडरिक बूथ टकर द्वारा 'क्रिमिनोलॉजी आर द इंडियन क्राइम' पर लिखित पुस्तक में विभिन्न आपराधिक जनजातियों और उनके द्वारा किए जाने वाले अपराधों का वर्णन है।[136] उन्होंने अपनी संस्था द्वारा अपनाए जा रहे पुनर्वास के तरीकों का भी इसमें विस्तार से उल्लेख किया है।

खुद येरुकला समुदाय के सदस्य भी समय-समय पर अपने अतीत को लेकर लोक गाथाओं, टीका-टिप्पणियों और कभी-कभी निबन्धों की भी रचना करते रहे हैं। इनमें

पोन्ना कोटेश्वर राव, पाल्लापर्थी वीरैय्या, रमेश्वरम नागैय्या और पोन्ना सत्यनारायण जैसे लेखक प्रमुख हैं। सत्यनारायण ने 'कल्लु मुंथा' और 'राम राज्यम' के नाम से दो तेलुगु लोकगाथाओं की रचना की है।[137] इनमें येरुकलाओं की जीवन-शैली और व्यवहार की झलक मिलती है। 'कल्लु मुंथा' में एक येरुकला विवाह का विस्तृत वर्णन है, जिससे पता चलता है कि विभिन्न सम्बन्धी ऐसे अवसरों पर किस तरह की भूमिका निभाते हैं और सब लोग किस तरह का व्यवहार करते हैं। समुदाय के एक स्नातक होने के नाते सत्यनारायण अपने कुछ अन्य साथियों रामेश्वरम, नागैय्या, पलापरति, वीरैय्या और चंडला जानकीराम इत्यादि के साथ देशभर का दौरा किया करते थे और यह गाथा सुनाया करते थे। 'राम राज्यम' और 'एकलव्य' जैसी अन्य लोकगाथाओं में भी येरुकलाओं की संस्कृति और जीवन-शैली की झलक मिलती है। पोन्ना कोटेश्वर राव 'दलित मार्ग' के नाम से एक पत्रिका भी निकाला करते थे, जिसमें आन्ध्र प्रदेश की आपराधिक जनजातियों का वर्णन रहता था।[138] इसी तरह, पालापर्थी वीरैय्या ने 'व्हाट वी डिड' शीर्षक से एक महत्त्वपूर्ण लेख लिखा था, जिसे 'भारतीय आदिमजाति सेवक संघ' ने प्रकाशित किया था।[139] ये पंक्तियाँ लिखे जाने तक वे 1948 में स्थापित आन्ध्र राष्ट्र आदिमजाति सेवक संघ के अध्यक्ष के रूप में कार्यरत थे।

कुछ ही दशक पहले, 1981 में साल्वेशन आर्मी के अधिकारी सोल्विंग स्मिथ ने अपनी संस्था पर एक पुस्तक लिखी थी—'द स्टोरी ऑफ़ 100 ईयर्स ऑफ़ द एस.ए. इन इंडिया एंड एडजेसेंट कंट्रीज'।[140] इस पुस्तक में ग्रेट ब्रिटेन, डेनमार्क और जापान के साथ-साथ भारत और उसके पड़ोसी देशों (बर्मा इत्यादि) में भी संस्था की गतिविधियों का विवरण है। मद्रास प्रेसीडेंसी में आपराधिक जनजातियों के पुनर्वास कार्यक्रमों का विस्तार से वर्णन करने वाली यह पुस्तक एक महत्त्वपूर्ण पुस्तक है।

खुद साल्वेशन आर्मी की गौरवशाली उपलब्धियों को दर्ज करने वाली पुस्तक 'द मड बैंक' में लेखक एम.ई. मॅकेंजी ने संस्था से जुड़े कई महान कार्यकर्ताओं के रोचक और रोमांचक प्रसंगों का वर्णन किया है। वे खुद भी इन महान कार्यकर्ताओं में शामिल थे और इस पुस्तक को उनकी महान उपलब्धियों की गौरव-गाथा भी कहा जा सकता है। वे पूरे चवालिस वर्षों तक तन-मन-धन से भारत की आदिम जनजातियों की सेवा में लगे रहे। इस पुस्तक में उनकी अप्रतिम समर्पण भावना और गतिविधियों के साथ-साथ स्टुअर्टपुरम और सिद्धपुरम बस्तियों के आदिवासियों के साथ उनके सहानुभूतिपूर्ण सम्बन्धों की भी झलक मिलती है।[141] एम.सी. तिरुवेंकट अचरियर लिखित 'हिस्ट्री ऑफ़ द अज़ीज़नगर सैटलमेंट' (1926) और वेटसन बर्नार्ड लिखित 'ए हंडरेड ईयर्स वॉर' (1964) आपराधिक जनजातियों के इतिहास और जीवन-शैली को चित्रित करने वाली दो अन्य पुस्तकें हैं।

गंटा राजा राव नाम के एक अन्य साल्वेशन आर्मी अधिकारी ने भी 'द हिस्ट्री ऑफ़ एस.ए इन आन्ध्रा' के नाम से बहुत दिलचस्प पुस्तक लिखी थी।[142] ईसाइयों के प्रति पक्षपातपूर्ण होने के बावजूद इस पुस्तक में आन्ध्र प्रदेश की आपराधिक जनजातियों का अच्छा चित्रण है। इस पुस्तक में आन्ध्र प्रदेश में साल्वेशन आर्मी की गतिविधियों का भी विस्तार से वर्णन किया गया है। प्रदेश में इस संस्था के उद्भव और विकास के संक्षिप्त वर्णन के साथ-साथ आपराधिक जनजातियों के सुधार के लिए अपनाए जा रहे नियम-कानूनों की भी विस्तार से चर्चा की गई है। अंग्रेजी और तेलुगु में कई पुस्तकों के प्रकाशन के साथ-साथ साल्वेशन आर्मी 'द वार क्राई' के नाम से एक मासिक पत्रिका भी निकालती थी, जो अंग्रेजी और तेलुगु दोनों भाषाओं में छपती थी।[143] इस मासिक पत्रिका में मद्रास प्रेसीडेंसी और अन्य प्रदेशों में संस्था की गतिविधियों और जनजातियों से जुड़े विभिन्न मुद्दों की चर्चा की जाती थी। इसमें स्टुअर्टपुरम और सीतानगरम की बस्तियों की गतिविधियों का खासतौर से उल्लेख रहता था।

स्टीफन फुश की 'द एबोरिजिनल ट्राइब्स ऑफ़ इंडिया' से दक्षिण भारत की आदिम जातियों और उपनिवेशीय सरकार की वन नीतियों के बारे में बहुत सी जानकारियाँ मिलती हैं।[144] इसी तरह आर.वी. रसेल और राय बहादुर हीरालाल द्वारा संयुक्त रूप से लिखित 'ट्राइब्स एंड कास्ट्स ऑफ़ द सेंट्रल प्राविंसेस ऑफ़ इंडिया' में बहुत-सी जनजातियों के सामाजिक और सांस्कृतिक पहलुओं को छुआ गया है।[145] कोरवा जनजाति पर अलग से एक अध्याय है जिन्हें येरुकला के नाम से भी जाना जाता है। पुस्तक में उनकी शारीरिक बनावट, विभिन्न कुलों, धार्मिक प्रथाओं और काम-धन्धों की विस्तार से चर्चा की गई है। एक और पुस्तक 'विग्स एंड हंटर्स—द ओरिजिन ऑफ़ द ब्लैक एक्ट' में लेखक ई.पी. थॉम्पसन ने अठारहवीं सदी की स्थितियों का उल्लेख करते हुए ऊपरी शान्ति की पृष्ठभूमि में पनपते हिंसक द्वन्द्वों का चित्रण किया है।[146] 'ब्लैक एक्ट' वह कानून था जो 1723 में संसद ने पास किया था। यह कानून भेस बदलकर और अपने साथ हथियार लेकर चलने वाले कुछ दुष्ट और धूर्त लोगों के खिलाफ बनाया गया था। ये लोग शाही जंगलों से हिरणों को उड़ा ले जाने, वन अधिकारियों से बेधड़क टक्कर लेने और उन्हें हिंसक धमकियाँ देने के लिए बदनाम थे। इस पुस्तक में हमें अठारहवीं सदी के शुरुआती दशकों के सामाजिक द्वन्द्वों की झलक मिलती है। कमला देवी चट्टोपाध्याय की 'ट्राइबेलिज्म इन इंडिया' इस विषय पर एक और पुस्तक है, जिसमें एक अध्याय आन्ध्र प्रदेश की चेंचु जनजाति पर केन्द्रित है। इसमें नल्लामलई पहाड़ियों के चेंचुओं की जीवन-शैली, उनके धर्म, देवी-देवताओं, घरों, विवाह-पद्धति, नृत्यों और हस्तकलाओं का वर्णन किया गया है। 1984 में प्रकाशित चन्द्रशेखर भट्ट की 'एथनिसिटी एंड मोबिलिटी' पुस्तक कर्नाटक में वोड्डार जनजाति के उद्भव और समाज में उनके ऊपर उठने

से जुड़े संघर्ष और विद्रोह पर केन्द्रित है।[147] लेखक मानवशास्त्रीय तथ्यों और प्रमाणों का खुलकर प्रयोग करते हुए कर्नाटक के वोड्डारों और खासकर मन्नु वोड्डारों की एक बस्ती के संघर्ष और विकास का चित्रण करने में सफल रहा है।

एम. कनेडी की 'द क्रिमिनल क्लासेज़ इन इंडिया' में डोंगा वोड्डारों समेत बम्बई प्रेसीडेंसी के आपराधिक कृत्यों में संलग्न वर्गों का वर्णन किया गया है।[148] के.एस. सिंह की पुस्तक 'ट्राइबल सिचुएशन इन इंडिया' आदिम जनजातियों और उपनिवेशीय शासन के दौरान उनके आन्दोलनों पर केन्द्रित है। इसमें उपनिवेशीय काल के बाद नए युग की पृष्ठभूमि में जनजातियों की स्थिति का भी अध्ययन किया गया है।[149] डेविड हार्डीमेन की पुस्तक 'द कमिंग ऑफ़ द देवी' भी आदिवासियों के बारे में कई मूल्यवान जानकारियाँ देती है।[150] इस पुस्तक में उपनिवेशीय शासन के दौरान इन जनजातियों की विभिन्न समस्याओं का भी अध्ययन किया गया है। सन् 1988 में प्रकाशित जक्का पार्थसारथी की 'येरुकलॉज़' एक प्रामाणिक मानव-शास्त्रीय अध्ययन है।[151] सैयद सिराज यू.आई. हसन की 'द कास्ट्स एंड ट्राइब्स ऑफ़ द निजामाज़ डोमीनियन' में डोम्मर, येरुकला, वोड्डार जैसी कई जनजातियों का विस्तृत वर्णन है।[152] डॉ. रविनन्दन प्रताप की 'द ट्राइब्स ऑफ़ आन्ध्र प्रदेश' गुंटूर और नेल्लोर जिलों के येरुकलाओं पर केन्द्रित है।[153] एस.एस. शशि और पी.एस. वर्मा द्वारा संयुक्त रूप से लिखित 'द सोशियो-हिस्ट्री ऑफ़ एक्स-क्रिमिनल कम्युनिटीज़' इस विषय पर एक अन्य पुस्तक है।[154] इसमें आपराधिक जनजातियों द्वारा किए जाने वाले अपराधों के कारणों की जाँच के साथ-साथ उन्हें प्रभावित करने वाले कानूनों की भी समीक्षा की गई है। पुस्तक के अन्त में इन जनजातियों के पुनर्वास के लिए कुछ सुझाव भी दिए गए हैं।

उपरोक्त पुस्तकों से यह बात साफ हो जाती है कि इस विषय पर बहुत कुछ लिखा जा चुका है। फिर भी अभी बहुत-सा ठोस काम बाकी है। कुछ विद्वानों ने सचमुच ही इस दिशा में काफी ठोस काम किया है—खासकर आन्ध्र प्रदेश की आपराधिक जनजातियों और उनकी बस्तियों को लेकर। इन कृतियों में वाई.सी. सिम्हाद्री की दो पुस्तकें भी शामिल हैं।[155]

पहली पुस्तक 'द एक्स-क्रिमिनल ट्राइब्स ऑफ़ इंडिया एंड डीनोटिफाइड ट्राइब्स' में सिम्हाद्री ने विभिन्न जनजातियों के वर्णन के साथ-साथ येरुकलाओं पर विशेष रूप से ध्यान दिया है। लेखक ने उनकी तरह-तरह की आपराधिक गतिविधियों का वर्णन करते हुए समय के साथ उनमें आने वाले बदलावों का भी विश्लेषण किया है। दूसरी पुस्तक 'द डीनोटिफाइड ट्राइब्स ऑफ़ इंडिया' में सिम्हाद्री ने 1871 से पहले के काल से लेकर 1952 तक आपराधिक जनजातियों के सामाजिक-ऐतिहासिक पहलुओं का अध्ययन किया है। 1871 में ही एक कानून बनाकर इन जनजातियों को 'आपराधिक जनजातियाँ' घोषित किया गया था। सिम्हाद्री धर्मापुरम गाँव के

येरुकलाओं पर एक निबन्ध भी लिख चुके हैं। इसमें धर्मापुरम गाँव की आपराधिक जनजातियों के व्यवहार में आए बदलाव का वर्णन किया गया था। धर्मापुरम गाँव को स्टुअर्टपुरम के नाम से भी जाना जाता है।

हेमलता लवनम की तेलुगु में लिखित और 1985 में प्रकाशित पुस्तक 'नेरास्युलु संस्करण' में स्टुअर्टपुरम, कप्परल्ला टिप्पा और कुछ अन्य आदिवासी बस्तियों में उनके निजी अनुभवों का विवरण है।[156] इस पुस्तक में कुछ आदिवासी कैदियों द्वारा हेमलता लवनम को जेल से लिखे गए पत्रों के अंश भी छापे गए हैं। वे इसी विषय पर तेलुगु में एक उपन्यास 'जीवन प्रभातम्' भी लिख चुकी हैं। 1976 में लवनम और हेमलता लवनम द्वारा संयुक्त रूप से लिखित एक अन्य पुस्तक 'ए नोट ऑन रिफोर्मेशन ऑफ़ सी.टीज़' भी प्रकाशित हुई थी। इसमें इन जनजातियों और सामाजिक कार्यकर्ताओं द्वारा उठाए जाने वाले कदमों का जीवन्त चित्रण किया गया है। लेखकद्वय के अनुसार, आर्थिक और सामाजिक-सांस्कृतिक पुनर्वास से ही इस समस्या को सुलझाया जा सकता है।

इसी तरह वी. ललिता और मीना राधाकृष्णन ने भी डीनोटिफाइड जनजातियों, बंजारों और अन्य आदिवासियों पर कई लेख लिखने के साथ-साथ कुछ पुस्तकें भी लिखी हैं। वी. ललिता की 'द मेकिंग ऑफ़ सी.टी.ज़, पैटर्नस एंड ट्रांजिशन' ऐसी ही एक मूल्यवान पुस्तक है। यह कृति मूलत: आन्ध्र प्रदेश की दो आदिवासी बस्तियों—कप्परल्ला टिप्पा और सीतानगरम—पर केन्द्रित है। इसमें इन जनजातियों की समस्याओं का विस्तार से और विश्लेषणात्मक अध्ययन किया गया है। लेखिका के अनुसार, येरुकलाओं के पुनर्वास के लिए मौजूदा सामाजिक-आर्थिक, मनोवैज्ञानिक और सांस्कृतिक बाधाओं को पार करना जरूरी है। वी. ललिता का एम.फिल का शोध-कार्य 'सोशियो-इकोनॉमिक एंड एडमिनिस्ट्रेटिव एक्सपेक्ट्स ऑफ़ एन एक्स-क्रिमिनल ट्राइब : ए केस स्टडी ऑफ़ कप्परल्ला टिप्पा' भी एक महत्त्वपूर्ण दस्तावेज़ है।[157]

पिछले दशक में प्रकाशित और मीना राधाकृष्णन और दिलीप डीसूजा द्वारा लिखित दो पुस्तकें 'डिसऑनर्ड बाय हिस्ट्री : क्रिमिनल ट्राइब्ज एंड ब्रिटिश कॉलोनियल पॉलिसी' (2001) और 'ब्रैंडेड बाय लॉ : लुकिंग एट इंडियाज़ डीनोटिफाइड ट्राइब्ज' (2001) भी इस विषय पर दो महत्त्वपूर्ण पुस्तकें हैं। इनमें भारत की आबादी के एक हिस्से को 'आपराधिक' घोषित करने के ऐतिहासिक कारणों को टटोलने का प्रयास किया गया है। इन दोनों कृतियों से पता चलता है कि किस तरह डीनोटिफाइड जनजातियों को उपनिवेशीय शासन-काल में और देश की आजादी के बाद भी एक कलंकित जीवन गुजारना पड़ा और वे निरन्तर लांछनों और दमन-शोषण का शिकार होते रहे।

उपरोक्त पुस्तकों के अलावा, कई समाजशास्त्रियों और मानवशास्त्रियों द्वारा भीलों, लोढाओं, मीनाओं, येरुकलाओं और यानाडी इत्यादि जनजातियों पर बहुत-से

लेख भी लिखे गए हैं। टिम्मा राजू लक्ष्मी नारायण ने अपने एक लेख में येरुकलाओं के विभिन्न कुलों, वंशों और गोत्रों का विस्तार से वर्णन किया है।[158] एक अन्य लेख में रंगानायकुलु ने आदिवासी बस्तियों के माहौल और भूतपूर्व अपराधियों के जीवन में हो रहे सुधार का वर्णन किया है।[159] इसी तरह पी.के. भामिक के दो लेख 'लोढा : ए डिनोटीफाइड कम्युनिटी ऑफ़ वैस्ट बंगाल' और 'ट्राइब्स इन द चैंजिंग एटमॉसफीयर ऑफ़ इंडिया' इस विषय पर उपयोगी लेख हैं।[160] इन लेखों में उन्होंने लोधाओं के सामाजिक-आर्थिक जीवन में हो रहे बदलावों, उनकी समस्याओं और उनके विकास से जुड़ी विभिन्न योजनाओं का वर्णन किया है। वेरियन एल्विन के कई लेखों में जंगली कबीलों और उनकी विशिष्टताओं का बहुत दिलचस्प वर्णन मिलता है।[161] एल्विन आदिवासियों को दो श्रेणियों में बाँटकर देखते हैं। पहली श्रेणी में वे आदिवासी है जो घोर आदिम हैं और जंगलों में रहते हैं; जबकि दूसरी श्रेणी में शहरों-देहातों के आसपास बसने वाले आदिवासी हैं, जो सभ्यता के साथ सम्पर्क के बावजूद अपनी प्राचीन परम्पराओं के साथ जुड़े हुए हैं। आदिवासियों पर कई पुस्तकें लिखने वाले वी. राघवैया ने यालडियों पर एक विस्तृत लेख भी लिखा है, जिसमें आन्ध्र प्रदेश में बसी इस जनजाति का भी वर्णन है।[162] इसी तरह डी. राघवैया ने भी येरुकलाओं पर एक महत्त्वपूर्ण लेख लिखा है जो 'ट्राइब्स ऑफ़ इंडिया' में प्रकाशित हुआ है। 'सोशलॉजी एंड सोशल रिसर्च' में प्रकाशित क्रेसी पॉल का लेख 'ए सी.टीज ऑफ़ इंडिया' भी इस विषय पर एक महत्त्वपूर्ण लेख है, जिसमें अंडमान और निकोबार द्वीपों के आदिवासियों का वर्णन है।[163]

1952 में के.एम. कपाड़िया ने भी भारत की आपराधिक जनजातियों पर एक लेख लिखा था।[164] इसी तरह के अन्य लेखों में एरेन्सबर्ग कॉनरॉड का भी एक लेख शामिल है, जिसमें किसी समुदाय के अध्ययन की विधियों की चर्चा की गई है।[165] ए.एन. शर्मा ने मनुष्य और अपराध पर एक लेख लिखा था, जिसमें अपराधों के कारणों, किस्मों और रुझानों के साथ-साथ इन्हें रोकने के उपायों की भी चर्चा की गई है।[166] अपराध, कानून और समुदाय पर एम.के. तेंग का लेख भी एक महत्त्वपूर्ण लेख है, जिसमें अपराध के कारणों, अपराधी की मनोदशा और व्यवहार और समाज द्वारा उसमें सुधारने के उपायों की चर्चा की गई है। इस लेख में कानून द्वारा भी अपराधों को रोकने के उपाय सुझाए गए हैं।[167]

रॉय बर्मन ने 'मीनिंग एंड प्रोसेस ऑफ़ ट्राइब्स इंटेग्रेशन इन ए डेमोक्रेटिक सोसाइटी' के शीर्षक से एक महत्त्वपूर्ण लेख लिखा है।[168] उनके एक दूसरे लेख 'चैलन्जिंग एंड रेस्पांसिस इन ट्राइब्स इंडिया' में आदिम और अन्य जनजातियों के अन्तर को स्पष्ट किया गया है।[169] 'जनरल ऑफ़ क्रिमिनल लॉ, क्रिमिनोलॉजी एंड पॉलिटिकल साइंस' में 1965 में प्रकाशित जेफरी का लेख 'क्रिमिनल बिहेवियर एंड लर्निंग थ्योरी'[170] और हेकनबर्ग द्वारा लिखित एक महत्त्वपूर्ण निबन्ध 'पैरामीटर्स ऑफ़

एन एथनिक ग्रुप'[171] दो अन्य उल्लेखनीय कृतियाँ हैं। 1968 में पेट्रिक क्लेयरेंस एच. ने भी 'द सी.टी.ज़ ऑफ़ इंडिया' शीर्षक से एक लेख लिखा है, जिसमें माँग गरुडी का विस्तार से वर्णन किया गया है।[172] उपरोक्त सभी लेख आपराधिक जनजातियों की विभिन्न समस्याओं को गहराई से छूते हैं।

इसी विषय पर ऋषिराम गुप्ता और जे.एस. माथुर द्वारा संयुक्त रूप से लिखित एक लेख 'सोशल पैथोलॉजी ऑफ़ डीनोटिफाइड ट्राइब्स' एक और महत्त्वपूर्ण योगदान है।[173] इन दोनों ने 1972 में कल्याणपुर और कानपुर के आदिवासियों के जीवन के सामाजिक पहलुओं का अध्ययन किया था। उन्होंने इन जनजातियों के उत्थान के लिए कुछ उपाय भी सुझाए थे। इसी तरह जगन्नाथ पथी ने भी अपराध और आपराधिक जनजाति कानून के सामाजिक पहलुओं का अध्ययन करके एक महत्त्वपूर्ण लेख लिखा था। इस लेख में उपनिवेशीय काल में इन जनजातियों द्वारा लूट और डकैती की घटनाओं के उद्‌भव के कारण तलाशे गए थे।[174]

संथालों के सामाजिक आन्दोलनों को लेकर जोसेफ त्रोइसी का भी एक निबन्ध मिलता है।[175] इसमें उपनिवेशीय शोषण और दमन के खिलाफ समय-समय पर भड़कने वाले आदिवासी विद्रोहों का उल्लेख है। लेखक ने तीन बड़े आन्दोलनों पर खास जोर दिया है—1855-57 का संथाल विद्रोह, खारवाड़ आन्दोलन और झारखंड आन्दोलन। इसी तरह आर.एन. पाटी और बी. जेना द्वारा लिखे गए एक निबन्ध में आन्ध्र प्रदेश की येरुकला और लम्बाडी, तमिलनाडु की तेलगा, मध्य प्रदेश और पंजाब की सेंसी और उत्तर प्रदेश की कंजरी और पासी इत्यादि जनजातियों का वर्णन मिलता है।[176] लेखकों ने विभिन्न आपराधिक जनजाति कानूनों की समीक्षा करने के साथ-साथ इन जनजातियों के उद्धार के लिए कई सुझाव भी दिए हैं। वी.आर.के. रेड्डी के एक लेख में 1901 से 1951 तक हैदराबाद में आदिवासियों के जीवन का वर्णन है।[177] इसमें आन्ध्र प्रदेश के वारांगल और आदिलाबाद जिलों की गोंड, कोया, आन्ध, येरुकला और हिल रेड्डी इत्यादि जनजातियों का उल्लेख भी है।

डेविड आर्नोल्ड के लेखक 'डकॉयटी एंड रूरल क्राइम इन मद्रास, 1860-1940' में दक्षिण भारत में डकैती और अन्य अपराधों के कारणों का विश्लेषण किया गया है।[178] दरअसल, अकाल और आसमान को छूती महँगाई के कारण ग्रामीण अपराध तथाकथित आपराधिक जनजातियों तक सीमित न रहकर अन्य समुदायों में भी फैल गए थे। यह उपनिवेशीय शासन के दौरान गाँवों की पारम्परिक न्याय व्यवस्था की निरन्तर कम होती भूमिका के खिलाफ एक तरह की विद्रोहात्मक प्रतिक्रिया भी थी।

मीना राधाकृष्णन ने भी इस विषय पर एक-से-एक सशक्त और सारगर्भित लेख लिखे हैं। काफी लम्बे शीर्षक वाले उनके एक लेख 'फ्रॉम ट्राइबल कम्युनिटी टू वर्किंग क्लास कॉन्शयसनेस : केस ऑफ़ येरुकला विमेन' में 1938 में गुंटूर जिले की महिला तम्बाकू मजदूरों के उग्र विद्रोहों का वर्णन है।[179] भारत में डीनोटिफाइड

जनजातियों की समस्याओं को समझने के लिए उनके दो अन्य लेखक भी बहुत उपयोगी साबित हो सकते हैं—'द सी.टी.ज़ इन मद्रास प्रेसीडेंसी एंड देयर इम्पलिकेशंस फॉर इटिनिरेंट कम्युनिटीज़' और 'मिशनरीज एंड मिथ-मेकिंग : साल्वेशन आर्मी एंड इटिनिरेंट कम्युनिटीज़ इन मद्रास प्रेसीडेंसी 1998'। इसी तरह इन जनजातियों के अध्ययन के लिए संजय निगम के कुछ लेख—'डिसिपलिनिंग एंड पोलिसिंग द क्रिमिनल्स बाय बर्थ, पार्ट-1', 'द मेकिंग ऑफ़ ए कॉलोनियल स्टीरियो टाइप' और 'द सी.टी.ज़ एंड कास्ट्स ऑफ़ नार्थ इंडिया'—भी ज्ञानवर्द्धक और उपयोगी साबित हो सकते हैं।[180] इसी विषय पर महेश रंगाराजन का भी एक लेख मिलता है—'इम्पीरियल एजेंडाज एंड इंडियाज फॉरेस्ट्स : द अर्ली हिस्ट्री ऑफ़ इंडियन फॉरेस्ट्री 1800-1878'।[181] रामचन्द्र गुहा और माधव गाडगिल के लेख 'स्टेट फॉरेस्ट्री एंड कन्फलिक्ट इन ब्रिटिश इंडिया' में भी आपराधिक जनजातियों और उपनिवेशीय सरकार की वन नीतियों के बारे में बहुत-सी जानकारियाँ मिलती हैं।[182]

उपरोक्त लेखों के अलावा, आन्ध्र प्रदेश की आपराधिक जनजातियों पर लवनम और हेमलता लवनम भी कई लेख लिखते रहे हैं।[183] वेनेलागंटी राघवैया ने भी इस समस्या पर बहुत-से लेख लिखे हैं। इस विषय पर उनकी कई टिप्पणियाँ भी बहुत ज्ञानवर्द्धक हैं। इसी तरह वी. ललिता के कई लेख भी इस समस्या के विभिन्न पहलुओं को उजागर करते हैं। उनके लेख ज्यादातर इन जनजातियों के जीवन और इनकी बस्तियों पर केन्द्रित हैं।[184]

जाक पॉषपदास भी ब्रिटिश भारत में आपराधिक जनजातियों की स्थिति पर लिख चुके हैं।[185] वे दक्षिण बिहार में गोरखपुर की मधिया डोम जनजाति पर केन्द्रित रहे हैं। साथ ही उन्होंने 1871 के आपराधिक जनजाति कानून की भी विस्तार से चर्चा की है। इसी तरह सैंड्रिया बी. फ्रीटैग भी उपनिवेशीय पूर्वी भारत में अपराध और सामाजिक व्यवस्था पर एक लेख लिख चुके हैं।[186] इस लेख में उपनिवेशीय न्याय प्रणाली और 'असामान्य (एक्स्ट्रा ऑडिनेरी) अपराधों' को लेकर ब्रिटिश नजरिये की झलक मिलती है। भारत के बदलते परिवेश में जनजातियों की स्थिति पर केन्द्रित एक लेख में पी.के. भौमिक ने कोया, गोंड, संथाल, ओराँव, मीना, कोली और खासी इत्यादि जनजातियों को मुख्य जनजातियों के रूप में चिन्हित किया है। उन्होंने इनके उत्थान के लिए समय-समय पर सरकार द्वारा उठाए जाने वाले कदमों की भी चर्चा की है। एन. आशीर्वाद के एक लेख में आदिवासियों की संस्कृति की झलक मिलती है।[187] इस लेख में आन्ध्र प्रदेश की जनजातियों के जीवन, काम-धन्धों, जीवन स्तर, सामाजिक ढाँचे, साक्षरता दर इत्यादि के वर्णन के साथ-साथ उनकी संस्कृति के सामाजिक-राजनीतिक पहलुओं को भी छुआ गया है। सी.पी. विट्ठल का लेख 'ए स्टडी ऑफ़ चेंचूज़ इन आन्ध्र प्रदेश' आदिम जनजातियों के सामाजिक-आर्थिक कायाकल्प पर केन्द्रित है। इसमें आन्ध्र प्रदेश की चेंचू जनजाति के सामाजिक-

आर्थिक जीवन में आए परिवर्तन का आकलन किया गया है।[188] इसके साथ ही इस लेख में उनके पारम्परिक जीवन और काम-काज के बँटवारे का भी वर्णन मिलता है। सुशील अरोड़ा और ए.के. हलधर के लेख में भारत के बंजारा समुदायों की आर्थिक गतिविधियों की चर्चा की गई है।[189] इसमें उनके घुमन्तू जीवन के कारणों की छानबीन करने के साथ-साथ उपनिवेशीय प्रशासकों की आर्थिक गतिविधियों की भी समीक्षा की गई है। इस लेख के लिए दोनों लेखकों ने बहुत-सी बंजारा जनजातियों का अध्ययन किया है। इसी तरह के. शिवरामकृष्णन के लेख 'कोलोनियलिज्म एंड फॉरेस्ट्री इन इंडिया : इमेजनिंग द पास्ट इन प्रेजेंट पॉलिटिक्स' में उपनिवेशीय सरकार की वन नीतियों के साथ-साथ 1871 के आपराधिक जनजातीय कानून की भी चर्चा की गई है। इस लेख में उपनिवेशीय काल में इन जनजातियों की स्थिति की झलक मिलती है।[190]

हमारा यह अध्ययन पाँच भागों में विभाजित है। पहला अध्याय सी.टी. (आपराधिक जनजाति) बस्तियों की पृष्ठभूमि से सम्बन्धित है। इस अध्याय में इस अध्ययन के दायरे और उद्देश्य को भी स्पष्ट किया गया है। इसके साथ ही इसमें ब्रिटिश सरकार की वन नीतियों और उनके प्रभावों की भी चर्चा की गई है। इस अध्याय में हम देखेंगे कि अपनी जड़ों से उखड़ जाने और खेती-बाड़ी और आजीविका के अन्य साधनों से वंचित हो जाने के कारण ये जनजातियाँ किस तरह अपराध करने पर विवश हो गईं। हम आन्ध्र प्रदेश के साथ-साथ देश के अन्य क्षेत्रों में भी इस समस्या के कारणों की पड़ताल करेंगे। इस उद्देश्य क लिए हमने स्वयं और सीधी छानबीन करने के साथ-साथ जानकारी के अन्य स्रोतों का भी उपयोग किया है। हमने भागीदारी-युक्त पर्यवेक्षक और केस-स्टडी समेत फील्डवर्क की सभी विधियों का प्रयोग किया है। जानकारी जुटाने के लिए हमने कई बार 'अटकल पच्चू नमूना पद्धति' (रेंडम सेम्पल मैथड) को भी आजमाया है। पहले अध्याय में सिद्धापुरम और स्टुअर्टपुरम बस्तियों का संक्षिप्त जातीय विवरण देने का भी प्रयास किया गया है।

दूसरे अध्याय में इन जनजातियों में अपराध की घटनाओं के ऐतिहासिक पहलुओं की छानबीन की गई है। इसमें समय-समय पर बनाए जाने वाले आपराधिक जनजाति कानूनों का भी आकलन किया गया है। इसके अलावा इस अध्याय में सी.टी. बस्तियों के उद्‌भव और उपनिवेशीय प्रशासन की नजर में एक 'आपराधिक जनजाति' की परिभाषा की भी चर्चा की गई है। साथ ही इस मामले में सामाजिक कार्यकर्ताओं की भूमिका और इन कानूनों को रद्द करवाने से जुड़े प्रयासों की चर्चा भी की गई है।

तीसरे अध्याय में येरुकला जनजाति के आम विवरण के साथ-साथ स्टुअर्टपुरम की बस्ती के येरुकलाओं पर खासतौर से ध्यान दिया गया है। इसमें सिद्धापुरम बस्ती में बसी कठेरा और वोड्डार जनजातियों का भी संक्षिप्त विवरण दिया गया है। इसके अलावा इन दोनों बस्तियों के ऐतिहासिक पहलुओं का भी अध्ययन किया

गया है। इन बस्तियों की स्थापना से लेकर आज तक इन जनजातियों की स्थितियों में क्या और कितना अन्तर आया है? इस अध्याय में इन दोनों बस्तियों की भौगोलिक स्थितियों के विवरण के साथ-साथ इनमें रहने वाली जनजातियों के जीवन स्तर में दिखाई देने वाले अन्तरों का भी वर्णन किया गया है। इसके अलावा, इस अध्याय में इन दोनों बस्तियों के सामाजिक-आर्थिक ढाँचे की भी चर्चा की गई है।

चौथे अध्याय में विभिन्न संस्थाओं द्वारा इन जनजातियों के उत्थान और पुनर्वास के लिए उठाए गए कदमों और साथ ही सरकारी कल्याणकारी योजनाओं का आकलन और विश्लेषण भी किया गया है। इन भूतपूर्व आपराधिक जनजातियों की समस्या सुधरने से नहीं बल्कि आर्थिक पुनर्वास से जुड़ी हुई है। इन्हें मुख्यधारा में लाने का यही एक उपाय है। हमारा अन्तिम लक्ष्य अपराधी का पुन: समाजीकरण करने, समाज के साथ उसका तारतम्य बिठाने, उसे पुनर्वसित करने और उसके नजरिये में बदलाव लाने से जुड़ा होना चाहिए। सिद्धापुरम बस्ती में इस दृष्टि से कुछ कमियाँ दिखाई देती हैं क्योंकि वहाँ रोजगार के साधनों या एक औद्योगिक आधार का अभाव है। इन दोनों बस्तियों में यही सबसे बड़ा अन्तर है। इसलिए हम इस निष्कर्ष पर पहुँचे हैं कि सामाजिक और सांस्कृतिक पुनर्वास के साथ-साथ आर्थिक पुनर्वास भी जरूरी है। इन दोनों बस्तियों के विकास के ढाँचों में बदलाव की जरूरत है। इसलिए इन्हें उखाड़ कर एक नए ढाँचे का निर्माण करना बेहतर होगा। समाज से दूरी, पुलिस का डर और घर-परिवार से कटाव अपराधी को सख्त, क्रूर और ढीठ बना देते हैं। समाज के किसी भी वर्ग में घृणा और सन्देह की भावना राष्ट्र के विकास के लिए घातक सिद्ध हो सकती है। इसलिए सभी भूतपूर्व आपराधिक जनजातियों को मुख्यधारा में लाने की जरूरत है। इन जनजातियों को राष्ट्र पर एक बोझ के बजाय राष्ट्र की ताकत के रूप में देखा जाना चाहिए। इसलिए हमने आन्ध्र प्रदेश में पुनर्वास कार्यक्रमों को लेकर कुछ उपयोगी सुझाव देने का भी प्रयास किया है।

अन्तिम अध्याय में हमने कुछ निष्कर्षों पर पहुँचने का प्रयास किया है। एक आधुनिक प्रजातांत्रिक राष्ट्र में किसी भी वर्ग या जनजाति को आक्रामक प्रवृत्ति और दूसरों को हानि पहुँचाने की अनुमति नहीं दी जा सकती—वह राष्ट्र की मुख्यधारा से कितनी ही कटी हुई क्यों न हो। हमने इस बात पर भी जोर दिया है कि समाज के इस अंग को स्वयं भी यह अहसास होना चाहिए कि वह एक बड़े समाज का छोटा-सा लेकिन महत्त्वपूर्ण अंग है। आर्थिक विवशता एक भूतपूर्व अपराधी और समाज के बीच एक दीवार बनी रहती है। सरकार के आह्वान पर भिन्न-भिन्न संस्थाएँ इन आपराधिक जनजातियों के सुधार और पुनर्वास की जिम्मेदारी निभाती रही हैं। लेकिन आम जनता की अवहेलना और तिरस्कार अकसर इन जनजातियों की संवेदनाओं को ठेस पहुँचाती रही हैं। किसी अपराध के लिए दी जाने वाली सजाओं में भी समय के साथ अन्तर आता रहा है। अब सभी अपराधशास्त्र अपराधियों को

सुधारने पर जोर देते हैं। अपराधियों को शारीरिक रोगियों की तरह ही इलाज की जरूरत होती है, न कि सख्त सजाओं की। शिक्षा ऐसे अपराधियों के सुधार की दिशा में एक महत्त्वपूर्ण कदम साबित हो सकता है। कुल मिलाकर सभी मोर्चों पर कर्मठता और लगन से काम करने की जरूरत है।

सन्दर्भ

1. भौमिक, पी.के. *द लोढाज़ ऑफ़ वैस्ट बंगाल*, कलकत्ता, 1963, पृ. 1
2. नागभूषणाचार्युलु, चिरावुरी *आदिम वसुलु*, तेनाली, 1949, पृ. 60
3. वही
4. 1860 के दशक में मद्रास प्रेसीडेंसी में स्थापित रेल पटरियों और सड़कों का जाल इनके व्यापार के उजड़ने का एक बड़ा कारण था। बैलगाड़ियों पर ढोया जाने वाला माल रेलवे या सड़क के रास्ते आने वाले माल का मुकाबला नहीं कर सकता था। 19वीं सदी में नमक ब्रिटिश सरकार के राजस्व स्रोतों का एक बड़ा हिस्सा था, जो तब तक दूरदराज के क्षेत्रों में येरुकलाओं द्वारा ही पहुँचाया जाता रहा था। इन क्षेत्रों तक सिर्फ बैलगाड़ियाँ ही पहुँच सकती थीं। (मीना राधाकृष्णन, 1989 : 1)
5. राघवैया, द *प्रॉब्लम ऑफ़ क्रिमिनल ट्राइब्स*, नई दिल्ली, 1949, पृ. 6
6. ललिता, द *मेकिंग ऑफ़ क्रिमिनल ट्राइब्स : पैटर्नस एंड ट्रांजिशन*, मद्रास, 1995, पृ. 1
7. भौमिक, 1963, 3
8. ललिता, 1995; 1-2
9. हार्डीमेन, द *कमिंग ऑफ़ द देवी : आदिवासी असर्टेशन इन वेस्टर्न इंडिया*, मद्रास, 1987, पृ. 15
10. हैमनडॉर्फ, *ट्राइब्स पॉपुलेशन ऑफ़ हैदराबाद, यस्टरडे एंड टुडे इन आन्ध्र प्रदेश, सेंसस ऑफ़ इंडिया, पार्ट-1* मजहर हुसैन की रिपोर्ट, हैदराबाद, 1945, पृ. 6
11. गुहा, रामचन्द्र और गाडगिल, माधव *स्टेट फॉरेस्ट्री एंड कन्फ्लिक्ट्स इन ब्रिटिश इंडिया : पास्ट एंड प्रेजेंट*, 122-123 (1989), पृ. 147-48
12. हार्डीमेन, 1987; 11
13. ललिता *सोशियो-इकोनॉमी एंड एडमिनिस्ट्रेटिव एस्पेक्ट्स ऑफ़ एन एक्स-क्रिमिनल ट्राइब : ए केस स्टडी ऑफ़ कप्परल्ला टिप्पा*; अप्रकाशित एम.फिल. शोध-पत्र, तिरुपति, पृ. 7
14. फुशे, स्टीफन, द *एबोरिजिनल ट्राइब्स ऑफ़ इंडिया*, नई दिल्ली, 1973, पृ. 244; और मिश्र कमल के. *नेशनल फॉरेस्ट पॉलिसी एंड ट्राइबल डेवलपमेंट*, पाटी आर.एन. और जेना सी द्वारा सम्पादित *ट्राइबल डेवलपमेंट इन इंडिया* में, नई दिल्ली, 1989, पृ. 63-64
15. गुहा, रामचन्द्र और गाडगिल, माधव, 1989; 148
16. आर्नोल्ड डेविड; *रिबेलियस हिलमेन : द गुद्दम रम्पा राइजिंग्स, 1839-1942*, रणजीत गुहा द्वारा सम्पादित *सबल्टर्न स्टडीज-1* में, नई दिल्ली, 1982, पृ. 110
17. वर्मा, आर.सी. *इंडियन ट्राइब्स थ्रू द एजिज*, नई दिल्ली, 1990, पृ. 117
18. शिवरामकृष्ण के. *कॉलोनियलिज्म एंड फोरेस्ट्री इन इंडिया : इमेजिनिंग द पास्ट इन प्रेजेंट पॉलिटिक्स', कम्पेरेटिव स्टडीज इन सोसाइटी एंड हिस्ट्री*, 37, 1 (1995)

19. 'बोर्ड ऑफ़ रेवेन्यू', मद्रास, (लैंड रेवेन्यू फॉरेस्ट्स) प्रोसीडिंग्स फॉरेस्ट नं. 48, 25 अप्रैल 1917, पृ. 1, आन्ध्र प्रदेश गेजेटियर्स ऑफ़िस, हैदराबाद।
20. अर्नोल्ड डेविड, 1982, 111
21. वही
22. बूथ टकर, एफ. *क्रिमिनोलॉजी ऑर द इंडियन क्रिम एंड व्हाट टू डू विद हिम—ए रिपोर्ट ऑफ़ द वर्क ऑफ़ साल्वेशन आर्मी अमंग द क्रिमिनल टाइब्स*, हेबिचुअल एंड रिलीज्ड प्रिजिनर्स इन इंडिया, लन्दन, अदिनांकित, पृ. 12
23. रेड्डी वी.आर.के. *ए क्रीटीक ऑन ट्राइबल लाइफ इन हैदराबाद स्टेट 1901-1951*, इतिहास, 15, 1, (1989), पृ. 12
24. गुहा, रामचन्द्र और गाडगिल, माधव, 1989, 153
25. वही
26. सरकारी आदेश (जी.ओ.) संख्या 1634, *डेवलपमेंट डिपार्टमेंट*, गवर्नमेंट ऑफ़ मद्रास, 6 दिसम्बर 1922, पृ. 1, टीएनए, मद्रास; साथ ही देखें मद्रास सरकार की रिपोर्ट *शेड्यूल्ड ट्राइब्स, वेलफेयर ऑफ़ चेंचूज़—करनूल डिस्ट्रिक्ट, मैटीरियल कंडीशन, प्रोग्रेस फॉर 1959-60*, रिपोर्ट सौंपे जाने का वर्ष 1961, पृ. 1-5
27. दक्कन के इतिहास के अनुसार, जब औरंगजेब का बेटा मुहम्मद मसूम कुरनूल से गुजर रहा था तो उसने चेंचुओं को सोने और चाँदी की मुद्राएँ भेंट की थीं। लेकिन चेंचुओं ने इस भेंट को कुछ खास महत्त्व नहीं दिया। बन्दूक की आवाज सुनते ही वे हवा की तेजी से पहाड़ों में भाग खड़े हुए थे। आज के चेंचू भी 17वीं सदी के उन चेंचुओं से कुछ खास अलग प्रतीत नहीं होते। मुगल इतिहासकार फरिश्ता के अनुसार, चेंचू जंगली पहाड़ी लोग थे और जंगली जानवरों के मांस, कन्द-मूल और शहद पर निर्भर थे। उनकी बोली मैदानी लोगों के कुछ भी पल्ले नहीं पड़ती थी। देखें 'टूर इन हैदराबाद' पैम्पलेट संख्या 11, भारतीय आदिमजाति सेवक समाज द्वारा प्रकाशित, नई दिल्ली, 1950, पृ. 3
28. अय्यपन, ए. *रिपोर्ट ऑन द सोशियो-इकोनॉमिक कंडीशंस ऑफ़ द एबोरिजिनल ट्राइब्स ऑफ़ द प्राविंस ऑफ़ मद्रास*, 1948, पृ. 32
29. *राजस्व (विशेष) विभाग* का आदेश संख्या as2293, 11 दिसम्बर 1919, पृ. 9 और आदेश संख्या 561, 17 अक्टूबर 1918, पृ. 2
30. *प्रोसीडिंग्स ऑफ़ द चीफ कन्जर्वेटर ऑफ़ फोरेस्ट्स*, प्रोसीडिंग्स नं. 321 (प्रेस), 15 जुलाई 1932, पृ. 4
31. *हुकुमनामाज़ एंड पेपर्स रिलेटिंग टू श्रीहरिकोटा यनडीज, खंड-1, ए सिलेक्शन ऑफ़ पेपर्स फ्रॉम द ओल्ड रिकॉर्ड्स ऑफ़ द नेल्लोर डिस्ट्रिक्ट*, 1915, पृ. 41। बंजारों को भी आपराधिक जनजाति घोषित कर दिया गया था, जो कुछ तेलुगु क्षेत्रों तक सीमित येरुकला जनजाति की तुलना में कहीं ज्यादा थे और पूरे भारत में फैले हुए थे। दरअसल, बंजारों को दूरदराज के प्रदेशों में अनाज और नमक 'निर्यात' करने के लिए जाना जाता था। वे मद्रास प्रेसीडेंसी में भी इनका 'निर्यात' करते थे। दूसरी तरफ येरुकलाओं को सिर्फ 'स्थानीय' व्यापारी माना जाता था। बंजारा एक कहीं बड़ी और व्यापक स्तर पर व्यापार से जुड़ी जनजाति थी और हजारों मील के दायरे में घूमती-फिरती थी। यही कारण था कि येरुकलाओं की तुलना में वे कहीं बाद में आपराधिक जनजाति कानून की चपेट में आए और काफी समय तक इससे बचे रहे। (मीना राधाकृष्णन, 1999, 21)

32. मुखोपाध्याय, अनन्दिता, *क्रिमिनल ट्राइब्स एंड ब्रिटिश पॉलिसी (1871-1928)' अप्रकाशित एम.फिल. शोध-पत्र,* जे.एन.यू., नई दिल्ली, 1988, पृ. 30-35
33. रंगाराजन, महेश 'इम्पीरियल एजेंडाज़ एंड इंडियाज फॉरेस्ट्स : द केस हिस्ट्री ऑफ़ इंडियन फोरेस्ट्री, 1800-1878', *द इंडियन इकोनॉमी एंड सोशल हिस्ट्री रिव्यू,* 31, 2, (1994)
34. वही
35. मद्रास सरकार; *पुलिस गवर्नमेंट रिपोर्ट* का परिशिष्ट, 1863, पृ. 15
36. राघवैया, वी.; *ट्राइबल रिवोल्ट्स* 1971, पृ. 31
37. गुहा, रामचन्द्र और गाडगिल, माधव; 1989, पृ. 156
38. राघवैया, वी.; 1971, पृ. 32
39. निगम, संजय; 'डिसिपलिनिंग एंड पुलिसिंग द क्रिमिनल बाय बर्थ, पार्ट-2, द डेवलपमेंट ऑफ़ ए डिसिपलिनेरी सिस्टम, 1871-1990', *द इंडियन इकोनॉमी एंड सोशल हिस्ट्री रिव्यू,* 27, 3, (1990)
40. मद्रास सरकार; *पुलिस गवर्नमेंट रिपोर्ट* का परिशिष्ट, 1863, पृ. 4
41. पिकेट वैस्कम जे., *क्रिश्चियन मास मूवमेंट्स इन इंडिया,* शिकागो, 1933, पृ. 297
42. वही
43. *रिपोर्ट ऑन द एडमिनिस्ट्रेशन ऑफ़ द फोरेस्ट डिपार्टमेंट,* मद्रास, 1888-90, पृ. 27
44. पथी, जगन्नाथ; 'सोशल बेसिस ऑफ़ बेन्डेट्री एंड द क्रिमिनल ट्राइब्स एक्ट', *सोशल साइंस प्रोबिंग्स,* 1, 4, (1989)
45. मीना राधाकृष्णन; 'फ्रॉम ट्राइब्स कम्युनिटी टू वर्किंग क्लास कांशसनेस : केस ऑफ़ येरुकला विमेन', रिव्यू ऑफ़ विमेन्ज स्टडीज़, *इकोनॉमिक एंड पॉलिटिकल वीकली,* 24, 17, (1989)
46. पथी, जगन्नाथ; 1989, पृ. 494
47. मद्रास सरकार; *नोट्स शोइंग द प्रोगेस मेड इन द सैटलमेंट ऑफ़ क्रिमिनल ट्राइब्स इन द मद्रास प्रेसीडेंसी अप-टू सेप्टेम्बर 1916* (हेयर आफटर नोट, 1916); मद्रास, 1917, पृ. 19
48. मैकेन्जी, एम.ई. *द मड बैंक;* पेनसिलवेनिया, 1959, पृ. 71-72
49. एल्विन वेरियर, द *एबोरिजिनल्स; ऑक्सफोर्ड पैम्फलेट्स ऑन इंडियन अफेयर्स,* 14 (1943) में; ऑक्सफोर्ड यूनीवर्सिटी प्रेस, हम्फरी मिल्फोर्ड, पृ. 1
50. सैंड्रिला बी. फ्रेटांग, 'क्राइम इन द सोशल आर्डर ऑफ़ कॉलोनियल नार्थ इंडिया'; *मॉडर्न एशियन स्टडीज़;* 25, 2 (1991), पृ. 234-36; और शाह, पी.जी.; *विमुक्त जातिज़, नोटीफाइड कम्युनिटीज इन वेस्टर्न इंडिया,* बम्बई, 1967, पृ. 23
51. बिस्वास, पी.सी.; द *एक्स-क्रिमिनल ट्राइब्स ऑफ़ दिल्ली स्टेट,* नई दिल्ली, 1960, पृ. 1
52. मद्रास सरकार, *पुलिस गवर्नमेंट रिपोर्ट' का परिशिष्ट* 1863, पृ. 24-25
53. गनी, मुहम्मद अब्दुल, *नोट्स ऑन क्रिमिनल ट्राइब्स,* प्रोविन्शियल पुलिस ट्रेनिंग स्कूल, नेल्लोर, 1915, पृ. 10
54. हैच, डब्ल्यू.जे.; *द लैंड पायरेट्स ऑफ़ इंडिया,* लन्दन, 1928, पृ. 30
55. *होम जी.ओ.* 1675, 2.12, 1919
56. वही
57. वही

58. वही
59. वही
60. वही
61. वही
62. वही
63. वही
64. वही
65. वही
66. निगम, संजय; 'डिसिपलिनिंग एंड पुलिसिंग द क्रिमिनल बाय बर्थ, पार्ट-1', द मेकिंग ऑफ़ ए कालोनियल स्टीरियो-टाइप—द क्रिमिनल ट्राइब्स एंड कास्ट्स ऑफ़ नार्थ इंडिया; *द इंडियन इकोनॉमी एंड सोशल हिस्ट्री रिव्यू*, 27, 2, (1990)
67. मद्रास सरकार; *मद्रास क्रिमिनल ट्राइब्स मैनुअल ब्रॉट अप-टू 31 मार्च 1927*, मद्रास, 1928, पृ. 2
68. *होम जी.ओ.* 1675, 2.12, 1919
69. भारत सरकार; *होम फाइल नं. 88/2/1945 (पुलिस)—रिपोर्ट ऑन द वर्क डन फॉर द रेक्लेमेशन ऑफ़ क्रिमिनल ट्राइब्स इन मद्रास प्रेसीडेंसी*
70. *होम जी.ओ.* 1675, 2.12, 1919
71. बंगाल के एक भूतपूर्व गवर्नर ने भी टिप्पणी करते हुए कहा था—"इन उपलब्धियों का सबसे बड़ा श्रेय साल्वेशन आर्मी को जाता है"; सैंडल रिपोर्ट; *द हिस्ट्री ऑफ़ द साल्वेशन आर्मी*, खंड 111, न्यूयॉर्क, 1955, पृ. 276
72. रोलैंड, एल.ई.; *रिपोर्ट ऑफ़ द अमेरिकन बॅपटिस्ट तेलुगु मिशन फ्रॉम 1 मई टू 31 दिसम्बर 1928*; उड़ीसा मिशन प्रेस, 1929
73. *होम (ज्यूडीशियल)* 1537, 27.7, 1917
74. हॉब्सबॉय, द *प्रिमिटिव रिबेल्स*, लन्दन, 1969, पृ. 44
75. ललिता, 1995, पृ. 5
76. वही
77. फिशमैन, ए.टी.; *कल्चर चेन्ज एंड द अंडर प्रिविलेज्ड : ए स्टडी ऑफ़ मडीगाज़ इन साउथ एशिया अंडर क्रिश्चियन गाइडेंस*, सिकन्दराबाद, 1941, पृ. 98
78. शर्मा, बी.एस.; 'टाइबल वेलफेयर'; *मैन इन इंडिया*, 5,2 (1958)
79. ललिता, 1995, पृ. 6
80. हैकरवाल, बी.एस.; *इकोनॉमिक एंड सोशल एस्पेक्ट्स ऑफ़ क्राइम ऑफ़ इंडिया*, लन्दन, 1934, पृ. 17
81. स्टार्टी, ओ.एच.बी.; *रिफॉर्मेशन ऑफ़ ओफेंडर्स इन इंडिया : ए हैंडबुक फॉर द यूज ऑफ़ वर्कर्स अमंगस्ट डिलिक्वेंटस इन इंडिया*; बम्बई, 1933, पृ. 3-8
82. *नोट*, 1961
83. रोलैंड, 1929, पृ. 41
84. भारत सरकार; होम फाइल नं. 88/2/1943 (पुलिस)—*रिपोर्ट ऑन द वर्क डन फॉर द रेकलेमेशन ऑफ़ क्रिमिनल ट्राइब्स इन द मद्रास प्रेसीडेंसी*
85. ललिता, 1995, पृ. 74
86. रोलैंड, 1928, पृ. 40

87. नायडू. एम. और पौपा राव; *द क्रिमिनल ट्राइब्स ऑफ़ इंडिया, नं. 2, ए हिस्ट्री ऑफ़ कोरवाज़, एरुकुलाज आर कैकरीज़*; मद्रास, 1905, पृ. 5
88. गनी, 1915, पृ. 125
89. ललिता, 1995, पृ. 77-78
90. ट्राइबल कल्चरल रिसर्च एंड ट्रेनिंग इंस्टीट्यूट; *द ट्राइब्स ऑफ़ आन्ध्र प्रदेश—ए मोनोग्राफ*; हैदराबाद, 1964, पृ. 12
91. वही
92. टेलर, मीडोज; *कन्फेशंस ऑफ़ ए ठग*, नई दिल्ली, 1988; और इसी लेखक की *द स्टोरी ऑफ़ माय लाइफ (ऑटोबायोग्राफी)*, नई दिल्ली, 1986
93. स्लीमैन, डब्ल्यू.एच.; *रैम्बल्स एंड री-क्लेक्शंस ऑफ़ एन इंडियन ऑफीशियल*, दिल्ली, 1915
94. मैसन, फिलिप; *कॉल द नेक्स्ट विटनेस*, लन्दन, 1945
95. हार्वे, एच; *केमियोज़ ऑफ़ इंडियन क्राइम*, लन्दन, 1909
96. मद्रास सरकार बुलेटिन, खंड 5, संख्या 1, एन्थ्रोपोलोजी; 'विजन ऑफ़ द उरलीज़ एंड शोलगाज, मैरिज कस्टम इन साउथ इंडिया'; हूकसविनिंग, पैलियंस, मद्रास, 1903
97. मुलै एफ.एस.; *नोट्स ऑन क्रिमिनल क्लासिज़ ऑफ़ द मद्रास प्रेसीडेंसी*; मद्रास, 1892
98. मैकरिच, डेविड; *अकाउंट् ऑफ़ द जिप्सीज ऑफ़ इंडिया*, नई दिल्ली 1976
99. नायडू, एम. और पौपा राव; *हिस्ट्री ऑफ़ रेलवे थीव्ज़*, मद्रास, 1904
100. गेयर, जी. डब्ल्यू.; *लेक्चर्स ऑन सम क्रिमिनल ट्राइब्स ऑफ़ इंडिया एंड रिलीजियस मैंडीकैंट्स* (दूसरा संस्करण), प्रिंसिपल पोलिस ट्रेनिंग स्कूल, सैंट्रल प्राविंस, 1910
101. बैंगबी, हैरॉल्ड; *अदर शीप : ए स्टडी ऑफ़ द पीपुल ऑफ़ इंडिया विद पर्टीक्युलर रेफरेंस टू द कोलीशन बिटवीन क्रिश्चिएनिटी एंड हिन्दूइज्म*, 1908; इसी लेखक की *द ट्वाइस बोर्न मेन : ए क्लीनिक इन रीजेनेरेशन*, न्यूयॉर्क, 1909
102. थर्स्टन एडगर; *कास्ट्स एंड ट्राइब्स ऑफ़ सदर्न इंडिया*, खंड 3 और 5, मद्रास, 1909
103. *मद्रास सरकार म्यूजियम बुलेटिन*, खंड 4, संख्या 3, मद्रास, 1903; और खंड 5 संख्या 1; एन्थ्रोपोलोजी, मद्रास, 1903
104. घनी, 1915, पृ. 1
105. *द चेंचूज एंड द मद्रास पुलिस*, 1, 2, पब्लिसिटी ब्यूरो', मद्रास, 1921
106. एवर्डिस, एस.एम.; *क्राइम इन इंडिया*, लन्दन, 1924
107. हैच, 1928, पृ. 1
108. रामचन्द्र शास्त्री ई.; *हिस्ट्री ऑफ़ क्रिमिनल ट्राइब्स इन मद्रास प्रेसीडेंसी*; मद्रास, 1929; इसी लेखक की *नेरामुले चेयू जातुल्ल चरित्र (हिस्ट्री ऑफ़ थीविंग कम्युनिटीज़)*; विजयवाड़ा, 1929
109. नागभूषणचार्युलु चिरावुरी; *आदिम वसुलु*, तेनाली, 1949; इसी लेखक की *सांचर जतुलु*, नरासरा वपेट, 1977
110. स्टार्टी, ओ.एच.बी.; *रिफॉर्मेशन ऑफ़ ऑफेंडर्स इन इंडिया : ए हैंडबुक फॉर द यूज ऑफ़ वर्कर्स अमंगस्ट डिलिकवेंट्स इन इंडिया*, बम्बई 1935
111. हैकरवाल, बी.एस.; *इकोनॉमिक एंड सोशल एस्पेक्ट्स ऑफ़ क्राइम इन इंडिया*, लन्दन, 1934
112. फिशमेन, ए.टी.; *फॉर द परपस*, न्यूयॉर्क, 1941

113. बम्बई सरकार; *रिपोर्ट ऑफ़ द क्रिमिनल ट्राइब्स एक्ट इन्क्वारी कमेटी*, गवर्नमेंट सेंट्रल प्रेस, बम्बई, 1939
114. 'भारत सरकार; *रिपोर्ट ऑफ़ द क्रिमिनल ट्राइब्स इन्क्वारी कमेटी*, युनाइटेड प्राविंसेस ऑफ़ इंडिया, गवर्नमेंट सेंट्रल प्रेस, इलाहाबाद, 1948
115. मद्रास सरकार; *मद्रास क्रिमिनल ट्राइब्स मैनुअल : क्रिमिनल ट्राइब्स एक्ट 6 ऑफ़ 1924 ब्रॉट अपटू 31 मार्च 1927*, मद्रास, 1927
116. हैमनडोर्फ, फ्यूरे बॉन क्रिस्टोफ; द *एबोरिजिनल ट्राइब्स ऑफ़ हैदराबाद', खंड 1 (द चेंचूज)*, लन्दन 1943; इसी लेखक की *ट्राइब्स ऑफ़ इंडिया : द स्ट्रगल फॉर सरवाइवल*, नई दिल्ली, 1985; *द एबोरिजिनल ट्राइब्स ऑफ़ हैदराबाद, यस्टरडे एंड टुडे इन आन्ध्र प्रदेश, सेंसस ऑफ़ इंडिया, पार्ट-1, रिपोर्ट ऑफ़ मजहर हुसैन*, हैदराबाद, 1941; *द एबोरिजिनल प्रॉब्लम इन नरसरारावपेट तालुक : ए टूर डायरी*, प्रकाशन स्थान अज्ञात, 1947); *ट्राइबल पॉपुलेशंस एंड कल्चर्स ऑफ़ इंडियन सब-कांटिनेंट*, नीदरलैंड, 1985
117. जिलिन, जॉन ल्युइस, *टेमिंग द क्रिमिनल*, न्यूयॉर्क, 1931
118. हटन, जे.एच., *कास्ट इन इंडिया, इट्स नेचर, फंक्शन एंड ओरिजिन*, लन्दन, 1963
119. एल्विन, वेरियर; *मुरिया मर्डर एंड स्युसाइड*, लन्दन, 1950
120. राघवैया; *ट्राइब्स ऑफ़ इंडिया*, नई दिल्ली, 1969
121. अयाप्पन; 1948, पृ. 1
122. अम्बेडकर, बी.आर.; द *अनटचेब्ल्स : हू आर दे एंड व्हाई दे बिकेम अनटचेबल्स*, नई दिल्ली, 1943
123. सुब्बारयन वी.; *फॉरगोटन संस ऑफ़ इंडिया*, दिल्ली, 1949
124. सैयद अब्दुल गफूर ख़्वाजा; *ट्राइब्स एंड ट्राइबल वेलफेयर इन हैदराबाद*, हैदराबाद, 1951
125. कोहेन, एल्बर्ट; *डिलिंक्वेंट बॉयज : ए कल्चर ऑफ़ द गैंग*, न्यूयॉर्क, 1955
126. हॉब्सबॉम, द *प्रिमिटिव रिबेल्स*, लन्दन, 1959; इसी लेखक की *बैंडिट्स*, लन्दन, 1969
127. बेले, एफ.जी.; *ट्राइब, कास्ट एंड नेशन*, मानचेस्टर, 1960
128. मजुमदार, डी.एन.; *रेसिज़ एंड कलचर्स ऑफ़ इंडिया*, बम्बई, 1965
129. वेणुगोपाल राव, एस.; *फेसेट्स ऑफ़ क्राइम इन इंडिया*, बम्बई, 1962
130. भौमिक; 1963, पृ. 1
131. बिस्वास; 1960, पृ. 1
132. शिवप्रसाद राव, वी.; 'कप्परल्ला टिप्पा', अप्रकाशित एम.फिल. शोधपत्र, मद्रास, 1964
133. शेर सिंह शेर; द *सेंसीज ऑफ़ पंजाब : ए जिप्सी एंड डीनोटीफाइड ट्राइब ऑफ़ राजपूत ओरिजिन*, दिल्ली, 1965
134. ब्रूस जॉर्ज; *द स्ट्रैंग्लर्स : द कल्ट ऑफ़ ठगी एंड इट्स ओवरथ्रो इन ब्रिटिश इंडिया*, न्यूयॉर्क, 1968
135. ओपर्ट, गुस्ताव; द *ओरिजिनल इनहेबिटैट्स ऑफ़ भारतवर्ष और इंडिया*, न्यूयॉर्क, 1978, पृ. 196-209
136. बूथ टकर, एफ.; *क्रिमिनोक्यूरोलॉजी*, पृ. 1
137. पोन्ना सत्यनारायण और पोन्ना कोटेश्वर राव; *कल्लुमुंट* (तेलुगु) (ताड़ी-पात्र), विजयवाड़ा, 1950; कोटेश्वर राव लिखित *रामराज्यम* (तेलुगु), विजयवाड़ा, 1960 भी देखें।
138. पोन्ना कोटेश्वर राव; *दलित मार्ग* (तेलुगु), विजयवाड़ा, 1940

139. वीरैय्या, पॉलापर्ती; 'व्हाट वी डिड : 1927-1964'—*रिपोर्ट ऑफ़ द सेवन्थ कॉन्फ्रेंस फॉर शेड्यूल्ड ट्राइब्स एंड ट्राइबल एरियाज़,* 9 और 10 नवम्बर 1964, गुंटूर, आन्ध्र प्रदेश
140. स्मिथ, सेल्विंग; *बाय लव कम्पेल्ड,* साल्वेशनिस्ट पब्लिशिंग, लन्दन, 1981
141. मकेन्जी मिल्डरेड; द *मड बैंक : ए स्टोरी ऑफ़ मिशनरी ऐन्डेवर* पेनसिलवानिया, 1959
142. राजा राव, गंटा; द *हिस्ट्री ऑफ़ द साल्वेशन आर्मी इन आन्ध्रा* (तेलुगु), मद्रास, 1993
143. साल्वेशन आर्मी; द *वार क्राई,* इंटरनेशनल हेरिटेज सेंटर, लन्दन, 1909-37
144. फुशे, स्टीफन, 1973, पृ. 270
145. रसेल आर.वी. और हीरालाल, राय बहादुर; *ट्राइब्स एंड कास्ट्स ऑफ़ द सेंट्रल प्राविंसेस ऑफ़ इंडिया,* खंड 3 और 4, नई दिल्ली, 1975
146. थॉम्पसन, ई.पी.; *व्हिग्स एंड हंटर्स : द ओरिजिन ऑफ़ द ब्लैक एक्ट* एलेन लेन, 1975
147. भट चन्द्रशेखर; *एथनिसिटी एंड मोबिलिटी : इमर्जिंग ऐथनिक आइडेंटिटी एंड सोशल मोबिलिटी अमंग द वोड्डार्स ऑफ़ साउथ इंडिया,* नई दिल्ली, 1984
148. केनेडी, एम.; द *क्रिमिनल क्लासिज़ इन इंडिया,* नई दिल्ली, 1909
149. सिंह के.एस.; *ट्राइबल सिचुएशन इन इंडिया,* नई दिल्ली, 1985
150. हार्डीमेन डेविड, 1987, पृ. 1
151. पार्थसारथी, जक्का; 'द येरुकला : एन एथनोग्राफिक स्टडी', भारतीय मानव शास्त्रीय सर्वेक्षण, कलकत्ता, 1988
152. सैयद सिराज-उल-हसन; द *कास्ट्स एंड ट्राइब्स ऑफ़ एच.ई.एच. द निजाम डोमीनियंस,* दिल्ली, 1909
153. प्रताप, रबिनन्दन; *ट्राइब्स ऑफ़ आन्ध्र प्रदेश,* सिकन्दराबाद, 1975
154. शशि, पी.एस. और वर्मा, पी.एस.; *ए सोशयो-हिस्ट्री ऑफ़ एक्स-क्रिमिनल कम्युनिटीज़, ओबीसीज,* नई दिल्ली, 1991
155. सिम्हाद्री वाई.सी.; 'चेन्जिंग क्रिमिनल बिहेवियर ऑफ़ एन एक्स-क्रिमिनल ट्राइब इन एन इंडियन विलेज'; *इंडियन जनरल ऑफ़ क्रिमिनोलॉजी,* 1976, 4 (1) 23-26; देखें इसी लेखक की दो पुस्तकें द *एक्स-क्रिमिनल ट्राइब्स ऑफ़ इंडिया,* नई दिल्ली, 1979 और *डिनोटिफाइड ट्राइब्स,* नई दिल्ली, 1991
156. हेमलता लवनम; *नेरास्थुलु संस्करण* (अपराधियों का सुधार) (तेलुगु), विजयवाड़ा, 1985; देखें इसी लेखिका की *जीवन प्रभातम* (तेलुगु) 1965, विजयवाड़ा
157. ललिता, 1995, पृ. 1
158. टिम्मा राजू लक्ष्मीनारायण; 'येरुकला वरु', *शारदा,* 1909, 12 (1), पृ. 40-44
159. रंगानायकुलु; 'बीच क्राफ्ट सैटलमेंट वर्कर्स' (तेलुगु), शारदा, 1909, (12)3, 71-75
160. भौमिक पी.के.; 'द लोढ़ाज : ए डीनोटिफाइड कम्युनिटी ऑफ़ वेस्ट बंगाल', *मैन इन इंडिया,* 1991, 63 (3); इसी लेखक का दूसरा लेख भी देखें—'ट्राइब्स इन द चेन्जिंग सर्कमस्टांसिस ऑफ़ इंडिया', *मैन इन इंडिया,* 1991, 71(1)
161. एल्विन, वेरियर, 1943, पृ. 1
162. राघवैया वी., 'द यनडीज', मैन इन इंडिया
163. क्रेसी, डोनाल्ड आर.; 'एप्लीकेशन एंड वेरिफिकेशन ऑफ़ द डिफ्रेन्शियल एसोसिएशन थ्योरी', *जरनल ऑफ़ क्रिमिनल लॉ, क्रिमिनोलॉजी एंड पॉलिटिकल साइंस,* वर्ष 3, अंक 63, 1955; इसी लेखक का दूसरा लेख भी देखें—'द क्रिमिनल ट्राइब्स ऑफ़ इंडिया', *सोशयोलॉजी एंड सोशल रिसर्च,* जुलाई-सितम्बर 1936

164. कपाड़िया, के.एम.; 'द क्रिमिनल ट्राइब्स ऑफ़ इंडिया', *सोशयोलॉजिकल बुलेटिन, 1-2* (1952)
165. कॉनराड एरनशर्ग; 'द कम्युनिटी स्टडी मैथडज़', *अमेरिकन जरनल ऑफ़ सोशयोलॉजी,* (1954)
166. शर्मा, ए.एन.; 'मैन एंड क्राइम', *मैनकाइंड,* 8, 16 (1958)
167. तेंग, एम.के.; 'क्राइम, लॉ एंड द कम्युनिटी', *मैनकाइंड,* 11, 6 (1960
168. रॉय बर्मन; 'मीनिंग एंड प्रॉसेस ऑफ़ ट्राइबल इनटेगेरेशन इन ए डेमोक्रेटिव सोसाइटी', *सोशयोलॉजिकल बुलेटिन,* 27, 10 (1961)
169. इस धारणा के अनुसार आदिम जनजातियाँ वे जनजातियाँ हैं जो सीधे-सरल तरीकों से पूरी तरह प्रकृति पर निर्भर करती हैं।
170. जैफरी, सी.आर.; 'क्रिमिनल बिहेवियर एंड लर्निंग थ्योरी', *जरनल ऑफ़ क्रिमिनल लॉ, क्रिमिनोलॉजी एंड पॉलिटिकल साइंस*
171. रॉबर्ट, ए. हैकनबर्ग; 'द पैरामीटर्स ऑफ़ एन एथनिक ग्रुप : ए मैथड फॉर स्टडिंग द टोटल ट्राइब', *अमेरिकन एथ्रोपोलोजिस्ट,* अक्टूबर, 1967
172. पैट्रिक क्लेयरेंस, एच.; 'द क्रिमिनल ट्राइब्स ऑफ़ इंडिया विद स्पेशल एम्फेसिस ऑन द माँग गरुडी : ए प्रिलिमिनेरी रिपोर्ट', *मैन इन इंडिया,* 48, 3, (1968)
173. ऋषिराम गुप्ता, जे.एस. माथुर; 'सोशल पैथोलॉजी ऑफ़ डीनोटिफाइड ट्राइब्स', *आईसीएसएसआर जनरल,* 3, 1, (1973)
174. पथी जगन्नाथ; 'सोशल बेसिस ऑफ़ बैंडेट्री एंड द क्रिमिनल ट्राइब्स एक्ट'; *सोशल साइंस प्रोबिंग्स,* दिसम्बर (1984)
175. ट्रॉयसी, जॉसेफ; 'सोशल मूवमेंट्स अमंग द संताल्स', प्रकाशन वर्ष इत्यादि अज्ञात
176. पाटी आर.एन. और जेना बी.; 'एक्स-क्रिमिनल ट्राइब्स : आर दे निग्लेक्टिड?', *ट्राइबल डेवलपमेंट इन इंडिया,* नई दिल्ली, 1989
177. रेड्डी, वी.आर.के.; 'ए क्रिटीक ऑन ट्राइबल लाइफ इन हैदराबाद स्टेट 1901-1951', इतिहास, 27 (1989)
178. अर्नोल्ड, डेविड; 'डकॉयटी एंड रूरल क्राइम इन मद्रास, 1860-1940', *द जनरल ऑफ़ पीजेंट स्टडीज,* 6, 2, (1979)
179. मीना, राधाकृष्णन, 1989, पृ. 1
180. निगम संजय; 'डिसिपलिनिंग एंड पोलिसिंग द "क्रिमिनल बाय बर्थ", पार्ट-1, द ट्राइब्स एंड कास्ट्स ऑफ़ नार्थ इंडिया', *द इंडियन इकोनॉमिक एंड सोशल हिस्ट्री रिव्यू,* 37, 2 (1990), पृ. 131-161
181. रंगाराजन, महेश; 'इम्पीरियल एजेंडाज एंड इंडियाज फोरेस्ट्स : द अर्ली हिस्ट्री ऑफ़ इंडियन फोरेस्ट्री, 1800-1878', *द इंडियन इकोनॉमिक एंड सोशल हिस्ट्री रिव्यू,* 31, 2 (1994), पृ. 147-167
182. गुहा, रामचन्द्र और गाडगिल, माधव; 'स्टेट फॉरेस्ट्री एंड सोशल कन्फलिक्ट इन ब्रिटिश इंडिया', *पास्ट एंड प्रेजेंट,* 122-123 (1989)
183. लवनम और हेमलता लवनम; द *प्रॉब्लम्स ऑफ़ डीनोटिफाइड ट्राइब्स : एन एक्सपेरिमेंट ऑन स्टुअर्टपुरम,* विजयवाड़ा, 1975; इसी लेखक जोड़ी की अन्य पुस्तकें भी देखें—*नोट्स एंड रिफ्लेक्शंस ऑन अवर वर्क इन री-हैबिलिटेशन ऑफ़ एक्स-क्रिमिनल ट्राइब्स इन सैटलमेंट्स,* गांधी पीस फाउंडेशन, विजयवाड़ा, 1976; *अवर एक्सपीरियंसेस इन स्टुअर्टपुरम,*

एथीस्ट सेंटर, विजयवाड़ा, 1976; *सम इवेंट्स ऑफ़ ए डिकेडज़ क्रिमिनल रिफॉर्मेशन वर्क,* एथीस्ट सेंटर, विजयवाड़ा, 1977; *एक्स-क्रिमिनल ट्राइब्स : एन एक्सप्लेनेशन,* एथीस्ट सेंटर, विजयवाड़ा, 1978; *ए बड्र्स आइ व्यू ऑफ़ ए डिकेडज वर्क : क्रिमिनल रिफॉर्मेशन कान्फ्रेंस,* एथीस्ट सेंटर, विजयवाड़ा, 1984; और सरमा मार्ला लिखित *संस्कार : ए प्रोफाइल,* गांधी पीस सोसाइटी, जर्मनी, 1992

184. ललिता, वी.; 'हिस्टोरिकल बैकग्राउंड ऑफ़ कप्परल्ला टिप्पा सैटलमेंट, *प्रोसीडिंग्स ऑफ़ आन्ध्र प्रदेश हिस्ट्री काँग्रेस* (पीएपीएचसी), 1978; 'डिस्क्रिप्शन ऑफ़ सैटलमेंट्स इन मालापल्ली; *उन्नवा शताब्दी स्मारिका,* कावाली, सितम्बर 15-16, 1979; 'स्टेब्लिशमैट ऑफ़ क्रिमिनल ट्राइब्स सैटलमेंट्स इन आन्ध्रा—ए हिस्ट्रोरिकल सर्वे' *(पीएपीएचसी),* पाँचवाँ अधिवेशन, चिरालन, गुंटूर, 1980, पृ. 33-34; 'डिनोटिफाइड कम्युनिटीज ऑफ़ आन्ध्र प्रदेश : सम प्रॉब्लम्स ऑफ़ री-हैबिलिटेशन', (पीएपीएचसी), हैदराबाद, 1982; *कठेराज : एन एक्स-क्रिमिनल ट्राइब, (पीएपीएचसी), आठवाँ अधिवेशन,* काकिनाडा, 1984, पृ. 24-30; 'क्रिमिनल ट्राइब्स सैटलमेंट्स एंड द रोल ऑफ़ क्रिश्चियन मिशनरीज', *(पीएपीएचसी), दसवाँ अधिवेशन,* गुंटूर, 1986, पृ. 171-77; 'क्रिमिनल ट्राइब्स सैटलमेंट्स इन आन्ध्र प्रदेश', *प्रोसीडिंग्स ऑफ़ इंडियन हिस्ट्री काँग्रेस* (पीआईएचसी), गोवा, 1987; उन्नवा लक्ष्मीनारायण, 'उंडावल्ली क्रिमिनल ट्राइब्स सैटलमेंट', *पीएपीएचसी* नगरम, 1987, पृ. 133-45; 'एथनोग्राफिक बैकग्राउंड ऑफ़ येरुकलाज', *(पीएपीएचसी), पाँचवाँ' अधिवेशन,* वारंगल, 1988, पृ. 5-14; 'ट्राइब्स इन ट्रांजिशन : ए स्टडी ऑफ़ डोम्मराज, ए सेमी-नोमेडिक एंड एक्स-क्रिमिनल ट्राइब इन नेल्लोर डिस्ट्रिक्ट', *(पीआईएचसी),* गोरखपुर, 1989-1990; कटीकपारीज़ (मातम की कार्यवाही में सेवक) : द प्रोफाइल ऑफ़ ए सेमी-नोमेडिक ट्राइब', *(पीएपीएचसी),* नेल्लोर, 1991; और 'नीरशिकारीज़ : एन एक्स-क्रिमिनल ट्राइब', *(पीएपीएचसी),* अनन्तपुर, 1994

185. जाक पॉशॅपदास, 'द क्रिमिनल ट्राइब्स ऑफ़ ब्रिटिश इंडिया : ए रिपरेसिव कन्स्पेक्ट इन थ्योरी एंड प्रेक्टिस', *जनरल ऑफ़ एशियन स्टडीज़,* I और II, 2 (1982)

186. फ्रेटग सैंड्रियल, बी.; 'क्राइम इन द सोशल ऑर्डर ऑफ़ कोलोनियल नॉर्थ इंडिया', *मॉडर्न एशिया स्टडीज,* 25, 2 (1991)

187. आशीर्वाद, एन; 'ग्लिंपसिस ऑफ़ ट्राइबल कल्चर इन आन्ध्र प्रदेश', *मैन एंड लाइफ,* 18, 384 (1993)

188. विट्ठल, सी.पी.; 'सोशियो-इकोनॉमिक ट्रांस्फॉरमेशन ऑफ़ ए प्रिमिटिव ट्राइबल ग्रुप : ए स्टडी ऑफ़ चेंचूज़ इन आन्ध्र प्रदेश', *मैन इन इंडिया,* 72, 2 (1992)

189. हलदर, ए.के.; 'द इकोनॉमी ऑफ़ द नोमेडिक कम्युनिटीज़ ऑफ़ इंडिया', *मैन इन इंडिया,* 72, 2 (1994)

190. शिवरामकृष्णन, के.; 'कॉलोनियलिज्म एंड फॉरेस्ट्री इन इंडिया : इमेजिनिंग द पास्ट इन प्रेजेंट पॉलिटिक्स', *कम्पेरेटिव स्टडीज़ इन सोसाइटी एंड हिस्ट्री,* 37, 1 (1995)

अध्याय-2

अपराध और आपराधिक जनजाति कानून

क्लेयरेंस डैरो के अनुसार, अपराध देश के कानून द्वारा प्रतिबन्धित ऐसा कृत्य है जो अपनी पर्याप्त गम्भीर प्रकृति के कारण दंड की माँग करता है।[1] परमाली के शब्दों में,

> अपराध कानून द्वारा प्रतिबन्धित और दंडनीय एक ऐसा कृत्य है जो लगभग हमेशा ही प्रचलित नैतिक मूल्यों की कसौटी पर अनैतिक प्रतीत होता है।[2]

भारत के आपराधिक आचार संहिता इंडियन पीनल कोड (आई.पी.सी.) में अपराध की परिभाषा कुछ यूँ दी गई है—

> एक ऐसा कृत्य जिसके करने पर कानूनी प्रतिबन्ध है और जिसके लिए कानून अपनी न्यायिक प्रक्रिया द्वारा दंड निर्धारित कर सकता है।[3]

1

कानून सामाजिक नियंत्रण का एक हथियार है, जिसका प्रयोग आम लोगों को खतरनाक वैयक्तिक आचरण के परिणामों से बचाने के लिए किया जाता है। कानून जिसे 'अपराध' कहता है, वह समाज के शक्तिशाली वर्ग या वर्गों को नुकसान पहुँचाने वाला एक व्यवहार है। यही शक्तिशाली वर्ग कानून बनाने की प्रक्रिया को भी प्रभावित करता है।[4] मोटे तौर पर हम कानून को राज्य द्वारा स्थापित और लागू किए गए एक सिद्धान्त के रूप में परिभाषित कर सकते हैं। अगर कोई आपराधिक कानून नहीं होगा तो कोई अपराध भी नहीं होगा। जब भी किसी आपराधिक कानून को पारित और लागू किया जाता है तो वे कृत्य भी अपराध बन जाते हैं जो इससे पहले अपराध नहीं माने जाते थे। इस तरह हम अपराध को कानून का उल्लंघन कह सकते हैं।[5]

अपराध हर युग और हर देश में कम या ज्यादा मात्रा में होते ही रहे हैं। जैसा कि हमने कहा, अपराध कानून का उल्लंघन है और इसके उल्लंघन करने वाले को अपराधी कहा जाता है। अपराध हमेशा से ही मानव सभ्यता का अभिन्न अंग रहा है। इस तरह, हम यह कह सकते हैं कि अपराधी वह व्यक्ति है जिसने कोई अपराध किया है और जिसे किसी न्यायिक अदालत द्वारा दोषी ठहराया गया है। भारत में किसी व्यक्ति को उसी स्थिति में अपराधी ठहराया जा सकता है अगर उसने भारतीय दंड संहिता (इंडियन पीनल कोड) या केन्द्र या प्रदेश सरकार द्वारा पारित किसी कानून का उल्लंघन किया हो।

यहाँ यह प्रश्न भी उठ सकता है कि अपराध होता ही क्यों है? कोई व्यक्ति किसी बुरी भावना द्वारा उकसाए या प्रोत्साहित किए जाने पर ही अपराध करता है। बेकेरिया और बेन्थम की धारणा के अनुसार अपराधी समाज का वह सामान्य व्यक्ति होता है जो किसी प्रलोभन का शिकार हो गया हो।[6] दूसरी तरफ, लोम्ब्रोसो के सिद्धान्त के अनुसार अपराधी, खासकर एक आदतन अपराधी, सामान्य व्यक्तियों से बहुत भिन्न होता है।[7] लोम्ब्रोसो ने कुछ भौतिक पहलुओं को अपने सिद्धान्त का आधार बनाया है। खराब घरेलू पृष्ठभूमि, नापसन्द रोजगार, गरीबी, शराबखोरी, वगैरह अपराध करने के कुछ मुख्य कारण होते हैं। इसका अर्थ हुआ कि किसी व्यक्ति को अपराधी बनाने के लिए समाज ही जिम्मेदार होता है।[8] किसी भी अपराधी के अपराधी बनने में उसकी परिस्थिति की बहुत महत्त्वपूर्ण भूमिका होती है। मर्सियर के अनुसार, किसी भी अपराध के पीछे दो कारण होते हैं—परिस्थितियाँ और अपराधी की प्रकृति को प्रभावित करने वाला तनाव। इनमें से दूसरा कारण अन्तर्निहित या स्वभावगत कारण है। भारत में पागलपन, मानसिक दोष या अस्थिरता को भी अपराध के कारणों में गिना जाता है।[9] लोम्ब्रोसो ने अपराधियों की शारीरिक विशिष्टताओं का भी अध्ययन किया था। उनके शिष्य एनरिको फेरी ने अपराध के सामाजिक कारणों का विश्लेषण किया था। उनके अनुसार, "अपराध तीन प्रमुख प्रकार के कारकों का परिणाम होता है—भौतिक भौगोलिक, मानवशास्त्रीय मनोवैज्ञानिक और सामाजिक।"[10]

दूसरी तरफ, रैबेल गारोफोलो ने भौतिक पहलुओं की बजाय मनोवैज्ञानिक पहलुओं पर कहीं ज्यादा जोर दिया। इस मामले में उन्होंने वंशागत प्रवृत्तियों को भी महत्त्वपूर्ण माना है। अपराध शास्त्र की इतालवी शाखा से जुड़े चिन्तकों ने अपराध के भिन्न-भिन्न और विविध पहलुओं को एक साथ जोड़कर देखा है—अपराधी की वंशावली और वातावरण, पर्यावरणीय प्रभाव, आर्थिक और राजनीतिक स्थितियाँ, और मनोवैज्ञानिक प्रवृत्तियाँ, इत्यादि। भारत में धर्म, सामाजिक प्रथाओं, अन्धविश्वासों, जातिगत और धार्मिक द्वेष, वर्गीय टकराव, शराबखोरी और नशीले द्रव्यों को भी अपराध के प्रमुख कारकों के रूप में देखा जाता है।[11]

यह एक प्रचलित लेकिन मिथ्या धारणा है कि प्रतिकूल आर्थिक स्थितियाँ अपराध को जन्म देती हैं। यह सही है कि चोरी-डकैती जैसे अपराधों में आर्थिक कारक महत्त्वपूर्ण भूमिका निभाते हैं क्योंकि अपराधी आमतौर से गरीब या बेरोजगार होते हैं। लेकिन यह भी सच है कि आमतौर पर इन अपराधों के पीछे सख्त जरूरत या भुखमरी जैसे कारण नहीं होते। जैसा कि सुदरलैंड ने कहा है—

> अपराध में आर्थिक कारणों की भूमिका के अध्ययन यह नहीं दर्शाते कि आर्थिक आवश्यकताएँ—मनोवैज्ञानिक दृष्टि से और सामाजिक परिभाषाओं के अनुसार—अपराध के घटने में कोई महत्त्वपूर्ण भूमिका निभाती हैं।[12]

वे आगे लिखते हैं कि गरीबी और भूख आमतौर से किसी को अपराध करने के लिए प्रेरित नहीं करती। व्यक्ति की भावनात्मक अस्थिरता ही उसे व्यक्तिगत अभिमान और उपलब्धि के लिए अपराध करने के लिए प्रोत्साहित करती है। लेकिन आर्थिक असुरक्षा और जीवन की आधारभूत आवश्यकताओं का अभाव असामाजिक व्यवहार की जमीन जरूर तैयार कर सकते हैं।

अपराध और आर्थिक कारकों के परस्पर सम्बन्धों का विश्लेषण करते हुए न्यायमूर्ति पी.एन. रामास्वामी लिखते हैं कि आर्थिक स्थिति अपराधी प्रवृत्ति को बहुत ज्यादा प्रभावित करती है।[13] कमजोर मानसून, खराब फसल और बढ़ती महँगाई अपराध के लिए अनुकूल स्थितियाँ पैदा करती हैं। बी.एस. हैकरवाल भी इस तर्क से सहमत दिखते हैं।[14]

लोम्ब्रोसे, फैरी और गारोफोलो जैसे सकारात्मक सिद्धान्तशास्त्री अपराधी प्रवृत्ति को वंशानुगत मानते रहे हैं। फिर भी, यह साफ तौर पर प्रमाणित हो चुका है कि यह प्रवृत्ति जन्मजात न होकर परिस्थितियों और वातावरण से प्रभावित होती है। एक अन्य समाजशास्त्री तारडे के निष्कर्ष के अनुसार भी अपराधी प्रवृत्ति जन्मजात न होकर सामाजिक परिवेश का परिणाम होती है। उनका कहना है कि किसी चोर-उचक्के का चेहरा-मोहरा भी बिलकुल वैसा ही दिखता है जैसा कि एक ईमानदार आदमी का। तारडे ने अपराध और उसके कारणों से जुड़े भिन्न-भिन्न सिद्धान्तों का परीक्षण करने के बाद जैविक और शारीरिक कारणों को अपर्याप्त ठहराते हुए खारिज कर दिया। उनके अनुसार, अपराध की उत्पत्ति में समाज की सर्वोपरि भूमिका होती है। वे लिखते हैं—

> जैविक और शारीरिक कारण किसी अपराधी के निर्माण में भले ही कुछ भूमिका निभाते हों...लेकिन अपराधी के व्यवहार में सबसे महत्त्वपूर्ण भूमिका सामाजिक वातावरण की होती है।[15]

कार्ल मार्क्स के लेखनों में भी आर्थिक कारणों को चरित्र निर्माण के साथ जोड़कर देखा गया है। उनकी कुछ प्रसिद्ध पंक्तियाँ हैं—

> भौतिक जीवन में उत्पादन के साधन ही आम जन-जीवन के सामाजिक, राजनीतिक और आध्यात्मिक चरित्र को तय करते हैं। मनुष्य की चेतना उसके अस्तित्व को तय नहीं करती, उल्टे सामाजिक अस्तित्व ही मनुष्य की चेतना को तय करता है।[16]

नीदरलैंड के अपराध-शास्त्री बोंगर (1876-1940) ने कार्ल मार्क्स के लेखनों के आधार पर अपना सिद्धान्त गढ़ते हुए अपराध को पूँजीवाद का दुष्परिणाम ठहराया। उन्होंने अपनी डॉक्टरेट की थीसिस में आर्थिक स्थितियों को अपराध का सर्वोपरि और व्यापक कारण बताया।[17] उनकी धारणा के अनुसार, श्रमिक वर्ग का शोषण जनता जनार्दन की दरिद्रता और दुर्दशा का कारण बनता है। बाद में यही स्थितियाँ अपराध को जन्म देती हैं। बोंगर के सिद्धान्त की खूबी यह थी कि उन्होंने निर्धन वर्गों में अपराध की घटनाओं को सीधे-सीधे उनकी निर्धनता और सामाजिक वातावरण से जोड़कर देखा। 1940 के आसपास आपराधिक व्यवहार के लिए अमेरिका में एक आधारभूत समाजशास्त्रीय सिद्धान्त सामने आया। 'डिफरेन्शियल एसोसिएशन' नामक यह सिद्धान्त सुदरलैंड ने प्रतिपादित किया था। उन्होंने इस बात पर जोर दिया कि अपराध एक सामाजिक तथ्य है। उन्होंने यह भी कहा कि यह जैविक, मनोवैज्ञानिक या पर्यावरणीय कारणों का परिणाम नहीं है। जीवन में अस्थिरता और भटकाव ही मनुष्य को अपराध की तरफ धकेलते हैं।

एफ. बूथ टकर के अनुसार, भारत में अपराधियों का वर्गीकरण इस प्रकार है—(1) पेशेवर, (2) स्वभावगत, (3) सामान्य, (4) वंशानुगत, (5) बाल-वयस्क, (6) बाल अपराधी।[18]

(1) इन-कॉरिजिबल या सुधार अयोग्य पेशेवर/शातिर अपराधी—यह ऐसा अपराधी होता है जिसे सुधारा नहीं जा सकता। वह जानबूझकर और एक पेशे के तौर पर अपराध करता है।[19] उसे गुजर-बसर का यह एक आसान और फायदेमन्द तरीका लगता है। ईमानदारी से आजीविका कमाने का अवसर मिलने पर भी वह इसका उपयोग नहीं करता क्योंकि वह इसमें विश्वास ही नहीं करता। धीरे-धीरे वह खुद अपराध करने की बजाय दूसरों से यह काम करवाने लगता है ताकि वह खुद सजा से बचा रहे। ऐसे मामलों में वह अकसर एक प्रभावशाली व्यक्ति होता है और एक अपराधी के रूप में सफल होने के बाद इस काम के लिए दूसरे व्यक्तियों को नियुक्त कर लेता है। अपने पैसे के बल पर वह पुलिस और कानून से भी उनकी रक्षा करता है और सजा हो जाने की स्थिति में उनके घर-परिवार का खर्च भी उठाता है। इस तरह के अपराधियों को सुधारना सबसे कठिन काम होता है।

(2) आदतन या स्वभावगत अपराधी—आदतन या स्वभावगत अपराधी बिना सोचे-समझे ही अपराध कर बैठता है। काफी हद तक वह अपनी परिस्थितियों और आर्थिक दबावों का शिकार होता है और अपराध किए बिना रह नहीं पाता। वह सुधरने की कितनी ही चाह क्यों न रखे या कोशिश क्यों न करे लेकिन आमतौर से वह ऐसा कर नहीं पाता। थाने में एक-दो मामले दर्ज हो जाने के बाद तो उसका सुधरना और भी मुश्किल हो जाता है।

(3) सामान्य या संयोगवश अपराधी—आम या संयोगवश अपराधी एक लापरवाह किस्म का व्यक्ति होता है। वह न तो पेशेवर किस्म का अपराधी होता है और न आदतन ही अपराध कर बैठता है। लेकिन संयोगवश अपराध हो जाने के बाद उसके एक खतरनाक अपराधी बनने की सम्भावनाएँ बढ़ जाती हैं, जैसा कि अकसर देखा जाता है।[20]

(4) वंशानुगत अपराधी—वंशानुगत अपराधी वे होते हैं जिनके परिवारों में चोरी, लूट और डकैती इत्यादि आपराधिक गतिविधियों की परम्परा चली आ रही हो। वे इसे आजीविका के साधन के रूप में देखते हैं।[21]

(5) किशोर (ज्यूवेनाइल) वयस्क अपराधी—ऐसा माना जाता है कि पके हुए और शातिर अपराधियों की तुलना में अधपकी उम्र के किशोर अपराधियों को सुधारना कहीं आसान होता है। यही कारण था कि ब्रिटिश सरकार ने ऐसे चढ़ती उम्र के बाल-वयस्क अपराधियों के लिए एक अलग बोर्स्टल जेल की स्थापना की जरूरत महसूस की। साल्वेशन आर्मी ने भी ऐसे किशोरों के लिए देनापुर बस्ती की स्थापना की, जो एक सुधारवादी जेल साबित हुई।[22]

(6) बाल अपराधी—बाल अपराधियों को दो श्रेणियों में बाँटा जाता है—वंशानुगत बाल अपराधी, जिन्हें बचपन से ही अपराध को एक पेशे के रूप में अपनाने का प्रशिक्षण दिया जाता है; और दूसरे, बड़े शहरों के बेघर-बार, आवारा बच्चे जो सामाजिक उपेक्षा के कारण धीरे-धीरे अपराध की तरफ खिंचने लगते हैं।

आपराधिक जनजातियाँ

भारत में तीन तरह की जनजातियाँ हैं—(1) बंजारा या आपराधिक जनजातियाँ (क्रिमिनल ट्राइब्स या सी.टी.), (2) पहाड़ी और आदिम जनजातियाँ (पी.टी.जी.) और (3) सामान्य जनजातियाँ (पी.टी.जी.)। सी.टी. या आपराधिक जनजातियाँ उन परिवारों के समूहों को कहा जाता है जिनमें पेशे के रूप में आपराधिक गतिविधियों की परम्परा रही है। उन जनजातियों को जो अपराध को अपनी आजीविका के साधन के रूप में नहीं देखतीं, आम या सामान्य पहाड़ी जनजातियाँ कहा जाता है। जिलिन ने आपराधिक जनजातियों (सी.टी.) को भी दो श्रेणियों में बाँटा है—

(1) बंजारों की तरह घुमन्तू जीवन जीने वाली जनजातियाँ और (2) गाँव-देहातों में बसने वाली जनजातियाँ।[23] भारत में सदियों से आपराधिक और बंजारा जनजातियाँ रही हैं जो उल्टे-सीधे और संदिग्ध तरीकों से अपनी गुजर-बसर करती रही हैं। ब्रिटिश सरकार ने उम्र, लिंग या किसी दूसरी तरह के भेद के विचार किए बिना पूरी-की-पूरी जनजातियों को 'क्रिमिनल ट्राइब्स' (सी.टी.) या 'आपराधिक जनजातियाँ' घोषित कर दिया। रिसले इन जनजातियों की परिभाषा देते हुए लिखते हैं—

> ऐसे परिवारों या पारिवारिक समूहों का झुंड जो एक खास नाम से जाने जाते हैं और जिनकी आजीविका का कोई निश्चित और स्पष्ट साधन नहीं होता। ये परिवार किसी पौराणिक या ऐतिहासिक वंश से जुड़े होने का दावा करते हैं।[24]

वाई.सी. सिम्हाद्री इस परिभाषा को आगे बढ़ाते हुए लिखते हैं—

> भारत के ऐसे आदिवासियों का समूह जिनमें आजीविका के लिए आपराधिक गतिविधियों की परम्परा रही है और जो इसे अपने जीवन के एक सहज और स्वाभाविक अंग के रूप में देखते रहे हैं।[25]

दूसरी तरफ, ओ.एच.बी. स्टार्टी की धारणा के अनुसार—

> जनजाति एक ऐसा जाति-समूह होता है जिसका हर सदस्य एक साझे सामाजिक संगठन और एक साझे धर्म का प्रतिनिधित्व करता है। इस संगठन में कई उप-इकाइयाँ या कुल, वंश इत्यादि भी हो सकते हैं। कानून की किसी भी धारा के अन्तर्गत एक पूरी जनजाति को आपराधिक जनजाति नहीं ठहराया जाना चाहिए, बशर्ते कि इस पूरे समूह को योजनाबद्ध तरीके से गैर-जमानती अपराध करने की आदत न हो।[26]

आपराधिक इरादे से गठित एक स्वैच्छिक समूह या संस्था को गिरोह कहा जाता है। लेकिन आदतन अपराध करते रहने वाले व्यक्तियों के समूह को 'गिरोह' की श्रेणी में नहीं रखा जा सकता। आमतौर से एक से ज्यादा अपराधियों के समूह को गिरोह कहा जा सकता है लेकिन व्यावहारिक तौर पर पाँच से ज्यादा व्यक्तियों के समूह को ही गिरोह माना जाना चाहिए। योजनाबद्ध तरीके से आदतन गैर-जमानती अपराध करने वाली जनजातियों को आपराधिक जनजातियाँ कहा जाता है।

इन आपराधिक जनजातियों की उत्पत्ति को लेकर भी कई तरह की अवधारणाएँ देखने को मिलती हैं। एक अवधारणा के अनुसार ये सब बंजारों (जिप्सियों) की वंशज हैं।[27] बंजारे दुनिया भर में पाए जाते हैं और ऐसा माना जाता है कि वे सब एक ही मूल के हैं। लेकिन ऐसे प्रमाण न के बराबर ही मिलते हैं जिनसे इन भारतीय जनजातियों को आज के यूरोप या दुनिया के अन्य हिस्सों के बंजारों या जिप्सियों से

जोड़ा जा सके। एक अन्य अवधारणा के अनुसार ये आपराधिक जनजातियाँ उन आदिम जातियों की वंशज हैं, जो समय-समय पर मध्य एशिया से उखेड़ी जाती रही हैं।[28]

2

आपराधिक जनजातियों का आरम्भिक इतिहास ज्ञात नहीं है। लेकिन हमारे पास रिसले[29], शुबर्त[30], घुर्ये[31], डेविड मैकरिची[32] और अन्य मानवशास्त्रियों की अवधारणाएँ हैं, जिनके अनुसार ये जनजातियाँ देश के सबसे प्राचीन निवासी हैं। वेरियर एल्विन ने बैगा जनजाति को—जो आपराधिक जनजातियों में से एक है—अपने क्षेत्र का सबसे मूल निवासी कहा है।[33] शेर सिंह शेर के अनुसार आपराधिक जनजातियों के लिए सबसे पहले 1773 में कानून बना था और लगभग सौ वर्ष बाद, 1871 में फिर एक नया कानून बना।[34] वायसराय की काउंसिल के एक सदस्य और कानून और व्यवस्था के प्रभारी जे.वी. स्टीफेंस ने कहा था—

> जैसा कि हम देखते हैं, व्यापारियों को उनकी जाति से जाना-पहचाना जाता है। भारत की जाति-व्यवस्था इसकी एक विशिष्ट व्यवस्था है। एक बढ़ई का परिवार बढ़ईगिरी ही करेगा, एक-दो या पाँच सदियों बाद भी, बशर्ते कि तब तक उसका खानदान चल रहा हो।[35]

इस बात को ध्यान में रखते हुए एक पेशेवर अपराधी की पहचान को आसानी से समझा जा सकता है। इसका अर्थ हुआ कि एक जनजाति उसे कहते हैं जिससे पूर्वज युगों-युगों से अपराध में लिप्त रहे हैं; जो अपनी जाति में पैदा होने के कारण अपराध करने के लिए बाध्य हैं; और जिसके भावी वंशज भी इसी परम्परा का अनुसरण करेंगे—जब तक कि समूची जनजाति का अस्तित्व ही खत्म नहीं हो जाता या ठगों की तरह उसे नष्ट नहीं कर दिया जाता।[36] जे.वी. स्टीफेंस ने 1871 में लिखा था—

> जब कोई व्यक्ति आपसे कहता है कि वह कानून तोड़ने के कारण अपराधी है, पहले भी था और आगे भी रहेगा, तो उसका सुधरना नामुमकिन है क्योंकि यही उसका धन्धा है, उसकी जाति का पेशा है, और यहाँ तक कि वह मानता है कि अपराध करना उसका धर्म है।[37]

ये जनजातियाँ जंगलों और पहाड़ियों में एक घुमन्तू जिन्दगी जीती थीं और इनके रहने का कोई निश्चित ठिकाना नहीं था। ये अपने साथ अपना पूरा सामान लेकर चलती थीं और किसी भी देहात या शहर के बाहर या किसी दूसरी शान्त जगह पर अपना डेरा डाल लेती थीं।

बूथ टकर ने इनकी बस्तियों के बारे में लिखा था—

ये खरगोश के बाड़ों की तरह होती हैं। जब एक तरफ गन्दगी फैल जाती है तो ये दूसरे किनारे की तरफ खिसक जाते हैं। ये लोग हमेशा खुले में सोते हैं और आने-जानेवालों पर नजर रखते हैं। ये किसी बहुत बड़े क्षेत्र में छोटे-छोटे गुटों में फैल जाते हैं, जहाँ न तो किसी की रोकटोक हो और न पुलिस ही इन्हें परेशान कर सके।[38]

जहाँ तक ठगों के गिरोहों का सम्बन्ध है तो वे व्यापारियों और आम यात्रियों के भेष में सड़क से यात्रा करते थे और अवसर मिलते ही किसी निर्दोष यात्री का गला घोंटकर उसकी हत्या कर देते थे और उसका सब कुछ लूट लेते थे।[39] स्लीमैन ने इन ठगों के बारे में लिखा था—

> हर वर्ष हिन्दुस्तान और दक्कन से आने वाले बड़े-बड़े गिरोह इन बगीचों में महीनों छिपे रहते थे और आसपास की सड़कों से गुजरने वालों को अपने भयानक पेशे का शिकार बनाया करते थे। इन बगीचों के मालिक दो जमींदार थे जिनके पूर्वजों ने बगीचे लगाए थे और वे गिरोहों से मिले हुए थे। मैं उन्हें बेवकूफ या सिरफिरा समझ सकता था लेकिन वे जो कुछ कह रहे थे वह पूरी तरह सच था।[40]

इस तरह की भयानक घटनाएँ 1853 में ठगी के उन्मूलन तक जारी रहीं।[41] इसके बाद पिंडारी पैदा हो गए, जो एक नई मुसीबत बन गए। यूँ पिंढारियों के बारे में सबसे पहला उल्लेख 1689 में मिलता है।[42] 1860 तक ब्रिटिश सरकार ने इन पिंढारियों पर भी काबू पा लिया था और देश ने चैन की साँस ली थी। इस तरह, ठगों और पिंढारियों की चुनौती को कुचलने के बाद ही उपनिवेशीय सरकार ने देशभर में भटकती बंजारा और घुमन्तू जनजातियों पर सही तौर पर ध्यान दिया।[43]

आपराधिक ठहराई गई जनजातियों की संख्या को बतलाना मुश्किल है। लेकिन अखिल भारतीय जाँच समिति की रिपोर्ट के अनुसार इनकी संख्या तब 136 थी। इसके अलावा बहुत-से मिले-जुले समूहों को भी इस सूची में शामिल किया जाता रहा था।[44] कई दशक पहले के आँकड़ों के अनुसार भारत में ऐसी जनजातियों की जनसंख्या 50 लाख के आसपास थी।[45] 1981 की जनगणना के अनुसार देश की कुल 65.9 करोड़ की आबादी में जनजातियों की कुल आबादी 5 करोड़ से अधिक थी।[46] आन्ध्र प्रदेश के 'ट्राइबल कल्चरल रिसर्च एंड ट्रेनिंग इंस्टीट्यूट' (ट्राइबल वेलफेयर डिपार्टमेंट, हैदराबाद) द्वारा तैयार की गई एक रिपोर्ट के अनुसार आन्ध्र प्रदेश में 59 डीनोटिफाइड जनजातियाँ हैं।[47]

1911 की जनगणना में पहली बार आपराधिक जनजातियों को एक अलग श्रेणी में रखा गया। इनमें से अधिकांश जनजातियाँ हिन्दू मान्यताओं और प्रथाओं

का अनुसरण करती थीं। शायद इसी कारण घुर्ये ने इन्हें हिन्दू ठहरा दिया। उनके अनुसार ये 'पिछड़ी हिन्दू' जनजातियाँ थीं।[48] कुछ जनजातियाँ मुस्लिम और कुछ अनुसूचित जाति की भी थीं। कुछ जनजातियाँ अपने को उच्च वर्णों से निसृत होने का दावा करती थीं। पर ये दावे कुछ भी रहे हों, ये किसी के भी वंशज क्यों न हों, इनका सामाजिक दर्जा सदा नीचा ही रहा है।

सरकार ने तीन मूल धारणाओं के आधार पर इन जनजातियों से निपटने का फैसला किया। पहला यह कि किसी खास समूह या जाति में पैदा हुए सभी व्यक्ति जन्मजात अपराधी होते हैं क्योंकि वे अपराध को अपने पारिवारिक पेशे के रूप में देखते हैं। दूसरा यह कि एक बार कानून तोड़ना सीख लेने के बाद वे हमेशा के लिए अपराधों में लिप्त हो जाते हैं क्योंकि वे इसी को अपना व्यवसाय मानते हैं। तीसरा यह कि बार-बार कानून तोड़ने के कारण वे पक्के और शातिर अपराधी बन जाते हैं और उन्हें कानून का डर नहीं रह जाता। इन तीन धारणाओं के आधार पर तथाकथित आपराधिक जनजातियों को समाज के लिए एक खतरनाक तत्व के रूप में देखा जाने लगा। जैसा कि के.एम. कपाड़िया लिखते हैं—

> समय के साथ-साथ इन जनजातियों को अपने साथ हो रहे अन्याय का अहसास और गहरा होता चला जाता है और वे समाज और सरकार को अपने शत्रु के रूप में देखने लगीं।[49]

बहुत-से विद्वानों ने अपने-अपने तरीकों से इन जनजातियों के आपराधिक व्यवहार के कारण तलाशने की कोशिश की है। वेणुगोपाल इसे पर्यावरण की देन मानते हैं तो कपाड़िया आर्थिक स्थितियों को जिम्मेदार ठहराते हैं। बिस्वास जैसे मानव-शास्त्री, जिलिन जैसे अपराध-विज्ञान के विशेषज्ञ और ब्रूस जैसे इतिहासकार भी आर्थिक दबावों को ही इसका सबसे बड़ा कारण मानते हैं। बिस्वास ने दिल्ली की कुछ आदिवासी बस्तियों का अध्ययन करने के बाद यह निष्कर्ष निकाला कि इन लोगों के खर्चे इनकी आमदनी से ज्यादा होते हैं, इसलिए इन्हें यह कसर पूरी करने के लिए आपराधिक गतिविधियों में लिप्त होना पड़ता है। ए.ओ. ह्यूम तो 1885 में ही इस निष्कर्ष पर पहुँच गए थे कि इन जनजातियों का आपराधिक व्यवहार सीधे-सीधे दरिद्रता और पुलिस के असहिष्णु और अकसर क्रूर रवैये का परिणाम था। उनके अनुसार—

> लगभग जंगली और जिन्दगी से पूरी तरह बेपरवाह ये लोग अपराध में धकेल दिए जाते हैं। इन्हें कहीं भी एक दिन भी आराम से नहीं जीने दिया जाता। इनके आने की खबर सुनते ही पुलिस इनके पीछे पड़ जाती है और इन्हें जंगली जानवरों की तरह एक गाँव से दूसरे गाँव में खदेड़ा जाता रहता है। इन्हें न सिर्फ पुलिस की डाँट बल्कि बिना वजह थानों में लात-घूँसों का भी सामना करना पड़ता है।[50]

जिलिन ने इनकी दयनीय आर्थिक दशा को ही इनके आपराधिक व्यवहार का कारण माना है। उनके अनुसार—

> यह बात आसानी से देखी जा सकती है कि आबादी का एक बड़ा हिस्सा अधिकांश: भुखमरी के कगार पर रहता है। कहीं अकाल पड़ते ही लाखों लोग मौत के शिकार हो जाते हैं, बशर्ते, सरकार और राहत संस्थाएँ तुरन्त उनकी मदद के लिए न पहुँच जाएँ। ऐसी स्थितियों में यह कोई आश्चर्य की बात नहीं है कि कोई पूरा परिवार या जाति अपराध का पेशा अपना ले।[51]

वे आगे लिखते हैं—

> जब बस्तियों में पहले जत्थों को लाया गया तो ज्यादातर पुरुष चिथड़ों में थे। स्त्रियों के पास भी अपनी लाज ढकने लायक कपड़े नहीं थे ओर 12 वर्ष की उम्र तक के बच्चे तो बिलकुल नंग-धड़ंग थे।[52]

फिशमैन के अनुसार—

> आधुनिक शिक्षा और तकनीकी ज्ञान के प्रसार के साथ-साथ संचार की बेहतर सुविधाओं ने अधिक परिष्कृत अपराधों को खतरनाक स्तर पर पहुँचा दिया है, जिनमें बोगस कम्पनियों, जाली नोट, झूठे दस्तावेज़ और चालबाजी इत्यादि अपराध के नए और व्यापक हथकंडे शामिल हैं।[53]

घुमन्तू आपराधिक जनजातियों के बारे में कहा गया है—

> इन्हें स्थायी खेती-बाड़ी के अवसर अकसर उपलब्ध नहीं हो पाते। ...यही कारण है कि भारत में आज लगभग चालीस लाख लोगों की ऐसी आबादी है जो अपराध को अपना पुश्तैनी धन्धा मानती है। यह समाज के लिए एक बड़ी चुनौती के साथ-साथ उच्चवर्णीय हिन्दुओं के पहुँच से दूर होने के अपराध का फल भी है।[54]

फिशमैन आगे लिखते हैं—

> समुदाय के जोशीले और जुझारू पुरुषों का शान्तिपूर्ण काम-धन्धों में मन नहीं लगता था। उन्हें जन्म से ही नागरिक और सैन्य सेवाओं में भर्ती होने से मनाही थी, इसलिए वे लूट और डकैती की तरफ आकर्षित होने लगे।[55]

बैगबी ने 1920 के दशक में आपराधिक जनजातियों की कई बस्तियों का दौरा किया था। वे उनके बारे में लिखते हैं—

> अगर आप इन लोगों के चेहरों को ध्यान से देखें तो उसमें आपको एक ऐसी कड़वाहट, निराशा और खिन्नता दिखाई देगी जो आपको आपकी जड़ों तक

आतंकित और भयभीत कर देगी।...प्रकृति इन्हें एक ऐसे मोड़ पर ले आई है जहाँ ये अपने कष्टों को महसूस कर सकते हैं।...[56]

इन जनजातियों के सदस्यों के इधर-उधर जाने पर कुछ अंकुश भले ही हों लेकिन वे अपनी बस्तियों में बँधे हुए नहीं हैं। इसलिए जब वे बॅप्टिज्म के लिए मिशनरियों के पास जाते हैं तो उनकी धार्मिक भावनाओं को सन्देह के साथ देखा जाना स्वाभाविक है। लेकिन मिशनरियों का रवैया पुलिस की तरह कठोर न होकर लचीला और उदार होता हे और वे इनकी मदद करने से नहीं हिचकिचाते।

भारत में आपराधिक जनजातियों में अपराध को प्रोत्साहित करने वाले मुख्य कारण हैं—(1) खेती-बाड़ी करके अपनी रोजी-रोटी कमाने के साधनों का अभाव; (2) भेदभाव भरे नियम जिनके कारण इन लोगों को कई निरापद और मानसिक भावनात्मक स्वास्थ्य के लिए जरूरी गतिविधियों में भाग नहीं लेने दिया जाता; (3) कई ऐसे कानून जो किसी मासूम गतिविधि को भी अपराध का दर्जा देकर कानून के दुरुपयोग का रास्ता खोल देते हैं; (4) परम्परागत प्रथाएँ जो सम्पत्ति के अधिकारों को असामाजिक रूप दे देती हैं।

अपराधों को रोकने के लिए ईसाई धर्मांतरण को जितना महत्त्व मिशनरियों और कुछ सरकारी अधिकारियों ने दिया, वह कुछ ज्यादा ही था, परन्तु कुछ पुलिस अधिकारियों द्वारा इस धर्मांतरण को जितना नकारा गया है, वह भी ठीक नहीं है। वंचित वर्गों में अपराध की समस्या किसी विशिष्ट वर्ग की समस्या न होकर एक प्रकार से सामाजिक व्यवस्था का रोग है। साल्वेशन आर्मी कहती रही है कि वह प्रचुर 'धन-वर्षा' से विभोर हो गई है। एक चकित सरकारी अधिकारी को इसका अर्थ समझाते हुए संस्था के एक अधिकारी ने बताया था, "दूसरों को ये अपराधी भले ही धन-दौलत से कोसों दूर लगते हों लेकिन हमारे लिए इस जाति का हर सदस्य ईश्वर के खजाने का एक चमचमाता हुआ सिक्का है।"

3

उपनिवेशीय काल में एक सामान्य आर्थिक संकट के दौर में इतने अकाल पड़े कि लूट और डकैती की घटनाओं में बहुत ज्यादा बढ़ोतरी हो गई। ब्रिटिश शासन के आरम्भिक काल में अकाल बहुत आम बात थी। मद्रास प्रेसीडेंसी में 1866, 1876-78 और 1898 में बहुत भयंकर और व्यापक अकाल पड़े थे।[57] आजीविका के साधनों से वंचित हो जाने के कारण बहुत-से लोग लूट-डकैती पर उतर आए। हंटर ने इन घटनाओं का जिक्र करते हुए लिखा था—

राजस्व उगाहना असम्भव हो गया। गाँव वाले डाकू-लुटेरों के साथ मिल गए और पूरा ग्रामीण प्रशासन छिन्न-भिन्न हो गया।[58]

पूरे देश में ही भयानक और व्यापक अकाल पड़ रहा था और लूट-डकैती की घटनाओं में तेजी आ गई थी। मद्रास प्रेसीडेंसी में तो इन तीनों बड़े अकालों के दौर में डकैती के साथ-साथ बाजारों में लूटपाट, घरों में सेंधमारी, पशु-चोरी और खाद्यान्न को लेकर दंगों की अभूतपूर्व घटनाएँ देखने को मिलीं। 1877 में इंस्पेक्टर जनरल ऑफ़ पुलिस ने कहा था कि जगह-जगह हो रही लूट और डकैतियों को एक 'अकाल अपराध' के रूप में देखा जाना चाहिए क्योंकि ये घटनाएँ आम अपराधियों द्वारा नहीं बल्कि भूखी जनता द्वारा की जा रही हैं। अकाल खत्म होने के बाद भी कुछ लोगों ने इन गतिविधियों को जारी रखते हुए अपराध को ही अपना पेशा बना लिया।[59] इन अकाल वर्षों के दौरान बहुत थोड़ी-सी डकैतियों के पीछे ही पेशेवर अपराधियों का हाथ था। फिर भी सरकार ने अपराधों को रोकने के लिए मद्रास प्रेसीडेंसी में कुछ सी.टी. बस्तियों की स्थापना कर दी।

साल्वेशन आर्मी द्वारा स्थापित ये आदिवासी बस्तियाँ और संस्थाएँ भिन्न-भिन्न श्रेणियों में बँटी हुई थीं, जैसे कि (1) कृषि प्रधान बस्तियाँ, (2) मिश्रित कृषि औद्योगिक बस्तियाँ, (3) औद्योगिक बस्तियाँ, (4) रिहा हुए कैदियों के लिए आवास-योजना, (5) रिहा हुए बाल वयस्कों के लिए आवास, (6) बच्चों के लिए आवास, (7) प्रशिक्षण, बुनाई और रेशम लपेटने (सिल्क रीलिंग) के स्कूल, (8) माल की बिक्री और सप्लाई के डिपो, (9) शहतूत और गंधसफेदा (युक्लिप्टस) के बागान, (10) हथकरघे और धागा लपेटने की फैक्टरी।[60]

6,800 एकड़ के विशाल क्षेत्र में छह विशुद्ध कृषि-प्रधान बस्तियाँ थीं। इसके अलावा साल्वेशन आर्मी के अधीन 2,300 एकड़ का ऐसा क्षेत्र भी था जिसमें मिश्रित बस्तियाँ थीं। इस प्रकार, पूरे भारत में उसके अधीन कुल 9,100 एकड़ क्षेत्र था। सैंसियों के लिए तीन कृषि-प्रधान बस्तियाँ थीं, डोमों, येरुकलाओं और वेप्पुर परिआओं, के लिए एक-एक। इनमें से डोमों की बस्ती सबसे सफल बस्ती साबित हो रही थी, जहाँ उन्हें हस्त-कला के काम सिखाए जाते थे।[61] साल्वेशन आर्मी के संचालन में बच्चों के आवासों के अलावा बारह औद्योगिक बस्तियाँ भी थीं। सभी बस्तियों में आदिवासियों को कृषि और उद्योग विशेषज्ञों द्वारा एक ईमानदार आजीविका कमाने का प्रशिक्षण दिया जा रहा था। पंजाब में साल्वेशन आर्मी की पाँच बस्तियाँ थीं। वहाँ एक अँग्रेज परोपकारी लुईस डेन ने अपने तौर पर भी एक बस्ती स्थापित करने की कोशिश की थी, पर वह एक असफल प्रयोग ही साबित हुआ। सिद्धपुर में करवाल और नटों के लिए एक बस्ती स्थापित करके साल्वेशन आर्मी ने बंगाल में भी अपने पाँव जमा लिए थे। बिहार और उड़ीसा में भी दो छोटी-छोटी बस्तियों की शुरुआत कर दी गई

थी। बम्बई में सैंसियों के लिए एक बस्ती के अलावा कंजर बालकों के लिए एक आवास, एक सिल्क स्कूल और एक वर्कशॉप की स्थापना हो चुकी थी। बम्बई के तत्कालीन गवर्नर विलिंग्डन ने वहाँ की बस्ती का उद्घाटन किया था।[62]

मद्रास में भले ही साल्वेशन आर्मी के काम की शुरुआत देर से हुई हो लेकिन वहाँ बड़ी तेजी से यह काम हुआ। भारत में और कहीं भी आपराधिक जनजाति कानून का इतने प्रभावशाली ढंग से उपयोग नहीं किया गया था। वहाँ दस आदिवासी बस्तियाँ साल्वेशन आर्मी के नियंत्रण में थीं। इसके अलावा वह इनके बच्चों के लिए एक बोर्डिंग स्कूल भी चला रही थी। हेरोल्ड स्टुअर्ट को पहले पेंटलैंड और फिर मद्रास के गवर्नर की भरपूर मदद मिली। युनाइटेड प्राविंस के लेफ्टिनेन्ट गवर्नर जॉन हेवेट ने इस संस्था की प्रशंसा करते हुए लिखा था—

> साल्वेशन आर्मी की इन बस्तियों की सफलता आपराधिक जनजातियों के पूरे इतिहास की सबसे बड़ी उपलब्धि है। शुरुआती परिणाम बहुत ज्यादा प्रोत्साहित करने वाले हैं। बूथ टकर और संस्था के अन्य समर्पित सदस्य अपराधियों को मानवता के शत्रुओं से देश के उपयोगी नागरिकों में बदलने में जुटे हुए हैं।[63]

4

सरकार आपराधिक गतिविधियों में पाए जाने वाले व्यक्तियों से व्यक्तिश: अकेले या सामूहिक तौर पर निपटने के लिए पहले 1793 के 16वें नियम, फिर 1836 के 15वें कानून और इसके बाद 1860 के इंडियन पीनल कोड का इस्तेमाल करती रही थी।[64] इस तरह, 1871 तक किसी भी जनजाति को पूरा-का-पूरा आपराधिक नहीं ठहराया गया था। जब कुछ जनजातियों का परम्परागत आपराधिक व्यवहार ब्रिटिश सरकार के लिए सरदर्द बन गया तो इसकी रोकथाम के लिए कुछ निवारक उपाय करना जरूरी लगने लगा। परिणामस्वरूप, पूरी जनजातियों को ही आपराधिक जनजाति ठहराने का फैसला लिया गया। इस तरह, किसी समूह के सभी सदस्यों को निरनतर निगरानी में रखा जा सकता था।

'आपराधिक' जनजातियों से निपटने के लिए कानूनी प्रक्रिया का इतिहास

(1) 1871 का कानून—1871 के कानून का मुख्य उद्देश्य आपराधिक जनजातियों की गतिविधियों पर नजर रखना था। इस योजना में इनकी निरन्तर निगरानी तो शामिल थी लेकिन इनकी घुमन्तू जीवन-शैली में बदलाव लाने का इस योजना में कोई लक्ष्य नहीं था। इस कानून का उद्देश्य अपराध पर नियंत्रण रखना और इन जनजातियों

को अपने सुधार और पुनर्वास के लिए प्रोत्साहित करना था। इस कानून के तहत प्रादेशिक सरकारों को बहुत-से अधिकार मिल गए थे। वे किसी भी ऐसी जाति या समूह को आपराधिक जनजाति/जनजातियाँ घोषित कर सकती थीं जिसके सुधरने के आसार न दिखाई देते हों। इसी कानून में सबसे पहली बार 'सी.टी.' या 'आपराधिक जनजाति' शब्दावली का इस्तेमाल हुआ था। यह कानून पहले सिर्फ बम्बई प्रान्त के सिन्ध क्षेत्र पर लागू किया गया।[65] इस कानून के तहत एक ऐसा रजिस्टर बनाए जाने की व्यवस्था थी जिसमें किसी जाति या समूह के सभी सदस्यों के नामों और अन्य सूचनाओं का विवरण हो। उनके लिए अपनी जाति या समूह में जन्म-मरण की सूचना देना अनिवार्य था। इसके अलावा, समूह के कुछ सदस्यों के लिए समय-समय पर थाने में हाजिरी देना भी जरूरी था। पुलिसवाले खुद भी समय-समय पर इनकी बस्तियों का फेरा लगाते थे और समुदाय के सभी सदस्यों की हाजिरी लेते थे।

ऐसा पाया गया कि इन परिवारों के सदस्य आए दिन कोई-न-कोई अपराध करते रहते थे। अगर परिवार के पुरुष को जेल में बन्द कर दिया जाता था तो पूरा परिवार आर्थिक संकट में घिर जाता था। यह भी देखा गया कि जेल से छूटने के बाद पुरुष और भी बिगड़ जाते थे और पक्के अपराधी बन जाते थे। इसलिए 1897 में इस कानून में कुछ संशोधन करने का फैसला लिया गया और आपराधिक जनजातियों को 'नोटिफाई' या 'अधिसूचित' करने की जिम्मेदारी प्रदेश सरकारों के हवाले कर दी गई। इन संशोधनों में अपराध के दोहराव या कोई नियम-कानून तोड़ने पर ज्यादा सख्त सजा का भी प्रावधान रखा गया।[66]

(2) 1908 का आपराधिक जनजाति कानून—1908 में उपनिवेशीय सरकार ने एक और आपराधिक जनजाति कानून पास किया। इससे प्रादेशिक सरकारों को आपराधिक जनजातियों की पहचान करने, उनके सदस्यों के नामों के रजिस्टर बनाने और उनकी गतिविधियों पर नज़र रखने का अधिकार मिल गया। इसमें सजा मुक्त हो चुके कैदियों को अलग बस्तियों में रखने का प्रावधान भी था। इन बस्तियों में उन्हें कोई काम सिखाकर एक ईमानदार जिन्दगी जीने का रास्ता दिखाया जाता था। उनके बच्चों का भी ध्यान रखा जाता था और उन्हें स्कूलों में दाखिल कर दिया जाता था। ऐसा माना जा रहा था कि इन कदमों से उनकी जिन्दगी में सुधार आएगा और वे बेहतर मनुष्य बन सकेंगे। पुलिस को सही और पूरी सूचनाएँ न देने वाले परिवारों को दंडित भी किया जाता था। उन्हें बस्तियों में ही रहना पड़ता था और सुधर जाने के बाद ही बाहर आने-जाने की अनुमति दी जाती थी। ये बस्तियाँ सिर्फ अपराधियों के लिए न होकर उनके पूरे परिवार के लिए होती थीं, जहाँ वे अपने परिवार के साथ रहकर कोई काम-धन्धा सीख सकते थे और आपराधिक प्रवृत्ति से मुक्त हो सकते थे।[67]

(3) 1911 का आपराधिक जनजाति कानून—तीन वर्ष बाद ही एक और कानून बनाने की जरूरत महसूस की गई, जिसे आपराधिक जनजाति बस्ती कानून का नाम

दिया गया। इस कानून के अनुसार, अगर कोई स्थानीय सरकार किसी जनजाति, समूह या वर्ग में या इसके किसी अंग में योजनाबद्ध और गैर-जमानती अपराध करने की प्रवृत्ति देखती थी तो वह स्थानीय सरकारी रजिस्टर में उसका नाम दर्ज करके उस जनजाति, समूह या वर्ग को या उसके किसी अंग को 'आपराधिक जनजाति' घोषित कर सकती थी।[68] इन जनजातियों से निपटने के दो तरीके थे—रजिस्ट्रेशन और सैटलमेंट। रजिस्ट्रेशन का तरीका यह था कि पुलिस इनकी खुद की बस्तियों की ही लगातार निगरानी करके इनकी गतिविधियों पर नजर रखती थी; जबकि सैटलमेंट का अर्थ था इन्हें अलग बस्तियों में बसाकर इन पर नजर रखना, जो पुलिस की बजाय इन बस्तियों के पदाधिकारियों की जिम्मेदारी होती थी।[69]

इस कानून के अनुरूप बहुत-सी जनजातियों की सूचियाँ तैयार की गईं। इनमें समुदाय के सभी सदस्यों के पहचान-चिन्ह के विवरण के साथ-साथ उनके अँगूठे और हथेली की छाप भी थी। इससे किसी अपराध के बाद अपराधियों को ढूँढ़ निकालना भी आसान हो गया। इसके अलावा समुदाय के कुख्यात सदस्यों की कड़ी निगरानी भी शुरू कर दी गई। उनकी हर गतिविधि पर नजर रखी जाने लगी। इस कानून के तहत सरकार छह वर्ष से बड़ी उम्र के किसी भी बच्चे को उसके अपराधी माता-पिता से अलग करके स्कूल भेज सकती थी और उसे कोई व्यावसायिक प्रशिक्षण दे सकती थी। इस तरह, इस कानून ने प्रादेशिक सरकारों को कई नए अधिकार दे दिए। इस कानून में आपराधिक जनजातियों के नियंत्रण के लिए कई निर्देश भी थे, जिनका स्थानीय सरकारों द्वारा पालन किया जाना जरूरी था।

1911 के इस कानून के अनुसार आपराधिक जनजातियों को तीन श्रेणियों में रखा गया था—(1) ऐसी जनजातियाँ जो विगत में अपराधों में लिप्त रहने के बावजूद अब सुधर चुकी थीं और ईमानदारी से अपनी आजीविका कमा रही थीं, भले ही इसके कुछ सदस्य अब भी अपराध करते रहते हों; (2) ऐसी जनजातियाँ जो दिखावे के लिए ईमानदारी का कोई काम-धन्धा तो कर रही थीं लेकिन बीच-बीच में दूर-दराज के इलाकों में लूट और डकैती करके ही गुजारा कर रही थीं; और (3) बंजारा जनजातियाँ जो हमेशा घूमती-फिरती रहती थीं और अवसर मिलते ही लूटपाट करने से नहीं चूकती थीं।[70]

आन्ध्र प्रदेश में आपराधिक जनजातियों का प्रशासन

यहाँ हम आन्ध्र प्रदेश की मौजूदा सी.टी. बस्तियों का संक्षिप्त विवरण प्रस्तुत कर रहे हैं—

(1) कलीचेडू सैटलमेंट, नेल्लोर जिला—यह बस्ती 1911 में लुडविग द्वारा स्थापित की गई थी। नेल्लोर की कठेरा या डोंगा डसरी जनजातियों के दो सौ सदस्यों

को कलीचेडू के नजदीक अभ्रक की खदानों में रोजगार दिलवाया गया था। लेकिन कठेरा ईमानदारी का जीवन नहीं अपना सके, जिसके बाद उन्हें कुरनूल और गुंटूर जिलों के डोंग-डसरियों के साथ आपराधिक जनजाति घोषित कर दिया गया। इस बस्ती में नेल्लोर जिले के कुछ डोमरों को भी रखा गया और उनहें कलीचेडू की खदानों में काम दिया गया। इसके अलावा, इस बस्ती में खेती-बाड़ी और चटाई बनाने जैसे काम भी सिखाए जाते थे।[71]

(2) कावाली सैटलमेंट, नेल्लोर जिला—यह बस्ती अमेरिकन बॅपटिस्ट तेलुगु मिशन (ए.बी.एम.) के ई. बुलर्ड द्वारा अक्टूबर 1912 में शुरू की गई थी, जहाँ नेल्लोर जिले के 'डोंगा' येरुकलाओं को बसाया गया था। पुलिस सुपरिंटेंडेंट ने बुलर्ड को लिखा था कि भविष्य में उन्हें येरुकलाओं के पूरे गिरोह की जिम्मेदारी उठानी पड़ सकती थी, जिसके लिए लगभग 600 जेलों की जरूरत थी। ए.बी.एम. ने तुरन्त इस अनुरोध को स्वीकार कर लिया और इस आपराधिक बस्ती के सामाजिक, शैक्षणिक, औद्योगिक और स्वास्थ्य सम्बन्धी विकास में जुट गई। दिसम्बर, 1916 में कावाली बस्ती के कुछ अधिवासियों को बिट्रगुंटा में स्थानान्तरित कर दिया गया। जनवरी 1917 में बिट्रगुंटा की इस कृषि प्रधान बस्ती को कावाली बस्ती का ही एक अंग घोषित कर दिया गया। इस बस्ती का संचालन ई. बाडेन के हाथ में था, जो येरुकलाओं में आत्म-सम्मान और आत्म-निर्भरता की भावना पैदा करने में जी-जान से जुटे हुए थे।[72]

कावाली की इस सुधारवादी बस्ती को 1 अप्रैल, 1933 को बिट्रगुंटा स्थानान्तरित कर दिया गया और 1934 में सरकार ने इसका नियंत्रण खुद अपने हाथ में ले लिया। आपराधिक जनजाति कानून के खात्मे के बाद 1948 में इस बस्ती के वासियों को स्वतंत्र कर दिया गया। बस्ती को गिरा कर पिछले सभी रिकॉर्ड जिला पुलिस के हवाले कर दिए गए। कप्परल्ला टिप्पा की समस्याओं को सामाजिक-आर्थिक और मानवीय नजरिये से देखा जाना जरूरी है।

(3) सीतानगरम सैटलमेंट, गुंटूर जिला—सीतानगरम बस्ती की शुरुआत जनवरी 1913 में हुई थी, जहाँ जेल से छूटे सिर्फ कुछ कैदियों को रखा गया था। साल्वेशन आर्मी के मि. मैकेंजी ने सीतानगरम बस्ती के संचालन की जिम्मेदारी सम्भाली।[73] अक्टूबर 1915 में इस बस्ती को दो भागों में बाँट दिया गया—सैन्यापुरम और कोंडापेट—लेकिन दोनों का संचालन साल्वेशन आर्मी के हाथ में ही रहा।[74]

सीतानगरम बस्ती एक दंड-प्रधान बस्ती थी, जहाँ कृषि आजीविका का प्रमुख साधन रहा था। इसके अलावा यहाँ पत्थरों की खुदाई का काम भी होता रहा था। आज भी कृषि वहाँ का प्रमुख व्यवसाय बना हुआ है। साल्वेशन आर्मी ने इस बस्ती के विकास के लिए खदानों तक रेल पटरियाँ बिछाने के साथ-साथ बुनाई, रेशम के धागों की चरखियाँ बनाने और बढ़ईगिरी जैसे कई दूसरे आजीविका के साधन भी विकसित किए। वहाँ चटाइयाँ और टोकरियाँ भी बनाई जाती रही हैं।

(4) भुम्मनागड्डा बस्ती, चित्तूर जिला—1913 के शुरू में स्थापित की गई यह बस्ती नवाबपेटा या वयालपाड़ के कोरचाओं के लिए शुरू की गई थी। अगले वर्ष जनवरी, 1914 में साल्वेशन आर्मी के ए. एलेन ने इसका संचालन अपने हाथ में ले लिया। पहले पुलिस द्वारा संचालित इस बस्ती की देखरेख में अचानक बदलाव से शुरू में कई परेशानियाँ भी आईं। बूथ टकर को पुलिस की निरन्तर दखलअन्दाजी के खिलाफ शिकायत भी करनी पड़ी। एक समस्या यह भी थी कि बस्ती के मैनेजर एलेन तेलुगु भाषा नहीं जानते थे। बाद में उन्हें बदलकर कैप्टन स्वामी दास को यह जिम्मेदारी सौंपी गई। यहाँ के वासियों को कृषि के साथ-साथ बुनाई और रेशम उत्पादन के काम सिखाए जाते थे। कोरचा रस्सियाँ और टोकरियाँ बनाने में भी कुशल साबित हो रहे थे।[75]

(5) लिंगला सैटलमेंट, महबूबनगर जिला—इस बस्ती की स्थापना 1917 में हुई थी। शुरू में यहाँ का वातावरण स्वास्थ्यवर्द्धक नहीं था। पानी दूषित था और साथ ही मलेरिया का भी प्रकोप फैला हुआ था। लिंगला बस्ती के लिए 14,560 एकड़ की नई वन-भूमि दी गई थी। इस बस्ती में बसाई जाने वाली आपराधिक जनजातियों में लम्बाड़ी (सुगालिस), येरुकला, वोड्डार, पठरूड और डोम्मर जनजातियाँ शामिल थीं। 1917 में ही इनके बच्चों की शिक्षा के लिए एक स्कूल की स्थापना भी की गई, जहाँ तेलुगु, गणित, सिलाई और बागवानी जैसे विषय सिखाए-पढ़ाए जाते थे। बच्चों को शारीरिक व्यायाम भी करवाए जाते थे।[76] बस्ती के प्रमुख अधिकारी हैंनकिन बड़ी कुशलता से यहाँ का संचालन कर रहे थे। विलायत हुसैन, शम्सुद्दीन, तुरब अली जैसे समर्पित पदाधिकारियों ने इस बस्ती का और भी विकास करते हुए इसे रेगिस्तान में एक खूबसूरत नख़लिस्तान की तरह बना दिया।[77]

निजाम वोड्डारों के नाम से जानी जाने वाली जनजाति मूलत: हैदराबाद रियासत से थी लेकिन अब उसकी गतिविधियाँ लिंगला बस्ती के दायरे में सिमट गई थीं। आन्ध्र प्रदेश के बहुत-से येरुकला परिवार कभी निजाम के अधीन पड़ने वाले क्षेत्रों में जा बसे थे। इनमें से कुछ परिवारों को गुलबर्गा, बेल्लारी और लिंग्सुर जिलों में लाया गया, जो तब हैदराबाद रियासत का हिस्सा थे। तत्कालीन निजाम उस्ताद नवाब अली खान ने महबूबनगर जिले के लिंगला में एक आदिवासी बस्ती की स्थापना की, जो हैदराबाद से 104 मील दूर है।[78] यह बस्ती नल्लामलई वन क्षेत्र के बीचोंबीच है। 'लिंगला' शब्द की व्युत्पत्ति आसपास के क्षेत्रों के शिवलिंगों से हुई है। निजाम सरकार के लिए सरदर्द बन रही जनजातियों को लिंगला बस्ती में बसाया जाने लगा।[79] इनमें मुख्यत: तीन जनजातियाँ शामिल थीं—येरुकला, चेंचू और लम्बाड़ी।

आज इस बस्ती में एक अस्पताल के साथ-साथ एक पुलिस स्टेशन, एक डाकखाना, एक मन्दिर और लड़कों और लड़कियों के लिए अलग-अलग स्कूल हैं। बच्चों के खान-पान, कपड़ों-लत्तों और पढ़ाई का पूरा खर्चा प्रदेश सरकार उठाती

है। इन बच्चों को विभिन्न काम-धन्धे सिखाने के लिए वर्कशॉपों में भी भेजा जाता है। उन्हें बुनाई, बढ़ईगिरी, ईंटें बनाना और धोबी का काम सिखाया जाता है। निजाम सरकार ने बहुत-से परिवारों को खेती-बाड़ी के लिए जमीन भी दी हैं। 90 प्रतिशत येरुकलाओं के कर्नाटक के लोगों के साथ पुराने सम्बन्ध रहे हैं। इस बस्ती की एक उल्लेखनीय विशिष्टता यह है कि तीनों जनजातियों में रोटी-बेटी का रिश्ता है। भारत में और किसी भी आदिवासी बस्ती में दो भिन्न-भिन्न जनजातियों के बीच वैवाहिक सम्बन्धों का प्रचलन नहीं है।

उपरोक्त विवरण से आन्ध्र प्रदेश की वर्तमान आदिवासी बस्तियों की एक झलक मिलती है। सिद्धपुरम और स्टुअर्टपुरम बस्तियों का हम अलग से और विस्तार से वर्णन करेंगे, जो हमारे वर्तमान अध्याय का प्रमुख विषय भी है।

1924 का आपराधिक जनजाति कानून

भारत की जेल जाँच समिति द्वारा दिए गए सुझावों के अनुसार 1923 में एक बार फिर आपराधिक जनजाति कानून में कुछ संशोधन किए गए। 1924 में इस कानून को पूरे ब्रिटिश इंडिया पर लागू कर दिया गया। 1911 के इस कानून में कई दोष और कमियाँ पाई गई थीं। अपने उद्देश्य और लक्ष्य में यह शोधक न होकर निरोधक था। इसमें वर्तमान अपराधियों के सुधार और पुनर्वास का कोई प्रावधान नहीं था। यह सही है कि इसमें बच्चों को अपराधी माँ-बाप से अलग करने की व्यवस्था थी, पर इसमें कई व्यावहारिक कठिनाइयाँ थीं। इससे 'अपराध की संस्कृति' के वातावरण में कोई बदलाव नहीं आता था।

समिति के सुझावों के अनुसार किसी भी व्यक्ति को अपराधी जनजाति के सदस्य के रूप में पंजीकृत करने से पहले थोड़ी औपचारिक जाँच करना जरूरी था। इस कानून के कुछ प्रमुख अंग थे—(1) नोटीफिकेशन (अधिसूचना), (2) रजिस्ट्रेशन (पंजीकरण), (3) अपराधियों को बसाना, (4) अन्यायपूर्ण दंड और सजाएँ।[80]

(1) नोटीफिकेशन (अधिसूचना)—कानून का तीसरा अनुच्छेद स्थानीय सरकार को किसी भी ऐसी जाति या वर्ग या इसके किसी हिस्से को आपराधिक जनजाति ठहराने का अधिकार देता था, जिसे गैर-जमानती अपराध करने का आदी पाया जाए।[81]

(2) रजिस्ट्रेशन (पंजीकरण)—किसी जनजाति के अपराधी होने की अधिसूचना के बाद स्थानीय सरकार जिला मजिस्ट्रेट से उस जनजाति के उन सभी सदस्यों के नामों का नियमित रजिस्टर बनाने के लिए कहती थी, जो उसके अधिकार-क्षेत्र में बस रहे हों। इसके बाद जिला मजिस्ट्रेट जनजाति के हर सदस्य को बुलाकर उससे पूछताछ करता था और उसके द्वारा दिए गए विवरण को एक रजिस्टर में दर्ज करता था।[82]

(3) अपराधियों को बसाना—कानून के सोलहवें अनुच्छेद में अपराधियों के लिए सुधारवादी, शैक्षणिक और कृषि-प्रधान बस्तियों की स्थापना का प्रावधान था। स्थानीय सरकार को किसी व्यक्ति, समूह या जाति को किसी भी तरह की बस्ती में बसाने का अधिकार था। किसी पुराने अपराधी को भी इस कानून के अन्तर्गत किसी भी बस्ती में रखा जा सकता था। जुर्माना न चुकाने वाले अपराधियों को आपराधिक बस्तियों में भेज दिया जाता था।[83]

(4) अन्यायपूर्ण दंड और सजाएँ—आपराधिक जनजाति कानून के 23वें अनुच्छेद के अन्तर्गत अगर किसी भी आपराधिक जनजाति से सम्बन्ध रखने वाला कोई व्यक्ति भारतीय दंड संहिता के अन्तर्गत किसी अपराध के लिए दंडित किया जा चुका हो तो दूसरी बार वही अपराध करने पर उसे दस या कम-से-कम सात वर्ष की कैद की सजा देने का प्रावधान था। तीसरी या इससे अधिक बार दोषी पाए जाने पर उसे आजीवन काले पानी की सजा दिए जाने का प्रावधान था। इस अनुच्छेद में इसके बाद और ज्यादा दंड दिए जाने का भी प्रावधान था।[84]

थाने में हाजिरी देने और पास बनवाने की बाध्यता के कानून के कारण गरीब आदिवासियों से पुलिसकर्मी और गाँव के मुखिया दोनों ही बेगार करवाने लगे। इससे स्थानीय स्तर पर रिश्वतखोरी को भी बढ़ावा मिलने लगा।

इन जनजातियों पर नियंत्रण रखने के लिए आपराधिक जनजाति कानून को कितनी ही बार बदला गया है। लेकिन लगभग अस्सी वर्षों तक जारी रहने के बावजूद यह कानून अपने उद्देश्य पर खरा उतरने में असफल रहा। सरकार की नीति जहाँ एक तरफ आदिवासी जनजातियों के उपद्रवी तत्वों को नियंत्रण में रखने की थीं, वहीं दूसरी तरफ उनके लिए ईमानदार आजीविका के साधन जुटाकर उन्हें सुधारने की भी थी। लेकिन इतना कुछ करने के बाद भी इन लोगों के जीवन-स्तर और स्थितियों में कोई बदलाव नहीं आया।

देश के नेताओं और समाज सुधारकों को यह अहसास होने लगा कि देश की आबादी के एक हिस्से को 'अपराधी' घोषित करना पूरे भारतीय समाज पर एक कलंक है। जवाहर लाल नेहरू ने अक्टूबर 1936 में नेल्लोर (आन्ध्र प्रदेश) में दिए गए अपने एक भाषण में कहा था—

> मुझे सी.टी. कानून के इन राक्षसी प्रावधानों का अहसास है, जो नागरिक स्वतंत्रता का हनन है। इसके काम-काज का व्यापक प्रचार होना चाहिए और इसे कानूनी किताबों से हटाने के प्रयास किए जाने चाहिए। किसी भी जनजाति को एक आपराधिक जनजाति घोषित नहीं किया जा सकता। यह आपराधिक न्याय और अपराधियों के साथ किए जाने वाले व्यवहार के सभी सभ्य सिद्धान्तों के खिलाफ है।[85]

बी. पट्टाभी सीतारमैय्या ने अपना आक्रोश व्यक्त करते हुए कहा था—

> मंडियों में खरीदे-बेचे जाने वाले डंगरों, गाँवों से खदेड़े जाने वाले जंगली जानवरों और पाँवों के नीचे कुचले जाने वाले कीड़े-मकोड़ों के साथ भी इतना बुरा व्यवहार नहीं किया जाता जितना इन आपराधिक जनजातियों के साथ हो रहा है।[86]

जाने-माने सामाजिक कार्यकर्ता वेनेलाकुंटी राघवैया ने ने इस कानून की आलोचना करते हुए कहा था—

> जाति-व्यवस्था और तथाकथित आपराधिक विरासत को लेकर अजीबोगरीब और बेसिर-पैर की धारणाओं के बीच जन्मा यह कानून घरेलू शान्ति को खत्म करता है, मानवीय जीवन में कड़वाहट भरता है और सर्वाधिक उस झूठे सिद्धान्त की तरफ ले जाता है कि एक बार का अपराधी यानी हमेशा का अपराधी।[87]

मद्रास हाई कोर्ट के भूतपूर्व कार्यवाहक मुख्य न्यायाधीश ने् इस कानून को कुछ इस प्रकार व्याख्यायित किया—

> कुछ ऐसे कानून हैं जो विकासशील भारत की अन्तरात्मा को ठेस पहुँचाते हैं। उदाहरण के लिए आपराधिक जनजाति कानून हमारी कानूनी किताब पर एक धब्बा हैं।[88]

14 मई, 1937 को तिनेवेल्ली में आयोजित एक सी.टी. कॉन्फ्रेंस के अवसर पर उन्होंने निम्नलिखित सन्देश भी भेजा था—

> मैं आपराधिक जनजाति कानून के घृणित प्रावधानों को हटाने की जरूरत पर जोर देना चाहूँगा। यह कानून कुछ लोगों को जन्मजात अपराधियों के रूप में देखता है। मानवता के लिए इससे बड़ा धब्बा और क्या हो सकता है कि किसी समुदाय में जन्म लेना ही अपराध मान लिया जाए।[89]

1939 में अखिल भारतीय आपराधिक जनजाति सम्मेलन की अध्यक्षता करते हुए बिहार के भूतपूर्व गवर्नर एम.एस. ऐनी ने अपने विचार व्यक्त करते हुए कहा था—

> काफी सोच-विचार के बाद ही हमने कुछ लोगों के दुष्कर्मों के लिए पूरी जनजाति को अपराधी मान लेने का विरोध किया है, और उस पर अमानवीय प्रतिबन्ध लगाने का भी...[90]

अखिल भारतीय हरिजन सेवक संघ के सचिव ठक्कर बापा ने सी.टी. कानून को 'कानूनी किताबों पर एक धब्बा' ठहराते हुए[91] काँग्रेसी और गैर-काँग्रेसी मंत्रियों से अपील करते हुए कहा था—

> हमें जल्दी से एक कानून लाकर देशवासियों के उस उपेक्षित अंग के साथ न्याय करना चाहिए जो कभी भी जन्मजात अपराधी नहीं थे और न हो सकते थे।[92]

देशभक्त कोंडा वैकटापैय्या पंटुलु के अनुसार—

> यह सबसे ज्यादा अमानवीय कानून है जिसका उद्देश्य कब का खत्म हो चुका है।[93]

न्याय मंत्री के.एन. काटजू के अनुसार भी—

> आपराधिक जनजातियों के मासूम बच्चों को जन्म से ही अपराधी मान लेना ईश्वर और मानवता का अपमान है।[94]

वी.वी. गिरि ने भी इस कानून की भर्त्सना करते हुए कहा था—

> सरकार को देश में गैर-बराबरी का पूरा-पूरा अहसास है, जो कुछ वर्गों की समृद्धि को देखते हुए और भी प्रत्यक्ष दिखलाई पड़ती है। सामाजिक ढाँचे में बदलाव और निर्धनता का उन्मूलन एक ही प्रश्न के दो पहलू हैं। एक के बगैर दूसरे को हासिल नहीं किया जा सकता...[95]

इसलिए, उन्होंने आगे कहा था—

> एक पूरी जनजाति को बल्कि पूरे भारत की आबादी के छठवें हिस्से को अपराधी ठहरा देना खुद एक अपराध है और सरकारें इस अपराध के लिए दोषी हैं। यह बर्बर ताकत के इस्तेमाल का एक बेमिसाल नमूना है और दुनिया की सभी सरकारें इसी बर्बर ताकत की प्रतीक हैं। उन परिवारों और जनजातियों की व्यथा एक दर्द भरी और दुष्टतापूर्ण कहानी है जिन्हें किसी दुराचरण या बुराई के कारण नहीं बल्कि सिर्फ अपनी जाति में जन्म लेने के कारण अपराधी मान लिया जाता है।[96]

1948 का आदतन अपराधी (हैबिच्युल ऑफेंडर्स) कानून

यह कानून 29 अप्रैल, 1948 को लागू किया गया। इसका उद्देश्य उन अपराधियों पर लगाम लगाना है जो अपराध को एक पेशे के रूप में अपनाते हैं।[97] 22 नवम्बर, 1949 को फोर्ट सेंट जॉर्ज गज़ट में इस कानून के नियमों के प्रकाशन के बाद इस पर अमल भी शुरू हो गया।[98] रेलवे और सेंट्रल इंटेलीजेंस डिपार्टमेंट, मद्रास के तत्कालीन डिप्टी इंस्पेक्टर जनरल ने इस कानून के बारे में कहा था—

> इस कानून का व्यवहार बहुत सीमित है। यह सिर्फ उन अपराधियों पर लागू होता है जिन्हें किसी गम्भीर अपराध के लिए दंडित किया जा चुका है या जो बस्ती

में बसे होने के बावजूद आपराधिक मानसिकता के शिकार हैं। भारत सरकार ने एक अखिल भारतीय आदतन अपराधी विधेयक प्रकाशित किया है, जो ऐसे अपराधियों पर बेहतर नियंत्रण का एक प्रभावी उपाय साबित हो सकता है।[99]

एन.जी. रंगा ने आपराधिक जनजाति कानून के खात्मे और मद्रास प्रेसीडेंसी में आपराधिक जनजातियों के उद्धार के लिए जोर-शोर से आवाज उठाई थी। उनका कहना था कि 'राजनीतिक गतिविधियों को कुचलने के लिए' ही उन दिनों यह कानून लाया गया था।[100] इसके बाद केन्द्रीय विधान परिषद में दो विधेयक पास किए गए। पहला विधेयक सी.टी.ए. या आपराधिक जनजाति कानून को निरस्त करने के लिए वेंकटसुब्बा रेड्डीयर द्वारा प्रस्तावित किया गया था। दूसरा विधेयक एन.जी. रंगा द्वारा लाया गया था, जिसमें इस कानून के अनुच्छेद 10, 11, 12, 13, 14, 17, 19, 20, 22, 23, 24 और 25 को रद्द करने का प्रस्ताव था। 1947 में युनाइटेड प्राविंस की जाँच समिति की रिपोर्ट में इस पर छींटाकशी करते हुए कहा गया कि रंगा का प्रस्ताव चोट पहुँचाने के लिए तो तैयार था लेकिन प्रहार करने के लिए नहीं। यह इसका छिलका तो रखना चाहता था लेकिन अन्दर की गिरी को फेंक देना चाहता है। "सी.टी.ए. जैसे एक विशिष्ट दंडीय कानून को उसी स्थिति में न्यायसंगत ठहराया जा सकता है, अगर समाज की सुरक्षा के लिए इसकी सचमुच ही आवश्यकता हो। अगर इस कानून के कुछ अंशों को हटाने या कुछ हल्का करने की बात है, जैसा कि श्री रंगा के प्रस्ताव का उद्देश्य है तो फिर इस पूरी कवायद का औचित्य ही खत्म हो जाता है।"[101]

1952 का आदतन अपराधी कानून

1942 में भारत सरकार ने एक समिति नियुक्त करके इस कानून की उपयोगिता का पता लगाने का प्रयास किया। समिति ने अपनी रिपोर्ट में कहा कि यह कानून संविधान की भावना के खिलाफ था। देश की जनता भी इस कानून के खिलाफ उठ खड़ी हुई तो 1952 में इसे पूरी तरह रद्द कर दिया गया। इसके बजाय उसी वर्ष आदतन अपराधी कानून पारित किया गया। सी.टी.ए. के खत्म होने के बाद पूरे देश में लगभग 22,68,348 लोग कानूनी तौर पर रिहा हो गए।[102] अब आपराधिक जनजातियों का भी कानून की नजर में वही दर्जा था जो देश के अन्य समुदायों का था। अध्ययन समिति ने यह सुझाव भी दिया था कि आपराधिक जनजाति कानून के निरस्त होने के बाद इन जनजातियों के उद्धार के लिए उपयुक्त कदम उठाए जाने चाहिए। भारत सरकार तभी से इन लोगों की कठिनाइयों को दूर करके इन्हें विकास के रास्ते पर लाने में जुटी हुई है। लेकिन सरकार की तमाम कोशिशों के बावजूद

इन लोगों का सामाजिक दर्जा आज भी ज्यों-का-त्यों बना हुआ है। 'अपराधी' कहलाए जाने का कलंक उनका पीछा नहीं छोड़ता। वे आज भी अपने-आपको इन सामाजिक जंजीरों से मुक्त नहीं कर पाए हैं।

देश के बहुत-से राज्यों ने भी सी.टी.ए. के उन्मूलन के लिए तेजी से कदम उठाए। मद्रास सरकार ने सबसे पहले, 1949 में ही इस कानून को रद्द करने में पहल दिखाई। इससे पहले 1948 में आन्ध्र प्रदेश आदी अपराधी कानून पास हो चुका था। इस कानून के अन्तर्गत सरकार जिला मजिस्ट्रेट को आदतन अपराधियों का एक रजिस्टर बनाने के लिए कह सकती थी। यह रजिस्टर पुलिस सुपरिंटेंडेंट के पास रहता था, जो समय-समय पर जिला मजिस्ट्रेट से इसमें फेरबदल करवाता रहता था। जिले का कलेक्टर या उसके द्वारा नियुक्त कोई भी अधिकारी किसी नाम दर्ज अपराधी की उँगलियों, हथेलियों, पाँवों की छाप और उसका फोटोग्राफ ले सकता था। इस कानून के तहत अगर कोई आदतन अपराधी अपने लिए निर्धारित क्षेत्र से बाहर पाया जाए तो पुलिस बिना वारंट के उसे गिरफ्तार कर सकती थी। यह काम गाँव का सरपंच या चौकीदार भी कर सकता था। 1954 में इस कानून को भी रद्द कर दिया गया। 1965 में एक नया कानून पास किया गया, जिसके अन्तर्गत आन्ध्र प्रदेश सरकार ने कुछ नियम बनाए।[103] ये नियम इस प्रकार हैं—

1. पुलिस सुपरिंटेंडेंट समय-समय पर अपने अधिकार क्षेत्र में बसने वाले व्यक्तियों के मामलों की जाँच करता रहेगा।
2. बस्तियों में एक रजिस्टर बनाया जाएगा।
3. सभी नाम दर्ज अपराधियों को एक पहचान प्रमाणपत्र दिया जाएगा।
4. किसी पुलिस अधिकारी द्वारा माँगे जाने पर यह पहचान प्रमाणपत्र दिखाना जरूरी होगा।
5. हर नामदर्ज अपराधी को नजदीक के थाने में हाजिरी देनी होगी।

इन नियमों के अन्तर्गत किसी नामदर्ज अपराधी को गिरफ्तार या दंडित किए जाने की स्थिति में उसके पहचान प्रमाणपत्र को उसकी निजी सम्पत्ति माना जाता है। जब किसी गाँव के मुखिया को यह खबर मिलती है कि किसी दूसरे गाँव के नामदर्ज अपराधी ने उनके गाँव में रात गुजारी है या रात में कुछ घंटों के लिए भी वह वहाँ रहा है तो वह तुरन्त थानेदार को सूचित करता है। किसी भी नामदर्ज अपराधी को रात के दस बजे से सुबह पाँच बजे के बीच अपना घर छोड़ने के लिए गाँव के मुखिया को पूर्वसूचना देनी पड़ती है और यह भी बताना पड़ता है कि वह कहाँ जा रहा है और कब तक लौटेगा।[104]

किसी भी जनजाति, समूह या परिवार के सभी सदस्यों को अपराधी ठहराए जाना बहुत दुर्भाग्यपूर्ण है। हमें यह देखकर बहुत आश्चर्य हुआ कि आदतन अपराधियों के रजिस्टर में कुछ अन्धे व्यक्तियों का भी नाम दर्ज है। हमारी जानकारी के अनुसार

दुनिया में कोई भी ऐसा देश नहीं है जहाँ लोगों का व्यवसाय ही अपराध करना हो। आपराधिक जनजातियों को सुधारने के लिए उन्हें आजीविका कमाने के लिए व्यावसायिक कौशल सिखाना जरूरी है। उनके रहने और खाने की उपयुक्त व्यवस्था के बिना उनसे ईमानदारी की उम्मीद करना आशाहीन है।

सन्दर्भ

1. डेरो क्लेरेंस; *क्राइम, इट्स कॉजेज एंड ट्रीटमेंट,* लन्दन, 1915, पृ. 10
2. वेणुगोपाल राव एस.; *फेसेट्स ऑफ़ क्राइम इन इंडिया,* बम्बई, 1962, पृ. 12
3. काडवेल रॉबर्ट जी.; *क्रिमिनोलॉजी,* न्यूयॉर्क, द रॉनाल्ड प्रेस कं., 1965, पृ. 5
4. शर्मा ए.एन.; 'मैन एंड क्राइम', *मैनकाइंड,* 16, 8 (1958)
5. वेणुगोपाल राव, 1962, पृ. 17
6. हैकरवाल, बिजॉय शंकर; *इकोनॉमिक एंड सोशल एस्पेक्ट्स ऑफ़ क्राइम इन इंडिया,* जॉर्ज एलन एंड अनविन लिमिटेड, लन्दन, 1934, पृ. 18
7. लोम्ब्रोसे एक इतावली डॉक्टर थे। अपनी पुस्तक *लेओर्नो डिलिक्वेंट* (द *क्रिमिनल मैन*) में उन्होंने जन्मजात अपराधी की उत्पत्ति के कारणों का विश्लेषण किया था। बिस्वास, पी.सी.; द *एक्स-क्रिमिनल ट्राइब्स ऑफ़ दिल्ली स्टेट,* अप्रकाशित पी.एचडी. शोध-कार्य, दिल्ली यूनिवर्सिटी, 1960
8. शशि, पी.एस. और वर्मा, पी.एस.; 1991, पृ. 13
9. मारग्रेट एस., विलसन वाइन; 'गैब्रील तारदे', हर्मन मैनहम (सं.), *पायोनीयर्स इन क्रिमिनोलॉजी,* क्वाडरेंगल बुक्स, आई.एन.सी., शिकागो, 1960; पृ. 228-238
10. वेणुगोपाल राव, 1962, पृ. 12
11. वही
12. सुदरलैंड और क्रेसी; *प्रिंसिपल्स ऑफ़ क्रिमिनोलॉजी,* न्यूयॉर्क, 1955, पृ. 12
13. रामास्वामी, पी.एन.; *मजिस्टीरियल एंड पुलिस गाइड,* खंड 1 और 2, मद्रास, 1951, पृ. 27
14. हैकरवाल, 1934, पृ. 18
15. मारग्रेट एस., विलयन; 'पायोनीयर्स इन क्रिमिनोलॉजी : गैब्रील तारदे', *जनरल ऑफ़ क्रिमिनल लॉ एंड क्रिमिनोलॉजी एंड पॉलिटिकल साइंस,* वर्ष 45, अंक 1, 1954-55, पृ. 4; एडविन एस. सुदरलैंड और डोनाल्ड आर. क्रेसी लिखित 'प्रिंसिपल ऑफ़ क्रिमिनोलॉजी', न्यूयॉर्क, जे.बी. लिपिंग कोल्ट कम्पनी, 1960, पृ. 76-77 भी देखें।
16. सिम्हाद्री, 1991, पृ. 36
17. वोल्ड जॉर्ज बी.; *थियोरैटिकल क्रिमिनोलॉजी,* न्यूयॉर्क, 1958, पृ. 174; साथ ही देखें मर्टन रॉबर्ट के; 'सोशलाइजेशन, ए टर्मिनोलॉजिकल नोट', रोज एल. कोसर की द *फैमिली, इट्स स्ट्रक्चर एंड फंक्शंस* में उद्धरित, न्यूयॉर्क, सेंट सर्टिंस प्रेस, 1965, पृ. 23
18. हैकरवाल 1934, पृ. 128; उनके अनुसार भारत में अपराधियों को चार श्रेणियों में बाँटा जा सकता था—(1) पेशेवर शातिर (इन-कॉरिजिबल), (2) आदतन (हैबिच्युल), (3) संयोगवश अपराधी, और (4) आपराधिक जातियाँ या जनजातियाँ।

19. बूथ टकर, 1912, पृ. 5; उनके अनुसार, 'एक पेशेवर/शातिर अपराधी आदी अपराधी भी होता है लेकिन एक आदी अपराधी के लिए पेशेवर/शातिर अपराधी होना जरूरी नहीं। शातिर अपराधियों को सुधारा नहीं जा सकता। सफल अपराधी गिरोहों के मुखिया या सरदार भी इसी श्रेणी में आते हैं, जैसा कि रॉबिनहुड और डिक टर्पिंस।'
20. मैकेन्जी, 1912, पृ. 18
21. बूथ टकर, 1912, पृ. 4; कई जनजातियाँ आर्यों के आगमन से पहले की आदिम जातियों की सन्तानें हैं। इनमें से कई के अपने राज्य और राजघराने रह चुके हैं। अन्य जनजातियों में लुटेरे सरदारों की सेनाओं के लोग शामिल हैं। अपने प्राचीन रोजगारों से वंचित हो जाने के कारण वे पुलिस द्वारा दबाए और परेशान किए जाने लगे। उनकी आजादी छिन गई। वे पुलिस को एक दमनकारी शक्ति के रूप में देखते हैं। उन्हें आज अगर किसी चीज की सबसे ज्यादा जरूरत है तो समाज की सहानुभूति की।
22. वही
23. रिसली सर हर्बर्ट, द *पीपुल ऑफ़ इंडिया*, कलकत्ता, 1908, पृ. 61
24. वही; सिम्हाद्री, 1979, पृ. 2
25. बम्बई सरकार; *रिपोर्ट ऑफ़ द क्रिमिनल ट्राइब्स एक्ट इन्क्वारी कमेटी*, गवर्नमेंट सेंट्रल प्रेस, बम्बई, 1939
26. स्टार्टी ओ.एच.बी.; *रिफॉर्मेशन ऑफ़ ऑफेंडर्स इन इंडिया: ए हैंडबुक फॉर द यूज ऑफ़ वर्कर्स अमंग डिलिक्वेंट्स इन इंडिया*, बम्बई, 1953; साथ ही देखें जिलिन जॉन लेविस; *टेमिंग द क्रिमिनल*, न्यूयॉर्क, 1931, पृ. 106
27. चमनलाल; *जिप्सीज—द फोरगॉटन चिल्ड्रन ऑफ़ इंडिया*, नई दिल्ली, 1962, पृ. 62
28. डेविड मैकरिज; *एकाउंट ऑफ़ द जिप्सीज ऑफ़ इंडिया* नई दिल्ली, 1976, पृ. 48
29. रिसली, 1908, पृ. 61
30. वही
31. घुर्ये, जी.एस.; द *एबोरिजिनल्स सो-कॉल्ड एंड देयर फ्यूचर*, बम्बई, 1949, पृ. 21
32. मैकरिच, 1976, पृ. 30
33. एल्विन, वेरियर, द *बैगा*, नई दिल्ली, 1986, पृ. 395
34. शेर सिंह शेर, 1965, पृ. 244
35. सिम्हाद्री, 1979, पृ. 28
36. राघवैया, 1949, पृ. 6
37. भारत सरकार; *रिपोर्ट ऑफ़ द क्रिमिनल ट्राइब्स इन्क्वारी कमेटी, युनाइटेड प्राविंसेस ऑफ़ इंडिया*, 1947', गवर्नमेंट सेंट्रल प्रेस, इलाहाबाद, 1948
38. बूथ टकर, 1912, पृ. 70
39. मीडोस टेलर, 1988, पृ. 70; स्लीमैन, 1844, पृ. 651
40. विलियम स्लीमैन; *रामासीना : ऑर ए वॉकेब्युलरी ऑफ़ द पिक्यूलियर लैंग्वेज यूज्ड बाय द ठग्ज*, कलकत्ता, 1836, पृ. 32-33; साथ ही देखें फ्रेटग, सैन्ड्रा बी.; 'क्राइम इन द सोशल ऑडर्र ऑफ़ कॉलोनियत नार्थ इंडिया', *मॉडर्न एशियन स्टडीज*, 25, 2, (1991)
41. स्लीमैन, 1844, पृ. 650
42. वही। 1799 और 1808 के बीच ठगी अपने चरम पर पहुँच गई थी। ठगी का पहला ऐतिहासिक उल्लेख फिरोजशाह तुगलक के काल (1551-88) में देखने को मिलता है। अकबर के काल (1556-1605) में भी ठगों का उल्लेख मिलता है। 1666 में, शाहजहाँ के शासन के

अन्तिम चरणों में दी-थेवनौत नामक यात्री ने दिल्ली से आगरा तक के रास्ते में ठगों की भरमार होने का उल्लेख किया था। 1799 में ईस्ट इंडिया कम्पनी ने श्रीरंगापटनम पर कब्जा कर लिया तो उसका ध्यान ठगी की तरफ गया। 1816 में *मद्रास जनरल ऑफ़ लिटरेचर एंड साइंस* में डॉ. शेरवुड का एक लेख छपा था, जिसका शीर्षक था—'ऑन द मर्डरर्स कॉल्ड फाँसीगर्स (एसआईसी) स्ट्रैंगलर्स'। बाद में, 1820 में, यही लेख *एशिएटिक रिसर्चेज़,* खंड 12 में भी छपा। 1831 तक ठगों के दलों की चर्चा आम बात हो चली थी। इस तरह, 14वीं सदी के शुरू से लेकर सर विलियम स्लीमैन के समय तक ठगी की परम्परा जारी रही थी। यह बुराई इससे भी पुरानी हो सकती है लेकिन उस समय के रिकॉर्ड उपलब्ध नहीं हैं। 18वीं सदी में खोजी गई ऐलोरा की गुफाओं में एक गला घोंटते ठग की मूर्ति भी पाई गई थी। आखिर 1831 से 1837 के बीच ब्रिटिश उपनिवेशीय सरकार ने ठगी के खिलाफ कड़े कदम उठाते हुए ठगों के सभी दलों को एक-एक करके खत्म कर दिया। मीडोज टेलर की पुस्तक *द कन्फेशंस ऑफ़ ए ठग* में आमिर अली नामक एक मशहूर ठग के संस्मरण हैं। 1837 में लिखी गई यह पुस्तक 1839 में प्रकाशित हुई थी। मीडोज टेलर और बैलफोर ने इस तथ्य की भी पुष्टि की थी कि बहुत-से ठगों को मौत के घाट उतार दिया गया था।

43. स्लीमैन, डब्ल्यू.एच.; ठगी की इस रोंगटे खड़े कर देने वाली कथा के नायक के अनुसार "पूरा सिस्टम ध्वस्त हो गया है, पेशा उजड़ गया है, दल इधर-उधर बिखर गया है, जिसे अब कभी भी एकजुट करके (पहले की तरह) एक जोरदार कॉर्पोरेट संस्था का रूप नहीं दिया जा सकता। ठगी का कौशल और कला अब एक पीढ़ी से दूसरी पीढ़ी को, पिता से पुत्र को, विरासत में नहीं मिल सकेगी।"
44. ममोरिया सी.बी.; *सोशल प्रॉब्लम्स एंड सोशल डिस-ऑर्गेनाइजेशन,* इलाहाबाद, 1960, पृ. 232
45. मेमोरिया सी.बी.; *ट्राइबल डेमोग्राफी इन इंडिया,* बम्बई, 1957, पृ. 29; बम्बई प्रेसीडेंसी की कुछ आपराधिक जनजातियाँ थीं—बेराड, भांपटा, बोरिया, भार वपासी, भील, छप्परबन्द, धरला, फतगुड़ी, कैकाड़ी, कम्मी, कटबु, कठोड़ी या कटकारी, कोली, लमानी, माँग, माँग गरुड़ी, मारवार, बारी, मीना, औधिया, पारढ़ी, रामोशी, संसिया, तड़वी, वनजारी, वोड्डार, बागड़ी और वाघरी।

   'बेराड़' पशु-चोरी, राजमार्गों पर लूट, डकैती, फसलों की चोरी और सेंधमारी जैसे गम्भीर और खतरनाक अपराधों के लिए जाने जाते थे। 'भांपटा' देशभर में घूमते रहते थे और भीड़भाड़ के बीच चोरी और उठाईगिरी करने में माहिर थे। पुणे के पास उनकी 'मुंडवा' बस्ती काफी मशहूर है। उन्हें 'घंटीचोर' भी कहा जाता था। इसी तरह 'वोड्डारों' को 'डोंगा दासरी' के नाम से भी जाना जाता था। 'बोरिया' ये भेष बदलने में माहिर थे और साधुओं और बैरागियों के भेस में घूमते-फिरते हुए छोटी-बड़ी चोरियाँ करते थे। वे छोटी-छोटी टोलियों में बम्बई प्रेसीडेंसी के विभिन्न क्षेत्रों में पाए जाते थे। वे घरों में घुसकर चोरी करने में माहिर थे। उत्तर भारत में फैले 'भार' (या भाड़) और 'पासी' लूटपाट के लिए हत्याएँ करने के लिए बदनाम थे और बड़े खतरनाक समझे जाते थे। 'भील' 1914-15 में आपराधिक जनजातियों में शामिल किए गए तो मुगल शासन के समय से ही बंजारों का जीवन जी रहे और ठेकेदारी से जुड़े रहे 'छप्परबन्द' बम्बई प्रेसीडेंसी में सी.टी. बस्ती में बसाई जाने वाली पहली जनजाति थी।

   'धरला' लूट, डकैती, चोरी और सेंधमारी के लिए जाने जाते थे तो 'फतगुड़ी' चोरी और सेंधमारी के लिए ज्यादा बदनाम थे। 'कैकाड़ी' भी सेंधमारी में धुरन्धर थे और इसके लिए

अपने पास कुछ खास औजार रखते थे। 'कम्मी' छोटी-मोटी और स्थानीय चोरियों तक सीमित रहते थे। 'कटबु' हिरण की खाल पर चित्रकारी में माहिर थे तो 'कोली' अच्छे कृषक और खेत मजदूर माने जाते थे। 'लमानी' अनाज और नमक के व्यापार में कुशल थे तो 'माँग' सोने के नाम पर पीतल के जेवर बेचने के लिए कुख्यात थे। 'कठोड़ी' और 'कटकारी' दोनों ही फसल चोरों के रूप में जाने जाते थे। 'माँग गरुडी' भीख माँगते और 'मारबार बूरी' नकली साधुओं के भेष में घूमते पाए जाते थे। 'भील' चोरी के लिए बदनाम थे तो 'पारढी' शिकार और जंगली जानवरों की खाल बेचने के लिए। अपेक्षाकृत शान्त प्रकृति के 'रामोशी' अच्छे चौकीदार साबित होते थे तो 'संसिया' देशभर में घूमते और गाँवों के बाहर डेरा डालते पाए जाते थे। 'तड़वी' इस्लाम धर्म अपना चुके थे तो 'बागड़ी' महादेव कोली होने का दावा करते थे। (*रिपोर्ट ऑफ़ द क्रिमिनल ट्राइब्स एक्ट इन्क्वारी कमेटी,* 1947, पृ. 12-25)

उत्तर भारत में भी सैंतालीस जनजातियों को आपराधिक जनजातियाँ माना गया था। इनमें से कुछ प्रमुख थीं—पासी, भाड़, मल्लाह, डोम, बंजारा, दलेरा, दुसेध, हबूरा, चमार, नट, अहेरिया, बहेलिया, भावपुरिया, बनमानस, वादक, मुसहर, बोरया, भंटु, भाट, सेंसिया, सपेरा, कारवाल, कपारिया, गिधिया, सोनारिया, कंजर, हिन्दू गोसाईं, गूजर, खटीक, कोरी-बारवाड़, गंडालिया, ओंधिया, केबट, तोगा भाट, लोढ़ा, मेवाती, भावापुरिया, मदारी, कनमालिया, लोना चमार, मोंगिया, खुरपलटा और औघड़ इत्यादि। महावत, कलन्दर, फकीर और लुंगी पठान जैसी कुछ अन्य जनजातियाँ मुस्लिम जनजातियाँ हैं। अधिकांश आपराधिक जनजातियाँ 'हिन्दू जनजातियाँ' हैं। (द *रिपोर्ट ऑफ़ द क्रिमिनल ट्राइब्स इन्क्वारी कमेटी, युनाइटेड प्राविंस ऑफ़ इंडिया,* 1948, पृ. 2-4)

46. भारत सरकार; *रिपोर्ट ऑन द सैसस ऑफ़ इंडिया,* सीरिज-2, 1981
47. ये जनजातियाँ इस प्रकार हैं—तेलगा, पामुला, दंडसी, कोंडा, डोरा, रेल्ली, पैडी, किनतिली, कलिंगा, नक्काला, पिरिकी, मुक्काला, डोंगा याथा, वेडुरुपाका माला, बोया, नेट्टी कोठाला, रेड्डिका, यानाडी, डोम्मरा, डोंगा येरुकला, अन्नेबोन, माला, वड्डी उप्परा, बुडाबुकाला, लम्बाड़ी, डोंगा वोड्डार, केपमारी, रेड्डी यानाडी, जरुगुबल्ली माडिगा, डोंगा दासरी, मांडी बंडा, डोंगा यानाडी, डोंगा येरुकला, डोंगा वोड्डार, डोंगा डोम्मारा, जोगुला, नवाबपेटा कोरचा, अन्नाबोइना माला, मुथराचा, पिचिगुंतला, सुगाली, कोरचा, डोंगा माला, डोंगी बोया, अमागुंटा पालेगार, परया, थोटा नाइक, भट्टु, तुरका, पेड्डा बोया, डब्बला कोरचा, डोंगा कोरचा, दासारी चाकला, पेड्डीगोला, मोंडी वागुला, निरशिकारी, डोंगा उरा कोरचा, ईरानी, कंजरभट्ट और जातुर मिलाजुला गिरोह इत्यादि।
48. घुर्ये, 1949, पृ. 21
49. कपाड़िया के.एम.; 'द क्रिमिनल ट्राइब्स ऑफ़ इंडिया', *सोशयोलॉजिकल बुलेटिन,* 1, 2 (1952)
50. संजय निगम; 'डिसिपलिनिंग एंड पोलिसिंग 'द क्रिमिनल बाय बर्थ'', भाग 1 और 2, *द इंडियन इकोनॉमिक एंड सोशल हिस्ट्री रिव्यू,* 27, 2, (1990)
51. जिलिन जॉन ल्यूइस, 1931, पृ. 106
52. वही
53. फिशमैन, 1941, पृ. 98
54. वही
55. वही
56. वही

57. पथी, जगन्नाथ, 1989, पृ. 497
58. हंटर, डब्ल्यू.डब्ल्यू.; *एनल्स ऑफ़ रूरल बंगाल*, लन्दन, 1897, पृ. 71-72
59. मद्रास सरकार; *मद्रास पुलिस एडमिनिस्ट्रेशन रिपोर्ट फॉर द ईयर 1877*, गवर्नमेंट सेंट्रल प्रेस, मद्रास; उदाहरण के लिए 1876 में मद्रास में हुई कुल 980 डकैतियों में से सिर्फ 132 में आपराधिक जनजातियों का हाथ था; इसी तरह अगले वर्ष 1877 में भी कुल 1695 डकैतियों में से सिर्फ 283 में आपराधिक जनजातियों का हाथ था।
60. बूथ टकर, 1912, पृ. 30; बार-बार यही बात कही जाती थी कि आपराधिक जनजातियाँ खेती-बाड़ी से मुँह चुराती हैं। उन्हें जमीन का एक खाली पड़ा टुकड़ा पकड़ा दिया जाता था, जो अकसर बंजर होता था। फसलों का रात में भी ध्यान रखना जरूरी था, इसलिए इन लोगों को घरों में बाँधकर नहीं रखा जा सकता था।
61. वही; कृषि-औद्योगिक बस्तियाँ साल्वेशन आर्मी के नियंत्रण में थीं, जहाँ हथकरघा और रेशम उत्पादन दो प्रमुख उद्योग थे। साल्वेशन आर्मी ने चार औद्योगिक आवासों के साथ-साथ बाल-वयस्कों के लिए पाँच आवासों की भी स्थापना की थी। सिर्फ मद्रास प्रेसीडेंसी और यूनाइटेड प्राविंसेस (यू.पी.) में ही आपराधिक जनजातियों के बच्चों के लिए औद्योगिक आवासों की स्थापना की गई थी। इस तरह के कुल छह स्कूल थे। (बूथ टकर, 'क्रिमिनो-क्यूरोलॉजी', प्रकाशन वर्ष अनुपलब्ध, पृ. 13)
62. वही
63. वही
64. वही
65. ललिता, 1895, पृ. 85; 1871 में कानून-27 पारित किए जाने से पहले आपराधिक जनजातियों से निपटने के लिए अलग से कोई कानून नहीं था। देश के सामान्य कानूनों के अन्तर्गत ही उन्हें नियंत्रित किया जाता था। ऐसी रिपोर्ट मिली थीं कि न्यायिक और पुलिस अधिकारियों के लिए उन पर लगाम लगाना मुश्किल होता जा रहा था। इसलिए 1871 में कानून-27 के रूप में एक विशेष कानून पारित किया गया। इस कानून के 2, 3 और 4 अनुच्छेदों के अनुसार स्थानीय सरकारों के लिए भारत सरकार को यह बताना जरूरी था कि वे किन-किन जनजातियों को इस कानून के अन्तर्गत रखना चाहती थीं और उनकी आजीविका के साधनों के लिए क्या व्यवस्था कर रही थीं। भारत सरकार स्थानीय सरकारों की रिपोर्ट से सन्तुष्ट होने की स्थिति में इस पर अपना ठप्पा लगा सकती थी और सम्बन्धित जनजातियों को आपराधिक जनजातियाँ घोषित कर सकती थी। यह कार्यवाही इस कानून के 5वें अनुच्छेद के अन्तर्गत किया जाता था। जिला मजिस्ट्रेट आपराधिक जनजातियों के सदस्यों को अपना नाम और अन्य विवरण एक रजिस्टर में दर्ज करवाने और कुछ खास प्रतिबन्धों का पालन करने का आदेश दे सकता था। स्थानीय सरकार के पास किसी जनजाति को एक जगह से दूसरी जगह स्थानान्तरित करने या उसे किसी सुधार बस्ती में रखने का भी अधिकार था। गाँव के मुखिया और चौकीदार के लिए इन जनजातियों के सदस्यों पर नजर रखना और उनके द्वारा किए गए किसी अपराध की सूचना देना जरूरी था। स्थानीय पुलिस को इनके घरों और गाँवों का निरीक्षण करने का अधिकार था। कुल मिलाकर इस कानून में आपराधिक जनजातियों के पंजीकरण, निगरानी और उन पर कुछ प्रतिबन्ध लगाने का प्रावधान था। अनुच्छेद 1 और 2 को छोड़कर यह कानून देश के कुछ हिस्सों तक सीमित था। पहले दो अनुच्छेद उत्तर पश्चिम सीमान्त प्रान्त, पंजाब और अवध समेत पूरे भारत पर लागू थे। 1876 में एक संशोधन के बाद यह निचले बंगाल पर भी

लागू हो गया। इस कानून के व्यवहार से जुड़े अनुभवों के बाद ब्रिटिश सरकार ने 1897 में इसमें कुछ और संशोधन किए, जिसे 1897 के कानून-2 के रूप में जाना जाता है। अब किसी जनजाति को आपराधिक जनजाति ठहराने का अधिकार प्रादेशिक सरकारों को सौंप दिया गया। किसी जनजाति या गिरोह के किसी भी हिस्से के खिलाफ कोई भी कार्रवाई की जा सकती थी। इस कानून के अनुच्छेद 17(ए) में बच्चों को अपराधी माता-पिता से अलग करने का भी प्रावधान था। इन बच्चों को सुधार गृहों में रखा जाता था। अपराधियों के लिए भी सुधार बस्तियाँ स्थापित करने का प्रावधान था। अपराध के दोहराव या नियमों के उल्लंघन पर दंड का भी प्रावधान था।

66. मैकेन्जी, 1959, पृ. 87
67. ललिता, 1995, पृ. 87
68. नोट, 1916; 1897 के सी.टी.ए. (आपराधिक जनजाति कानून) में कई कमियाँ पाई गई थीं। 1902-03 में पुलिस द्वारा इसके व्यवहार की कड़ी आलोचना भी हुई थी। आखिर 1911 में एक नया कानून (1911 का कानून-3) पास किया गया। इस कानून में कई नए प्रावधान थे। इस कानून के तहत आपराधिक जनजातियों के सदस्यों के लिए अपना नाम दर्ज करवाना, अपनी उँगलियों की छाप देना, अपनी गतिविधियों की सूचना देना और घर बदलने पर नया पता लिखवाना अनिवार्य था। सरकार को किसी जनजाति की गतिविधियों के लिए एक क्षेत्रीय सीमा तय करने या उसे किसी खास जगह पर बसाने का भी अधिकार था। इन जनजातियों के सुधार को लेकर भी इस कानून में कई नए प्रावधान रखे गए थे। जिला मजिस्ट्रेट किसी व्यक्ति के सुधर जाने पर उस पर लागू प्रतिबन्धों में छूट दे सकता था। इसी तरह बच्चों को माँ-बाप से अलग करने की उम्र भी चार से बढ़ाकर छह वर्ष कर दी गई थी। उन दिनों आपराधिक जनजातियों की गतिविधियाँ सचमुच ही बहुत चिन्ताजनक रही होंगी क्योंकि इस कानून को गोपालकृष्ण गोखले जैसे उदारवादी देशभक्तों का भी समर्थन प्राप्त था।
69. आन्ध्र प्रदेश सरकार; *रिपोर्ट ऑन द एडमिनिस्ट्रेशन ऑफ़ द डिस्ट्रिक्ट पुलिस ऑफ़ एच.ई.एच. द निजाम'ज गवर्नमेंट फॉर द ईयर सिक्स्थ अक्टूबर 1917 टू फिफ्थ अक्टूबर 1918*, गवर्नमेंट सेंट्रल प्रेस, हैदराबाद, 1919; 1919 में ही आपराधिक जनजातियों पर पुनर्विचार का भी फैसला किया गया। इसके लिए सी.टी. बस्तियों को प्रमुख सन्दर्भ-स्रोत के रूप में उपयोग किया गया। साथ ही ऑल इंडिया जेल कमेटी का पक्ष भी सामने रखा गया। इस समिति की स्थापना इसी वर्ष 1919 में ही की गई थी। इस समिति ने इस बात पर जोर दिया कि आपराधिक जनजाति बस्तियों को एक दूसरी तरह की जेल नहीं बनने देना चाहिए। इन बस्तियों में इन जनजातियों का आर्थिक विकास होना चाहिए। उत्साह, लगन और धार्मिक शिक्षा के बिना यह काम सम्भव नहीं था। समिति के अनुसार, इन बस्तियों का उद्‌देश्य सकारात्मक होना चाहिए था ताकि इनके वासियों का जीवन सुधर और सँवर सके। इनका उद्‌देश्य सिर्फ शेष समाज की सुरक्षा तक सीमित नहीं होना चाहिए था। इस समिति ने कई मामलों में बच्चों को माता-पिता से अलग करने की कार्रवाई की निन्दा की। समिति ने उसने यह सुझाव भी दिया कि औद्योगिक बस्तियों को औद्योगिक क्षेत्रों में बसाया जाना चाहिए ताकि इनके वासियों को विभिन्न उद्योगों में रोजगार मिल सके। जमीन की अनुपलब्धता और खेती-बाड़ी के अनुभव की कमी को देखते हुए समिति इन बस्तियों को कृषि-प्रधान बनाने के पक्ष में नहीं थी। समिति औद्योगिक बस्तियों के पक्ष में भी नहीं थी क्योंकि वहाँ इन लोगों को न तो पर्याप्त काम मिल पाता था और न मजदूरी। ये उद्योग

समाज के लिए भी उतने उपयोगी नहीं थे। इस तरह, सरकार ने पहली बार आपराधिक जनजातियों के प्रति सहानुभूति भरा रवैया अपनाया और उनकी समस्याओं को समझने की कोशिश की। सरकार अब इन जनजातियों के आर्थिक विकास पर जोर देना चाहती थी, न कि इन्हें दंडित किए जाने पर।

70. वही
71. हैकरवाल, 1934, पृ. 94-95
72. ललिता, 1995, पृ. 3
73. स्लीमैन, 1936, पृ. 89
74. भारत सरकार; *रिपोर्ट ऑफ़ द क्रिमिनल ट्राइब्स इन्क्वारी कमेटी, युनाइटेड प्राविंसेस ऑफ़ इंडिया,* गवर्नमेंट सेंट्रल प्रेस, इलाहाबाद, 1948
75. वही; इन बदलावों का मतलब समझाते हुए वुड बर्न ने कहा था, "कभी-कभी ऐसी मानवीयता कोई अच्छी मानवीयता नहीं होती जो अपनी सारी दया अपराधी पर ही लुटा देती है और उन लोगों के दुखों और तकलीफों पर कोई ध्यान नहीं देती जो इस अपराधी के शिकार हुए होते हैं।"
76. उन्नाव लक्ष्मी नारायण; *मालापल्ली* (तेलुगु), मछिलीपटनम, 1922, पृ. 50; इस तेलुगु उपन्यास में रमादास के पूरे परिवार को बस्ती में लाया जाता है। राष्ट्रीय आन्दोलन के दौरान रचा गया यह एक बहुचर्चित उपन्यास है। इसमें दलितों के जीवन का बहुत सजीव चित्रण किया गया है। इसी उपन्यास के एक हिस्से में सी.टी. बस्तियों में आपराधिक जनजातियों के जीवन का वर्णन भी है।
77. *नोट,* 1916; 1871 और 1911 के आपराधिक जनजाति कानूनों में मुख्य अन्तर यह था कि 1871 का कानून सिर्फ उत्तर भारत के कुछ प्रदेशों—बंगाल, युनाइटेड प्राविंसेस, पंजाब इत्यादि—तक सीमित था। यह मद्रास प्रेसीडेंसी में लागू नहीं था। लेकिन 1911 का कानून पूरे भारत पर लागू किया गया था।
78. सिम्हाद्री, 1979, पृ. 33
79. मद्रास सरकार; *मद्रास क्रिमिनल ट्राइब्स मैन्युअल, क्रिमिनल ट्राइब्स एक्ट-4 ऑफ़ 1924 ब्रॉट अप-टू 31 मार्च 1927* गवर्नमेंट प्रेस, मद्रास, 1928
80. वही; मूल सी.टी. कानून में कई बार संशोधन किए गए। 1924 में एक और कानून पास किया गया (1924 का कानून-4), जिसमें पिछले सभी आपराधिक जनजाति कानूनों के प्रावधानों को अधिक प्रभावशाली बनाने का प्रयास किया गया। इस कानून में सबसे उल्लेखनीय बदलाव अनुच्छेद-14 में किया गया। (इसमें अंग्रेजी के 'हू' शब्द की जगह 'विच' शब्द का भी प्रयोग किया गया।) इस अनुच्छेद में जनजाति की बजाय व्यक्ति पर अधिक जोर दिया गया।
81. वही
82. वही
83. वही
84. वही
85. वही। उन्होंने आगे कहा, "अपराधियों के रूप में वर्गीकृत इन परिवारों और जनजातियों की व्यथा इनके किसी दुराचरण या बुराई का नहीं बल्कि सिर्फ किसी विशेष परिवार में जन्म लेने का परिणाम है। यह उनके दुखों और दुष्टता की व्यथा कथा है।" दिल्ली के चीफ कमिश्नर ने तत्कालीन गृह सचिव ए.ए. सय्यद ने भारत सरकार के गृह विभाग के सचिव

बी.सी. मुखर्जी को लिखे एक पत्र में कहा था, "मुझे यह कहने का निर्देश दिया गया है कि आपराधिक जनजाति कानून के कानूनी किताबों पर धब्बा होने की बात से चीफ कमीश्नर कतई सहमत नहीं हैं और न ही वर्तमान स्थितियों को देखते हुए इसे पूरी तरह रद्द किए जाने के पक्ष में हैं। आमतौर से सभी लोग इस बात से सहमत होंगे कि जिन लोगों से निपटने के लिए वर्तमान आपराधिक जनजाति कानून (1924) बनाया गया है, उनमें से अधिकांश में अभी इतना सुधार नहीं हुआ है कि उनके कहीं आने-जाने या उनकी गतिविधियों पर सभी प्रतिबन्ध हटा लेना न्यायसंगत प्रतीत हो। जैसा कि सर्वविदित है, आपराधिक जनजातियों के पुरुषों की बड़ी संख्या आज भी अपराधों की आदी है, इसलिए उनके चलने-फिरने और गतिविधियों पर किसी तरह का नियंत्रण रखना जरूरी है। अन्यथा ईमानदारी से अपने और अपने परिवार के भरण-पोषण के साधन जुटाने की अनिच्छा के कारण वे निश्चित रूप से समाज को अपना शिकार बनाएँगे और समाज विरोधी गतिविधियों में लिप्त होंगे। देशभर में ऐसे उदाहरणों की कमी नहीं है जब आपराधिक जनजातियों के लोग चोरी, सेंधमारी, लूट और डकैती के कई मामलों में दोषी पाए गए हैं। फिर भी, चीफ कमिश्नर इस बात से अवश्य सहमत हैं कि भले ही आपराधिक जनजाति कानून को पूरी तरह खत्म करने की जरूरत न हो लेकिन इसके कुछ प्रावधानों को नरम और दंड व्यवस्था में सुधारों के आधुनिक दृष्टिकोण के अनुकूल बनाया जा सकता है।" (देखें *क्रिमिनल ट्राइब्स एक्ट इन्क्वारी कमेटी रिपोर्ट,* बम्बई सरकार, मई 1946, पृ. 167) 27 मई 1943 के होम डिपार्टमेंट रेज्योलूशन नं. 9849/3, बॉम्बे कैसल के अनुसार। सरकार के तत्कालीन मुख्य सचिव बी.सी. मुखर्जी के अनुसार, "सभी जनजातियों को इस कानून के दायरे से बाहर कर देने से शान्तिप्रिय और कानून का पालन करने वाले नागरिकों के हित प्रभावित होंगे क्योंकि बहुत-से जिलों में अधिकांश अपराध इन्हीं जनजातियों के लोगों द्वारा किए जाते हैं। इसलिए अपराधों को रोकने और इन जनजातियों के उद्धार का काम साथ-साथ चलना चाहिए।"

86. राघवैया बी. द्वारा उद्धृत *प्राब्लम्स ऑफ़ क्रिमिनल ट्राइब्स*
87. राघवैया, 1949, 11
88. वही
89. ललिता, 1995, पृ. 27
90. वही
91. वही
92. ललिता, 1977, पृ. 29
93. वही
94. राघवैया
95. भारत सरकार; 'रिपोर्ट ऑफ़ द कमिश्नर फॉर शेड्यूल्ड कास्टस एंड शेड्यूल्ड ट्राइब्स, 1969-70', 9वीं रिपोर्ट, गवर्नमेंट प्रेस, नई दिल्ली, 1970, पृ. 95-96
96. शेर सिंह शेर, 'प्ली फॉर डिनोटिफाइड जिप्सी ट्राइब्स आपु इंडिया', ट्राइब्स सोवेनियर, भारतीय आदिमजाति सेवक संघ, 3, 2 (1965)
97. मद्रास सरकार; *एडमिनिस्ट्रेशन रिपोर्ट ऑफ़ हैबिच्युल ऑफेंडर्स सैटलमेंट्स फॉर 1949-50,* गवर्नमेंट सेंट्रल प्रेस, मद्रास, 3,117 सदस्यों को 31 मार्च, 1950 तक नोटिफाई किया गया था। कुल 2,970 व्यक्तियों को औपचारिक रूप से पंजीकृत किया गया था। इनमें से अधिकांश द्वारा किए गए अपराध भारतीय दंड संहिता की 379, 380, 400, 420, 454 और 461 धाराओं के अन्तर्गत आते थे। चोरी का सामान प्राप्त करने वाला सबसे आम

अपराध धारा 411 के अन्तर्गत आता था। कानून में ढील के कारण सभी आदतन अपराधियों को देशभर में घूमने की आजादी मिल गई थी और वे अपने पेशे में जुट गए थे। अधिकांश प्रदेशों में अपराध की घटनाओं में वृद्धि का यही कारण था।

98. मद्रास सरकार; *एडमिनिस्ट्रेशन रिपोर्ट ऑन हैबिच्युल ऑफेंडर्स सैटलमेंट फॉर द ईयर 1951-52,* गवर्नमेंट सेंट्रल प्रेस, मद्रास; उस वर्ष 5268 व्यक्तियों पर कानून के तहत प्रतिबन्ध लगाए गए थे, जिनमें से 4,097 भूतपूर्व नोटिफाइड व्यक्ति थे। यह कानून अपराध और आपराधिक जनजातियों पर नियंत्रण रखने में प्रभावहीन साबित हुआ।
99. मद्रास सरकार; *एडमिनिस्ट्रेशन रिपोर्ट ऑन हैबिच्युल ऑफेंडस सैटलमेंट्स फॉर द फर्स्ट हाफ ईयर 1953-54,* गवर्नमेंट सेंट्रल प्रेस, मद्रास, 1955
100. बम्बई सरकार; *रिपोर्ट ऑफ़ द क्रिमिनल ट्राइब्स एक्ट इन्क्वारी कमेटी,* गवर्नमेंट सेंट्रल प्रेस, बम्बई, 1939
101. भारत सरकार; *रिपोर्ट ऑफ़ द क्रिमिनल ट्राइब्स एक्ट इन्क्वारी कमेटी (युनाइटेड प्राविंसेस),* गवर्नमेंट सेंट्रल प्रेस, इलाहाबाद, 1948; देखें *फाइल नं. 24/2/43, पोलिस ब्रांच 1943,* भारत सरकार, गृह विभाग; साथ ही देखें द *क्रिमिनल ट्राइब्स अमेंडमेंट बिल,* प्रो. एन.जी. रंगा, *फाइल नं. 32/3/45,* दिल्ली, 1945
102. सिम्हाद्री 1991, पृ. 29
103. वही, पृ. 172
104. वही, मद्रास प्रेसीडेंसी के बहुत-से जिला मजिस्ट्रेट और पुलिस सुपरिंटेंडेंट आपराधिक जनजाति कानून को खत्म करने के पक्ष में नहीं थे। लेकिन कुछ जिला मजिस्ट्रेट और पुलिस अधीक्षक इन जनजातियों के प्रति सहानुभूति रखते थे और इस कानून को रद्द करवाना चाहते थे। सामाजिक कार्यकर्ता, जनजातियों के संगठन और खुद इन बस्तियों के रहवासी भी सी.टी.ए. की पूर्ण निरस्ती की माँग कर रहे थे। यूँ, इन कानून के खात्मे का विरोध करने वाले जिला मजिस्ट्रेट और पुलिस सुपरिंटेंडेंट भी जनजातियों के बजाय ऐसे व्यक्तियों के नोटिफिकेशन के पक्ष में थे जो योजनाबद्ध तरीके से गैर-जमानती अपराध करने के आदी थे और इन्हें ट्राइब, गैंग या क्लास कहा जा सकता था।

    इस तरह, पहला आपराधिक जनजाति कानून लगभग डेढ़ सदी पहले 1871 में बनाया गया था। इसने भारत के लाखों कानून-पालक नागरिकों की खोज और पहचान करके उन पर प्रतिबन्ध लगाने का काम किया था। इसने समाज के ईमानदार लोगों को कलंकित और दंडित करने का भी काम था। इसने देश की जनजातियों में एक खाई पैदा करके उन्हें एक-दूसरे से अलग-थलग कर दिया था। जनजातियों को दो श्रेणियों में बाँट दिया गया था—आपराधिक और गैर-आपराधिक। इससे जनजातियों में गहरी दूरियाँ पैदा हो गई थीं और वे एक-दूसरे से कट गई थीं। बहुत-से व्यक्ति और परिवार अपने ऊपर लगे कलंक से त्रस्त थे। इसलिए इन जनजातियों के सभी सदस्य स्वतंत्रता सेनानियों और सामाजिक कार्यकर्ताओं के साथ मिलकर इस कानून को पूरी तरह खत्म करने की माँग कर रहे थे। मद्रास प्रेसीडेंसी में इस कानून का कोई भी लाभ दिखाई नहीं दे रहा था। उल्टे अपराधी होने का कलंक इन जनजातियों के बच्चों पर नकारात्मक मनोवैज्ञानिक प्रभाव डाल रहा था। इससे उनमें समाज-विरोधी भावनाएँ पैदा होती थीं। वे दूसरी जातियों से आँख मिलाते हुए शरमाते थे और अपराध-बोध के शिकार हो जाते थे। जनजाति के वयस्क सदस्यों को भी इस कलंक के कारण नौकरियाँ नहीं मिल पाती थीं क्योंकि जब उनके नियोक्ता को मालूम पड़ता था कि उनका कर्मचारी सी.टी. समुदाय का है तो उस कर्मचारी को नौकरी से निकाल दिया जाता था।

अध्याय-3

सिद्धापुरम और स्टुअर्टपुरम बस्तियों का सामाजिक-आर्थिक परिदृश्य

आपराधिक जनजातियाँ या जातियाँ जैसे कि उन्हें कहा जाता है, इनका उद्धार एक ऐसी समस्या है जो न सिर्फ अपने-आप में एक अनूठी है बल्कि उतनी ही नाजुक और दुसाध्य भी। 'आपराधिक' वर्गों को अपराधी प्रवृत्ति से दूर करने और उन्हें सम्मानजनक आजीविका कमाने का प्रशिक्षण देने का काम ज्यादातर गैर-सरकारी संस्थाओं के हाथ में रहा है—साल्वेशन आर्मी, अमेरिकन बॅपटिस्ट मिशन और कैनेडियन मिशन, इत्यादि जैसी संस्थाओं के हाथों में। इस मामले में सरकारी और गैर-सरकारी दोनों तरह के प्रयासों को भरपूर सफलता भी मिली है। स्वयं आपराधिक जनजातियों या जातियों ने भी जिस तरह आत्म-अनुशासन की इच्छा और क्षमता दिखलाते हुए नए आर्थिक और सामाजिक अवसरों में दिलचस्पी दर्शायी है, उससे यह उम्मीद बँधती है कि ये लोग कानून का पालन करने वाले उपयोगी नागरिक बन सकेंगे। लेकिन इसके लिए क्रान्तिकारी आर्थिक और साथ-साथ सामाजिक सुधारों की आवश्यकता है।

भाग-एक
सिद्धापुरम बस्ती

दुनिया में ऐसे बहुत कम देश हैं जहाँ कृषि-प्रधान व्यवस्था को सफलतापूर्वक औद्योगिक व्यवस्था में बदला जा सका है। इससे जुड़े सामाजिक तनाव और दबाव अपराधों को पनपने में मदद करते हैं। भारत में दमित जातियों और जनजातियों की आर्थिक स्थितियाँ अकसर भारतीय सामाजिक वर्गीकरण का दर्पण साबित होती रही हैं। इसी पृष्ठभूमि में हम तत्कालीन ब्रिटिश उपनिवेशीय सरकार द्वारा संचालित सिद्धापुरम बस्ती और गैर-सरकारी मिशनरी संस्था साल्वेशन आर्मी द्वारा संचालित स्टुअर्टपुरम बस्ती का अध्ययन करेंगे। हम इन दोनों बस्तियों से जुड़े तथ्यों का

विश्लेषण करके उनका तुलनात्मक विवरण भी प्रस्तुत करेंगे। इन बस्तियों की स्थापना की पृष्ठभूमि और इनमें जारी आपराधिक जनजातियों के व्यावसायिक प्रशिक्षण और उद्धार की गतिविधियों से भी हमें बहुत-सी जानकारियाँ मिलेंगी।

1

20वीं सदी की शुरुआत में वोड्डार जनजाति के बीस-तीस जत्थे गुंटूर और कुरनूल जिलों के साथ-साथ निजाम शासन के कुछ अन्य क्षेत्रों में भी मँडराया करते थे। कुरनूल जिले के वोड्डारों को 'गिरोह नम्बर 14' के नाम से जाना जाता था जो लूट, डकैती, सेंधमारी और अन्य खतरनाक अपराधों के लिए बदनाम था।[1] स्थिति की गम्भीरता को देखते हुए सरकार ने आपराधिक जनजाति कानून के अनुच्छेद 12 के अन्तर्गत कुरनूल जिले के सिद्धापुरम में वोड्डारों के लिए और साथ ही येरुकलाओं के एक वर्ग के लिए भी एक आदिवासी बस्ती की स्थापना का फैसला लिया। इन लोगों को अनौपचारिक तौर पर पहले ही सिद्धापुरम में बसाया जा चुका था।[2]

सिद्धापुरम बस्ती एक स्वैच्छिक बस्ती थी। इस बस्ती की सीमाएँ पूर्व-दक्षिण में कृष्णापुरम अग्रहारम, पश्चिम-दक्षिण में वैलगाड रिजर्व, पूर्व में सिम-रेखा और दक्षिण में कंडम के दक्षिणी-पूर्वी किनारे से मिलती थीं। इसी तरह, पश्चिम में बस्ती की सीमाएँ वैलगाड रिजर्व के उत्तरी हिस्से से उसके उद्गम-बिन्दु तक जाती थीं।[3]

बस्ती का क्षेत्र वन-भूमि के अन्तर्गत पड़ता था और अटमाकुर-श्रीसेलम रोड पर स्थित वेंकटापुरम गाँव से 13 किलोमीटर पूर्व में था।[4] यह अटमाकुर पुलिस थाने की सीमा में पड़ता था और आटमाकुर शहर से लगभग 12 किलोमीटर दूर था।

पहले यह बस्ती अपनी वर्तमान जगह से एक-डेढ़ मील दूर बसाई गई थी लेकिन वह जगह मलेरिया-ग्रस्त पाई गई। पूरी बस्ती बड़े तालाब के बाँध से दो-तीन सौ गज दूर थी। बड़े तालाब और गाँव के बीच एक बड़ा खड्डा था, जहाँ बारहों महीने सड़ा हुआ पानी जमा रहने से मच्छर पैदा होते रहते थे। इसी तरह, गाँव के उत्तर में भी एक नाला था। दक्षिण और दक्षिण-पश्चिम में भी लगभग यही स्थिति थी, जहाँ दो-तीन फर्लांग की दूरी पर भावनासी नाला था।[5] इन दोनों नालों में जगह-जगह बड़े खड्डे थे, जहाँ पानी जमा होता रहता और सड़ता रहता था। परिणामस्वरूप मच्छर पैदा होते रहते थे। मानसून के मौसम में तो मलेरिया का खतरा और भी बढ़ जाता था क्योंकि गाँव की तरफ आने वाली हवाएँ संक्रमण का स्रोत साबित होती थीं। बस्ती की नई जगह भावनासी नाले से दूर तो है ही, साथ ही वहाँ पड़ने वाला नाले का हिस्सा साफ-सुथरा और संक्रमण-रहित भी है।[6] इससे पहले जंगल की नमी और गन्दे पानी का जमाव मिलकर मच्छरों और

सिद्धापुरम बंदोबस्ती इलाका

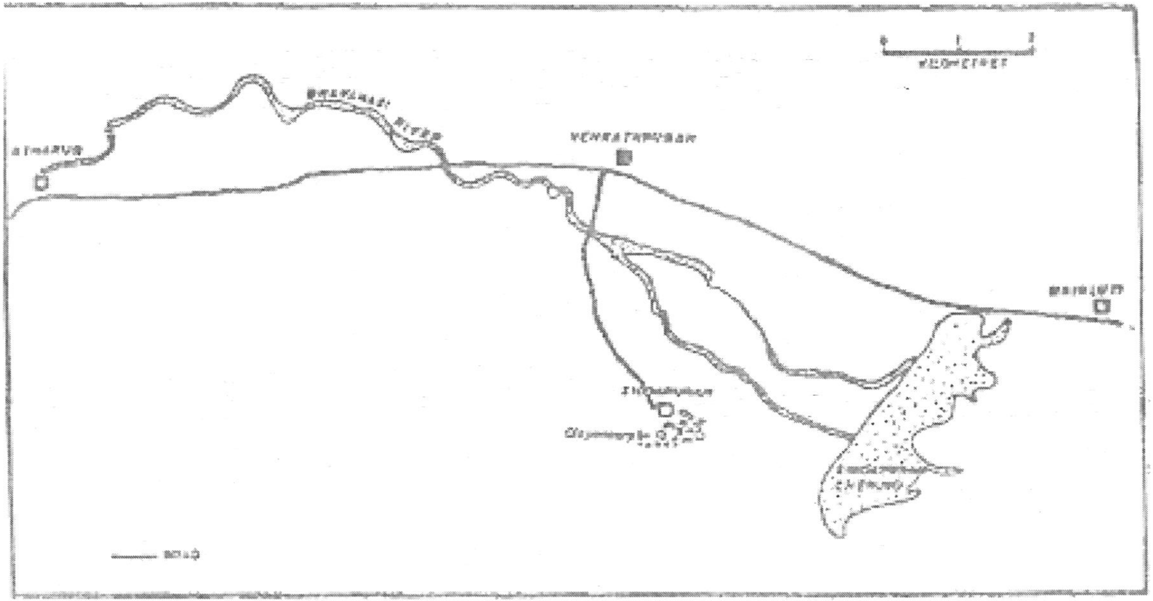

स्रोत : टोपोशीट सं. का एक भाग, $57\frac{1}{9}$, जिला कुरनूल

मलेरिया के पनपने का कारण बनते थे। शुरू में मलेरिया के कारण बहुत-सी जानें भी गई थीं।

नई जगह पुरानी जगह से एक-डेढ़ मील दूर होने के साथ-साथ भावनासी नाले से भी लगभग इतनी ही दूर है। बस्ती की जगह बदल देना मच्छरों की रोकथाम से कहीं कम मुश्किल भरा और कम खर्चीला साबित हुआ।[7] इससे बस्ती में रहने वालों के स्वास्थ्य और सुख-सुविधाओं पर भी अनुकूल प्रभाव पड़ा। बस्ती को इसकी वर्तमान जगह पर जनवरी 1927 में स्थानान्तरित किया गया था।[8]

जातीय पृष्ठभूमि

सिद्धापुरम बस्ती में बसाए जाने वाले आदिवासी 'डोंगा वोड्डार' जाति के थे, जिन्हें 'कठेरा' या 'डोंगा दसारी' के नामों से भी जाना जाता है। उन्हें 'गुडु दासरी' या 'मुचेरीकला' भी कहा जाता है। वे आन्ध्र प्रदेश के सभी जिलों में बसे हुए हैं। सिद्धापुरम बस्ती में बसाए जाने वाले डोंगा वोड्डारों को बोया, गोला, दद्दुर और सलियाकस से लाया गया था।[9] ऐसा माना जाता है कि 'वोड्डार' शब्द संस्कृत के 'औध्र' का बिगड़ा हुआ रूप है, जो वर्तमान ओडिशा के प्राचीन राज्य के लिए प्रयुक्त होता था। ये लोग भी वहीं से आन्ध्र प्रदेश में आए हैं, ऐसा माना जाता है।[10] इस जाति के लोग घुमन्तू या बंजारा लोग थे, जो धीरे-धीरे कुरनूल, कृष्णा, बनगानपल्ली, चिच्चूर, कड्डपा और नेल्लोर जिलों में बसते चले गए।[11] ग्रिबल द्वारा बनाए गए कुड्डुपा जिले के मैन्युअल में इन लोगों को सेंधमार, जेबकतरों और पशुचोरों के रूप में वर्णित किया गया है। 1875 में ग्रिबल इस निष्कर्ष पर पहुँचे थे कि वोड्डार सबसे पक्के और शातिर अपराधी थे।[12]

वोड्डार अलग-थलग बस्तियों में रहना पसन्द करते हैं। इनकी झोंपड़ियाँ आमतौर से तिकोनी (शंकु के आकार की) और नीचे झुककर प्रवेश करने वाली होती हैं—डोम्मरों की तरह।[13] ये झोंपड़ियाँ गाँवों से काफी दूर और अकसर किसी जंगल में होती थीं।[14] कपड़ों के नाम पर ये लोग एक कपड़ा कमर पर और एक सीने पर पहनते थे। इसके अलावा ये माथे पर नमम या बोट्टु भी पहनते थे।[15] वे कल-वोड्डारों या मट्टी-वोड्डारों के रूप में गाँवों में घूमते-फिरते थे और बड़ी होशियारी से सेंधमारी के लिए घरों का चुनाव करते थे। दीवार पत्थर की हो या मिट्टी की, उसमें सेंध लगाना उनके बाएँ हाथ का काम होता था। वे टोलियाँ बनाकर गाँवों में जाते थे और इस तरह के अपराध करते थे।[16]

ये लोग पहले बोड्डुचरला, मार्कापुर तालुका, कुरनूल जिले में रहा करते थे और बाद में, 1890 में, गुंटूर जिले के विनकांडा तालुका में स्थित कोठालुर में बस गए थे।[17] उसे इस गिरोह का गढ़ माना जाता था। इस बात का भी वर्णन मिलता

है कि माची रेड्डी नाम के एक अपराधी ने वोड्डारों का एक गिरोह बनाया था। वह कुरनूल जिले के कमबुम ताल्लुका का रहने वाला था। एक दूसरे गिरोह का मुखिया वेमुलानागड्ड नामक अपराधी था। ये दोनों गिरोह 'गैंग नं. 83' और 'गैंग नं. 84' के नाम से जाने जाते थे और इन्हीं नामों से ये पुलिस के रजिस्टरों में भी दर्ज थे।[18] वेमुलानागडु की मृत्यु के बाद माची रेड्डी गिरोह का मुखिया बन गया, जिसमें कुल 33 सदस्य थे। बाद में ये दोनों गिरोह कई टुकड़ों में बँट गए, जिनके अपने-अपने मुखिया थे। कभी-कभी विवाह या अन्य खुशी के अवसरों पर ये गिरोह मिलजुल कर उत्सव मनाते और अपराध करते थे। ये सभी गिरोह आसपास के जिलों में घूमते-फिरते रहते थे और अवसर मिलते ही सेंधमारी, लूट और डकैती जैसे खतरनाक अपराध करते थे। इस तरह, कुरनूल जिले का सिद्धापुरम एक खतरनाक गिरोह का अड्डा बन गया था।[19]

मद्रास प्रेसीडेंसी के आपराधिक वर्गों पर अपनी टिप्पणियों में एफ.एस. मुलैली ने लिखा था—"इन जिलों में कुछ वोड्डारों को 'डोंगा वोड्डार' (चोर वोड्डार) के नाम से जाना जाता था क्योंकि उन्होंने अपराध को अपना पेशा बना लिया था।"[20] वे कुछ भी करने को तैयार रहते थे और कई बार बड़ी क्रूरता का प्रदर्शन करते थे। कोई उन्हें चुनौती देने की हिम्मत करता तो वे उसे कड़ी-से-कड़ी चोट पहुँचाने से भी नहीं झिझकते थे। पुष्पा राव नायडू ने डोंगा वोड्डारों के चौदह अलग-अलग जत्थों का उल्लेख किया है, जो अलग-थलग क्षेत्रों में अपना आतंक मचाए हुए थे। इन सबकी अपनी अलग-अलग खूबियाँ थीं।[21]

उत्तरी आर्कोट जिले के मैन्युअल में डोंगा वोड्डारों को देश के मूल निवासी बताते हुए उन्हें पत्थरों की खुदाई, बाँधों के निर्माण और अन्य ईंट, गारे के कामों में दूसरों से कहीं ज्यादा चुस्त वर्णित किया गया है।[22] थर्स्टन ने दक्षिण भारत की जातियों और जनजातियों के अपने वर्णन में इन्हें इनके व्यवसाय के अनुसार दो श्रेणियों में बाँटा है—(1) कल्लू या राठी वोड्डार (पत्थर का काम करने वाले) और (2) मन्नू वोड्डार (मिट्टी का काम करने वाले)।[23] एम. केनेडी ने भी वोड्डारों को मंडी वोड्डार या गाड़ी वोड्डार (बैलगाड़ी हाँकने वाले), पत्थरत, जंटी या डागडी वोड्डार (पत्थर का काम करने वाले) और घाटी डोंगा या टक्कू वोड्डार (चोरी/ठगी करने वाले) इत्यादि उप-श्रेणियों में बाँटा है।[24]

सभी वोड्डार अपराधी नहीं हैं। सिर्फ इनका एक अलग वर्ग—डोंगा वोड्डार—अपराधों में लिप्त रहा है। आम वोड्डार देशभर में इधर-उधर घूमते रहते हैं और जहाँ कुछ काम मिल जाता है वहाँ कुछ दिनों के लिए टिक जाते हैं। उन्हें बनागनपल्ली में टक्कू वोड्डार, चेंगलपाट में कल्लू वोड्डार और गुडीआरुम में मन्नु वोड्डार के नाम से जाना जाता है। कुरनूल, बेल्लारी, कडप्पा, चिच्चूर, अनन्तपुर, नेल्लोर और गुंटूर जिले में इन्हें डोंगा वोड्डार के नाम से जाना जाता है। टक्कू वोड्डार

चोरी और सेंधमारी के लिए कुख्यात रहे हैं।[25] वे दीवार बनाने और पत्थरों की कटाई जैसे कामों में भी खूब कुशल थे। लेकिन ये काम-धन्धे तो बहाना मात्र थे। वे घरों की चक्कियाँ ठीक करने के बहाने घरों का हालचाल और नक्शा जान लेते थे और बाद में वहाँ सेंधमारी करते थे। इसी तरह वे रास्ते में मिलने वाले यात्रियों का भी पहले भेद जानते थे और फिर उन पर हमला करके उन्हें लूट लेते थे।[26] राजमार्गों पर लूट और डकैती करते समय वे हाथों में लाठियाँ रखते थे और रोके जाने पर हिंसा पर उतर आते थे। वे अपने ठिकानों से लगभग बीस मील के दायरे में ही अपराध करते थे और कभी-कभार ही बड़े जत्थों के रूप में अपने क्षेत्र से बाहर निकलते थे।[27]

वोड्डार अच्छे चेहरे-मोहरे वाले आकर्षक होते हैं। वे साँवले रंग के और अद्भुत जीवट वाले परिश्रमी लोग हैं। पुरुष हट्टे-कट्टे होते हैं और अपने माथे, सीने और बाँहों पर वैष्णवी त्रिशूल का चिन्ह धारण किए रहते हैं।[28] लेकिन वे लापरवाह और पियक्कड़ भी हैं। वे बहुत कम कपड़े पहनते हैं। इनमें एक धोतर (लुंगी) या चोलना (जाँघिया), एक अंगी या पैरन (कमीज), सिर के लिए कपड़े का कोई टुकड़ा या रूमाल और कन्धों पर ओढ़ने के लिए हचड़ा (खुरदुरा कपड़ा) या कम्बल शामिल होते हैं।[29] स्त्रियाँ एक साड़ी से ही अपना काम चला लेती हैं, जो सिर और स्तनों को ढँकने के भी काम आती है। पुरुष जूते नहीं पहनते, और स्त्रियाँ भी ब्रैसरी या शमीज़ वगैरह नहीं पहनतीं।[30] वे दाएँ हाथ में काँच की चूड़ियाँ भी नहीं पहनतीं। पर वे हाथों में काँसे के कड़े पहनती हैं। कई युवा स्त्रियाँ इतनी सुन्दर होती हैं कि उनकी सुन्दरता की ऊँची जाति की स्त्रियों से तुलना की जा सकती है।

सिद्धापुरम में बसे वोड्डार आन्ध्र प्रदेश के अलग-थलग क्षेत्रों से हैं। उनमें से कुछ आपस में सम्बन्धी भी हैं। रिश्ते-नाते उनकी जिन्दगी में बहुत महत्त्वपूर्ण भूमिका निभाते हैं। वे अपने सम्बन्धियों के नजदीक बसना पसन्द करते हैं। वैवाहिक सम्बन्धों के लिए वे अपनी बस्ती से बाहर जाना पसन्द नहीं करते। फिर भी आन्ध्र प्रदेश के विभिन्न क्षेत्रों में बसे अपने सम्बन्धियों के साथ वे नजदीकी रिश्ते बनाए रखते हैं।

वोड्डार एक तेलुगु जाति है, इसलिए उनकी बोली भी तेलुगु भाषा का ही एक बिगड़ा हुआ रूप है। दक्षिणी जिलों में बसे वोड्डार तमिल का भी प्रयोग करते हैं। जिले में प्रचलित भाषा को देखते हुए वोड्डार मराठी या कन्नड़ भी बोल लेते हैं।[31]

वोड्डारों का मानना है कि उनकी बहुत-सी उपजातियाँ हैं, जिनमें से अब ग्यारह प्रमुख हैं—(1) मन्नु वोड्डार—मिट्टी का काम करने वाले; (2) कल्लु वोड्डार—पत्थर का काम करने वाले; (3) उप्पु वोड्डार—नमक का व्यापार करने वाले; (4) बंडी वोड्डार—बैलगाड़ी हाँकने वाले; (5) गिरिन वोड्डार—ग्राइंड स्टोन या चक्की का काम करने वाले; (6) राजा वोड्डार—लाख बेचने वाले;

(7) अरगू वोड्डार—लाख बेचने वाले; (8) तुडुगु वोड्डार—चोरी करने वाले; (9) उरु वोड्डार—शहरों में रहने वाले; (10) शक्कू वोड्डार—लूट और सेंधमारी करने वाले और (11) घट्टी वोड्डार—जंगलों में बसने वाले।[32]

मन्नु वोड्डार अधिकांशत: गुलबर्गा, मंडया और मैसूर जिलों में मिलते हैं। वे जमीन की खुदाई के काम से जुड़े होते हैं, जैसे कि कुएँ, सिंचाई की नहरें, तालाब वगैरह खोदने के काम या फिर रेल पटरियाँ बिछाने और बाँधों और पुलों की मरम्मत जैसे काम।[33] यवतमाल के एक पुलिस सब-इंस्पेक्टर की दिलचस्प टिप्पणी के अनुसार, "वे हमेशा भेस बदलकर यात्राएँ करते हैं ताकि उन्हें आसानी से पहचाना न जा सके।"[34] कल्लु वोड्डार पत्थरों की खानों और भवन या सड़क निर्माण से जुड़ी मजदूरी के कामों में पाए जाते हैं। वे बैंगलोर, बेल्लारी, चित्रदुर्ग और कोलर जिलों में ज्यादा मिलते हैं। उप्पु वोड्डार नमक और इमली का व्यापार करते हैं और बैंगलूर, कोलर और चित्रदुर्ग जिलों में पाए जाते हैं। आन्ध्र प्रदेश में वे चंन्द्रागिरी मंडल (चिट्टूर जिला) में अधिक मिलते हैं। बंडी वोड्डार गाड़ियाँ हाँकने का काम करते हैं और टाट और घास-फूस से बनी झोंपड़ियों में रहते हैं। वे अपने परिवारों और खच्चरों को साथ लेकर चलते हैं। गिरिन वोड्डारों को उनके प्रिय काम 'ग्राइंडिन स्टोन' या चक्की के काम के लिए जाना जाता है और इसी कारण उनका यह नाम भी पड़ा है। राजा वोड्डार सार्वजनिक निर्माण के कामों में ज्यादा पाए जाते हैं। अरगू वोड्डार गोंद और मोम जैसे वन-उत्पादों का धन्धा करते हैं। तुडुगु वोड्डार किसी मेहनत के काम के बजाय मुख्य मार्ग में लूट-डकैती के लिए जाने जाते हैं। एडगर थर्स्टन और मुहम्मद अब्दुल गनी ने अपनी पुस्तकों में इन्हीं वोड्डारों का उल्लेख किया है। उरु वोड्डार रस्सियाँ बनाते हैं, जबकि घट्टी या घाटी वोड्डार जंगलों में बसने के लिए जाने जाते हैं। उनके परिवार और खच्चरों-बकरियों के झुंड भी उनके साथ होते हैं। वोड्डारों का मानना है कि वे पहले एक ही बड़े समूह के सदस्य थे लेकिन समय के साथ अलग-अलग समूहों और उपजातियों में बँटते चले गए। अब इन उपजातियों के अपने-अपने नाम हैं, जो आमतौर से उनके काम-धन्धे के प्रतीक हैं।[35]

वोड्डार हर तरह के पशु-पक्षियों का मांस खा लेते हैं, जैसे कि गीदड़, काले बन्दर, बिल्ली, चूहे या गिलहरी का मांस या फिर कौवे-चिड़िया इत्यादि का मांस। इसके अलावा वे बकरे, हिरन, सुअर और मछली का मांस भी खा लेते हैं लेकिन गौ-मांस से बिदकते हैं।[36] ये आमतौर से मांसाहारी होते हैं और भीख माँगकर या फिर शिकार करके मांस हासिल करते हैं। ये तम्बाकू और गाँजे के सेवन के साथ-साथ शराब के भी शौकीन होते हैं।[37] वे डोम्मरों, मडिगा और मालाओं से आसानी से घुलमिल जाते हैं।[38] मन्नु, कल्लु और बंडी वोड्डार एक-दूसरे के साथ खाने-पीने में भी परहेज नहीं करते।[39]

2

आर्थिक जीवन

सिद्धापुरम बस्ती में आने से पहले डोंगा वोड्डार मुश्किल से ही अपना गुजारा-बसर कर पाते थे। वे बहुत कम कमा पाते थे जो दो जून पेट भरने के लिए भी काफी नहीं होता था। अब भी खेती-बाड़ी से होने वाली उनकी आमदनी इतनी नहीं है कि वे अपने परिवारों को अच्छी तरह पाल सकें। सिद्धापुरम के वोड्डार मुख्य रूप से कृषि पर ही निर्भर हैं। ब्रिटिश सरकार ने बस्ती के आसपास की जमीन पर खेती-बाड़ी को सुगम बनाने के लिए एक बहुत बड़ा तालाब बनवाया था, जहाँ बरसात के मौसम में पानी इकट्ठा हो जाता था। लेकिन पूरी तरह बारिश पर निर्भर होने के कारण यह तालाब अकसर खाली रहता था। अगर इसमें पर्याप्त पानी हो तो यह आसपास के लगभग बीस गाँवों को फायदा पहुँच सकता है। पानी की कमी के कारण फसलों की अच्छी तरह से सिंचाई नहीं हो पाती और इसलिए पैदावार भी कम होती है। दिनभर की मजदूरी के बावजूद श्रमिक पन्द्रह रुपए से ज्यादा नहीं कमा पाते। सिद्धापुरम बस्ती में रहने वाले डोंगा वोड्डारों के मुख्य व्यवसाय हैं—(1) कृषि, (2) शारीरिक श्रम वाले काम, (3) लकड़ी काटना, (4) दैनिक मजदूरी वाले काम, (5)टोकरियाँ और चटाइयाँ बनाना, (6) अन्य छोटे-मोटे व्यवसाय और (7) उत्खनन।[40]

कई तरह की औद्योगिक गतिविधियों के बावजूद बस्ती के रहवासियों की आजीविका का प्रमुख स्रोत हमेशा खेती-बाड़ी ही रहा है। शुरू में इन लोगों के बीच खेती-बाड़ी के लिए लगभग 1,066 एकड़ जमीन बाँटी गई थी। उन्हें हल चलाने के लिए बैल भी दिए गए थे। जिन लोगों की रस्सी, चटाई या टोकरियाँ बनाने में दिलचस्पी थी, उन्हें इसके लिए कच्ची सामग्री भी उपलब्ध करवाई गई थी। उन्हें इनकी बिक्री के लिए बाजार भी उपलब्ध करवाए गए थे। 1920 में लगभग 173 एकड़ जमीन पर खेती हुई थी।[41] तब वहाँ घोड़ों को खिलाने वाला चना और कोलम बोया जाता था। इसके अलावा मिर्च और सब्जियों की खेती भी होती थी। कृषि के लिए सभी जरूरी साधन जुटाए गए थे।[42] पुरुषों और स्त्रियों दोनों को मासिक वेतन के आधार पर रखा जाता था। खेतों और पशुओं की देखभाल के लिए पुरुषों को आठ रुपए और स्त्रियों को छह रुपए मिलते थे।[43]

ये लोग कई तरह के काम करते रहते थे। इसलिए जो कुछ कमाते थे, उसे ये काफी खुश थे। इमली की खेती से काफी मुनाफा होता था और उन्हें ज्यादा कमाई करने के लिए प्रोत्साहन मिलता था। वे मेहनती तो थे ही इसलिए खेती-बाड़ी का काम उन्हें दिनोदिन लुभाने लगा था और वे इसे और बढ़ाने के लिए उत्सुक थे।

1920 में उन्हें और ज्यादा जमीन मिल जाने के बाद स्थितियों में और भी सुधार दिखाई देने लगा। उस वर्ष खेती-बाड़ी के लिए जमीन की सीमा में और बढ़ोतरी कर दी गई थी।[44]

मरम्मत के कामों के लिए जरूरी औजार उपलब्ध करवा दिए गए थे। सभी लोगों को फसलों के लिए बीज दिए गए थे। उनकी पशुओं के लिए चारा भी उपलब्ध करवा दिया गया था। पशुओं को चराने के लिए चरवाहे नियुक्त कर दिए गए थे। जमीन की खूबियों और तरह-तरह की फसलों के बारे में जानकारी देने के लिए मिस्त्री भी रख लिए गए थे।[45] जनजातियाँ द्वारा खेती-बाड़ी के लिए इस्तेमाल की जा रही जमीन सरकारी जमीन से अलग थी। सरकार इन लोगों से अपनी जमीन पर काम करवाती थी लेकिन फसलों पर सरकार और प्रशासन का अधिकार रहता था।[46] विशेषज्ञ या मिस्त्री पूरी प्रक्रिया पर नजर रखते थे। 1927 में खेती-बाड़ी के लिए निर्धारित की गई जमीन 210 एकड़ थी, जो सरकारी नियंत्रण वाली खुश्क जमीन का हिस्सा थी। दस एकड़ नरम और सौ एकड़ खुश्क जमीन ऐसी थी, जो बस्ती की जनजातियों द्वारा खेती-बाड़ी के लिए निर्धारित की गई थी। आदिवासी जिस जमीन पर खुद खेती-बाड़ी करते थे, उसका एक रुपया प्रति एकड़ के हिसाब से किराया देते थे। कई बार मौसम के कारण अच्छी फसल नहीं हो पाती थी, जैसा कि 1920 में हुआ था। उस वर्ष कमजोर मानसून के कारण उम्मीद से बहुत कम पैदावार हुई थी।[47]

बस्ती के बाशिन्दे सार्वजनिक कार्य विभाग की विभिन्न गतिविधियों से जुड़कर धनोपार्जन कर सकते थे। ये गतिविधियाँ थीं—(1) निर्माण-कार्य, (2) वनों की ठेकेदारी से जुड़े काम, (3) खेतीबाड़ी, (4) कताई, (5) बुनाई, (6) छोटी-छोटी दुकानें, (7) जंगलों की सफाई, (8) पशुओं की बिक्री, इत्यादि।[48] अप्रैल, 1926 से 12 दिसम्बर, 1926 के आँकड़ों के अनुसार प्रति परिवार मासिक आय 11 रुपए थी। फसलों में बढ़ोतरी के साथ आय में भी बढ़ोतरी की सम्भावना रहती थी।[49]

अधिवासियों को तालाब से पानी लेने की अनुमति थी। लेकिन यह तालाब कभी भी पूरा नहीं भर पाता था। बस्ती के दायरे में थोड़ी-सी गीली या नरम कृषि-भूमि थी। सरकार ने इस जमीन को समतल करने और इसे गीली खेती के योग्य बनाने पर काफी पैसे खर्च किए थे।[50] आज भी इस तालाब की स्थिति में कोई बदलाव नहीं आया है। बस्ती के लोग सरकार की उदासीनता की शिकायत करते हैं। सरकार ने इन कमियों की तरफ कभी भी गम्भीरता से ध्यान नहीं दिया है।

लेबर कमिश्नर मोयर ने यहाँ के बाशिन्दों को कृषि-ऋण उपलब्ध करवाए थे। ये ऋण पशुओं और छकड़ों की खरीद के लिए दिए गए थे। इनकी किस्तें नियमित रूप से दी जाती रहीं।[51] एक अन्य लेबर कमिश्नर टाइलर ने आठ रुपए महीने की तनख्वाह पर एक मुखिया की नियुक्ति की, जिसका काम गाँव के मुखिया की तरह था। बस्ती के लोगों को 'तलयारी' के रूप में भी नियुक्त किया जाता था, जिसका

काम बस्ती के कल्याण का ध्यान रखना था। इन तलयारियों को छह रुपए महीने की तनख्वाह मिलती थी।[52]

राजस्व विभाग ने यह जानकारी जुटाने के लिए एक सर्वेक्षण करवाया कि बस्ती के हर अधिवासी के पास कितनी जमीन थी। जमीन के इस आकलन के बाद सरकार उन्हें स्थायी पट्टा देने का विचार कर रही थी।[53] अधिवासियों को आत्म-निर्भर बनाने के लिए उन्हें बैलों और छकड़ों की खरीद के लिए भी पूँजी उपलब्ध करवाई गई। इसके पीछे मुख्य उद्देश्य उन्हें मुख्यधारा में लाने का था। समय के साथ, ये अपराधी जनजातियाँ कृषक परिवारों में बदलने लगीं। बस्ती में विकास के कई स्वस्थ चिन्ह दिखाई देने लगे। ये लोग जिन जमीनों पर काम कर रहे थे, वे बिल्कुल ताजा जमीनें थीं। इसलिए अच्छी पैदावार की प्रबल सम्भावना रहती थी। शुरू में इन लोगों को पाँच वर्ष के लिए जमीन के 'डी' फॉर्म वाले अस्थायी पट्टे दिए गए थे। ऐसी योजना थी कि पाँच वर्ष तक इनके सन्तोषजनक व्यवहार के बाद इन्हें स्थायी पट्टे दिए जा सकते थे।[54]

1930 में इन लोगों ने 200 एकड़ जमीन पर खेती की थी, जिसमें से 40 एकड़ गीली जमीन थी। फसल अच्छी हुई थी, इसलिए खेती-बाड़ी में इन लोगों की दिलचस्पी और भी बढ़ गई थी। लेकिन तालाब में पानी न होने के कारण अगली फसल नहीं उगाई जा सकी। कृषि विभाग ने इनमें से बहुत-से लोगों को आसपास के गाँवों के खेतों में मजदूरी पर रखवा दिया। गाँव वालों ने भी इन्हें काम देने में कोई हिचकिचाहट नहीं दिखाई।[55]

बस्ती के निवासियों को किसानी का ज्यादा अनुभव नहीं था। इसीलिए खेती-बाड़ी से उन्हें उतनी कमाई नहीं हो पाती थी जितनी होनी चाहिए थी। भू-राजस्व और पानी की लागत चुकाने के बाद उनके पास बहुत कम राशि बचती थी। इससे वे बड़ी मुश्किल से अपना और अपने परिवार का खर्च चला पाते थे।[56] सरकार अपनी तरफ से इतनी कोशिश जरूर करती थी कि इनकी जमीनों का राजस्व दूसरों से कम दर पर आँका जाए। पर इतना भी इनके लिए भारी पड़ जाता था। सरकार सिद्धापुरम बस्ती को एक आदर्श कृषि-प्रधान बस्ती बनाना चाहती थी। लेकिन लगातार आर्थिक तंगी को देखते हुए वोड्डार धीरे-धीरे खेती-बाड़ी से विमुख होते जा रहे थे और अपने पुराने धन्धे अपनाने के लिए मचलने लगे थे।

जुलाई, 1934 में 'ब्लैक क्वार्टर' के रूप में पशुओं की एक भयंकर बीमारी का प्रकोप फैल गया। सरकार के पशु चिकित्सा विभाग द्वारा समय पर पशुओं को टीका न लगा दिया जाता तो न जाने कितने सारे पशु-धन से हाथ धोना पड़ता। सरकार ने पशु-धन में वृद्धि करने के लिए दो वर्ष पहले ही बस्ती को कुछ अच्छी नस्ल के साँड उपलब्ध करवाए थे। उन्हें कुछ गाएँ भी दी गई थीं। ये गाएँ आमतौर से खेती-बाड़ी में अच्छा प्रदर्शन करने वाले वोड्डारों को दी गई थीं ताकि दूसरे लोग

भी उनसे प्रेरणा लेकर खेती-बाड़ी में दिलचस्पी ले सकें। बस्ती का प्रमुख भोजन कोलम था, जो बड़ी मात्रा में इन्हीं खेतों में पैदा किया जाता था।[57]

लेबर कमिश्नर ने बस्ती के लिए एक सरकारी फॉर्म जारी किया था, जिसे समय-समय पर भरना पड़ता था। चूँकि बस्ती के ज्यादातर वासी फॉर्म भरना नहीं जानते थे इसलिए दो फॉर्म सेवकों को सात रुपए महीने की तनख्वाह पर नियुक्त किया गया।[58] यह फॉर्म उन लोगों को दूसरों के खेतों में काम दिलवाने के लिए था जो या तो खुद खेती-बाड़ी नहीं करते थे या जिनके अपने खेतों में कोई काम नहीं होता था।[59]

लेकिन संरक्षित वन विभाग बस्ती वालों के व्यवहार की शिकायत करता रहा है। जिला वन अधिकारी ने वन-सम्पदा की चोरी की रोकथाम और साथ ही ऐसे अपराधों की तुरन्त छानबीन के लिए कुछ कदम भी उठाए।[60] समस्या यह थी कि बस्ती के कुछ आदिवासी इन संरक्षित वन-क्षेत्र में घुसकर इमारती लकड़ी चुराकर ले जाते थे ओर उसे कृष्णापुरम में बेच देते थे। आजकल भी वन विभाग के अधिकारी इन आदिवासियों के पीछे पड़े रहते हैं। आदिवासियों की शिकायत है कि जब भी वे काम की तलाश में पहाड़ी इलाके में जाते हैं तो उन्हें अपराधी समझकर तंग किया जाता है और अपने साथियों के नाम बताने के लिए कहा जाता है। इसके बाद उन सबके खिलाफ गिरफ्तारी के वारंट जारी कर दिए जाते हैं। वे हर महीने इन अधिकारियों की मुट्ठी गर्म करके ही गिरफ्तारी से बच पाते हैं।[61]

सिद्धापुरम बस्ती के लिए 1932-33 में कृषि ऋण की योजना बनाई गई थी। इसके अन्तर्गत पहले वर्ष वे खेती के लिए साफ की गई जमीन पर काम करते रहे और इस ऋण से बड़ी मुश्किल से अपने परिवार का खर्च चला पाए। दूसरे वर्ष भी वे कुछ नहीं बचा पाए और तीसरे वर्ष तो मानसून ही धोखा दे गया और फसल बर्बाद हो गई। इसके बाद बस्ती के प्रबन्धकों ने ऋण लौटाने की अवधि तीन वर्ष और बढ़ाए जाने की माँग की।[62]

सरकार की तरफ से गीली और सूखी दोनों तरह की जमीनों पर खेती करवाई जा रही थी। इससे एक तरफ जहाँ बस्ती के वासियों को खेती-बाड़ी के सही तौर-तरीके सीखने को मिलते थे, वहीं उन्हें इन खेतों में मजदूरी करके कुछ कमाने का भी अवसर मिल जाता था। आदिवासियों को खेती-बाड़ी सिखाने के लिए दो कृषि-विशेषज्ञों को सत्रह और अठारह रुपए महीने की तनख्वाह पर नियुक्त किया गया था।[63] इन दोनों को सौ रुपए तक का सालाना बोनस भी मिलता था। 1942 में कृषि के लिए छाँटी गई कुल जमीन 1538 एकड़ थी।[64]

बस्ती में बसाए गए सभी वयस्क आदिवासियों को खेती-बाड़ी के लिए एक एकड़ गीली और पाँच एकड़ सूखी जमीन दी जाती थी। इन जमीनों को वापस भी लिया जा सकता था और भविष्य में दूसरों (जेल से रिहा होने के बाद बस्ती

में बसाए गए कैदी, इत्यादि) को दिया जा सकता था। इसी तरह, ये जमीनें दूसरी बस्तियों से स्थानान्तरित हुए लोगों को भी दी जा सकती थीं और बस्ती में रहने वाले वयस्क हो चुके बच्चों को भी।[65]

1944 में 1,538 एकड़ जमीन पर खेती की गई थी। धान और मूँगफली दोनों की फसलें बहुत अच्छी हुई थीं। कुओं को गहरा करने से फसलों की सिंचाई का काम सुगम हो गया था।[66] 1948-49 में इन जमीनों पर तम्बाकू की खेती की गई, जिसकी बिक्री से बस्ती वासियों को लगभग 6,000 रुपए का मुनाफा हुआ।

1949 में कृषि-योग्य जमीन बढ़कर 2150 एकड़ हो गई थी, फिर भी उस वर्ष सिर्फ 429 एकड़ गीली और 156 एकड़ सूखी जमीन पर ही खेती हो सकी। इसका कारण यह था कि आदिवासियों की खेती-बाड़ी में दिलचस्पी घटने लगी थी। उन्हें यह बात बहुत ज्यादा अखरती थी कि खेतों में इतनी मेहनत करने के बावजूद वे इन खेतों के मालिक नहीं थे।[67] मैनेजरों की बार-बार बदली से भी बस्ती के लोगों का उत्साह ठंडा पड़ने लगा था। कई बार बैल खरीदने के लिए ऋण लेने की अर्जियाँ महीनों तक फाइलों में धूल चाटती रहती थीं।[68] ऐसे अवसरों पर ये आदिवासी वनों में घुसकर वन-सम्पदा की चोरी के मोह में पड़ जाते थे और अपराध कर बैठते थे।

खेती-बाड़ी में आदिवासियों की दिलचस्पी कम होने के और भी कई कारण थे। आसपास के जिन गाँवों के खेत नीचाई पर थे, उन्हें तालाब के पानी का ज्यादा लाभ मिल रहा था। आदिवासियों के खेतों के लिए बहुत कम पानी बचता था। इसके अलावा आसपास के जमींदार और सूदखोर भी उनकी जमीनों पर कब्जा करने की ताक में रहते थे और उन्हें डराने-धमकाने के लिए गुंडों का उपयोग करने से भी नहीं हिचकते थे। जंगल के पास होने के कारण आदिवासियों को जंगली जानवरों का डर भी बना रहता था, जो उनकी फसलों को बर्बाद करते रहते थे।[69] 1951 में सरकार ने 1,135 एकड़ जमीन बस्ती के आदिवासियों के लिए छोड़कर शेष भूमि को राजनैतिक पीड़ितों, भूमिहीन गरीबों और भूतपूर्व सैनिकों में बाँट दी। इसके अलावा जमीन में सुधार के लिए राजस्व विभाग ने सशर्त पट्टे देने का फैसला कर लिया।[70]

गर्मियों के मौसम में बस्ती के अधिवासियों की मुश्किलें और भी बढ़ जाती थीं। उन्हें पीने के लिए भी पर्याप्त पानी नहीं मिल पाता था।[71] 1964 में 1,251 एकड़ उपलब्ध जमीन में से 1,066 एकड़ बस्ती वालों को, 97 एकड़ शिल्पकारों को और 62.75 एकड़ कृषि विभाग द्वारा संचालित कृषि उद्यान को दे दी गई। इसके बाद 25.62 एकड़ जमीन खाली पड़ी रह गई। कृषि उद्यान की देखभाल भी बस्ती के प्रबन्धकों के ही जिम्मे थी, जिसे पूरे राज्य में अच्छे बीजों के वितरण के लिए विकसित किया जा रहा था।[72]

जुलाई 1942 तक डोंगा वोड्डार भिन्न-भिन्न तरह के काम-धन्धों से अपनी आजीविका कमा रहे थे। इनमें से ज्यादातर मजदूरी के काम थे, जैसे कि—

(1) सड़कों की मरम्मत, (2) स्कूलों और प्रबन्धकों के आवास में मरम्मत इत्यादि के काम, (3) तालाब की खुदाई/मरम्मत, (4) पुलिस लाइंस में मरम्मत इत्यादि के काम। एक पुरुष की दिनभर की औसत कमाई तीन आने (अठारह पैसे) थी तो स्त्री की इससे ठीक आधी, यानी डेढ़ आने (नौ पैसे)।[73] बस्ती के आदिवासियों के पास आजीविका अर्जित करने के कई साधन थे—(1) अपनी खुद की जमीन पर या दूसरे किसानों की जमीन पर खेतीबाड़ी; (2) दूसरों के खेतों में हल चलाने या निराई का काम; (3) फसलों की कटाई के बाद खेतों को साफ करने, घास-फूस हटाने इत्यादि का काम; (4) ईंधन की लकड़ी काटने का काम; (5) घास की कटाई और भूसे के रूप में उसकी बिक्री का काम; (6) टंगेड़ू लकड़ी काटने और उसकी छाल उतारने का काम; (7) निर्माण स्थलों पर ईंट-पत्थर ढोने इत्यादि का काम।[74]

1954 के वर्ष के दौरान लगभग 1300 अधिवासियों को तम्बाकू के खेतों पर काम दिया गया था। सिद्धापुरम का तालाब कुरनूल जिले के सबसे बड़े तालाबों में से है और लगभग 504 एकड़ के क्षेत्र में फैला हुआ है। इसमें मछली पकड़ने की भी प्रचुर सम्भावनाएँ रहती हैं। मार्च और अप्रैल के महीनों में बस्ती वाले इसका भरपूर लाभ भी उठाते हैं। पिछले कई वर्षों से मछली पकड़ना उनका अन्य व्यवसाय बना हुआ है। इससे उनकी भोजन की समस्या का भी काफी हद तक समाधान हो जाता है।[75]

डोंगा वोड्डार सिद्धापुरम टैंक प्रोजेक्ट पर भी काम करते हैं, जो सार्वजनिक कार्य विभाग की परियोजना का एक हिस्सा है। 31 दिसम्बर, 1914 को सिद्धापुरम बस्ती में डोंगा वोड्डारों की संख्या सिर्फ एक सौ बारह थी। इनमें तीस पुरुष, चालीस स्त्रियाँ और बयालीस बच्चे शामिल थे। उन्हें सिद्धापुरम सिंचाई परियोजना का काम दिया गया था।[76] लेकिन वे अपनी स्थिति से खुश नहीं थे। उनकी स्थिति दिनोदिन और खराब होती जा रही थी। कृष्णा सीमेंट वर्क्स के मि. टर्नर इनमें से कुछ लोगों को काजा में पत्थरों के उत्खनन का काम देने को तैयार हो गए थे। इस योजना के अन्तर्गत दस परिवार खदान पर भेजे गए थे।[77]

1960 में सिद्धापुरम बस्ती की सलाहकार समिति ने कुटीर उद्योग के तौर पर एक माचिस की फैक्टरी शुरू करने का फैसला लिया ताकि बस्ती के आदिवासियों को कमाई का एक और साधन उपलब्ध हो सके।[78]

आदिवासियों को छप्पड़ की एक बड़ी और हवादार कार्यशाला में बारह हथकरघे और अन्य सामान उपलब्ध करवाया गया। इन हथकरघों का निर्माण स्थानीय स्तर पर ही करवाया गया था और इन पर बड़े अच्छे कम्बल बनते थे। 1920 के वर्ष में आदिवासी 182 कम्बल तैयार करने में सफल रहे। एक अधिक कुशल आदिवासी को मिस्त्री बना दिया गया था, जिसे बारह रुपए आठ आने का मासिक वेतन मिलता था। अतिरिक्त काम करने पर उसकी कुछ और कमाई हो

जाती थी। अन्य अधिवासियों को प्रतिदिन के काम के हिसाब से मजदूरी मिलती थी—पुरुषों को पाँच आने (30 पैसे) और स्त्रियों को तीन आने (18 पैसे)। गिनती के हिसाब से काम करने पर पुरुष पाँच से नौ आने और स्त्रियाँ तीन से पाँच आने कमा लेती थीं।[79]

जून 1927 में एक तूफान में हथकरघे कारखाने का छप्पड़ उड़ गया। इसके बाद एक पक्की जगह के निर्माण के लिए 4,800 रुपए की राशि की व्यवस्था की गई।[80] वहाँ बनने वाले कम्बलों की बाजार में अच्छी माँग थी। हर कम्बल चार-पाँच रुपए में बिकता था। लेकिन दो या तीन रुपए में बिकने वाले सस्ते कम्बलों के लिए बाजार ढूँढ़ने में मुश्किलें आती थीं। 1921 में बुनाई उद्योग की सफलता बस्ती के लिए एक महत्त्वपूर्ण प्रश्न बन गई थी। वहाँ बनने वाले कम्बलों की माँग एकाएक घटने लगी थी क्योंकि दूसरी जगहों के कम्बल कहीं सस्ते दामों पर मिलने लगे थे। बैंगलोर और अन्य जगहों की मिलों में बने ये कम्बल बेहतर गुणवत्ता के भी होते थे। सन् 1930 में हथकरघे कारखाने का यह छप्पड़ आग की भेंट चढ़ गया।[81]

सन् 1943 में पेडा अनन्तपुरम और आटमाकुर के आदि आँध्रा को भी इस बस्ती में रहने की अनुमति दे दी गई। मैनेजर का तर्क था कि ये लोग बहुत अच्छे बुनकर और कृषक हैं। इन लोगों ने अन्य आदिवासियों को बुनाई की कला सिखाने के साथ-साथ दूसरे विश्वयुद्ध के दौरान मोटे कपड़े की भी भरपूर मात्रा में आपूर्ति की।[82] इस गॉज़ कपड़े की सरकारी अस्पतालों में भी बड़ी मात्रा में माँग थी, जिसे बस्ती वालों ने पूरा भी किया। इसके बावजूद, बस्ती के मैनेजर ने अपनी रिपोर्ट में लिखा कि इस उद्योग को मुनाफे में या कम-से-कम आत्म-निर्भरता के स्तर पर लाना मुश्किल था क्योंकि—

1. बस्ती को मंडियों में धागों के आए दिन चढ़ते-उतरते भावों का सामना करना पड़ रहा था। मार्च 1949 में धागों के भाव की तुलना में 1950 के भाव कहीं ज्यादा थे। कपड़ों पर 15 प्रतिशत धागे और 10 प्रतिशत बुनाई की लागत बैठती थी, इसलिए कपड़ों के दाम बढ़ाने पड़ते थे जो बाजार में उपलब्ध अन्य कपड़े के मूल्य से मेल नहीं खाते थे।
2. बाजार में बेहतर गुणवत्ता का कपड़ा सस्ते दामों पर उपलब्ध था, इसलिए बस्ती में निर्मित खुरदरे कपड़े के लिए बाजार नहीं मिल पा रहा था।
3. सम्भावित नुकसान की भरपाई के लिए खर्चे को बढ़ाना या उत्पादन को बढ़ाने की गुंजाइश नहीं थी। बुनकर बारीक कपड़ा नहीं बना सकते थे।
4. कम मजदूरी के कारण आदिवासी इस उद्योग में कोई खास दिलचस्पी नहीं ले रहे थे।[83]

बुनाई उद्योग बस्ती वालों की भलाई के लिए और उन्हें आजीविका का एक अतिरिक्त साधन उपलब्ध करवाने के लिए शुरू किया गया था। लेकिन अधिवासियों

में कोई खास उत्साह न होने के कारण 31 अक्टूबर, 1949 को इसे बन्द कर दिया गया।

बस्ती में रेशम उत्पादन का भी प्रयास किया गया लेकिन यह योजना भी विफल हो गई। सिद्धापुरम के पुरुषों को अपने वेतन का 3/10वाँ हिस्सा पहाड़ी भत्ते के रूप में भी मिलता था।[84] सन् 1925 में बस्ती में एक कॉ-ऑपरेटिव सोसाइटी भी बनाई गई थी। इस सोसाइटी के माध्यम से अधिवासियों को ऋण दिए जाते थे। बस्ती वालों के पास हलों में जोते जाने वाले बैलों के अलावा बकरी, गाय-भैंस वगैरह भी होते थे। कॉ-ऑपरेटिव सोसाइटी बस्ती वालों ने खुद ही गठित की थी, जो बस्ती के मैनेजर की देखरेख में काम करती थी। इससे आदिवासियों को बचत करने की प्रेरणा मिली। सोसाइटी अपने सदस्यों को सरकारी ऋण दिलवाने का भी काम करती थी। सरकार से यह ऋण मिल जाने के बाद इसे बिना ब्याज के किस्तों में चुकाना पड़ता था। मैनेजर सोसाइटी के कामकाज की बारीकी से जाँच करता था। सभी महत्त्वपूर्ण रजिस्टर उसी के दफ्तर में रहते थे।[85]

बस्ती का मैनेजर आदिवासियों में आत्म-विश्वास पैदा करने और उनके दिलों में यह भावना जगाने का प्रयास करता था कि वे अपराधी नहीं बल्कि किसान हैं। वह उनके साथ एक स्वतंत्र ग्रामीण समुदाय की तरह व्यवहार करता था और अच्छा आचरण करने वालों का नाम रजिस्टर से हटा देता था।

लेबर कमिश्नर मोथर ने इस सम्बन्ध में लिखा था—"इस बस्ती की सफलता का श्रेय तत्कालीन इन्स्पेक्टर जनरल ऑफ़ पुलिस के. सुब्रमण्यम् अय्यर के कुशल और सूझबूझ भरे प्रबन्धन को जाता है। वे सन् 1913 में इस बस्ती की स्थापना के समय से ही इसके साथ जुड़े रहे थे।[86] वे इस बस्ती को एक भरे-पूरे गाँव में बदलने पर आमादा थे। वे इसमें खूब दिलचस्पी ले रहे थे और आसपास के गाँवों के वोड्डारों को बस्ती के सुख-सुविधाओं भरे जीवन का लाभ उठाने के लिए प्रेरित कर रहे थे। उनका उद्देश्य गाँव को एक सम्पूर्ण समृद्ध गाँव बनाने का था। बस्ती में होने वाले अनैतिक आचरण और चीजों और कागजातों की चोरी और साक्ष्य मिटाने इत्यादि की घटनाओं से प्रबन्धन बड़ी कुशलता से निबटता था और अकसर अपराधियों से उनका अपराध कबूल करवाने में सफल रहता था। बस्ती के मैनेजर के साथ-साथ खुद लेबर कमिश्नर भी बस्ती के संचालन का ध्यान रखते थे क्योंकि बस्ती का व्यापक नियंत्रण उन्हीं के हाथ में था।

कई बार बस्ती के मैनेजरों और पुलिस के बीच सम्बन्ध सन्तोषजनक नहीं रह पाता था। उनके बीच अकसर खींचतान होती रहती थी। इसका मुख्य कारण दोनों के बीच कार्य-प्रणाली का अन्तर था। पुलिस सख्ती से अपराध पर नियंत्रण रखना चाहती थी जबकि मैनेजर बस्ती में रहने वालों के साथ नरमी और सहानुभूति से पेश आने पर जोर देता था। लेकिन कई बार अधिवासी मैनेजरों के इस नरम रवैये का अनुचित लाभ

भी उठा लेते थे और पुलिस को बीच में दखल देते हुए सख्ती बरतनी पड़ती थी। इससे मैनेजरों और पुलिस के बीच तनातनी बनी रहती थी। बाद में डिप्टी तहसीलदार या कॉ-ऑपरेटिव सब-डिप्टी रजिस्ट्रार को बस्ती का नियंत्रण सौंपने का फैसला किया गया।[87]

3

सामाजिक जीवन

सिद्धापुरम में दो तरह के परिवार हैं—एकल और विस्तारित। एक-दो परिवार ऐसे भी हैं जिनमें पहले सिर्फ एक ही सदस्य था लेकिन समय के साथ वे बढ़कर एकल परिवारों में बदल गए। बस्ती के अधिवासियों को परिवार के सदस्यों की संख्या के अनुसार पाँच प्रमुख समूहों में बाँटा गया है—1 से 15, 16 से 30, 31 से 45, 46 से 60, और 60 से अधिक। बस्ती में कुल मिलाकर पाँच सौ परिवार हैं। हमने इनमें से हर घर के सदस्यों के साथ भेंटवार्ताएँ कीं और उनकी वर्तमान स्थितियों के बारे में जानकारियाँ इकट्ठी कीं। हर परिवार के पास औसतन एक से दो एकड़ जमीन है। कुछ परिवारों के पास इससे ज्यादा है तो कुछ के पास एक एकड़ से भी कम है। कुछ परिवारों के पास पक्की झोंपड़ियाँ भी नहीं हैं। सभी स्रोतों को मिलाकर हर परिवार की औसत मासिक आय 1,000-1,500 रुपए के बीच है।[88]

निर्माण परियोजनाओं पर काम के दौरान ये लोग अन्य वोड्डारों के भी सम्पर्क में आते रहे हैं और इनके बीच वैवाहिक सम्बन्ध भी स्थापित होते रहे हैं। वोड्डारों में वैवाहिक रस्में दो चरणों में सम्पन्न होती हैं—ओकाकु पेट्टेडी (सगाई) और पेंडली (विवाह)। ये विवाह बड़े-बूढ़ों की उपस्थिति में ही सम्पन्न किए जाते हैं। वैवाहिक रस्में सम्पन्न करने में गंगा राजू (गाँव का मुखिया) की बहुत महत्त्वपूर्ण भूमिका रहती है।[89]

जब किसी लड़के या लड़की के लिए उपयुक्त वर या कन्या मिल जाता/जाती है, तो दोनों के परिवार लड़की के घर में इकट्ठे होते हैं और गंगा राजू और समुदाय के कुछ बड़े-बूढ़ों की उपस्थिति में आपस में पान के पत्तों, सुपारी, हल्दी और फलों का आदान-प्रदान करते हैं।[90] लड़का और लड़की के सम्बन्धी एक कतार बनाकर एक-दूसरे के सामने बैठ जाते हैं और अपनी-अपनी माँगें बताकर लेन-देन तय करते हैं। गाँव के मुखिया की उपस्थिति में सुपारी स्वीकार करने के बाद ब्राह्मण विवाह का शुभ दिन निर्धारित होता है। जैसा कि एफ.एस. मुले ने लिखा है कि इन लोगों पर ब्राह्मण आध्यात्मिक प्रभाव रखते हैं और विवाह और अन्य महत्त्वपूर्ण अवसरों पर उनकी सलाह और मार्गदर्शन लेना जरूरी समझा जाता है। वैवाहिक रस्में कोई बहुत लम्बी-चौड़ी नहीं होतीं। वर और कन्या जमीन में गड़े एक खूँटे के तीन चक्कर लगाते हैं और विवाह को सम्पन्न मान लिया जाता है।[91]

लेकिन विवाह का यह उत्सव दो दिनों तक चलता रहता है, जिसमें भिन्न-भिन्न पारिवारिक और सामाजिक रस्में शामिल होती हैं। इस तरह की कुछ प्रमुख रस्में हैं—नलुगु, गंगापूजा, दारे, ताली, ओली और मुई। नलुगु रस्म समुदाय की पाँच बूढ़ी स्त्रियों द्वारा सम्पन्न की जाती है। इस अवसर पर लड़की का मामा दूल्हे और दुल्हन को नए कपड़े भेंट करता है। दूल्हे को दो सफेद धोतियाँ और एक शॉल दी जाती है जबकि दुल्हन को एक सफेद साड़ी और ब्लाउज दिया जाता है।[92]

इस रस्म के बाद दूल्हे को गाँव के मन्दिर में ले जाया जाता है, जहाँ वह पूजा करता है। इसके बाद दूल्हे के घर पर भोज का आयोजन होता है। ताली बाँधने की रस्म भी विवाह का एक महत्त्वपूर्ण चरण होती है। लड़की का पिता दोनों हाथों में चावल लेकर लड़के और लड़की पर बरसाता है। इसके बाद ताली या मंगल-सूत्र बाँधने की रस्म सम्पन्न की जाती है। इस अवसर पर भी लड़की का मामा महत्त्वपूर्ण भूमिका निभाता है। वह लड़की को मेटेलु या बिछुए भेंट करता है, जो पीतल या चाँदी के बने होते हैं। ओली (दुल्हन का मूल्य-निर्धारण) और मुई (तोहफे देने की रस्म) आमतौर से भोजन के बाद सम्पन्न की जाती है। ओली रस्म की शुरुआत गंगा राजू द्वारा की जाती है। दूल्हा गंगा राजू को बीस रुपए देता है, जो समुदाय के देवता के लिए चढ़ावे के प्रतीक के रूप मे होता है।[93]

यह भी देखा गया है कि वोड्डारों की वैवाहिक परम्पराओं में धीरे-धीरे कई बदलाव आते रहे हैं। इसका प्रमुख कारण इस प्रक्रिया का संस्कृतिकरण है। इसमें ऊँची जाति के रीति-रिवाजों का भी प्रभाव है। एक तरफ ओली (वधू का मूल्य निर्धारण) की प्रथा भी जारी रही है और दूसरी तरफ पढ़े-लिखे दूल्हे दहेज की माँग भी अब करने लगे हैं।[94] ईसाइयत के प्रभाव के कारण कुछ विवाह चर्च में भी सम्पन्न किए जाते रहे हैं। चर्च में सभी रस्में पास्टर सम्पन्न करवाता है।

आपसी सहमति से विधवा पुनर्विवाह को भी वोड्डार समुदाय में मान्यता प्राप्त है और इसके लिए कुल पंचायत की अनुमति लेनी पड़ती है। ऐसे विवाहों में ज्यादा रस्में नहीं होतीं। दूल्हा अपने सम्बन्धियों के साथ साड़ी, आभूषण और फूल लेकर दुल्हन के घर जाता है, जहाँ यह रस्म समुदाय का मुखिया सम्पन्न करवाता है।[95]

जब ये वोड्डार पहले-पहल सिद्धापुरम में बसे थे तो उनमें वैवाहिक रस्मों जैसी कोई परम्परा नहीं थी। जेल से रिहा हुए पुरुष और स्त्री सिर्फ आपसी सहमति से अन्तरंग सम्बन्ध बना लेते थे। ये अस्थायी सम्बन्ध होते थे और गिरफ्तारी, कैद और रिहाई के अनुसार बनते-बिगड़ते रहते थे। स्थायी विवाह जैसी कोई व्यवस्था नहीं थी। लेकिन बस्ती के मैनेजरों के प्रयासों से यह सब बदलने लगा और पुरुषों और स्त्रियों में स्थायी सम्बन्ध बनने लगे।[96] इसके साथ ही वैवाहिक रस्में भी शुरू हो गईं जो समय के साथ विकसित और मजबूत होती चली गईं।

थर्स्टन की रिपोर्टों के अनुसार इन जनजातियों में बहु-विवाह और तलाक का प्रचलन था। पत्नी के घरवालों को सोलह रुपए देकर कभी भी उसे तलाक दिया जा सकता था। ऐसी स्थिति में बच्चों को दोनों में आधा-आधा बाँट दिया जाता था। अन्तिम फैसला कुल पंचायत के हाथ में रहता था। वैसे इस तरह के तलाक यदा-कदा ही होते थे। समुदाय में बाल-विवाह की भी अनुमति थी हालाँकि ऐसे विवाह भी शायद ही कभी होते हों।[97]

त्योहार, समारोह और अन्धविश्वास

डोंगा वोड्डारों में बच्चे के जन्म पर खूब खुशियाँ मनाई जाती हैं। यूँ तो सभी जातियों और समुदायों में यह एक शुभ अवसर माना जाता है लेकिन इसे मनाने के तरीके अलग-अलग समुदायों के अलग-अलग होते हैं। वोड्डार स्त्री अपने पहले और दूसरे बच्चे को अपने मायके में जन्म देती है, जहाँ उसकी माँ उसकी और बच्चे की देखभाल करती है। गर्भवती स्त्री पाँचवें से सातवें महीने के बीच अपने मायके में चली जाती है। वोड्डारों का मानना है कि माँ-बेटी का रिश्ता सबसे कोमल और नजदीकी रिश्ता होता है और गर्भावस्था के दौरान माँ ही बेटी की भावनाओं और परेशानियों को समझ सकती है और उसकी अच्छी देखभाल कर सकती है। वोड्डारों की यह मान्यता अन्य जातियों और समुदायों से अलग नहीं है क्योंकि अधिकांश भारतीय परिवारों में यही परम्परा रही है।

बच्चे को जन्म देने के बाद माँ की हालत नाजुक होती है इसलिए बच्चे के साथ-साथ उसकी भी बड़े ध्यान से देखभाल की जाती है। जन्म के तीसरे, पाँचवें और सातवें दिन बच्चे के साथ-साथ माँ को भी नहलाया जाता है। नवें दिन स्नान से पहले उसके शरीर पर हल्दी का लेप किया जाता है। ऐसा माना जाता है कि इसके बाद वह सूतक से मुक्त हो जाती है। इस दिन से पहले कोई धार्मिक कार्य नहीं किया जाता। नवें दिन माँ को हल्दी के लेप के बाद स्नान करवाने के साथ ही घर की भी सफाई की जाती है और उसे गाय के गोबर मिला जल छिड़ककर शुद्ध किया जाता है।[98] इसके बाद आले में एक दीपक जलाकर देवी-देवताओं की पूजा की जाती है। मन्नु वोड्डारों में जन्म के ग्यारहवें दिन बच्चे के नामकरण संस्कार का चलन है।[99] वोड्डार आमतौर से तिरुपति के वेंकटेश्वर मन्दिर, पेंचलाकोना के पेंचाला नरसिम्हा स्वामी मन्दिर, मालाकोंडा स्वामी मन्दिर, कुडपी के वीरा ब्रह्मा मठम, मल्लमकोंडा स्वामी मन्दिर और नेल्लोर के पेडम्मा मन्दिर में जाया करते हैं।[100]

किसी की मृत्यु होने पर उसका सिर दक्षिण की तरफ घुमा दिया जाता है।[101] उसके शरीर से मूल्यवान आभूषण उतार लिए जाते हैं। पिता का सबसे बड़ा बेटा

या दिवंगत का सबसे छोटा बेटा उसके पाँवों के पास धूपबत्ती जलाता है। धनी लोग दिवंगत की पत्थर की कब्र या मकबरा बनवाते हैं जबकि अन्य लोग वहाँ कुछ पत्थर रखकर काम चला लेते हैं। वोड्डारों का मानना है कि मृतक की आत्मा उसकी मृत्यु के तीसरे दिन उसकी कब्र के पास आती है। उस दिन एक बड़े पत्ते पर कुछ भोजन रखकर लोग दूर हटकर खड़े हो जाते हैं और किसी कौए के आने और भोजन को चखने की प्रतीक्षा करते हैं। वोड्डार मृत्यु के बाद दस दिनों का सूतक मानते हैं और ग्यारहवें दिन शुद्धिकरण की रस्में सम्पन्न करते हैं। अगर किसी की मृत्यु मंगलवार या शुक्रवार को हुई हो तो ऐसा माना जाता है कि मृतक की आत्मा तीन महीनों तक पृथ्वी लोक पर ही भटकती रहती है और दूसरों को नुकसान पहुँचा सकती है। यह भी एक उल्लेखनीय तथ्य है कि ईसाइयत के प्रभाव के कारण अधिकांश वोड्डारों और येरुकलाओं में मृतकों को दफनाने की भी प्रथा है।

वोड्डार काफी अन्धविश्वासी होते हैं और कुछ लक्षणों को अशुभ तो कुछ को शुभ मानते हैं। उनकी नजर में कुछ अशुभ लक्षण हैं—(1) कहीं बाहर जाने से पहले घर के किसी भी सदस्य को छींक आ जाना; (2) रास्ते में दो शूद्रों से भेंट हो जाना; (3) बिल्ली का रास्ता काटना; (4) कुत्ते का रोना। इनमें से कोई भी लक्षण प्रकट होने पर वोड्डार अपना कार्यक्रम बदल देते हैं। उनकी नजर में कुछ शुभ लक्षण हैं—(1) रास्ते में एक शूद्र से भेंट हो जाना; (2) घोड़े का हिनहिनाना; (3) गधे-खच्चर का रेंगना; (4) किसी अबाबील पक्षी द्वारा रास्ता काटते हुए उड़ जाना।[102]

सिद्धपुरम के वोड्डारों की धार्मिक रस्में अनन्तपुर और कड्डपा जिलों के वोड्डारों की तरह ही हैं। लेकिन इन दोनों में से किसी के साथ भी उनके रक्त सम्बन्ध नहीं हैं।[103] बस्ती के रहवासी हिन्दू त्योहारों को मनाते रहे हैं और बस्ती के मन्दिर में पूजा-अर्चना करते रहे हैं। इसके अलावा, कभी-कभी उनकी आम सभाएँ भी आयोजित होती रही हैं, जिनमें बस्ती के प्रबन्धक और पुलिस अधिकारी उन्हें नैतिक ज्ञान की बातें बताते रहे हैं। वोड्डारों के अलावा डोंगा दासरी, दलित, मुस्लिम, कापू, चेंचू, रेड्डी, येरुकला, सुगाली और धर्मान्तरित ईसाई भी इस बस्ती में रहते रहे हैं। ईसाई बनने वाले अधिवासी पहले पिछड़े वर्गों में माने जाते थे।[104]

4

शिक्षा

वोड्डारों के बच्चों की शिक्षा के लिए 1915 में एक स्कूल की स्थापना की गई थी। सन् 1916 में इस स्कूल में 26 लड़कों और 26 लड़कियों को शिक्षा दी गई थी। यह शिक्षा थ्री-आर (रीडिंग, राइटिंग और रिडमैटिक्स) प्रणाली के अनुसार

दी जाती थी। इन बच्चों को व्यावसायिक प्रशिक्षण देने का कोई प्रयास नहीं किया गया था। स्कूल में बच्चों की नियमित उपस्थिति काफी सन्तोषजनक थी। स्कूल में जहाँ दो अध्यापक और एक अध्यापिका थीं। इन तीनों को क्रमश: 15, 12 और 10 रुपए प्रति माह तनख्वाह मिलती थी।[105] बीच-बीच में शिक्षा विभाग स्कूल का निरीक्षण करता रहता था।

सन् 1924 में नियमित रूप से स्कूल में उपस्थित रहने वाले बच्चों की औसत संख्या 76 थी।[106] मौसम के अनुसार लड़कों को खेतों में ले जाकर खेती-बाड़ी की भी शिक्षा दी जाती थी। इसके अलावा उन्हें बढ़ईगिरी, फीते सिलना, राजगीरी, चिनाई और ईंटे बनाना भी सिखाया जाता था। लड़कियों को सिलाई-कढ़ाई सिखाई जाती थी। वे सिलाई के काम में इतनी कुशल हो जाती थीं कि अपनी कमीज-जैकेट वगैरह खुद ही सिल लेती थीं। तत्कालीन लेबर कमिश्नर टेलर ने अपनी खुशी व्यक्ति करते हुए कहा था—

> "बच्चों को देखकर ऐसा लगता है कि उनकी अच्छी देखभाल हो रही है। उन्हें अपने विषयों की भी पर्याप्त समझ है।"[107]

यह बस्ती हर दृष्टि से एक उत्कृष्ट बस्ती थी। ज्यादातर लड़के काफी अच्छी तेलुगु पढ़-लिख लेते थे। वे साफ-सुथरे, चुस्त-दुरुस्त और जोशीले दिखते थे। सन् 1927 में इस स्कूल में उपस्थिति के आँकड़े इस प्रकार थे—[108]

तालिका 3.1 सिद्धापुरम स्कूल में छात्रों की स्थिति, 1927

श्रेणी	*लड़के*	*लड़कियाँ*	*कुल*
शिशु (नर्सरी)	8	7	15
पहली कक्षा	2	2	4
दूसरी कक्षा	-	3	3
तीसरी कक्षा	3	2	5
चौथी कक्षा	5	-	5
पाँचवीं कक्षा	4	-	4

सन् 1923 में लड़कों के लिए स्काउट टूपों की भी शुरुआत की गई। अधिकारी बॉय स्काउटों की चुस्ती और जोश देखकर फूले नहीं समाते थे। स्कूल की शिक्षा पूरी होने के बाद कुछ छात्रों को शिक्षक-प्रशिक्षण के लिए कुरनूल भी भेजा जाता था, जिसके बाद उन्हें स्कूल के अध्यापकों के रूप में नियुक्त कर दिया जाता था। यह स्कूल वर्ष में लगभग 250 दिन लगता था।[109] स्कूल की अध्यापिका कम्पाउंडर की पत्नी थी और छोटी कक्षाओं की लड़कियों को पढ़ाती थी। प्राथमिक स्कूल के छात्रों को खेतों में ले जाकर खेती-बाड़ी का भी प्रशिक्षण दिया जाता था। स्कूल

का डिप्टी इंस्पेक्टर नियमित रूप से स्कूल का निरीक्षण करता था और कोई कमी पाए जाने पर उसे दूर करने की कोशिश करता था। जिला शिक्षा अधिकारी और सब-असिस्टेंट इंस्पेक्टर भी समय-समय पर स्कूल का निरीक्षण करते रहते थे। बड़े बच्चों से सरकार के कृषि उद्यान में विभिन्न श्रम-कार्य करवाए जाते थे। यह उनके व्यावहारिक प्रशिक्षण का हिस्सा होता था। कुछ लड़कों को बुनाई का काम सीखने के लिए कारखाने में भेजा जाता था। इसी तरह, कुछ लड़कों को स्काउट बॉयज़ के रूप में प्रशिक्षण दिया जाता था। स्कूल के सर्वश्रेष्ठ छात्रों को पुरस्कृत भी किया जाता था। यह पुरस्कार बकरियों की भेंट के रूप में होता था और छात्रों को प्रोत्साहित करने के साथ-साथ अन्य बच्चों को भी शिक्षा में रुचि लेने की प्रेरणा देता था। इससे बस्ती की औद्योगिक और शैक्षणिक गतिविधियों के विकास में मदद मिलती थी।[110]

स्कूल का हैडमास्टर एक सैकेंडरी ग्रेड प्रशिक्षित अध्यापक था। उसमें शैक्षणिक और संगठनात्मक योग्यताएँ प्रचुर मात्रा में थीं। सन् 1937 में चौथी और पाँचवीं कक्षाओं के छात्रों को एक अतिरिक्त विषय के रूप में अंग्रेजी भी पढ़ाई जाने लगी। ऐसा जिला कलेक्टर के सुझाव पर किया गया था। उन दिनों सिर्फ स्कूल के हैडमास्टर को ही अंग्रेजी का पर्याप्त ज्ञान था, इसलिए वही यह विषय पढ़ाता था।[111] वोड्डार बच्चे उत्साहजनक रूप से अनुशासन का पालन कर रहे थे। स्कूल का प्रयास था कि उन्हें आत्मनिर्भर बनाकर समाज के उपयोगी सदस्यों के रूप में प्रस्तुत किया जा सके।

स्कूल के बड़े लड़कों को नाट्य-मंचन जैसी सांस्कृतिक गतिविधियों के लिए भी प्रोत्साहित किया जाता था। ऐसी ही एक नाटक-टोली ने चार नुक्कड़ नाटक मंचित किए थे। इससे छात्रों के मनोरंजन के साथ-साथ उनका नैतिक उत्थान भी होता था। इसी तरह नियमित रूप से 'पशु सप्ताह' भी मनाया जाता था और बस्ती के अधिवासियों को पशुओं से प्रेम करना और उनके प्रति सहानुभूति रखना सिखाया जाता था। इस उद्देश्य के लिए कुछ पर्चे भी छापे और पढ़कर सुनाए जाते थे। 13 मार्च, 1937 से सिद्धापुरम के इस स्कूल में बच्चों को दोपहर का खाना देने का कार्यक्रम भी शुरू कर दिया गया।[112]

कभी-कभार बस्ती का कोई मैनेजर अधिकारियों को लेकर कोई लोकनिन्दक बखेड़ा भी खड़ा कर देता था। मैनेजर स्कूल का प्रभारी (इंचार्ज) भी होता था। बड़ी लड़कियों को ट्यूशन दिए जाने के कार्यक्रम की शुरुआत के बाद से ये लड़कियाँ घरों में जाकर पढ़ती थीं और बंजारा गीत सीखती थीं। कभी-कभार ये लड़कियाँ पुरुषों की आक्रामकता की भी शिकार हो जाती थीं (जब वे दूसरे के घरों में जाकर पढ़ती थीं)। ऐसे अवसर पर मैनेजर अपराधियों के प्रति सख्ती दिखाता था, जो शायद जरूरी भी था क्योंकि 'किसी भी स्कूल में, खासकर अपराधी अधिवासियों के स्कूल में, कड़ा अनुशासन बनाए रखना बेहद जरूरी होता है। इसके लिए हैडमास्टर जो भी

कदम उठाता है उनकी आलोचना नहीं की जानी चाहिए। ऐसे स्कूलों में अनुशासन के मापदंड अलग होते हैं और उन्हें उसी दृष्टिकोण से देखा भी जाना चाहिए।'[113]

1938 में इस स्कूल को प्रथम श्रेणी के प्राथमिक स्कूल के रूप में मान्यता दे दी गई। इस स्कूल में पाँचवीं कक्षा पास कर लेने के बाद छात्र किसी उच्चतर प्राथमिक स्कूल में भर्ती हो सकते थे।[114] लगभग दस वर्ष बाद, 1947-48 में सिद्धापुरम बस्ती के स्कूल में छठी कक्षा भी पढ़ाई जाने लगी। इससे उच्चतर प्राथमिक ग्रेड के अध्यापकों को माध्यमिक ग्रेड के अध्यापकों के रूप में नियुक्त करने का रास्ता खुल गया। छठी कक्षा पास करने के बाद छात्रों को आगे की पढ़ाई के लिए वैलगोड भेज दिया जाता था, जहाँ उन्हें तेलुगु लोअर सैकेंडरी स्कूल में दाखिला मिल जाता था। छठी कक्षा पास कर लेने वाली लड़कियों को मिड-वाइफ या दाई के काम के प्रशिक्षण के लिए भेज दिया जाता था।[115]

लेकिन प्राथमिक और माध्यमिक दोनों दर्जों के स्कूलों के बच्चे सन्तोषजनक प्रगति नहीं दिखा पा रहे थे। इसका कारण उपयुक्त शिक्षण का अभाव था। परिणामस्वरूप, उनके सीखने की रफ्तार बहुत धीमी थी। हर कक्षा में बच्चों की संख्या भी काफी ज्यादा थी, जिसके कारण अध्यापक उन सब पर पर्याप्त ध्यान नहीं दे पाते थे। इसके अलावा, बच्चों के माता-पिता भी पढ़ाई को कोई खास महत्त्व नहीं देते थे। वे शिक्षा की उपयोगिता को नहीं समझते थे। बच्चों को स्कूल भेजने के लिए उन पर बार-बार जोर डालना पड़ता था और उन्हें समझाना-बुझाना पड़ता था। 1948-49 में इस स्कूल की हर कक्षा में बच्चों की संख्या इस प्रकार थी—[116]

तालिका 3.2 सिद्धापुरम स्कूल में विद्यार्थियों की संख्या, 1948-49

	औसत उपस्थिति	
श्रेणी	*लड़के*	*लड़कियाँ*
पहली कक्षा	18	17
दूसरी कक्षा	10	6
तीसरी कक्षा	9	6
चौथी कक्षा	10	2
पाँचवीं कक्षा	6	1
छठी कक्षा	4	11
कुल	**57**	**43**

वर्तमान में सिद्धापुरम स्कूल की दशा अत्याधिक दयनीय है। वहाँ न तो शिक्षा की कोई उपयुक्त योजना है, और न ही पाठ्यक्रम या विषय-सूची है। वहाँ का वातावरण वर्तमान में बच्चों की शिक्षा के अनुकूल नहीं है।

5

स्वास्थ्य और स्वच्छता

सिद्धापुरम टैंक प्रोजेक्ट के लिए एक चिकित्सा अधिकारी नियुक्त किया गया था। बस्ती के बीमार लोगों का इलाज भी वही करता था। उन दिनों मलेरिया का प्रकोप काफी बढ़ गया था और बस्ती वाले अकसर इसके शिकार होते रहते थे। बहुत तेज बुखार के कारण बहुत-से रोगियों की मृत्यु भी हो जाती थी, मुख्यत: स्त्रियों और बच्चों की। बस्ती के बहुत-से अधिवासी यौन-रोगों से भी पीड़ित थे। आज भी घने जंगलों के आसपास के क्षेत्रों में मलेरिया का आतंक बना रहता है।

बस्ती में एक रजिस्टर बनाया गया था, जिसमें बस्ती के अस्वस्थ लोगों के नाम, बीमारी और इलाज इत्यादि का विवरण दर्ज रहता था। आटमापुर अस्पताल का एक सब-असिस्टेंट सर्जन महीने में एक बार बस्ती का चक्कर लगाता था। वह अस्पताल से बहुत-सी दवाइयाँ भी लेकर आता था, जिन्हें वह बस्ती के अधिकारियों के हवाले कर देता था।[117] बेहतर इलाज के लिए बहुत-से रोगियों को आटमापुर अस्पताल में दाखिल करवा दिया जाता था। अप्रैल, 1929 में बस्ती में एक डिस्पेंसरी खोली गई थी, जहाँ एक कम्पांउडर नियुक्त कर दिया गया था। डिस्पेंसरी में हर रोज औसतन चौबीस लोग आते थे। बस्ती की आम बीमारियों में दमा, मलेरिया, सर्दी-जुकाम, बदहजमी, कान-गले के रोग, गठिया, अल्सर और त्वचा के रोग, इत्यादि शामिल थे। कुछ मामले फ्लू के भी होते थे। बस्ती में जन्म दर काफी कम थी, जिसका प्रमुख कारण पुरुषों और स्त्रियों का उन्मुक्त यौन आचरण माना जाता था। पुरुष पत्नियाँ तो स्त्रियाँ पति बदलती रहती थीं, जिसके कारण यौन रोगों का भी खतरा बना रहता था। इनमें सिफलिस सबसे ज्यादा व्यापक बीमारी थी, जिसके इलाज के लिए नियो-साल्वेशन इन्जेक्शन दिए जाते थे। जहाँ तक मृत्यु-दर की बात थी तो इसके अधिक होने में सबसे बड़ा कारण मलेरिया ही था।[118]

1927 में बस्ती की मृत्यु दर में एकाएक बढ़ोतरी होने लगी तो अधिकारी लोग चौंक गए। बस्ती के बहुत-से लोग यौन-रोगों के शिकार पाए गए।[119] जिला चिकित्सा अधिकारी ने इन सभी लोगों को शहर के अस्पताल में भेजकर इनकी जाँच करवाई। बीमारी के उन्मूलन के लिए सभी तरह के कदम उठाए गए। बच्चों को स्वस्थ रखने के लिए बस्ती में एक वजन-मशीन भी मँगवाई गई ताकि समय-समय पर बच्चों का वजन करके उनके स्वास्थ्य का पूरा ध्यान रखा जा सके।

बस्ती वालों के मन-बहलाव और मनोरंजन का भी ध्यान रखा जाता था। इसके लिए पहले हैंड-सिनेमा और फिर जादुई लालटेनें मँगवाई गई थीं। बस्ती के मैनेजर कभी-कभार सिनेमा का आयोजन भी करते रहते थे।

ब्रिटिश सरकार ने सिद्धापुरम बस्ती के प्रबन्धक को यह निर्देश भी दे रखा था कि बस्ती के सभी बाशिन्दों का एक रिकॉर्ड बनाया जाए, जिसमें उनके इतिहास, साथी-संगियों, रूझानों, गतिविधियों, आचरण और व्यवहार इत्यादि की संक्षिप्त जानकारी हो। इससे पुलिस और बस्ती के प्रबन्धक दोनों को ही उन पर बेहतर नियंत्रण रखने में मदद मिल सकती थी।[120] पुलिस के उपमंडलीय अधिकारी समय-समय पर बस्ती का दौरा करते रहते थे और वर्ष में एक बार सभी अधिवासियों के वर्ष भर के आचरण का आकलन करते थे। इसके अलावा पुलिस कांस्टेबल और हैड कांस्टेबल नियमित रूप से रात को भी बस्ती का चक्कर लगाते थे और अधिवासियों की गतिविधियों पर नजर रखते थे। इसके पीछे यह जानने की मंशा रहती थी कि कहीं उनमें से कुछ लोग रात को बस्ती से बाहर निकलकर कोई अपराध तो नहीं करते।[121]

सिद्धापुरम बस्ती में हर वर्ष 'स्वास्थ्य सप्ताह' भी मनाया जाता था। सन् 1930 में यह स्वास्थ्य सप्ताह 20 अक्टूबर से 27 अक्टूबर तक मनाया गया था। इस अवसर पर जिला चिकित्सा अधिकारी और लेबर कमिश्नर ने बस्ती का दौरा किया था। बस्ती के मैनेजर ने स्वास्थ्य-सप्ताह के दौरान अधिवासियों को पुरस्कृत करने का भी प्रस्ताव दिया था ताकि उनमें स्वास्थ्य और स्वास्थ्यविज्ञान (हाइजीन) के प्रति रुचि पैदा हो सके और वे स्वच्छता पर ध्यान देने के लिए प्रोत्साहित हो सकें। इस प्रस्ताव पर अमल करते हुए बस्ती वालों को पुरस्कृत करने की योजना उसी वर्ष कार्यान्वित भी कर दी गई। ये पुरस्कार इस प्रकार थे—

1. स्वच्छतम घर—प्रथम पुरस्कार	6 रुपए
2. स्वच्छतम घर—द्वितीय पुरसकार	4 रुपए
3. स्वस्थतम शिशु—प्रथम पुरस्कार	2 रुपए
4. स्वस्थतम शिशु—द्वितीय पुरस्कार	1 रुपए
कुल	**13 रुपए**

ये पुरस्कार आदिवासियों को अपने घर और आसपास के क्षेत्र को साफ-सुथरा रखने और साथ ही अपने बच्चों को भी स्वस्थ रखने की प्रेरणा देने के लिए थे। वर्ष-दर-वर्ष इन पुरस्कारों की राशि में वृद्धि होती रही। सन् 1934 में सबसे स्वच्छ घर के लिए प्रथम पुरस्कार की राशि 9 रुपए और सबसे स्वस्थ बच्चे के लिए प्रथम पुरस्कार की राशि 3 रुपए कर दी गई।[122]

लेकिन, आज इस गाँव की दशा अत्याधिक शोचनीय है। सन् 1929 में स्थापित किया गया एकमात्र अस्पताल अब बन्द पड़ा हुआ है। बस्ती वाले लम्बे समय से एक नए अस्पताल की माँग कर रहे हैं। प्रसव के दौरान बहुत-सी स्त्रियों की जानें जा चुकी हैं। छोटी-से-छोटी बीमारी के इलाज के लिए भी इन लोगों को अटमाकुर दौड़ना पड़ता है।

सन् 1937 तक यह बस्ती एक स्वैच्छिक बस्ती थी। सन् 1937 में ब्रिटिश उपनिवेशीय सरकार ने इस बस्ती को एक नियमित सी.टी. (आपराधिक जनजाति) बस्ती घोषित कर दिया।[123] बस्ती का प्रबन्धन पुलिस विभाग के हाथ में था। पुलिस का एक सर्कल इंस्पेक्टर इसकी देखभाल करता था। सन् 1941 तक इस बस्ती का प्रशासन लेबर कमिश्नर के अधीन रहा। सन् 1943 के बाद से इसका प्रशासन पुलिस डी.आई.जी. के हाथ में चला गया।[124] आजादी के कुछ वर्ष बाद जून 1954 में बस्ती का प्रबन्धन हरिजन कल्याण विभाग को सौंप दिया गया। लेकिन अगले ही वर्ष, 1955 में, इसका संचालन समाज कल्याण विभाग के पास चला गया। सन् 1965 में एक बार फिर इसका प्रबन्धन बदलकर जनजाति कल्याण विभाग के हाथ में चला गया। बस्ती को इसके बाद एक बार फिर एक डिप्टी तहसीलदार की देखरेख में राजस्व विभाग के अधीन ले आया गया। अन्ततः, सन् 1976 में इस बस्ती को एक स्वतंत्र बस्ती घोषित किया गया। तभी से बस्ती के अधिवासी चिकित्सा-सेवा जैसी बहुत-सी सुविधाओं से वंचित हो गए क्योंकि सरकार इनके प्रति उदासीनता का रवैया अपनाने लगी।

6

अपराधिता : अपराधों का तौर-तरीका (मोडस औपरैन्डी)

ब्रिटिश उपनिवेशीय सरकार की रिपोर्टों के अनुसार वोड्डार कभी भी एक जगह नहीं बसते थे। वे बंजारा जिन्दगी जीते रहे थे और देशभर में इधर-उधर घूमते-फिरते हुए अपनी जिन्दगी गुजारा करते थे। ऐसा माना जाता था कि वोड्डार स्त्रियाँ भी अपराध करने के मामले में पीछे नहीं थीं। वे आमतौर से मुर्गियों-बतखों इत्यादि की छोटी-मोटी चोरियाँ करती थीं। वे बड़ी हिम्मत वाली मानी जाती थीं और चोरी का माल इधर-उधर करने में उतनी ही होशियार थी। वे लोगों पर नजर रखने और उनकी जासूसी करने में भी माहिर मानी जाती थीं। अपनी जाति के पुरुषों को कानून और पुलिस से बचाने या उन्हें जेल से छुड़ाने में भी अकसर स्त्रियों का हाथ रहता था। वोड्डार स्त्रियों की तरह वोड्डार बच्चे भी चोरी-चकारी और उठाईगिरी में बहुत कुशल माने जाते थे और चुटकियों में कोई भी छोटी-मोटी चीज इधर-उधर पार कर देते थे।[125]

राजमार्गों पर लूट और डकैती जैसे बड़े अपराध करते समय वोड्डार अपने साथ लाठियाँ रखा करते थे और जरूरत पड़ने पर बहुत ज्यादा हिंसक हो जाते थे। घरों की दीवारों में सेंध लगाने के लिए वे लोहे के सब्बल या रम्भे का प्रयोग करते थे, जो पत्थर के काम के कारण अकसर उनके पास रहते थे। उनके द्वारा इस्तेमाल किया जाने वाला दूसरा औजार परकुची था, जो लोहे की लम्बी नोक वाली छड़ी

होती है। यह औजार आत्म-रक्षा के लिए ज्यादा इस्तेमाल होता है। इन दो औजारों के अलावा उनके पास खंजर और कुल्हाड़े भी रहते थे। कभी-कभी, वे अपने साथ कुछ टोकरियाँ भी रखते थे। कुछ टोकरियाँ चोरी या लूट का सामान भरने के लिए होती थीं तो कुछ में परेशान करने वाले कुत्तों से पीछा छुड़ाने के लिए मांस के छोटे-छोटे टुकड़े रखे रहते थे।[126]

गाँव के धनी घरों का पता लगाने के लिए वोड्डार अकसर कुछ छोटी जातियों के लोगों से दोस्ती गाँठ लेते थे, जैसे कि मल्ल, मडिगा, बोया इत्यादि। सभी जरूरी जानकारियाँ इकट्ठी कर लेने के बाद वे वहाँ से चले जाते थे और कहीं दूर जाकर अपराध की योजना बनाते थे। आमतौर से इन गिरोहों में छह-सात सदस्य रहते थे लेकिन कभी-कभी ज्यादा भी होते थे। वे सभी छह-सात सदस्य बड़ी होशियारी से कार्रवाई की योजना बनाते थे। कुछ सदस्यों को घर के बाहर या गली में पहरा देना होता था तो ज्यादा हिम्मत वाले सदस्यों को घर में घुसकर लूटपाट करनी होती थी। वे सीटी बजाकर और अन्य संकेतों से आपस में सन्देशों का भी आदान-प्रदान करते रहते थे।[127]

वे आमतौर से दरवाजे की चटखनी के नजदीक छेद करके घर के अन्दर घुसते थे। इसी तरह वे घर की किसी दीवार में भी इतनी बड़ी सेंध बना देते थे कि एक आदमी आसानी से उसमें से गुजर सके। यह सेंध आमतौर से घर के पिछवाड़े में या दाएँ-बाएँ घर की नींव के पास बनाई जाती थी। वोड्डारों की एक विशिष्टता यह भी थी कि उनके द्वारा बनाई गई सेंध बड़ी साफ-सुथरी और सीधी होती थी। लेकिन फिर भी कई बार यह कार्रवाई पूरी नहीं हो पाती थी और कोई रुकावट आ जाने या किसी खतरे की सम्भावना के कारण काम बीच में ही छोड़ देना पड़ता था। इसलिए सुबह उठने पर कई बार पास-पड़ोस वालों को किसी घर में सेंधमारी के आधे-अधूरे प्रयासों के चिन्ह दिखाई देते थे।[128]

अपराध के दौरान किसी के द्वारा चुनौती दिए जाने या पीछा करने की स्थिति में वोड्डार बहुत हिंसक हो जाते थे। वे उनके नाक-कान काट देते थे। कई बार वे पुलिस वालों से भी भिड़ जाते थे और उनके हथियार छीनकर या उन्हें मारकर भाग खड़े होते थे। इसी तरह पुलिस हवालात से फरार हो जाना भी उनके लिए आम बात थी। कभी-कभी वे पुलिस वालों को चकमा देने के लिए चलती ट्रेन से कूदने में भी नहीं डरते थे। कभी-कभी, वे चोरी का कुछ माल दुर्घटनास्थल के आसपास ही कहीं छोड़कर पुलिस की आँखों में धूल झोंकने और उसे गुमराह करने की भी कोशिश करते थे।[129]

चोरी करने के बाद वे बड़ी तेजी से गाँव की सीमाओं से दूर निकल जाते थे। नकदी को गिनकर आपस में बाँट लिया जाता था, जबकि खाद्यान्नों को किसी पहचान के छोटे-मोटे दुकानदार के पास जमा करवा दिया जाता था।[130] गहनों को

ठिकाने लगाने के लिए कोमटी, कापू, गोला, कम्मा और रेड्डी इत्यादि जनजातियों के लोगों से सम्पर्क स्थापित किया जाता था। कुछ गाँवों के मजिस्ट्रेट या तलियारी भी सस्ते दामों पर चोरी के गहने खरीदते रहते थे। कभी-कभार इन गहनों को डेरे के आसपास एक गड्डा खोदकर जमीन में गाड़ दिया जाता था। ये लोग डेरा छोड़ते समय इन गहनों को निकालने की गलती नहीं करते थे बल्कि कुछ दिन बाद समुदाय की दो-तीन स्त्रियाँ चुपके से आकर इन गहनों को निकाल ले जाती थीं। ऐसा पुलिस की नजरों और तलाशी से बचने के लिए किया जाता था। पुरुषों, स्त्रियों और बच्चों सभी को बराबर-बराबर हिस्सा मिलता था। गिरोह के मुखिया, जिसे 'गंगा राजू' कहा जाता था, को एक के बजाय दो हिस्से मिलते थे।[131]

वोड्डारों के रहने का कोई निश्चित ठिकाना नहीं था। वे पुलिस की नजरों से बचते-बचाते कहीं भी अपराध कर डाल लेते थे और अपना डेरा बदलते रहते थे। जिस अपराधी का कोई निश्चित ठिकाना न हो और जिसकी गतिविधियों का किसी को कुछ पता न हो, वह सबसे ज्यादा खतरनाक अपराधी माना जाता है। अगर अपराधी का कोई निश्चित अता-पता हो तो उसकी गतिविधियों पर नजर रखी जा सकती है और उस पर लगाम लगाई जा सकती है। लेकिन वोड्डार पुलिस की नजरों से बचे रहने और अपराध करने में माहिर थे। वे आमतौर से पहाड़ी या जंगली क्षेत्रों में सुनसान जगहों पर डेरा डालते थे, इसलिए पुलिस द्वारा उन पर नजर रख पाना या अपराध के बाद उन्हें पकड़ पाना असम्भव था।[132]

इन स्थितियों को देखते हुए वोड्डारों को एक साथ एक जगह—सिद्धापुरम—में बसाने का फैसला किया गया।[133] कुरनूल के तत्कालीन कार्यवाहक इन्जीनियर ने उन्हें सिद्धापुरम टैंक प्रोजेक्ट में काम दे दिया और साथ ही रहने के लिए क्वार्टर भी दे दिए। कुछ डोंगा वोड्डार बेहतर सम्भावनाएँ देखकर खुद अपनी इच्छा से भी सिद्धापुरम में आ बसे। अन्य वोड्डारों को आसपास के जिलों से लाया गया, जैसा कि हम पीछे जिक्र कर चुके हैं।[134]

कुछ वोड्डार गुंटूर तालुका के सेलमपाड में भी रहते थे, जो गुंटूर से चौबीस किलोमीटर दूर है। प्रचुर मात्रा में उपलब्ध ताड़ी आपराधिक जनजातियों के लिए एक बड़ा आकर्षण रही है। यह एक-दूसरे तक गुप्त सूचनाएँ पहुँचाने, नए गिरोह बनाने और चोरी का माल इधर-उधर करने का माध्यम भी रही है। गाँवों में खासकर ऊँची जातियों के लोग झट से चोरी का माल खरीदने के लिए राजी हो जाते थे। पुलिस के लिए चोरों या चोरी के माल का सुराग लगाना टेढ़ी खीर हो जाता था। बहुत-से गाँव वाले चोरी के सस्ते माल के लालच में उनका भेद नहीं खोलते थे, तो अन्य गाँववाले चोरों और ऊँची जातियों के डर से जुबान बन्द रखते थे। एक तरह से, अपराधी गाँव वालों को अपनी ढाल की तरह इस्तेमाल कर रहे थे। पुलिस अँधेरे में तीर चलाने के अलावा कुछ भी नहीं कर पा रही थी। इन्हीं परिस्थितियों में इन

जनजातियों को सिद्धापुरम जैसी सी.टी. बस्तियों में बसाया गया।[135] बस्ती में बसने के बाद भी चोरी के माल के कई खरीददार अपराधी गिरोहों के संरक्षक बने रहे और जरूरत पड़ने पर उन्हें बेझिझक पैसे देते रहे। परिणामस्वरूप, ये लोग बस्ती से भाग कर अपराध करते रहते थे और चोरी का माल इन संरक्षकों तक पहुँचाते रहते थे। ये बहुत शातिर अपराधी थे और समाज के लिए एक खतरा बनते जा रहे थे।[136]

सिद्धापुरम के ये अपराधी गिरोह आए दिन कुछ-न-कुछ करते रहते थे और अनन्तपुर, नंडयाल और महबूबनगर जैसे जिलों के सीधे-साधे लोगों को अपना शिकार बनाते रहते थे। 1937 में सरकार ने आपराधिक जनजाति कानून के 11वें और 16वें अनुच्छेदों का प्रयोग करते हुए बस्ती के अधिवासियों की गतिविधियों पर रोक लगाने की कोशिश की।[137] सिद्धापुरम के अपराधी गिरोहों के तार स्टुअर्टपुरम, सीतानगरम, बिट्रगुंटा, अजीजनगर, विलीवक्कम और लिंगला के अपराधी गिरोहों से जुड़े हुए भी थे। ये सभी गिरोह एक-दूसरे की मदद करते रहते थे। एक-दूसरे तक गुप्त सूचनाएँ पहुँचाने या चोरी का माल इधर-उधर करने के अलावा ये गिरोह कभी-कभी मिल-जुलकर भी कोई बड़ा अपराध करते रहते थे।

ये गिरोह धड़ल्ले से ट्रकों, लॉरियों और यात्री बसों को लूटते रहते थे। वे किसी सुनसान जगह पर छकड़ा खड़ा करके सड़क का रास्ता बन्द कर देते थे और वहाँ से गुजरने वाले ट्रकों या बस यात्रियों को लूटते रहते थे। जरूरत पड़ने पर वे वाहनों पर पत्थरबाजी करने या यात्रियों को मारने-पीटने से भी नहीं झिझकते थे।[138]

7

प्रशासनिक ढाँचा

डोंगा वोड्डारों की आपराधिक गतिविधियाँ थमने का नाम नहीं ले रही थीं। इसलिए उनके आने-जाने पर अंकुश लगाने के लिए कुछ ठोस कदम उठाने की जरूरत महसूस की गई। आपराधिक जनजातियों के लिए स्थापित की जाने वाली बस्तियों का संचालन कुछ गैर-सरकारी संस्थाओं को सौंपे जाने पर भी विचार किया गया। सरकार यह भी चाहती थी कि ये बस्तियाँ जबरन बसाई गई न होकर स्वैच्छिक बस्तियाँ हों। इसलिए, सिद्धापुरम में ऐसी ही एक बस्ती स्थापित की गई। शुरू में इसका नियंत्रण पुलिस के हाथ में था।[139]

बस्ती का प्रभार एक सब-इंस्पेक्टर के हाथ में था। एक कांस्टेबल भी उसके काम में हाथ बँटाता था। एक तरह से बस्ती की पूरी जिम्मेदारी सब-इंस्पेक्टर के कन्धों पर ही थी। पुराने आँकड़ों के अनुसार, सन् 1917 में सिद्धापुरम में कुल एक इंस्पेक्टर, एक सब-इंस्पेक्टर, दो हैड कांस्टेबल और छह कांस्टेबल थे।[140]

कांस्टेबल बस्ती वालों की गतिविधियों की निगरानी करते थे और संदिग्ध व्यक्तियों के इधर-उधर आने-जाने पर कड़ी नजर रखते थे।

सिद्धापुरम बस्ती के डोंगा वोड्डारों को उनकी आदत और योग्यता के अनुरूप उपयुक्त काम देने की कोशिश की जाती थी। इनमें वनों की सफाई और नहरों के लिए जमीन की खुदाई जैसे काम शामिल थे। नहरों के काम से लगभग 120 व्यक्तियों को डेढ़ वर्ष के लिए काम मिल गया था। इसी तरह, अगले तीन वर्षों के लिए रोजगार अवसरों का ध्यान रखकर विभिन्न योजनाएँ शुरू की जाती थीं।[141] इसके अलावा अधिवासियों को प्रतिदिन के हिसाब से भी काम दिया जाता था। ऐसे कामों में लकड़ी के ठूँठ काटना, मिट्टी बिछाना, मशीनरी के लिए पानी लाना, और खाली या भरे हुए वैगनों को धकेल कर ले जाना, इत्यादि काम शामिल थे।[142] लेकिन ऐसा देखा गया कि ये लोग काम में बहुत सुस्त थे और अपने सुपरवाइजर या मिस्त्री के आदेशों का पालन करने में भी आनाकानी करते थे। उनसे काम लेना कोई आसान बात न थी। कभी-कभी, वे मिस्त्री को धमका भी देते थे। इसलिए, उनसे गिनती के हिसाब से काम लेने और मजदूरी देने का फैसला किया गया।[143] खदानों से पत्थर निकालना, मुंडेरे बनाना, मिट्टी खोदना या बिछाना ऐसे काम थे जिनके लिए किसी खास हुनर की जरूरत नहीं थी। आमतौर से उनसे मिट्टी-पत्थर ढोने या खुदाई के काम ही करवाए जाते थे।[144]

सन् 1917 के वर्ष के दौरान बाँध का कुल 3,083 यूनिट काम सम्पन्न हुआ था।[145] इसके लिए कुल 120 लोग काम पर लगाए गए थे। कुछ और डोंगा येरुकलाओं की नियुक्ति से काम में कुछ तेजी आ गई थी। इस व्यवस्था को समय पर काम निपटाने के समाधान के रूप में देखा जा रहा था। लेकिन पुलिस आई.जी. पी.एल. मुरे ने 27 अगस्त 1918 को सूचित किया कि सरकार ने उनका यह प्रस्ताव स्वीकार कर लिया था कि येरुकलाओं को इस स्कीम से दूर ही रखा जाए। इस तरह, यह काम सिर्फ वोड्डारों को दिया जाने लगा था। मुरे ने यह भी बताया था कि इन लोगों को सिंचाई के काम पर लगाया जा रहा था क्योंकि ये लोग मूलत: खुदाई का काम करने वाले लोग थे और बाँध बनाना सदियों से इनका पेशा रहा था।[146]

बस्ती में कोई कुम्हार या दूसरा कारीगर नहीं था, इसलिए बस्ती वालों को आसपास के गाँवों के कारीगरों पर निर्भर रहना पड़ता था। इससे हमेशा बड़ी मुश्किलें आती थीं और खर्च भी ज्यादा होता था। इस समस्या को दूर करने के लिए बस्ती के मैनेजर ने कुछ कारीगर परिवारों को बस्ती में ही बसा लिया। उन्हें दूसरे अधिवासियों की तरह सभी तरह की सुविधाएँ उपलब्ध करवा दी गईं।[147] उन्हें न सिर्फ जमीन दी गई, बल्कि झोंपड़ियों के निर्माण के लिए भी सहायता राशि दी गई।[148] बस्ती के लोग हज्जाम की सेवाओं के लिए अटमापुर का मुँह ताकते थे जबकि बढ़ई या लुहार के काम के लिए उन्हें आसपास के गाँवों से किसी को

बुलाना पड़ता था। यह व्यवस्था बहुत असुविधाजनक होने के कारण लम्बे समय तक नहीं चल सकती थी। फिर, यह व्यवस्था महँगी भी पड़ती थी क्योंकि बाहर से आने वाले कारीगर मनमाने दाम माँगते थे। इसलिए, मैनेजर का यह फैसला बस्ती के लिए बहुत लाभदायक साबित हुआ। इस उद्देश्य के लिए 300 रुपए की राशि निर्धारित की गई थी। इन कारीगरों को अपने काम के अलावा गाँव के किसानों से भी कुछ कमाई हो जाती थी। इसे 'मेड़ा' कहा जाता था।[149]

निजाम वोड्डारों का एक समूह, जो मूलत: हैदराबाद रियासत से था, सीमान्ध्र के कुछ जिलों में जा बसा था। इनमें प्रदेश के कृष्णा, गुंटूर, पूर्वी और पश्चिमी गोदावरी जैसे जिले शामिल थे। इनके यहाँ बसने का कारण अन्य बस्तियों में मिलने वाली कम मजदूरी थी। वे अपने-आपको निजाम वोड्डार ही कहते थे और दैनिक मजदूरी पर निर्भर थे। उनकी गतिविधियाँ लिंगला और निजाम सागर बस्तियों तक सीमित थीं। वे नियमित रूप से कोई भी काम करने से बिदकते थे। उनमें से कुछ पर सेंधमारी और चोरी के भी आरोप थे। वे इन गतिविधियों को बड़े शहरों और सम्पन्न गाँवों तक सीमित रखते थे। वे जहाँ भी जाते थे, अपने परिवार और बच्चों को साथ लेकर जाते थे। चोरी के माल को इधर-उधर करने के लिए भी वे बच्चों का उपयोग करते थे। वे बहुत खतरनाक अपराधी थे। सोने को गलाने में वे बहुत माहिर माने जाते थे। 1913, 1915 और 1921 के वर्षों में उन्हें आपराधिक जनजाति घोषित कर दिया गया था। उनकी गतिविधियों का सबसे ज्यादा प्रभाव बंडर ताल्लुका में रहा था, जो आज का मछिलीपटनम शहर है। बंडर में बहुत सारे वोड्डार परिवार बसे हुए थे।[150]

बस्ती की सीमाओं के अन्दर कुछ सुगाली परिवारों को बीस एकड़ जमीन दी गई थी। उन्हें खेतों के लिए खाद वगैरह भी दी गई थी।[151] कापू जनजाति के लोग अधिवासियों के खेतों में मजदूरों के रूप में काम करते थे। बस्ती के मैनेजर के प्रचार से प्रभावित होकर बेटमचर्ला के पच्चीस वोड्डार भी अपनी इच्छा से बस्ती में आकर बस गए थे। जनवरी 1930 में बस्ती में आने वाले ये लोग बस्ती के पुराने अधिवासियों के सगे-सम्बन्धी ही थे। इससे पहले सन् 1928 में भी चित्तूर जिले से कुछ वोड्डारों को लाकर बस्ती में बसाया गया था।[152]

सन् 1929 में हुगली बस्ती से भी कुछ वोड्डार परिवार इस बस्ती में आ बसे।[153] धीरे-धीरे बस्ती में आने वाले नए वोड्डार बस्ती के रंग में रंग गए और जमीनों के मालिक भी बन गए। बेटमचरला के सूदखोर इस घटनाक्रम से खुश नहीं थे और वोड्डारों की जमीनें हड़पने के लिए उनके पीछे पड़े रहते थे।[154] फरवरी, 1929 में भी पट्टीकोंडा ताल्लुका से बत्तीस वोड्डार परिवार इस बस्ती में आए थे। कुछ को अनन्तपुर और कुडप्पा जिलों से भी लाया गया था।[155]

कुछ वोड्डार इतने छँटे हुए अपराधी थे कि उनके सुधरने की कोई सम्भावना दिखाई नहीं देती थी। इसलिए कुरनूल जिले के पुलिस सुपरिंटेंडेंट ने उन्हें कावाली

की सुधार बस्ती में स्थानान्तरित करने का फैसला किया, जहाँ ज्यादा कड़े नियम थे। सन् 1933 में सीतानगरम के कुछ वोड्डारों को सिद्धापुरम बस्ती में लाया गया। बाद में उन्हें रेलवे में 'गैंग कुलियों' के रूप में कोन्नूर बस्ती में भेज दिया गया। लेकिन वे स्वास्थ्य की दृष्टि से फिट नहीं पाए गए, इसलिए उन्हें 'ओ-वन' पास देकर सिद्धापुरम बस्ती में भेज दिया गया।[156] बस्ती के मैनेजर ने एक बार फिर उन्हें स्थानान्तरित करते हुए बिट्रगुंटा बस्ती में भेज दिया। वहाँ भी उनमें सुधार के कोई लक्षण दिखाई नहीं दिए। वे भीड़भाड़ वाले इलाकों और मेलों में जेबकतरी जैसे छोटे-मोटे अपराध करने से बाज नहीं आते थे।[157] वे न सिर्फ समाज के लिए बल्कि बस्ती के अन्य अधिकारियों के लिए भी एक खतरा माने जा रहे थे। स्टुअर्टपुरम से भी कुछ आपराधिक जनजातियों को सिद्धापुरम भेजा गया क्योंकि वे मूलत: कुरनूल जिले के अटमाकुर तालुका से सम्बन्ध रखती थीं।

कोन्नूर बस्ती से कंजर भाट जाति के भी बीस परिवारों को बस्ती में बसाने के लिए लाया गया। वे अपने साथ अपनी संस्कृति भी इस नई बस्ती में लेते आए। अधिवासियों के साथ मेलजोल के बाद वे सुधरने की बजाय और भी पक्के अपराधी बन गए।[158] वर्ष 1937 में कुछ येरुकला और डोंगा दासरी परिवारों को भी भिन्न-भिन्न बस्तियों से सिद्धापुरम बस्ती में लाया गया। इसी वर्ष कुछ नवाबपेटा कोरचाओं और वोड्डारों को सीतानगरम में स्थानान्तरित किया गया। सितम्बर 1937 में वे बस्ती से एकाएक गायब हो गए। लगभग साढ़े तीन महीने बाद जनवरी 1938 में उन्हें पहाड़ियों से गिरफ्तार किया गया। वे बहुत शातिर अपराधी थे और निर्थक इधर-उधर भटकने के आदी थे।[159]

इन मंजे हुए अपराधियों ने आसपास के क्षेत्रों में चोरियाँ और सेंधमारी से सनसनी-सी मचा दी। इसी तरह 1938 में बोया जनजाति के कुछ लोगों को भी तंजोर से सिद्धापुरम बस्ती में लाया गया। 1943 में वे भी अचानक बस्ती से गायब हो गए और कुरनूल और नन्दीकोटकुर इलाकों में सेंधमारी और चोरी की घटनाओं की बाढ़-सी आ गई।[160]

8

आज का सिद्धापुरम

सिद्धापुरम बस्ती में डोंगा वोड्डारों की वर्तमान स्थिति की जानकारी के लिए हमने बहुत-से अधिवासियों के साथ भेंटवार्ताएँ कीं। उन लोगों ने हमें बस्ती की वर्तमान समस्याओं के बारे में बताया। सिद्धापुरम की भूतपूर्व आपराधिक जनजाति कल्याण सभा के सचिव ने माँग की कि सरकार को सभी भूतपूर्व आपराधिक जनजातियों

को अनुसूचित जनजातियों की सूची में शामिल करना चाहिए।[161] उपनिवेशीय युग में मद्रास पुलिस विभाग ने इन जनजातियों की जीवन-शैली पर एक रिपोर्ट तैयार की थी। इस रिपोर्ट के अनुसार, वोड्डार, कोरवा, कठेरा और कोरचा जनजातियाँ बंजारा जनजातियाँ हैं और कई तरह के अपराधों में लिप्त रही हैं। ये लोग यानाडी, सुगाली, चेंचू, येरुकला इत्यादि जनजातियों के साथ वैवाहिक सम्बन्ध बनाते हैं। वोड्डारों का कहना है कि वे प्राचीन जनजातियों के वंशज हैं और उन्हें अनुसूचित जनजातियों की सूची में शामिल किया जाना चाहिए। सरकार ने सिद्धापुरम को एक भूतपूर्व आपराधिक जनजाति बस्ती के रूप में अधिकृत मान्यता दी थी। बिट्रगुंटा और गोल्लाकुप्पम जैसी कुछ अन्य जनजातियों के लोग भी अपनी माँगें मनवाने के लिए अदालतों का दरवाजा खटखटा चुके हैं लेकिन उन्हें अभी तक अनुसूचित जनजाति का दर्जा नहीं मिला है।

सरकारी अधिकारी इन सच्चाइयों से आँखें मूँदें हुए हैं और इन जनजातियों के पक्ष में बहुत ठोस तर्कों की अवहेलना करते रहे हैं। धीरे-धीरे ये लोग सरकार और उसके अधिकारियों में अपना विश्वास खोते जा रहे हैं क्योंकि किसी ने भी उनकी अपेक्षाओं और आकांक्षाओं को समझने या उन पर ध्यान देने की कोशिश नहीं की है। जैसा कि एक भूतपूर्व अधिवासी का कहना है, "बूढ़े लोगों को पेन्शन नहीं मिल रही। विकलांग लोगों को भी उनके न्यायोचित अधिकार और लाभ नहीं मिल रहे। बच्चे भी असहाय और उपेक्षित महसूस कर रहे हैं।"[162] उसने आगे बताया, "उल्टे हमें पुलिस और वन अधिकारी आए दिन परेशान करते रहते हैं। हम पर लगा हुआ अपराध का कलंक अभी तक नहीं छूटा है और हम अब भी इसका अभिशाप भुगत रहे हैं। हमारे यहाँ कोई भी बिना तड़पे और कष्ट भोगे नहीं मरता। हर कोई हमसे डरता है लेकिन हमारी मदद करने के लिए कोई भी आगे नहीं आता। हम इतनी लाचारी और दरिद्रता भरी जिन्दगी जी रहे हैं कि क्या कहें! हमें कहीं से कर्ज भी नहीं मिलता। जब भी हम राजस्व अधिकारियों के पास जाते हैं तो हमें घर और अन्य जरूरतों के लिए ऋण के खोखले वायदों के अलावा और कुछ भी नहीं मिलता।"[163] उसकी व्यथा-कथा सचमुच ही दिल को छू लेने वाली थी। कुछ देर बाद उसने अपनी समस्या को एक व्यापक रूप देते हुए कहा, "हमारा देश एक गरीब देश नहीं है लेकिन भ्रष्ट अधिकारी हम पर ध्यान देने की बजाय अपनी जेबें भरने में लगे रहते हैं। अगर देश का यही हाल रहा तो गरीब और ज्यादा गरीब और अमीर और ज्यादा अमीर होते जाएँगे।" सभी अधिवासी इस प्राचीन संस्कृति और सभ्यता वाले देश में सामाजिक न्याय और उपेक्षित वर्गों के उत्थान के कार्यक्रमों पर प्रश्नचिन्ह लगा रहे थे। अधिकारियों की मुट्ठी गर्म करने के लिए उन्हें कई बार अपराध का रास्ता चुनने के लिए बाध्य होना पड़ता है। वे आज भी भ्रष्ट अधिकारियों, लोभी वकीलों और उदासीन जनता के बीच पिस रहे हैं और बचाव का रास्ता नहीं

ढूँढ़ पा रहे हैं। उनमें सुरक्षा की भावना की बेहद कमी है क्योंकि उनका अस्तित्व हमेशा खतरों में घिरा रहता है।

जब भी पुलिस को इन जनजातियों के किसी सदस्य पर शक होता है तो वह उसे झट से गिरफ्तार कर लेती है। उससे अपराध कबूल करवाने के लिए। उन्हें गम्भीर प्रताड़नाएँ और यातनाएँ दी जाती हैं। शारीरिक पीड़ा और मानसिक यातना से बचने के लिए गिरफ्तार व्यक्ति अकसर समुदाय के किसी दूसरे व्यक्ति का नाम ले लेता है। इसके बाद पुलिस को उस अधिवासियों के घरों पर छापा मारने, लूटपाट करने, स्त्रियों को अपमानित करने और उन सबके खिलाफ झूठे केस दर्ज करने का बहाना मिल जाता है।[164]

एक अन्य भूतपूर्व अपराधी ने बताया—

> पुलिस हर रात हमारी पुरानी बस्ती की जानकारियाँ जुटाने में जुटी रहती है। कुछ दिन पहले हमारे एक लड़के को पुलिस ने गोली मार दी। वह बेचारा श्रीसैलम की तीर्थयात्रा से लौट रहा था। जब भी कहीं भी कोई भी अपराध होता है तो पुलिस सिद्धापुरम बस्ती वालों के पीछे पड़ जाती है। धरपकड़ के लिए हमसे अच्छा शिकार भला और कौन हो सकता है? पुलिस अपनी खानापूर्ति के लिए अकसर हमें बलि का बकरा बनाती रहती है। हमारे बहुत-से लोग आज भी न जाने कितनी अदालतों में तरह-तरह के मुकदमों में फँसे हुए हैं और जेलों में एड़ियाँ रगड़ रहे हैं। पहले पुलिसवाले खुद ही हमें चोरी और सेंधमारी करने के लिए उकसाते रहते थे। इसी तरह कई मामलों में हमें झूठी गवाहियाँ देने के लिए भी मजबूर किया जाता था। देखा जाए तो पुलिस के कारण ही हम पर आज भी अपराधी होने का कलंक लगा हुआ है।[165]

एक अन्य भूतपूर्व अपराधी के अनुसार—

> हम सब पुलिस सब-इंस्पेक्टर भास्कर राव के आभारी हैं। उन्हीं के कारण पूरी बस्ती ने राहत की साँस ली है। वे बहुत भले और अच्छे इंसान हैं और उनके अधीन प्रशासन ने हमारे साथ भलाई से पेश आना शुरू किया है। 1914 में सिद्धापुरम बस्ती का संचालन पुलिस सुपरिंटेंडेंट के हाथ में था। कहते हैं कि वे बस्ती वालों के बीच बहुत स्नेह भरा व्यहार करते थे और उन्हें अपराधों से दूर रहने के लिए समझाते-बुझाते थे। वे कहा करते थे कि अगर हमें सरकार की मदद चाहिए तो उसका एक ही तरीका था—अपराधों से दूर रहना। उनके नरम और सहानुभूति भरे रवैये के कारण ही हम अपराधों से दूर होते चले गए और हमें जमीनें और ऋण मिलने लगे।[166]

प्रदेश सरकार ने इन लोगों की भलाई के लिए बहुत-से कदम उठाए थे। इनमें से कुछ प्रमुख कदम थे—(1) खेती-बाड़ी के लिए उपयुक्त जमीनों का आबंटन; (2) शिक्षा के लिए उच्चतर प्राथमिक स्कूलों की स्थापना; (3) कुटीर उद्योगों के रूप में हथकरघा कारखानों की स्थापना; (4) अधिवासियों की मदद के लिए उनकी कॉ-ऑपरेटिव सोसाइटियों की स्थापना, जो जरूरत पड़ने पर उन्हें ऋण देने के साथ-साथ उनके लिए कई कल्याणकारी योजनाएँ भी बनाती थी; (5) अधिवासियों को चिकित्सा-सुविधाएँ प्रदान करने के लिए डिस्पेंसरियों की स्थापना; (6) रहने के लिए पक्के घरों का निर्माण; (7) औद्योगिक और कृषि-प्रधान बस्तियों के लिए उपयुक्त प्रशिक्षण की व्यवस्था, इत्यादि। सरकार के अलावा कई सामाजिक कार्यकर्ता और संस्थाएँ भी अधिवासियों की मदद के प्रयास में लगी रहती थीं ताकि वे आजीविका के बेहतर साधन अपनाकर अपनी जिन्दगी को सँवार सकें और अच्छे नागरिक बन सकें।

नल्लामलाई पहाड़ियों की तलछटी पर वन-क्षेत्र में बसी होने के कारण इस बस्ती में साँपों ओर चीतों का भी डर बना रहता था। सूर्यास्त के बाद लोग बाहर निकलते हुए डरते थे और अपने घरों में सिमटे रहते थे। इसलिए बस्ती में प्रकाश के प्रबन्ध की जरूरत महसूस की गई। 1951-52 में सरकार ने इसके लिए 900 रुपए का प्रावधान रखा। सन् 1952 में बस्ती में बिजली के खम्भे लग जाने से साँपों और अन्य जंगली जानवरों का खतरा काफी कम हो गया। इससे पहले बस्ती में मिट्टी के तेल के लालटेनें जलाई जाती थीं। 17 मार्च, 1952 को इनकी जगह बिजली के बल्बों ने ले ली, जो सिद्धापुरम बस्ती के लिए एक बड़ी उपलब्धि थी।[167]

कुछ वर्ष पहले बयरलुती के वन अधिकारी ने बस्ती के अधिवासियों को वन-क्षेत्र में काम करने का निमंत्रण दिया। परिणामस्वरूप, बस्ती के बहुत-से लोग वहाँ काम करने लगे। बस्ती वालों का कहना है कि वे कोई भी काम करने के लिए तैयार रहते हैं। "हम सिर्फ इतना चाहे हैं कि हमें प्रचलित दरों के हिसाब से मजदूरी दी जाए।" कई बार ऐसा नहीं हो पाता था। उदाहरण के लिए, बयरलुती के वन अधिकारी ने बस्ती वालों से कहा था कि सरकार जितनी भी रकम इस काम के लिए मन्जूर करेगी, वह पूरी-की-पूरी अधिवासियों में बाँट दी जाएगी। लेकिन जैसा कि अकसर होता है, सरकार ने मजदूरी की मौजूदा दरों की तुलना में काफी कम रकम दी।"[168]

एक अन्य भूतपूर्व अपराधी का कहना था कि उन्हें ज्यादा मेहनत और लगन से काम करने और बस्ती के विकास के लिए उपयुक्त और अनुकूल माहौल की जरूरत है। फिर भी, वह जिले के वर्तमान वन अधिकारी और उसके स्टाफ के रवैये से काफी सन्तुष्ट था। लेकिन यह बात जिला कलेक्टर के बारे में नहीं कही जा सकती। लोगों की शिकायत थी कि कलेक्टर उनके किसी भी मामले में दिलचस्पी नहीं लेता था और उसका ध्यान खींचने की सभी कोशिशें विफल रही थीं। इन लोगों

का सबसे बड़ा दुख यही है। न तो सरकारी अधिकारी और न राजनेता ही उनके गाँव में कोई दिलचस्पी ले रहे हैं। सभी भूतपूर्व अपराधियों ने गाँव की दुर्दशा की तरफ हमारा ध्यान खींचा। उनकी शिकायत थी कि उनका गाँव वेंकटापुरम पंचायत का हिस्सा होने के बावजूद इस पंचायत की अवहेलना का शिकार है। सूखे की स्थिति के बावजूद सिद्धापुरम को सूखाग्रस्त क्षेत्रों में नहीं गिना गया था।

आजकल गाँव के अधिकांश पुरुष अवैध शराब के चंगुल में फँसे हुए हैं।[169] स्थानीय शराब माफिया उन्हें शराब की लत का शिकार बनाए रखना चाहता है। जब भी सरकार ऐसी गतिविधियों पर रोक लगाने की कार्रवाई करती है तो असली अपराधियों की बजाय बस्ती वालों को धर दबोचा जाता है। अवैध शराब के बनाने वाले अपनी तिजोरियाँ भरते रहते हैं जबकि अधिवासी शारीरिक और आर्थिक रूप से कमजोर होते जाते हैं। कोई ढंग का रोजगार और नियमित दिनचर्या न होने के कारण ये लोग आसानी से शराब की लत के शिकार हो जाते हैं। नशाबन्दी के कारण उन्होंने शराब बनाना छोड़ दिया है।

'हम आपराधिक गतिविधियों को लगभग छोड़ चुके हैं और मेहनत करके अपना पेट पाल रहे हैं', वे कहते हैं। 'अब सरकार को चाहिए कि अवैध शराब के उत्पादन और बिक्री पर रोक लगाए और हमें इस लत से उबारने के लिए कोई सख्त कदम उठाए।'[170] उनका कहना है कि चटाइयाँ और दरियाँ बनाकर वे इतना नहीं कमा पाते कि अपने परिवारों का पूरा खर्च उठा सकें। इसलिए सरकार को चाहिए कि वहाँ नए उद्योग शुरू करके उन्हें रोजगार उपलब्ध करवाए। 'हमें पूरा भरोसा है कि हम शराफत और ईमानदारी की जिन्दगी जी सकते हैं'—वे ऐसा दावा करते हुए कहते हैं। कुछ समय पहले सरकार ने वहाँ रेशम उत्पादन का काम शुरू किया था, जिसमें इन लोगों को भी शामिल किया गया था। लेकिन दुर्भाग्यवश यह कार्यक्रम सफल नहीं हो पाया। 'हमें राशन कार्ड बनवाने के लिए भी अधिकारियों की मुट्ठी गर्म करनी पड़ती है', वे अपनी व्यथा प्रकट करते हुए कहते हैं—'हम एक दोराहे पर खड़े हुए हैं। हम न तो अपनी आपराधिक गतिविधियों को फिर से शुरू कर सकते हैं और न किसी दूसरे तरीके से ही अपनी आजीविका कमा पा रहे हैं।'[171]

दूसरा भाग
स्टुअर्टपुरम बस्ती

आन्ध्र प्रदेश देश का चौथा सबसे घनी आबादी वाला प्रदेश रहा है। सन् 1991 की जनगणना के अनुसार इसकी आबादी 6.65 करोड़ थी, जो देश की कुल आबादी की 7.9 प्रतिशत है। क्षेत्रफल के हिसाब से आन्ध्र प्रदेश का क्षेत्रफल देश के कुल क्षेत्रफल का 8.4 प्रतिशत है।

सन् 1991 की जनगणना के अनुसार, आन्ध्र प्रदेश में जनजातियों की आबादी 42 लाख थी, जो प्रदेश की कुल आबादी का 6.31 प्रतिशत है। सन् 1977 और सन् 1979 में लंबाडी, येरुकला और यानाडी जनजातियों को अनुसूचित जनजातियों में शामिल कर लिया गया।[172] इन सबका मिलाने के बाद जनजातियों की आबादी का आँकड़ा काफी बढ़ गया। ये लोग प्रदेश के लगभग 30,000 वर्ग मील क्षेत्र में बसे हुए हैं, जो प्रदेश के कुल क्षेत्र का लगभग 11 प्रतिशत है। गाँवों की बात करें तो प्रदेश के लगभग 6,197 गाँवों में ये जनजातियाँ बसी हुई हैं।[173]

1

जातिगत पृष्ठभूमि

दक्षिण भारत में येरुकला आदिम जातियों में महत्त्वपूर्ण स्थान रखते हैं। सन् 1981 की जनगणना के अनुसार, वे प्रदेश की 33 जनजातियों में चौथे स्थान पर हैं। तब उनकी आबादी तीन लाख के आसपास थी। येरुकला प्रदेश के लगभग सभी जिलों में पाए जाते हैं। हालाँकि रायलसीमा और तटीय आन्ध्र (सीमान्ध्र) में उनकी ज्यादा घनी आबादी है।

यूँ येरुकला जनजाति देशभर में फैली हुई है, जहाँ उनकी अलग-अलग भाषाएँ और बोलियाँ हैं। उन्हें भारत और आन्ध्र प्रदेश के अलग-अलग भागों में अलग-अलग नामों से जाना जाता है।[174] सुदूर दक्षिण से लेकर नार्थ आकार्ट जिले (मद्रास प्रेसीडेंसी) तक उन्हें कोरवा के नाम से जाना जाता है। इस जिले से आगे के कुछ जिलों तक उन्हें कोरचा या कोर्चा के नाम से और उससे आगे येरुकला के नाम से जाना जाता है। थर्स्टन के अनुसार, ये लोग कलकत्ता में नीम-हकीमी के लिए मशहूर थे। पॉपाराव नायडू के शब्दों में, "देशभर में रेल सेवा के प्रसार के बाद ये लोग धड़ल्ले से रेल यात्राएँ करने लगे—पहला तो कोई अपराध करने के बाद घटनास्थल से दूर निकल जाने के लिए और दूसरे, सोये हुए रेल-यात्रियों के सामान पर हाथ साफ करने के लिए।"[175] एच.ए. स्टुअर्ट ने येरुकलाओं को एक बंजारा जनजाति के रूप में वर्णित किया है, जो मद्रास प्रेसीडेंसी के साथ-साथ देश के कई अन्य भागों में भी पाए जाते हैं।[176] येरुकला, कोरवा और कोरचा दरअसल एक ही कोरल समुदाय की भिन्न-भिन्न शाखाएँ थीं और मद्रास प्रेसीडेंसी के भिन्न-भिन्न क्षेत्रों में फैली हुई थीं। येरुकला तेलुग जिलों में, कोरवा तमिल जिलों में और कोरचा कन्नड़ जिलों में रहते और व्यापार करते थे।[177] आन्ध्र क्षेत्र में इन लोगों को 'येरुकलावंडलु' या 'कोरचावंडलु' कहा जाता था, हालाँकि वे खुद अपने-आपको 'कुरु' कहना पसन्द करते थे। नेल्लोर में वे एक-दूसरे के लिए 'कुरु' और 'कुला'

नामों का प्रयोग करते थे।[178] ऐसा भी कहा जाता है कि 'येरु' शब्द का सम्बन्ध 'इर्र' से है, जिसका अर्थ होता है 'लाल'।

तेलुगु में येरुकलावंडलु का अर्थ ज्योतिषी होता है। ओपर्ट का मानना है कि 'येरुकला' शब्द की उत्पत्ति का भी यही आधार या मूल है। वे आगे लिखते हैं—"इस बात की बहुत ज्यादा सम्भावना है कि इन लोगों का नाम और काम—ज्योतिष-विद्या—कुरुवंडलु या कुलवंडलु—इनके समुदाय का प्रतीक बन गए और तेलुगु लोग इन्हें 'येरुकलावंडलु' के नाम से पुकारने लगे।"[179] इसके अलावा ओपर्ट कुरु शब्द को 'कु' धातु से जोड़कर देखते हैं, जिसका अर्थ होता है 'पहाड़'।[180] दूसरी तरफ थर्स्टन ने लिखा है कि नौवीं सदी की एक तमिल कृति में 'कुर्रु' या 'कुरु' एक पहाड़ी जनजाति का नाम बताया गया है।[181] ब्राउन और विल्सन ने अपने शब्द संग्रह में 'एरुकलावंडलु' और 'एरुकलावरु' शब्दों का उल्लेख किया है, जो तेलुगु में 'एरुकावडु' के बहुवचन के रूप में प्रयुक्त होते हैं।[182] येरुकला साँवले रंग के और हट्टे-कट्टे कसरती शरीर के मनुष्यों के रूप में वर्णित किए गए हैं। लेकिन वे उतने ही अस्वच्छ और लगभग नंग-धडंग रहने वाले लोग भी बताए गए हैं। पुरुषों और स्त्रियों दोनों के सिरों और बाँहों पर तरह-तरह की आकृतियाँ और चिन्ह गुदे होते हैं।[183]

हर जाति की अपनी कुछ उपजातियाँ होती हैं और अपने-अपने जातिगत नियम-कायदे भी। हर जाति और समूह में अलग-अलग तरह के सामाजिक रीति-रिवाज, धार्मिक मान्यताएँ, शुभ-अशुभ लक्षण और नैतिक मापदंड पाए जाते हैं। अकसर उनके सामाजिक रीति-रिवाज और धार्मिक मान्यताएँ उनकी आपराधिक गतिविधियों के अनुकूल होती हैं। लगभग सभी जनजातियाँ जाने कितने युगों से हिन्दू धर्म के अपरिष्कृत रूपों का अनुसरण करती रही हैं। इसी तरह, येरुकलाओं की भी अपनी अलग जीवन-शैली, परम्पराएँ, रीति-रिवाज, धार्मिक मान्यताएँ और अन्धविश्वास हैं। उनकी ये विशिष्ट परम्पराएँ ही उन्हें समाज के अन्य हिस्सों से एक अलग पहचान देती हैं।

येरुकला पुरुषों को उनकी कमर में बँधे 'गोची' या अंगरखे और लाइनदार कपड़े के टुकड़ों से बने झोले या 'वाडी संची' से आसानी से पहचाना जा सकता था। येरुकला स्त्रियाँ आमतौर से काले रंग का एक वस्त्र पहनती थीं। इसके अलावा वे कई रंगों के मनकों से बनी मालाएँ भी पहनती थीं। ये मालाएँ पुरुष और स्त्रियाँ दोनों ही पहनते थे।[184] दोनों ही कलाइयों से लेकर कोहनियों तक वे चाँदी, काँसे या काँच के कड़े पहनते थे और उँगलियों में चाँदी की अँगूठियाँ भी। ये आभूषण भी पुरुष और स्त्रियाँ दोनों ही पहनते थे। लेकिन इन जनजातियों की पिछली कुछ पीढ़ियाँ धीरे-धीरे इन परम्परागत परिधानों और साज-सिंगार से दूर हटती रही हैं और अब स्त्रियाँ मुख्यधारा की हिन्दू स्त्रियों जैसा अनुसरण करने लगी हैं। येरुकला कई

तरह के समूहों में बँटे हुए हैं, जिनमें से कुछ अपराधी और कुछ गैर-अपराधी माने जाते रहे हैं। वे नेल्लोर, कुरनूल, गुंटूर, कृष्णा, गोदावरी और हैदराबाद जिलों में घूमते-फिरते हुए बंजारों की जिन्दगी गुजारते रहे हैं। क्रिमिनल इन्वेस्टीगेशन डिपार्टमेंट (सी.आई.डी.) के अनतर्गत इन्हें मुख्यत: सात समूहों में बाँटा गया था—गिरोह नम्बर IV, V, VI, VIII, IX, X और XIII।[185]

इन समूहों की आपराधिक गतिविधियों पर रोक लगाने के लिए मद्रास की उपनिवेशीय सरकार ने प्रदेश भर में कई सी.टी. यानी आपराधिक जनजाति बस्तियों की स्थापना की। येरुकलाओं में शिक्षा का घोर अभाव था, इसलिए इन बस्तियों में सभी बच्चों को प्राथमिक शिक्षा देने के लिए स्कूलों की स्थापना की गई। बाद में, इस जनजाति के कई लोगों ने स्नातक और स्नातकोत्तर तक की परीक्षाएँ भी उत्तीर्ण की हैं। सन् 1916 और सन् 1935 के बीच मद्रास सरकार ने तीस जनजातियों और जातियों को 'मुजरिम' घोषित किया था। इनमें येरुकला, डोंगा दासरी, डोंगा वोड्डार, यनाडी, डोमरा इत्यादि जनजातियाँ शामिल थीं।[186] येरुकलाओं के इतिहास के अनुसार वे पहले भले और सीधे-सादे लोग होते थे और मन्दिरों में काम करते थे। बाद में वे छोटा-मोटा व्यापार करने लगे और विभिन्न कृषि-उत्पादों को दूर-दूर के क्षेत्रों में ले जाकर बेचने लगे। लेकिन रेल और सड़क मार्गों के प्रसार के बाद उनका यह व्यापार ठंडा पड़ने लगा। उनका समाज बिखरने लगा और उनका आर्थिक ढाँचा कमजोर पड़ते-पड़ते पूरी तरह ध्वस्त हो गया। इसके बाद ही वे गुजर-बसर के लिए अपराध का रास्ता अपनाने को मजबूर हो गए।

धीरे-धीरे, येरुकलाओं के मन में यह बात बैठ गई कि चार-छह आने की कमाई के लिए दिन भर मेहनत-मजदूरी करने की क्या जरूरत है, जब सिर्फ एक रात में भाग्य ने साथ दिया तो हजारों रुपए कमाए जा सकते हैं।[187] इसी सोच के कारण उनकी आपराधिक प्रवृत्ति और मजबूत होती चली गई और वे समाज से कटते चले गए।

शुरुआत

स्टुअर्टपुरम मद्रास-नई दिल्ली ग्रैंड ट्रंक रेल मार्ग पर बापट्ला (गुंटूर जिला) और चिराला (मद्रास जिला) के बीच बसा हुआ है। इसके उत्तर में तेनाली (गुंटूर जिला), दक्षिण में ओंगोल (प्रकासम जिला), पूर्व में बंगाल की खाड़ी और पश्चिम में नरसारावपेटा (गुंटूर जिला) पड़ता है।[188]

स्टुअर्टपुरम बस्ती सन् 1914 में स्थापित की गई थी। यह एक विशुद्ध कृषि-प्रधान बस्ती थी, जिसका संचालन साल्वेशन आर्मी के हाथ में था। इस बस्ती को अच्छे आचरण वाली बस्ती (गुड कंडक्ट सैटलमेंट) कहा जाता था क्योंकि यहाँ उन

लोगों को भेजा जाता था, जिनका आचरण सीतानगरम में अच्छा पाया जाता था। इसी तरह, स्टुअर्टपुरम में खराब आचरण का प्रदर्शन करने वालों को सीतानगरम बस्ती में भेज दिया जाता था।[189] उन दिनों कैप्टन एच. रॉबिलॉर्ड इसके मैनेजर थे। उनकी पत्नी भी उनके काम में उनका हाथ बँटाती थी। उनका एक भारतीय सहायक भी था।[190] शुरू में इस बस्ती में कुल 691 अधिवासी थे—200 पुरुष, 196 स्त्रियाँ और 195 बच्चे। कैप्टन रॉबिलॉर्ड ने बड़ी कुशलता से इस बस्ती का संचालन किया। सभी लोग उनके काम की तारीफ करते थे। जिलमैन के शब्दों में—"कैप्टन रॉबिलॉर्ड ने कमाल कर दिखाया है और उन्हें इस सफलता के लिए हार्दिक बधाई देना जरूरी है।"[191]

बस्ती का नाम मद्रास सरकार के गृह के प्रमुख स्टुअर्ट के नाम पर रखा गया था।[192]

स्टुअर्टपुरम बस्ती में सबसे ज्यादा संख्या येरुकलाओं की थी। किसी जमाने में वे पहाड़ियों के किसी वीरान कोने में जंगलों में रहा करते थे। आमतौर से वे कुरनूल, कडुप्पा, अनन्तपुर, चित्तूर, विजयवाड़ा, गुंटूर, विनुकोंडा, मचेरला, नरसारावपेटा, नेल्लोर, कावाली, गुडीवडा, बापट्ला, नंडयाल, मर्कापुरम इत्यादि के पहाड़ी क्षेत्रों में रहा करते थे।[193]

2

आर्थिक जीवन

येरुकला अति निर्धन थे और अपनी गुजर-बसर के लिए किंचित वन-उत्पादों पर निर्भर रहते थे। वे इन उत्पादों को आसपास के क्षेत्रों में बेचने का छोटा-मोटा धन्धा करते थे। वे टोकरियाँ और रस्सियाँ बनाने में भी बहुत कुशल माने जाते थे। हैरॉल्ड स्टुअर्ट के अनुसार, "वे नमक और अनाज का व्यापार करते थे और अपने खच्चरों के साथ मीलों दूर दूर-दराज के क्षेत्रों में जाया करते थे। लेकिन वक्त के साथ-साथ, उनके लिए नई स्थितियों के साथ तालमेल बिठाना मुश्किल होता चला जा रहा था। उनके पास पशु-धन था, दूर-दराज का व्यापार था, जो धीरे-धीरे मन्दा पड़ने लगा था और वे अपने मूल स्थान से उखड़कर दूसरी जगहों पर जाकर बसने लगे। पशुओं का व्यापार धीरे-धीरे पशु-चोरी में बदलने लगा, और फिर दूसरे गिरोहों के चोरी के माल को इधर-उधर करना भी उनके पेशे में शामिल हो गया।[194] इसके बाद, खुद गिरोह बनाकर अपराध करना उनका अगला स्वाभाविक कदम था। उनकी बहुत थोड़ी-सी जरूरतें थीं, इसलिए वे छोटी-मोटी चोरियाँ ही करते थे। लेकिन एक बार अपराध की लत पड़ जाने के बाद ये छोटी-मोटी चोरियाँ पहले बड़ी चोरियाँ और फिर लूट-डकैती में बदलने लगीं।[195]

जैसा कि उनके बारे में कहा गया है, "यह कहना मुश्किल है कि वे अपनी इच्छा से अपराधी बने या उनकी निर्धनता ने उन्हें अपराधी बनने के लिए बाध्य किया। लेकिन वे अपराध के इस गर्त में दिनोदिन और ज्यादा धँसते चले गए। वे दरिद्रता और दुर्दशा के और ज्यादा शिकार होते चले गए। लोग उन्हें घृणा और तिरस्कार की दृष्टि से देखते थे और पुलिस उनके पीछे पड़ी रहती थी। ये स्थितियाँ मानो कितने ही युगों तक जारी रहीं। ये लोग सचमुच ऐसा समझते थे कि गुजर-बसर के लिए अपराध करना पूरी तरह उचित और न्यायसंगत है।"[196]

साल्वेशन आर्मी ने इन लोगों के जीवन में बदलाव लाने के लिए उन्हें खेती-बाड़ी करने के लिए प्रेरित किया। सन् 1914 में सरकार ने इस उद्देश्य के लिए साल्वेशन आर्मी को 360 एकड़ सूखी और रोमपेरु दलदल की 1,500 एकड़ जमीन प्रदान की थी।[197] इन मूल अधिवासियों के अलावा सीतानगरम, सिद्धापुरम, कालीचेडू, मुम्मन्नागड्डा, बिट्रगुंटा, नवाबपेटा, नेल्लोर, कावाली और लक्कावरम इत्यादी जगहों से भी कुछ येरुकलाओं को इस बस्ती में लाया गया था।[198] भिन्न-भिन्न क्षेत्रों से आने वाले इन नए अधिवासियों को भी लगभग 525 एकड़ जमीन दी गई। जमीन को दो या तीन एकड़ के छोटे-छोटे टुकड़ों में बाँटकर हर येरुकला परिवार को एक-एक हिस्सा दे दिया गया। लेकिन मैकेन्जी ने सी.टी. बस्तियों पर अपनी रिपोर्ट में आशंका व्यक्त करते हुए लिखा था—

> सिंचाई की समस्या एक गम्भीर समस्या का रूप ले सकती है। बस्ती अपने आप में स्वयं समर्थ नहीं थी।[199]

वर्ष में कुछ महीनों के लिए साल्वेशन आर्मी पुरानी बस्तियों के कुछ अनुभवी कृषकों को कृषि-विशेषज्ञों या मिस्त्रियों के रूप में स्टुअर्टपुरम में बुला लेती थी। ये मिस्त्री खेतों का निरीक्षण करके उनमें पैदा की जाने वाली फसलों के बोने के बारे में फैसला करते थे। इसके अलावा, वे नए किसानों को खेती-बाड़ी के तौर-तरीके भी सिखाते थे। लेकिन अधिवासियों की न तो खेती-बाड़ी में कोई दिलचस्पी थी और न उन्हें इसकी कोई जानकारी ही थी। फिर भी, उन्हें अलग-अलग समूहों में बाँटकर मिस्त्रियों द्वारा प्रशिक्षण दिया जाता रहा। मिस्त्री सुबह साढ़े पाँच बजे अपने समूह के बीच खेतों पर जाता था और शाम को उन्हीं के साथ वापस लौटता था। अधिवासियों को खेतों पर ले जाना, उन्हें सिखाना और उनसे काम करवाना उसकी ड्यूटी का हिस्सा था। शुरू में इन लोगों से काम करवाना काफी मुश्किल साबित हो रहा था। बहुत-से अधिवासियों को ठीक से टोकरी उठाना भी नहीं आता था। कुछ अधिवासियों को दो वर्ष तक तो कुछ को तीन वर्ष तक प्रशिक्षण दिया गया। धीरे-धीरे मूल अधिवासी बस्ती की एक मजबूत रीढ़ बनते चले गए। वे नए आने वाले लोगों के लिए प्रेरणा का स्रोत साबित हो रहे थे।[200]

अधिकांश अधिवासियों ने धान, रागी और मूँगफली की खेती से अपने कृषक-जीवन की शुरुआत की। इसके अलावा, वे कड़ीपत्ता, टमाटर और छोलिया वगैरह भी उगाते रहते थे। अतिरिक्त कमाई के लिए वे चटाइयाँ, टोकरियाँ और रस्सियाँ बनाने का काम भी करते रहते थे। कुछ अधिवासियों को सड़क निर्माण, पत्थरों के उत्खनन, नालों की खुदाई इत्यादि कामों में भी लगाया जाता था। ये काम सार्वजनिक कार्य विभाग द्वारा उन्हें दिए जाते थे। दिहाड़ी पुरुष मजदूरों को चार से पाँच आने और महिला मजदूरों को तीन आने मजदूरी दी जाती थी।[201] मद्रास प्रेसीडेंसी की कानूनी रिपोर्ट से पता चलता है कि सन् 1915 में उपरोक्त साधनों से अधिवासियों को 19,520,08 रु. की आमदनी हुई थी।[202]

बस्ती के अधिवासियों को पट्टे पर जमीनें दी गईं तो वे आसपास के गाँवों के सम्पन्न जमींदारों की आँखों में खटकने लगी।[203] उनसे पट्टे की जमीनें खाली करवाने के लिए जोर-जबरदस्ती की जाने लगी। लेकिन अधिवासियों ने एकजुट होकर यह लड़ाई लड़ी और अपनी जमीनें धनी जमींदारों को देने से इनकार कर दिया। उनका कहना था कि ये जमीनें उनकी अपनी सम्पत्ति न होकर बस्ती की सम्पत्ति थीं और वे इन्हें किसी को नहीं दे सकते थे।[204] ये जमीनें उन्हें खेती-बाड़ी करने के लिए दी गई थीं। इसके बाद गाँव वाले उन पर तरह-तरह के अपराधों के आरोप लगाने लगे। सरकार ने इन शिकायतों की बारीकी से जाँच की तो पता चला कि आसपास होने वाले अपराधों के लिए बस्ती वाले जिम्मेदार नहीं थे। उनकी छवि खराब करने के लिए कुछ निहित स्वार्थों द्वारा एक षड्यंत्र रचा जा रहा था। अधिवासियों पर लगाए जाने वाले आरोप ओर उनके खिलाफ गाँव वालों का आन्दोलन इसी का एक हिस्सा था।[205] सरकार ने एक आदेश जारी करके पुलिस से सड़कों पर गश्त लगाने और बस्ती के नजदीक के गाँव बापट्ला की निगरानी करने के लिए कहा। बस्ती के अधिवासियों पर किसी का नियंत्रण न था इसलिए वे अपनी इच्छा से कहीं भी आ-जा सकते थे। इस समस्या को ध्यान में रखते हुए अक्टूबर 1916 में आपराधिक जनजाति कानून (1911) के अनुच्छेद 16 के अन्तर्गत बेटापुड़ी को एक आपराधिक बस्ती घोषित कर दिया गया।

जैसा कि हम कह चुके हैं, अधिवासियों को पट्टे पर जमीनें दी जाती थीं। सन् 1916 में इस तरह कुल 420 एकड़ जमीन पट्टे पर दी गई थी। बदले में साल्वेशन आर्मी को 1,126 रुपए मिले थे। बस्ती की स्थापना के समय सरकार से 10,000 रुपए का ऋण लिया गया था, जिस पर प्रति वर्ष छह प्रतिशत की दर से ब्याज का प्रावधान था। जब हेरोल्ड स्टुअर्ट और मार्जोरी बैंकस बस्ती के दौरे पर गए तो यह प्रश्न उठना स्वाभाविक था कि अधिवासी टैक्स के रूप में क्या देंगे? हेरोल्ड स्टुअर्ट ने इस पर अपनी टिप्पणी में कहा था—

> स्टुअर्टपुरम बस्ती के मामले में यह न्यायोचित नहीं लगता। यह बस्ती सबसे सफल बस्ती रही है। इसके पास सबसे अच्छी जमीन है और इसने बड़ी तेजी से तरक्की की है।[206]

मार्जोरी बैंकस का सुझाव था कि हर अधिवासी से सात रुपए प्रति एकड़ के हिसाब से टैक्स लिया जा सकता था। आखिर, पाँच रुपए प्रति एकड़ पर सहमति बन गई। कुछ अधिवासियों से तीन, दो, या एक रुपए प्रति एकड़ की दर से भी टैक्स लिया जाता रहा था, जो उनकी फसल के मूल्य पर निर्भर करता था।[207] सन् 1916 में साल्वेशन आर्मी ने दो एकड़ प्रति पट्टे के हिसाब से कुल एक सौ चालीस पट्टे जारी किए थे। हर पट्टे का मालिक अपनी इच्छानुसार और बिना किसी दखल के खेती-बाड़ी करने के लिए स्वतंत्र था, बशर्ते कि उसका आचरण सन्तोषजनक हो। क्षेत्र के एक बड़े हिस्से में अधिवासियों को पट्टे पर दी गई जमीनों पर ही खेती हुई।

इस क्षेत्र में जुलाई से मध्य नवम्बर तक वर्षा होती रहती थी। हर वर्ष 21 से 50 इंच के बीच वर्षा होती थी। अधिवासी मई के महीने से फसलों पर काम शुरू कर देते थे। इस महीने नर्सरियों में बीज रोप दिए जाते थे। अधिवासी खेतों के साथ-साथ इन नर्सरियों की भी देखभाल करते रहते थे और इन्हें पानी देते रहते थे। पौधे लगभग पचास दिन के हो जाने के बाद इन्हें खेतों में रोप दिया जाता था। इसके बाद खेतों के पास रेत में एक खड्डा खोदकर उसमें पानी भर दिया जाता था, और दिन में तीन बार पौधों को पानी दिया जाता था। पौधों को खेतों में रोपने का काम अगस्त के पहले सप्ताह में किया जाता था।[208]

अगस्त और सितम्बर के महीनों में खेतों को जोतने, बीज बोने और पौधों के प्रतिरोपण का काम जारी रहता था। इन कामों में अधिवासियों की पत्नियाँ और बच्चे भी उनका हाथ बँटाते थे। अक्टूबर से जनवरी के महीनों के दौरान वे खेती की सिंचाई का काम जारी रखते थे। इसके लिए हर रोज छोटे-छोटे बाँध बनाकर पानी छोड़ा जाता था ताकि पूरे खेत को पानी मिल सके।[209] इसी दौरान निराई का काम भी शुरू हो जाता था। जनवरी से मार्च के बीच फसलों के पकने और उनकी कटाई का मौसम शुरू हो जाता है। इस तरह बस्ती के मैनेजर की मदद और प्रोत्साहन से बस्ती के लोग पूरे वर्ष खेती-बाड़ी में व्यस्त रहा करते थे।[210]

जेल-समिति का विचार था कि स्टुअर्टपुरम में एक सहायक उद्योग की भी जरूरत थी। इसे ध्यान में रखते हुए बजलुल्ला नामक एक कृषि अधिकारी ने टमाटर इत्यादि उगाने की योजना बनाई। रॉबिलॉर्ड का खयाल था कि नारियल और युकेलिप्टस (गंधसफेदा) की पैदावार और भी बेहतर रहेगी।[211] उन्हें इस योजना में भरपूर सफलता भी मिली। जमीन में रेत बहुत ज्यादा थी इसलिए उसमें बहुत-सी खाद

डालकर उसे उपजाऊ बनाने की कोशिश की गई। अधिवासियों को मुराकोंडापाडु की लगभग 160 एकड़ खाली पड़ी जमीन भी दे दी गई। यह एक मूल्यवान उपहार की तरह थी क्योंकि उन दिनों 1000 रुपए प्रति एकड़ के हिसाब से इसका मूल्य बहुत ज्यादा बैठता था। बस्ती की गीली जमीनों के लिए कृष्णा नहर के पानी के उपयोग की अनुमति दे दी गई।

इस पूरे क्षेत्र में खेतों की सिंचाई की बेहतर व्यवस्था के लिए जून 1919 में रोमपेरु नदी पर एक बाँध का निर्माण किया गया।[212] इस बस्ती के अगले मैनेजर का नाम पीयरसन था। उसने कृषि को सफल बनाने के उद्देश्य से नई नहरें बनवाईं और नए कुएँ भी खुदवाए। उसने खेती-बाड़ी के आधुनिक साधनों की भी व्यवस्था की। इन सब प्रयासों से स्टुअर्टपुरम के अधिवासियों की जिन्दगी में धीरे-धीरे सुधार आने लगा। बस्ती के अधिकांश लोग अपने खेतों की उपज से बहुत खुश थे। इनमें से ज्यादातर खेतों में धान की बुआई की गई थी।[213] कुछ खेतों में मूँगफली, रगी और दालें भी बोई गई थीं। सिंचाई व्यवस्था में अब पहले से कहीं ज्यादा सुधार आ चुका था और इसका लाभ सभी खेतों को मिल रहा था।[214] खाद की समस्या दूर करने के लिए कुछ गाय-भैंसें खरीदी गईं। इनकी देखभाल खुद मैनेजर के जिम्मे थी।

बस्ती के अधिवासी कई बार ऐसा भी महसूस करते थे कि यह बस्ती उनका एकमात्र सहारा थी। इस बस्ती के अलावा उनके लिए और कहीं भी कोई जगह नहीं थी। उनके आजीविका के साधन भी इस बस्ती तक सीमित थे। इसलिए वे बस्ती को छोड़कर कहीं भी नहीं जा सकते थे। एक तरह से उनका अच्छा आचरण उनकी कमजोरी बनता जा रहा था क्योंकि वे इस बस्ती के अलावा और कहीं के नहीं रह गए थे।[215] वे इस बस्ती से बँधे रहने के लिए मजबूर थे। सन् 1921 में साल्वेशन आर्मी ने सोचा कि अच्छे आचरण वाले अधिवासियों को सभी तरह के प्रतिबन्धों से मुक्त किया जा सकता था और वे कहीं भी अन्यत्र जाकर एक नई जिन्दगी शुरू कर सकते थे। लेकिन यह प्रक्रिया इतनी आसान नहीं थी। बस्ती के अलावा उनके लिए न तो कोई और रहने की जगह थी और न आजीविका का साधन। इसलिए बस्ती के अलावा उनके लिए दूसरा विकल्प सिर्फ अपराध का रास्ता खोलता था—अपनी पुरानी और कलंकित जिन्दगी में लौटने का विकल्प। धीरे-धीरे, साल्वेशन आर्मी को भी यह अहसास होने लगा कि यह बस्ती ही इन लोगों की जिन्दगी है। सुधरने के बाद भी इन लोगों का बस्ती में ही रहना ठीक है।

1923-24 में अधिवासियों की आय में बढ़ोतरी दिखाई दी, जो 84,189,05 रुपए से बढ़कर 1,03,109,08 रुपए हो गई।[216] अगर 1925 से 1930 के बीच सभी स्रोतों से उनकी आय देखें तो यह निम्नानुसार है—[217]

तालिका 3.3 : स्टुअर्टपुरम के अधिवासियों की प्रतिवर्ष आय

वर्ष	*कुल आय (रुपयों में)*
1925	1,25,741,40
1926	75,327,00
1927	1,47,522,45
1928	1,08,513,00
1929	1,83,981,35
1930	1,16,066,23

सन् 1924 में अधिवासियों की आय में बढ़ोतरी के विचार से उन्हें आम, काजू, नारियल इत्यादि उगाने के लिए कहा गया।[218] साल्वेशन आर्मी ने अपने अधीन 600 एकड़ की जमीन पर लगान भी वसूला। इस रकम से बस्ती के विभिन्न अधिकारियों और कर्मचारियों को वेतन दिया जाता था। बची हुई रकम को बस्ती के रख-रखाव और सुधार पर खर्च किया जाता था।

बस्ती की जमीन का कुछ हिस्सा गीला और दलदली और कुछ सूखा और रेतीली मिट्टी वाला था। इसलिए हर वर्ष फसल मानो एक जुआ था। अधिवासी इस जमीन पर अपना खुद का पैसा खर्च करने की स्थिति में नहीं थे। पैसा खर्च करके भी फसल अच्छी होने की कोई गारंटी नहीं दी जा सकती थी। सरकार ने दलदली जमीन को भरने के लिए काफी अच्छी योजना बनाई थी।[219] इस योजना के अन्तर्गत सरकार को काफी सफलता मिलने की सम्भावना थी। सन् 1926 में बस्ती की 335 एकड़ सैटिलमेन्ट भूमि और ब्लॉक नम्बर 600 की 110 एकड़ दूसरी जमीन पर धान बोया गया था। पचास एकड़ जमीन पर मूँगफली और पचास एकड़ जमीन पर रगी भी बोई गई थी।[220]

खेतों में खाड़ी का पानी घुसने के खतरे को टालने के लिए जॉर्ज पेडीसन ने एक बाँध बनाने का प्रस्ताव रखा। वहाँ एक पम्पिंग स्टेशन की स्थापना से भी दोहरा लाभ मिलने की सम्भावना थी—(1) पानी की कमी के दिनों में सिंचाई के लिए अतिरिक्त पानी की व्यवस्था की जा सकती थी और (2) अतिरिक्त जमीन पर खेती-बाड़ी की जा सकती थी।[221]

सन् 1927 के वर्ष से खेती-बाड़ी के काम को और भी आगे बढ़ाने के प्रयास किए गए। लेकिन उस वर्ष नवम्बर में आए भयंकर तूफान में सारी फसलें बर्बाद हो गईं। इनमें धान की पूरी-की-पूरी फसल, 63 एकड़ जमीन पर मूँगफली की फसल और 50 एकड़ जमीन पर रागी की फसल शामिल थी। उस वर्ष घरों के पास के मूँगफली और रागी के खेतों ने अधिवासियों के डूबते सपनों को तिनके का सहारा देने का काम किया।[222]

सन् 1928 में 609 एकड़ जमीन पर धान बोई गई। इसके अलावा 158 एकड़ जमीन पर मूँगफली और 80 एकड़ जमीन पर रागी भी बोई गई। उस वर्ष फसलों का कुल मूल्य 29,557 रुपए रहा।[223] तत्कालीन लेबर कमिश्नर स्लेटर ने जुलाई 1928 में स्टुअर्टपुरम बस्ती का दौरा किया। अधिवासियों ने उन्हें एक याचिका देकर जमीन के पट्टों को स्थायी करने की माँग की।[224]

सामान्य वर्षा होने पर फसलें ज्यादा अच्छी होती थीं जबकि ज्यादा वर्षा होने पर फसल के पानी में डूबने का खतरा बना रहता था। उन्हीं दिन रॉबिलॉर्ड ने अपनी टिप्पणियों में यह चिन्ता व्यक्त की थी कि कुछ अधिवासी खराब स्थितियों में भीख माँगने पर उतर आते थे। इससे उनके अपराध की जिन्दगी में लौटने की सम्भावना बढ़ जाती थी। भीख माँगने के बहाने चोरी-चकारी और उठाईगिरी का प्रलोभन भी बना रहता था।[225] इस खतरे को देखते हुए बस्ती के असहाय, बूढ़े और विकलांग सदस्यों को अनुदान देने का फैसला लिया गया। अधिवासियों की लाख कोशिशों के बावजूद भी उनकी आमदनी बढ़ नहीं पा रही थी और वे निर्धनता में जीने के लिए विवश थे। इसके कई कारण थे, जिनमें से कुछ प्रमुख कारण थे—(1) उनके खेत नई जमीन पर थे, जो खाड़ी और दलदल को भर के उपलब्ध करवाई गई थी; (2) पौधों के खेतों में प्रतिरोपण में अकसर देर हो जाती थी; (3) बीजों के लिए बहुत अधिक मूल्य देना पड़ता था; (4) खेतों के कुछ हिस्सों में बोई गई धान को पकने में बहुत समय लगता था; (5) फसलें अदल-बदल कर नहीं बोई जाती थीं, जिससे जमीन उतनी उपजाऊ साबित नहीं होती थी; (6) नए तकनीकी साधनों के अभाव में खेतों में पर्याप्त खाद नहीं डाली जाती थी और उन्हें अच्छी तरह नहीं जोता जाता था; (7) अधिवासियों की अनुभवहीनता और सुस्त प्रवृत्ति उनकी एक बड़ी कमजोरी साबित हो रही थी, जिसके कारण वे परम्परागत किसानों की तरह कुशलतापूर्वक और लगन से खेती-बाड़ी नहीं कर पाते थे; (8) कृषि योग्य जमीन का समुचित और अधिकाधिक प्रयोग करने के प्रयास नहीं किए थे।[226]

सन् 1930 में कृषि विभाग के डिप्टी डायरेक्टर ने बस्ती का दौरा किया। उन्होंने खेतों की जमीन को ज्यादा उपजाऊ बनाने के लिए कई सुझाव दिए।[227] इसी तरह, कार्यकारी अभियन्ता बेजावाड़ा ने भी खेती-बाड़ी में सुधार लाने के भिन्न-भिन्न उपाय सुझाए, जिनमें योजनाबद्ध तरीके से अलग-अलग फसलें बोने का सुझाव भी शामिल था।[228]

1931 में 449 एकड़ गीली जमीन और सत्तर एकड़ सूखी जमीन पर खेती की गई। धान की उपज से अधिवासियों ने 14,711 रुपए की कमाई की। इसी तरह पच्चीस एकड़ में बोई गई मूँगफली की फसलों से और पैंतालिस एकड़ में बोई गई रागी की फसलों से 2,820 रुपए की कमाई हुई।[229] सिंचाई की व्यवस्था को बेहतर बनाने के लिए सार्वजनिक कार्य विभाग ने एकमात्र बस्ती के उपयोग

के लिए कम्मामूर नहर में एक बारह इन्ची पाइपलाइन बिछा दी थी। इस पाइप का पानी सक्कीकलवा नाले से होता हुआ अन्तत: रोमपेरु नाले में जाकर गिरता था।[230]

सन् 1932 के वर्ष में 654 एकड़ जमीन पर धान की खेती की गई। इससे 16,400 रुपए की आमदनी हुई। इसके अलावा भूसे से भी 1,640 रुपए की कमाई हुई और कुल आमदनी लगभग 18,000 रुपए तक पहुँच गई। 43 एकड़ क्षेत्र में बोई गई रगी से 1,325 रुपए और 200 एकड़ क्षेत्र में बोई गई मूँगफली से 3,890 रुपए की आमदनी हुई।[231]

आपराधिक जनजाति बंदोबस्ती, स्टुअर्टपुरम के लिए प्रस्तावित संस्थापन की रूपरेखा

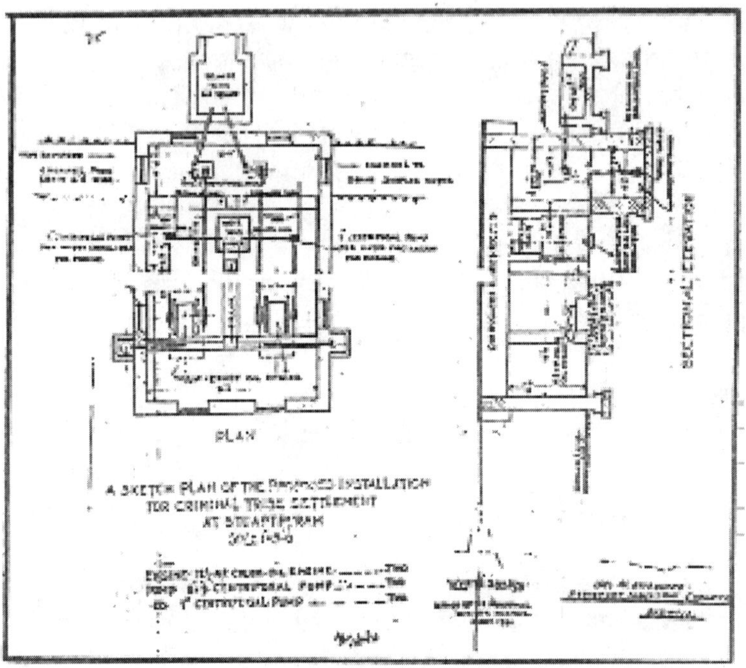

स्रोत : सदंर्भ सं 3588/31, औद्योगिक इंजीनियर कार्यालय, मद्रास, 15 अक्टुबर, 1931

बस्ती के अधिकांश अधिवासी यह दिखला चुके थे कि वे बस्ती को अपने स्थायी बसेरे के रूप में देख रहे हैं। वे नियमित रूप से खेती-बाड़ी कर रहे थे। गुंटूर के कलेक्टर इस स्थिति से बहुत खुश थे। उन्होंने कई वर्षों से नियमित रूप से खेती कर रहे अधिवासियों के जमीन के पट्टों को स्थायी पट्टों में बदलकर उन्हें सरकार की तरफ से प्रोत्साहन देने का प्रयास किया। इस सन्दर्भ में बापट्ला

का तहसीलदार बस्ती के दौरे पर आया। उसका सुझाव था कि ऐसे सभी लोगों को स्थायी पट्टे दे दिए जाएँ जो तीन वर्षों से लगातार खेती कर रहे थे और जिन्होंने इस अवधि के दौरान कोई भी अपराध नहीं किया था। साल्वेशन आर्मी और लेबर कमिश्नर ने इस सुझाव को स्वीकार कर लिया। इस प्रस्ताव के अन्तर्गत 262 परिवारों को पक्के पट्टों के योग्य पाया गया। लेकिन इस योजना के साथ कुछ समस्याएँ भी जुड़ी हुई थीं। ये समस्याएँ इस प्रकार थीं—(1) बस्ती के अधिवासियों को जमीन के स्थायी पट्टे देना 'सैटलमेंट' शब्द के अर्थों से मेल नहीं खाता था। (2) साल्वेशन आर्मी के अधीन कुल 2,300 एकड़ जमीन थी। अधिवासियों को स्थायी रूप से जमीन के पट्टे देने के लिए इस जमीन को छोटे-छोटे खंडों के रूप में फिर से सर्वेक्षण करना अनिवार्य था। इसके लिए एक स्पेशल ड्यूटी सुपरवाइजर की सेवाओं की जरूरत थी और बस्ती के लोग यह खर्च वहन करने की स्थिति में नहीं थे। (3) पूरी जमीन सूखी खेती के लिए उपयुक्त नहीं थी, इसलिए इसके कुछ हिस्से में सिर्फ गीली खेती ही हो सकती थी। (4) राजस्व विभाग बस्ती की जमीन का लगान इस आधार पर माफ करता रहा था कि साल्वेशन आर्मी खेती-बाड़ी से कोई आय नहीं कमा रही थी।[232] सुरक्षा की दृष्टि से, जमीन के स्वामित्व के साथ ये शर्तें जोड़ दी गईं—(1) जमीन को दस वर्ष की अवधि तक गिरवी नहीं रखा जा सकता; (2) जमीन को कभी भी किसी गैर-येरुकला को नहीं बेचा जा सकता। इन दोनों शर्तों में से किसी को भी भंग करने पर जमीन जब्त की जा सकती थी।

जमीन से जुड़े कागजात, नपाई, आबंटन इत्यादि की जाँच और बस्ती के पशुधन की देखभाल के लिए मिस्त्रियों के अतिरिक्त एक कारनाम को नियुक्त कर दिया गया।[233] ऐसा माना जाता था कि बस्ती में कृषि की सबसे ज्यादा जानकारी उसी को थी।[234] वह हर रोज सुबह आठ बजे से शाम के पाँच बजे तक अपने दफ्तर में मौजूद रहता था। खुश्क मौसम के दौरान उसे कई और काम भी करने पड़ते थे। इनमें से कुछ प्रमुख काम थे—(1) सभी तरह के कर/अधिकर वसूल करना; (2) खेतों की फिर से मपाई करवाना; (3) जमीनों और उनकी सीमाओं से जुड़े विवादों को सुलझाना; (4) नहरी-नालों की सफाई और मरम्मत का काम करवाना; (5) बस्ती की इमारतों की सालाना मरम्मत पर होने वाले खर्च का अनुमान लगाना; (6) बस्ती में शान्ति और सद्भावना बनाए रखना; (7) बेघरों के लिए घर/झोंपड़ी इत्यादि की व्यवस्था करना, इत्यादि।[235]

कारनाम ने 1 अक्टूबर, 1933 को यह पद सम्भाला और उसे हर महीने सत्ताइस रुपए वेतन मिलता था। उसे स्टुअर्टपुरम बस्ती के अतिरिक्त स्टाफ में गिना जाता था। वह एक सरकारी नौकर न होकर साल्वेशन आर्मी द्वारा नियुक्त किया गया था। साल्वेशन आर्मी सरकार से मिलने वाली सहायता राशि में से उसे उसका वेतन

देती थी। बाद में उसके पद का नाम 'कारनाम' की जगह 'फार्म बैलिफ़' कर दिया गया क्योंकि उसे विविध प्रकार के काम करने पड़ते थे।

बस्ती वालों को प्रोत्साहित करने के लिए सरकार उनकी जमीनों के उपकर माफ कर देती थी। धीरे-धीरे बस्ती वाले जमीन के मूल्य और महत्त्व को समझने लगे थे और खेती-बाड़ी के काम की बारीकियों को सीखने लगे थे। उन्हें यह अहसास हो गया था कि सच्ची मेहनत और लगन से जमीन बड़ा अच्छा फल देती है, जिससे उनकी जिन्दगी सुधर और सँवर सकती है। उदाहरण के लिए, 1950 के वर्ष में 1,000 एकड़ सूखी जमीन पर खेती की गई थी और परिणामस्वरूप 500 बोरे धान और 1,000 बोरे रागी पैदा की गई। उस वर्ष तक 700 परिवारों को जमीन आबंटित की जा चुकी थी।[236] बस्ती के दौर पर आए एक उच्च अधिकारी ने उस वर्ष अपनी टिप्पणी में कहा था कि वे रागी की प्रचुर फसल से अत्याधिक प्रभावित थे और सभी अधिवासी बहुत जी-जान से अपने-अपने खेतों में खेती-बाड़ी में जुटे हुए थे।[237] धीरे-धीरे और वर्ष-प्रति-वर्ष खेती-बाड़ी के स्तर में सुधार हो रहा था और परिणामस्वरूप बस्ती के अधिवासियों की जिन्दगी भी सुधर रही थी। 1964 तक वहाँ कृषि योग्य जमीन का क्षेत्र बढ़कर 2,007 एकड़ हो चुका था, जिसमें से उस वर्ष लगभग 1,772 एकड़ क्षेत्र पर अधिवासियों द्वारा खेती की गई थी।[238]

साल्वेशन आर्मी अधिवासियों को कई लघु उद्योगों में रुचि लेने के लिए भी प्रोत्साहित कर रही थी ताकि उनकी कमाई में बढ़ोतरी हो सके। इनमें बुनाई-कढ़ाई के अलावा टोकरी, चटाई और रस्सी बनाने जैसे काम शामिल थे। मैनेजर का कहना था कि स्टुअर्टपुरम बस्ती एक कृषि-प्रधान बस्ती होने के कारण अधिवासियों के लिए दूसरे रोजगार देने का कोई प्रावधान नहीं रखा गया था, फिर भी वह किसी तरह इन लोगों के लिए दूसरे कामों का जुगाड़ करता रहता था। अधिवासियों को व्यस्त रखने के अन्य उपायों में सड़कों का निर्माण, नालों की खुदाई, पत्थरों का उत्खनन और सार्वजनिक कार्य विभाग के अन्य काम शामिल थे।[239]

बस्ती की स्त्रियाँ और बच्चे आमतौर से चटाइयाँ, टोकरियाँ और रस्सियाँ बनाते थे। कुछ पैसे कमाने का यह एक अच्छा और आसान साधन था और उनका मन भी लगा रहता था। लेकिन कई बार काम के लिए बाध्य किए जाने पर अधिवासी बिदक भी जाते थे। वे काम से मन चुराने लगते थे और बस्ती से खिसककर कोई अपराध कर बैठते थे। स्त्रियाँ चटाइयाँ बनाने में बहुत कुशल थीं और पुरुषों की तुलना में चुस्त और तेज भी। इस काम से उनकी अच्छी कमाई हो रही थी। कुछ पुरुष भी चटाइयाँ बनाने का काम करते थे। कभी-कभी पुरुषों को काम करने के लिए कहा जाता तो वे इनकार भी कर देते थे। इस प्रवृत्ति से निबटने के लिए प्रबन्धन ने उन्हें बस्ती से बाहर जाने के लिए पास देने ही बन्द कर दिया, चावल खरीदने के

लिए भी नहीं। प्रबन्धन का कहना था कि जो काम करेगा उसी को बस्ती से बाहर जाने का पास दिया जाएगा।[240]

कई बार बस्ती से किसी के भागने या अनुमति से ज्यादा देर तक बाहर रहने के मामले भी सामने आते रहते थे। जिला मजिस्ट्रेट का कहना था कि इस तरह के मामले मैनेजर को खुद अपने स्तर पर ही निपटा लेने चाहिए और अदालत के चक्कर में पड़ने से बचना चाहिए। ऐसा आमतौर से बस्ती से फरार होने या ज्यादा देर तक बाहर रहने के मामलों में पुलिस की कार्रवाई के कारण होता था। काफी पहले, सन् 1916 में ही, साल्वेशन आर्मी की एक अधिकारी मार्जोरी बैंक्स ने यह सुझाव दिया था कि बस्ती के अन्दर ही एक हवालात की स्थापना कर देनी चाहिए। इसके बाद, इस तरह के ज्यादातर मामले मैनेजर के स्तर पर ही सुलझ जाते थे और बार-बार अदालत के चक्कर नहीं काटने पड़ते थे। बस्ती में मैनेजर के अलावा तीन निरीक्षण अधिकारी भी थे। बस्ती से भागने वालों को कड़ी सजा दी जाती थी[241] और रात के समय चुपके से खिसककर वापस लौटने वालों को भी। जैसा कि बस्ती के प्रबन्धक का कहना था, "कई बार हम रात भर जाल फैलाकर बैठे रहते हैं ताकि बस्ती से खिसकने वाले इस जाल में फँस जाएँ। बहुत बार हम उन्हें पकड़ भी लेते हैं लेकिन ज्यादातर मामलों में वे हमें चकमा देने में सफल हो जाते हैं।"[242]

कई बार अधिवासियों को बस्ती से बाहर जाने की छूट दे दी जाती थी ताकि वे चटाइयाँ और टोकरियाँ बनाने के लिए जंगलों से सामग्री इकट्ठी करके ला सकें। कुछ अधिवासी ऐसे अवसरों का लाभ उठाकर कहीं और निकल जाते थे और कोई अपराध कर आते थे। आखिर में जंगलों से छड़ियाँ और बाँस इत्यादि लाने का काम बस्ती से बाहर के कुछ भरोसेमन्द लोगों को सौंप दिया गया।[243]

बस्ती से बाहर जाने के लिए पास की व्यवस्था का लाभ उठाकर कुछ अधिवासी बस्ती से भागते रहते थे। पुलिस का नजरिया था कि बस्ती सन्तोषजनक ढंग से चल रही थी। फिर भी पास जारी करने की व्यवस्था एक समस्या बनी हुई थी। यह व्यवस्था पुलिस विभाग की मदद करने के लिए थी लेकिन यह बात समझ में नहीं आती थी कि जब बस्ती से बाहर अधिवासियों का कोई सगी-सम्बन्धी नहीं था तो फिर उन्हें लम्बी छुट्टी पर बस्ती से बाहर जाने की जरूरत क्यों पड़ती थी। बैकेट नामक एक पुलिस अधिकारी ने इस सम्बन्ध में बस्ती के चौदह लड़कों का उदाहरण दिया था, जिन्हें दिन के समय के पास जारी किए गए थे। ये सभी लड़के येरुकला समुदाय के थे और मैनेजर को उन पर पूरा भरोसा था।[244]

सरकार ने बस्ती के अन्दर ही आम जरूरत की वस्तुओं के लिए एक स्टोर की स्थापना कर दी। यह भंडार सन् 1919 के वर्ष में खोला गया था। इसमें दो तरह का चावल बिकता था—टुकड़ा और साबुत। टुकड़ा चावल इतना छोटा-छोटा होता था कि वह किसी काम का नहीं होता था। उसमें धूल-मिट्टी भी बहुत होती थी।

फिर भी यह बहुत सस्ता होता था और इसी कारण अधिवासी इसे खरीद लेते थे। यह अधिवासियों को ठगने का एक तरीका था।[245] अच्छा टुकड़ा चावल बाजार में एक रुपए में आठ सेर मिलता था जबकि बस्ती में घटिया किस्म का होने पर भी यह चावल एक रुपए में पाँच सेर बेचा जाता था। इसी तरह, बस्ती में मिलने वाला साबुत चावल भी घटिया किस्म का होता था और बाजार से महँगा भी। बाजार में एक रुपए में सात सेर मिलने वाला साबुत चावल बस्ती में एक रुपए में साढ़े चार सेर के हिसाब से बिकता था। बाजार में इतना ही चावल और लेने पर सात की जगह साढ़े सात सेर चावल दिया जाता था जबकि बस्ती में अधिवासियों को यह लाभ भी नहीं मिलता था।[246]

साल्वेशन आर्मी के प्रयासों से क्षेत्र में एक रेलवे स्टेशन की स्थापना भी हो गई थी। सन् 1921 में यह रेलवे स्टेशन बन जाने से अधिवासियों के लिए टमाटर उगाना और उसे मंडियों में भेजना आसान हो गया।[247] पहले ही वर्ष यह फसल इतनी अच्छी हुई थी कि बस्ती के खेतों में पैदा हुआ टमाटर दूर-दूर तक भेजा गया था।[248] रेल-पटरी को पार करने के लिए एक फाटक भी बनाया गया था। शुरू में रेल पटरी को पार करते हुए कई अधिवासियों और पशुओं की जान चली गई थीं। रेल पटरी करीब दो किलोमीटर तक बस्ती के अन्दर से गुजरती थी, इसलिए स्कूल जाने वाले छोटे-छोटे बच्चों की जान को भी खतरा रहता था। इसे देखते हुए ही एक फाटक और रेलवे क्रॉसिंग की व्यवस्था की गई थी ताकि रेल पटरी को सुरक्षित ढंग से पार किया जा सके।[249]

बस्ती के नजदीक के एक गाँव रामानगर में एक तम्बाकू कम्पनी 'इंडियन लीफ़ टबैको डिपार्टमेंट' की स्थापना हो जाने से बस्ती वालों को कमाई का एक अतिरिक्त साधन उपलब्ध हो गया था। 1915 में स्थापित इस कम्पनी की स्थापना के बाद अधिवासियों को कृषि के काम के साथ-साथ कम्पनी के लिए मजदूरी करने का भी अवसर मिलने लगा था।[250] कम्पनी में मजदूरी के लिए पुरुषों को आठ आने प्रतिदिन (अड़तालीस आने या तीन रुपए प्रति सप्ताह) और स्त्रियों को सात आने प्रतिदिन (बयालिस आने या दो रुपए दस आने प्रति सप्ताह) मिलते थे। उन दिनों सोलह आने का एक रुपया होता था। यह मजदूरी महीने के आखिर में दी जाती थी।[251] इसके अलावा कम्पनी इन लोगों से कम्पनी के बाहर के कुछ छोटे-मोटे काम भी करवाती रहती थी।

सन् 1920 के वर्ष के दौरान येरुकलाओं ने आसपास के गाँवों के लिए धान कूटने और पत्थरों की ढुलाई जैसे काम भी किए। इसी तरह, कुछ अधिवासी बस्ती के कृषि उद्यानों में भी मजदूरी किया करते थे। मैनेजर की हमेशा यह कोशिश रहती थी कि उन्हें व्यस्त रखा जाए और वे अधिक-से-अधिक कमा सकें। कई बार उनसे खड्डे भरवाने का काम भी लिया जाता था और उन्हें उचित मजदूरी दी जाती थी।[252]

1926 का वर्ष बस्ती के अधिवासियों के लिए आर्थिक तंगी का वर्ष था। किसी तरह तम्बाकू कम्पनी में मजदूरी से वे अपना गुजारा करने और इस तंगी का सामना करने में सफल रहे।[253] लेकिन सभी अधिवासियों को काम दे पाना बहुत मुश्किल साबित हो रहा था। तम्बाकू कम्पनी का काम बारहों महीने नहीं चलता था, इसलिए बीच-बीच में अधिवासियों को घर पर खाली बैठना पड़ता था। फिर भी उस वर्ष तम्बाकू कम्पनी में मजदूरी से बस्ती वालों ने 37,060 रुपए कमाए।[254]

इसी दौरान, 1925-26 में, बस्ती से बहुत-से अधिवासी भाग भी गए। इसके पीछे कई कारण थे, जिनमें से कुछ प्रमुख कारण हैं—(1) बेरोजगारी, (2) आर्थिक तंगी के कारण पारिवारिक अशान्ति और कलह, (3) खाली बैठने से उत्पन्न खीझ और कुंठा, (4) आसपास सभी जगह अशान्ति और असन्तोष का वातावरण, (5) सरकार की प्रतिकूल नीतियाँ, (6) प्रबन्धन का सख्त रवैया, (7) पुलिस द्वारा परेशान किए जाना, इत्यादि।[255]

सरकार और साल्वेशन आर्मी द्वारा खेती के लिए जमीन दिए जाने के बावजूद बस्ती के अधिवासियों के लिए खेती-बाड़ी एक अनजानी चीज थी। इसके अलावा बार-बार बाढ़ या तूफान आने से या सिंचाई के लिए पानी की कमी और जमीन की कम उर्वरकता से भी उनकी हिम्मत टूटती रहती थी। कई बार महीनों तक मेहनत करने के बाद भी सारी-की-सारी फसल बर्बाद हो जाती थी।[256] ऐसी परिस्थितियों में अधिवासियों का निराश हो जाना या बस्ती से भाग खड़े होना स्वाभाविक ही था। एक रिपोर्ट के अनुसार, स्टुअर्टपुरम में अस्सी से नब्बे प्रतिशत दंडित किए गए अधिवासी बस्ती से भागने के दोषी पाए गए होते थे। बस्ती की स्थापना से लेकर 1920-21 के वर्ष के अन्त तक इस तरह के 168 मामले हो चुके थे। इसी तरह, 1920-21 से लेकर 1924 तक भी बस्ती से भागने के 161 मामले सामने आए थे।[257] नीचे दी गई तालिका से पता चलता है कि 1921 से लेकर 1930 तक के दस वर्षों में स्टुअर्टपुरम की बस्ती में अधिवासियों की कितनी संख्या थी। सन् 1928 को छोड़कर इस संख्या में हर वर्ष कुछ न कुछ बढ़ोतरी ही होती रही थी।[258]

तालिका 3.4 : स्टुअर्टपुरम में अधिवासियों की संख्या, 1921-1930

वर्ष	*पुरुष*	*स्त्रियाँ*	*बच्चे*	*कुल*
1921	546	500	561	1,607
1922	556	541	682	1,779
1923	539	526	718	1,783
1924	649	638	829	2,116

1925	666	657	881	2,204
1926	664	651	907	2,222
1927	699	640	890	2,229
1928	678	615	743	2,036
1929	679	601	775	2,055
1930	692	611	813	2,143

बस्ती की बेरोजगारी और आर्थिक समस्याओं का एक समाधान तम्बाकू कम्पनी के लिए खेतों में तम्बाकू उगाने के रूप में सामने आया। इस तम्बाकू कम्पनी आई.एल. टी.डी. के प्रबन्धक मि. विटिड के प्रयासों से अधिवासियों ने अपनी रेतीली जमीनों पर तम्बाकू की खेती करना शुरू किया। यह प्रयोग भरपूर सफल रहा और इसके बाद हर वर्ष तम्बाकू की पैदावार में बढ़ोतरी ही होती चली गई।

साल्वेशन आर्मी का भरसक प्रयास था कि ये तथाकथित आपराधिक जनजातियाँ आजीविका के नए और सम्मानजनक साधन अपनाएँ। इस प्रयास में धीरे-धीरे सफलता भी मिल रही थी। कई अधिवासी खेती-बाड़ी में निपुण होते जा रहे थे तो कुछ विभिन्न हस्तकलाएँ और दस्तकारी के काम सीखने में सफल रहे थे। बहुत से अधिवासियों के अपने खेत थे और वे अपनी जमीनों पर ही काम करते थे। लेकिन कुछ अधिवासी आसपास के गाँवों में दूसरों के खेतों में भी काम करते थे। जैसा कि हम कह चुके हैं, अधिवासियों की एक कॉ-ऑपरेटिव सोसाइटी गठित कर दी गई थी। 1927 से पहले तक इसमें 290 शेयरधारक थे। सोसाइटी की कुल शेयर पूँजी 2,947.70 रुपए थी। इस सोसाइटी के माध्यम से अधिवासी ऋण लेकर अपनी बहुत-सी समस्याओं से निपट सकते थे। सोसाइटी अपनी तरफ से भी जमीनों की उर्वरकता को बढ़ाने और सिंचाई के साधनों में सुधार करने के उपाय करती रहती थी।[259] इस सोसाइटी की स्थापना के प्रमुख उद्देश्य इस प्रकार थे—(1) आसान किश्तों पर घरों की व्यवस्था करना; (2) खेती-बाड़ी के लिए ऋण देना; (3) दलदली जमीन को भरकर खेती-बाड़ी के योग्य बनाना; (4) सूदखोरों से ऊँचे ब्याज पर लिए गए ऋणों को चुकता करना; (5) सामूहिक मोल-भाव की क्षमता को बढ़ाना; (6) कृषि-उत्पादों की बिक्री और व्यापार को सुगम बनाना और (7) बाढ़ से प्रभावित अधिवासियों की मदद करना।[260]

इस सम्बन्ध में तत्कालीन लेबर कमिश्नर जॉर्ज पैडीसन और तत्कालीन डिप्टी रजिस्ट्रार ऑफ़ कॉ-ऑपरेटिव सोसाइटीज एच.एम.एफ.एम. टाइलर ने 1927 में बस्ती का दौरा किया और महत्त्वपूर्ण सुझाव दिए थे।

1948 से 1950 के बीच इस सोसाइटी की आर्थिक स्थिति इस प्रकार थी—[261]

तालिका 3.5 : स्टुअर्टपुरम बस्ती की कॉ-ऑपरेटिव सोसाइटी की आर्थिक स्थिति, 1948-50

		1948	*1949*	*1950*
1.	सुरक्षित फंड	454	454	501
2.	संग्रहित शेयर	49	38	39
3.	कुल शेयर पूँजी	2,146	2,156	2,188
4.	परिम्पत्तियाँ	6,008	6,174	6,424
5.	देय राशि	5,421	5,529	5,039
6.	दिए गए ऋण	350	350	450
7.	वसूले गए ऋण	404	509	587

[सभी संख्याएँ रुपयों में]

जुलाई 1949 में बस्ती की कॉ-ऑपरेटिव सोसाइटी को भंग कर दिया गया क्योंकि यह काफी घाटे में चल रही थी।[262] यही हाल बस्ती में दैनिक उपयोग की वस्तुएँ बेचने वाले स्टोरों का भी था इसलिए उन्हें भी बन्द कर दिया गया। कई वर्ष बाद बस्ती में पट्टाधारियों की नई कॉ-ऑपरेटिव सोसाइटी की स्थापना हुई तो (वर्ष 1961-62 के दौरान) सरकार ने इसे 5,000 रुपए की अनुदान राशि प्रदान की थी।[263]

सन् 1930 के वर्ष में अधिवासियों को नेल्लोर जिले के रापुड़ तालुका में स्थित कोडंडा रामा अभ्रक खदानों में काम करने के लिए भेजा गया था। इसके लिए उन्हें 'ओ' पास जारी किए गए थे। वहाँ कुछ कावाली अधिवासियों को भी काम दिया गया था। यह एक अस्थायी काम था लेकिन इससे बस्ती वालों की बेरोजगारी की समस्या कुछ हद तक दूर हो गई थी। अधिवासियों का एक जत्था काम के लिए थुम्मला थालपुर भी गया था जो उसी क्षेत्र के आसपास पड़ता है।[264]

आर्थिक संकट से गुजर रही तम्बाकू कम्पनी आई.एस.टी.डी. कुछ समय के लिए (सितम्बर 1930 से मार्च 1931 तक) बन्द हो गई तो बस्ती वालों की आजीविका का एक महत्त्वपूर्ण साधन छिन गया। तब जिला मजिस्ट्रेट एफ.डब्ल्यू. स्टीवार्ट ने अधिवासियों को अपने खेतों में सब्जियाँ उगाने की सलाह दी। कुछ लोगों को बस्ती से 17 मील दूर प्रचूर में एक तालाब निर्माण परियोजना पर भी लगाया गया था।[265]

इस अवधि में बस्ती के लोगों को कई तरह के छोटे-मोटे मजदूरी के काम भी दिए जाते रहे। इनमें सड़कों का निर्माण, खड्डे खोदना, बाड़े बनाना, पौधों को खाद और पानी देना जैसे काम शामिल थे।[266] 1930-31 का यह आर्थिक संकट इतना गम्भीर था कि इससे सफलतापूर्वक उबरने और बस्ती के अधिवासियों का भरोसा बनाए रखने के लिए मद्रास के पुलिस आई.जी. ने बस्ती के मैनेजर की भरपूर

तारीफ की थी।[267] इस दौरान बस्ती के लोग अपराध की तरफ आकर्षित नहीं हुए थे इसलिए यह और भी बड़ी उपलब्धि थी। अधिवासियों ने यह सिद्ध कर दिया था कि समाज के अन्य समुदायों की तरह वे भी आर्थिक संकटों का सामना कर सकते हैं और कड़ी मेहनत करके इन संकटों पर विजय पा सकते हैं।

फिर भी, पुलिस और बस्ती के प्रबन्धकों के बीच कई बार टकराव की स्थिति बन जाती थी। ऐसा तब होता था जब साल्वेशन आर्मी बस्ती वालों को पुलिस की कार्रवाई से बचाने की कोशिश करती थी। 1956 से पहले बस्ती में पुलिस की एक चौकी स्थापित कर दी गई थी ताकि बस्ती में अपराधियों की उपस्थिति को रोका जा सके। तब मद्रास के तत्कालीन पुलिस महानिरीक्षक (आई.जी.पी.) सी.बी. कनिंघम ने बस्ती वालों के प्रति सहानुभूति जताते हुए लिखा था—

> कभी-कभार बस्ती के अधिवासियों या अन्य लोगों द्वारा अपराध की घटनाओं को रोका नहीं जा सकता। हमें तो इस बात के लिए कृतज्ञता महसूस करनी चाहिए कि इतने सारे आदतन अपराधी सुधारे जा चुके हैं और सुधारे जा रहे हैं। पुलिस को अपनी समस्याएँ लेकर मैनेजर के पास जाना चाहिए और उसे इन अधिवासियों को अपने साथी और सहकर्मी की तरह देखना चाहिए।[268]

बस्ती के कुछ अधिवासी सचमुच ही रात में चुपके-से बस्ती से खिसक जाते थे और सुबह लौट आते थे। ऐसा नहीं माना जा सकता था कि इसके पीछे कोई अपराध करने का इरादा हर्गिज नहीं था। इसलिए ऐसे लोगों को दंडित करना जरूरी था। इसी बात को ध्यान में रखते हुए बस्ती में एक नया फॉर्म भरने की प्रक्रिया चालू की गई ताकि ऐसे अपंजीकृत लोगों की पहचान की जा सके जो अनधिकृत रूप से बस्ती में रह रहे थे। एक समस्या यह भी थी कि प्रबन्धन की जानकारी के बिना बस्ती से खिसकने वालों को पकड़ा कैसे जाए। पुलिस सहायक महानिरीक्षक की सलाह पर ऐसे लोगों का नाम ओ.वी. रजिस्टर (आउट ऑफ़ व्यू रजिस्टर) से हटा दिया गया जिनका नाम दस वर्ष पहले भगोड़ों के रूप में दर्ज किया गया था।[269]

आजीविका के साधनों से वंचित जनजातियाँ इस बस्ती के बसने के बाद बेरोजगारी की यंत्रणा से मुक्त हो गई थीं और अपराध से दूर होती चली गई थीं। सन् 1932 के पूरे वर्ष में बस्ती के अधिवासियों ने एक भी अपराध नहीं किया था।[270] बस्ती के प्रबन्धकों की कोशिशों के साथ-साथ बस्ती के पास तम्बाकू कम्पनी की स्थापना से भी अधिवासियों को काफी राहत मिली थी और उनकी जिन्दगी धीरे-धीरे सुधरने और सँवरने लगी थी।

आई.एल.टी.डी. तम्बाकू कम्पनी में काम करने वाली स्त्रियों की सुविधा को ध्यान में रखते हुए उनके छोटे बच्चों की देखभाल के लिए फैक्टरी के अन्दर ही

एक शिशु-सदन (क्रेच) की स्थापना कर दी गई थी। माँएँ अपने बच्चों के साथ ही काम पर जाती थीं और उन्हें दिनभर के लिए फैक्टरी के फाटक के पास बने क्रेच या शिशु-सदन में छोड़ देती थीं। इस शिशु-सदन को कुछ बूढ़ी स्त्रियाँ चलाती थीं।[271] यह सुविधा बिलकुल आजकल के क्रेच या शिशु-सदनों की तरह थीं। बस्ती में ऐसी बहुत-सी स्त्रियाँ थीं जिनके बहुत-से बच्चे थे लेकिन उनकी देखभाल करने के लिए घर पर और कोई नहीं था। फैक्टरी में शिशु-सदन की स्थापना के बाद इन स्त्रियों को बहुत बड़ी राहत मिली गई थी। बड़े बच्चों को व्यस्त रखने का काम वन विभाग कर रहा था। इन बच्चों को वन अधिकारी अपने साथ वनों में ले जाते थे और उन्हें खजूर के पत्ते इकट्ठे करने जैसे उपयोगी कामों में लगाए रखते थे।[272] इससे बच्चे खुश भी रहते थे और व्यस्त भी। साथ ही उन्हें वन-सम्पदा के बारे में बहुत-सी जानकारियाँ भी मिलती रहती थीं।

ऐसा नहीं है कि बस्ती के अधिवासियों से छोटी-बड़ी गलतियाँ न होती हों या उनका आपस में लड़ाई-झगड़ा न होता हो। इसका एक प्रमुख कारण आसपास के गाँवों वेडुलापल्ली, इपुरुपलेम और गाविनिवरीपालेम इत्यादि में आसानी से उपलब्ध हो जाने वाली ताड़ी थी। ताड़ी पीने के बाद बस्ती के पुरुष अकसर बहक जाते थे, जिसके बाद गलत आचरण का प्रदर्शन या आपस में लड़ाई-झगड़ा करना स्वाभाविक था।[273] इपुरुपलेम गाँव में शराब की बिक्री का लाइसेंस जारी करके प्रशासन ने लापरवाही का प्रदर्शन किया था। तम्बाकू कम्पनी में आने-जाने के लिए बस्ती वालों को इस गाँव से गुजरना पड़ता था और वे अकसर ताड़ी पीने के प्रलोभन के शिकार हो जाते थे।[274] ताड़ के पेड़ों से निकाली गई यह कुदरती और तेज गंध वाली ताड़ी सस्ती भी होती थी और तेज नशे वाली भी। बस्ती वालों को इसके प्रलोभन से दूर रखना टेढ़ी खीर थी।

अपनी पूरी क्षमता के साथ काम करने के दिनों में तम्बाकू कम्पनी 3,500 लोगों को रोजगार उपलब्ध करवाती थी। बस्ती के लोग नियमित रूप से इस कम्पनी में काम करने के लिए जाते थे। इसके लिए उन्हें हर सुबह सात किलोमीटर पैदल चलना पड़ता था।[275] लेबर कमिश्नर ने उनकी प्रशंसा करते हुए अपनी टिप्पणी में कहा था—

> अधिवासी सुधरने के अयोग्य नहीं थे, न ही उन्हें कँटीली तारों के पीछे कैद रखने की जरूरत पड़ती थी। तम्बाकू कम्पनी में उन पर नजर रखने के लिए एक भी पुलिसकर्मी तैनात नहीं था।[276]

वृद्धों और स्त्रियों को भरण-पोषण भत्ता भी दिया जाने लगा था। स्त्रियों के मामले में यह सिर्फ उन स्त्रियों को दिया जाता था जो बच्चों वाली विधवा स्त्रियाँ थीं या जिनके पति बस्ती से भाग गए थे या जेल में थे।[277] लेकिन अकसर इस

पैसों का दुरुपयोग भी होता रहता था। इसलिए एक नई योजना के तहत बस्ती के इन बेसहारा लोगों को भोजन और कपड़ा-लत्ता दिया जाने लगा। इस सम्बन्ध में सन् 1933-34 की एक रिपोर्ट में कहा गया था—

> एक बात बिलकुल साफ है। आज जिस तरह से नकद रकम दी जाती है, उसका कई तरीकों से दुरुपयोग होने की आशंका बनी रहती है। अगर जरूरतमन्द लोगों को भोजन और कपड़ा-लत्ता मिलने का भरोसा हो तो वे कहीं बेहतर महसूस करेंगे।[278]

1936 में 168 अधिवासी परिवारों को 'ओ' पास देकर चिराला के नजदीक एक नवनिर्मित कॉलोनी में स्थानान्तरित कर दिया गया। यह कॉलोनी तम्बाकू कम्पनी की बगल में थी, जहाँ उन्हें कुछ और अतिरिक्त काम भी दिलवा दिया गया था।[279] 1949 की एक रिपोर्ट के अनुसार उस वर्ष कम्पनी में 1,003 अधिवासी कार्यरत थे और उन्होंने वर्षभर में 4,93,118 रुपए कमाए थे। उस वर्ष आर्थिक संकट के कारण कम्पनी कुछ महीनों के लिए बन्द भी रही थी। जनवरी 1950 में फिर से चालू किए जाने के बाद कम्पनी में बस्ती के 300 पुराने अधिवासियों को ही काम पर रखा जा सका। बस्ती वालों की रोजगार की समस्या को दूर करने के लिए उन्हें रोमपेरु नाले की परियोजना पर लगा दिया गया। यह परियोजना सार्वजनिक कार्य विभाग द्वारा शुरू की गई थी। हर अधिवासी को मजदूरी के रूप में प्रतिदिन 2 रुपए 80 पैसे दिए जाते थे। कुछ अधिवासी इस बीच पशु-धन के व्यापार से भी जुड़े रहे थे।[280]

आई.एल.टी.डी. तम्बाकू कम्पनी बस्ती के अधिवासियों की आजीविका का एक महत्त्वपूर्ण साधन साबित होती रही थी। 1948 में इस कम्पनी ने अधिवासियों को बोनस देने के साथ-साथ उनकी मजदूरी की दरें भी बढ़ा दी थीं।[281]

3

सामाजिक जीवन : परिवार

येरुकला जनजाति का सामाजिक ढाँचा पैतृक व्यवस्था का अनुसरण करता है परन्तु स्त्रियों की भूमिका भी बहुत महत्त्वपूर्ण मानी जाती है। उनके साथ आमतौर से अच्छा व्यवहार किया जाता है। इस जनजाति में एकल और संयुक्त दोनों तरह के परिवार देखने को मिलते हैं। निर्णय लेने का अधिकार आमतौर से पुरुषों के हाथ में ही रहता है। विवाहित बच्चे और माता-पिता में भी अच्छे सम्बन्ध देखने को मिलते हैं। परिवार के विवाहित सदस्यों को अधिक स्वतंत्रता भी दी जाती है। आज

भी बहुत-से येरुकला परिवारों में संयुक्त परिवार की व्यवस्था देखने को मिलती है, भले ही यह दिनोदिन कम होती जा रही हो।

स्टुअर्टपुरम बस्ती में बसे येरुकला समाज में तीन तरह के परिवार हैं—संयुक्त, एकल और एकाकी। एकाकी परिवारों में एक ही सदस्य होता है जबकि संयुक्त परिवारों के सदस्यों की संख्या 10, 20 या इससे कहीं ज्यादा हो सकती है। लेकिन बस्ती में ज्यादातर एकल परिवार ही हैं। बस्ती की आबादी को चार आयु-वर्गों में बाँटा गया है—0 से 13 वर्ष, 14 से 20 वर्ष, 21 से 59 वर्ष और 60 या इससे अधिक वर्ष। बस्ती में सबसे ज्यादा 21 से 59 वर्ष की उम्र के लोग हैं।[282]

बस्ती में आमतौर से दो तरह के घर हैं—फूस के छप्पर वाले ईंट के मकान (टाटकु इटुकिल्लु) और पक्की छत वाले ईंट के मकान (पेंकुटिल्लु)। छप्पर वाले घर कहीं ज्यादा हैं। बस्ती के सभी लोग—पुरुष और स्त्रियाँ दोनों ही—काफी मेहनती लोग हैं। दोनों दिनभर किसी-न-किसी काम में जुटे रहते हैं। आमतौर से पुरुष खेतों में काम करते हैं, रिक्शा ठेलते हैं या तम्बाकू कम्पनी में काम करने जाते हैं। स्त्रियाँ भी खेतों में या तम्बाकू कम्पनी में काम करती हैं। जो स्त्रियाँ काम करने के लिए बाहर नहीं जातीं, वे घर पर ही कोई काम करती हैं या घर के काम-काज और देखभाल में व्यस्त रहती हैं।

स्त्रियों की स्थिति

शुरू में जब ये अधिवासी बस्ती में आए थे तो बस्ती का संचालन करने वाली साल्वेशन आर्मी के सामने एक बड़ी समस्या यह थी कि स्त्रियों के चोरी-चकारी के मोह को कैसे दूर किया जाए। स्त्रियों की इस प्रवृत्ति को 'थीविश रॉ मैटीरियल' (चोरी-चकारी की सम्भावना पैदा करने वाली भावनाएँ) के रूप में परिभाषित किया जाता था। इसके एक उपाय के रूप में स्त्रियों को अपने व्यक्तित्व और पहनावे पर ध्यान देने के लिए प्रोत्साहित किया गया। इसके अलावा साल्वेशन आर्मी समय-समय पर एक प्रतियोगिता भी आयोजित करती थी और सबसे साफ-सुथरे पहनावे वाली स्त्रियों को पुरस्कृत किया जाता था। यह पुरस्कार एक रुपए का होता था।

स्त्रियों को बस्ती से बाहर जाने के पास नहीं दिए जाते थे। अगर इन स्त्रियों के 'पहले' और 'बाद' के चित्रों के रिकॉर्ड को देखा जाए तो दोनों में भारी अन्तर दिखाई देता था। बाद के चित्रों मे ंवे कहीं ज्यादा साफ-सुथरी और सुव्यवस्थित दिखाई देती हैं। सलीके से बाँधी गई साड़ियों, तेल लगे और सफाई से गूँथे गए बालों और माथे पर बिन्दी के कारण वे पूरी तरह मुख्यधारा की हिन्दू स्त्रियों की तरह दिखाई देती हैं। दरअसल, बस्ती से बाहर के लोगों के विचारों को ध्यान में रखते हुए ही येरुकला स्त्रियों को यह नया रूप दिया गया था।

शुरू में स्त्रियों के साथ बहुत-सी ज्यादतियाँ भी होती थीं और वे पुरुषों के दबदबे की शिकायत करती थीं। लेकिन धीरे-धीरे इन स्थितियों में बदलाव आता चला गया। स्त्रियाँ परिवार के पुरुष सदस्यों को पूरा मान-सम्मान देती हैं तो पुरुष भी स्त्रियों को परिवार के महत्त्वपूर्ण सदस्यों के रूप में देखते हैं। अन्य बहुत-सी हिन्दू स्त्रियों की तरह येरुकला स्त्रियाँ भी अपने पति को उसका नाम लेकर नहीं बुलातीं। स्त्रियों की सच्चरित्रता और मर्यादा को लेकर अधिकांश पुरुष बहुत संवेदनशील हैं और इसके उल्लंघन को गम्भीरता से लेते हैं। उन्हें शाम ढलने के बाद अकेले आने-जाने नहीं दिया जाता और कोई-न-कोई पुरुष संरक्षक उनके साथ रहता है। यौन-व्यभिचार को सबसे बड़ा अपराध और पाप माना जाता है और ऐसी स्त्री कड़ी भर्त्सना और दंड की पात्र मानी जाती हैं। बहुत-सी येरुकला स्त्रियाँ ज्योतिष विद्या का भी प्रयोग करती हैं। ऐसी स्त्रियाँ अपने साथ एक टोकरी, एक छाजन, एक घड़ी और तिनकों के एक थाल में हल्दी और गाय के गोबर के लेप वाले खोल लेकर चलती हैं। टोकरी कोलापुरी अम्मा का प्रतीक होती है। वे गली-गली घूमते हुए 'येरुको अम्मा येरुका' की आवाजें लगाती हैं, जिसका अर्थ होता है, 'भविष्यवाणी, माँ, भविष्यवाणी'।[283]

गोत्रम या कुल

येरुकला जनजाति के अपने कुछ विशिष्ट गोत्र या कुल हैं। वे इस प्रकार हैं—सथुपति, कावड़ी, मानेपति और मंद्रागुट्टी।[284] ये सभी तमिल शब्दों के भ्रष्ट रूप हैं। 'सथुपति' तमिल शब्द सत्तुपदी का बिगड़ा हुआ रूप है, जिसका अर्थ होता है किसी देवी-देवता को फूलों, आभूषणों और वस्त्रों से मंडित करना। इसी तरह, तमिल में 'कावड़ी' शब्द दोनों सिरों पर लटकी टोकरियों वाली डांडी के लिए इस्तेमाल होता है। 'मानेपति' शब्द 'मनपदी' का भ्रष्ट रूप है, जो अपने हाथों से बुनकर देवी-देवता के मन्दिर में चढ़ाए जाने वाली पादुकाओं के लिए इस्तेमाल होता है।[285] पुराने जमाने में ये लोग अपने गोत्र को बहुत ज्यादा महत्त्व देते थे। इन चारों गोत्रों में 'सथुपति' और 'कावड़ी' को ऊँचा गोत्र माना जाता है। परम्परा के अनुसार कोई कावड़ी पुरुष सथुपति परिवार में विवाह कर सकता है क्योंकि ये दोनों गोत्र एक-दूसरे के बराबर माने जाते हैं। लेकिन कावड़ी लड़कियों के सथुपति परिवारों में विवाह कम ही देखे जाते हैं, जो कभी-कभार अपवाद के रूप में ही होते हैं। आमतौर से, कावड़ी लड़की और सथुपति लड़के के विवाह को शुभ नहीं माना जाता।

इन जनजातियों की बहुत-सी उपजातियाँ भी हैं, जो ज्यादातर मामलों में उनके काम-धन्धों से जुड़ी हुई हैं। इनमें से कुछ प्रमुख हैं—कवाती येरुकला, उप्पू येरुकला, डब्बा येरुकला, परिगिमुग्गा येरुकला, कूट येरुकला, भजन्तरी येरुकला,

राम येरुकला, नागी येरुकला, सुब्बा येरुकला, कुंचापुरी येरुकला, सथुपति येरुकला, कुड्डीकट्टी येरुकला, इत्यादि।[286] नमक के व्यापार से जुड़े येरुकलाओं को उप्पू येरुकला कहा जाता था। इसी तरह, बाँस की टोकरियाँ बनाने वाले येरुकलाओं को डब्बा येरुकला कहा जाता था। दो अन्य उपजातियों में 'पामुलन' साँपों को पकड़ने और उनका तमाशा दिखाने के लिए और 'कोटुल्ल' बन्दरों को पकड़ने और उनका तमाशा दिखने के लिए जाने जाते रहे हैं। 'परिगभुग्गालस' शरीर पर नाम, आकृतियाँ इत्यादि गोदने का काम करते थे तो 'सथुपति' आमतौर से टोकरियाँ बनाने का काम करते थे। 'ईटापुल्लन' जाल बुनने के काम के लिए तो 'सुव्वा' लोहे की छड़ों से टोकरे बनाने के काम के लिए जाने जाते थे।

स्टुअर्टपुरम के अधिवासियों में मूलत: तीन तरह के धार्मिक समूह हैं—हिन्दू, ईसाई और गोला। सबसे ज्यादा संख्या हिन्दुओं और धर्मान्तरित ईसाइयों की है। हिन्दू अधिवासी वेंकटेश्वर, लक्ष्मी और अन्य हिन्दू देवी-देवताओं की पूजा करते हैं।[287] ईसाई अधिवासी नियमित रूप से चर्च जाते हैं। यूँ साल्वेशन आर्मी के कारण बस्ती पर ईसाई धर्म का काफी प्रभाव है और बहुत-से हिन्दू भी चर्च जाते हैं। हिन्दू और ईसाई मिल-जुलकर दशहरा, दिवाली, पोंगल, क्रिसमस और नव-वर्ष इत्यादि त्योहार मनाते हैं। आपराधिक गतिविधियों में बहुत ज्यादा लिप्त रहने वाले कुछ येरुकला पशु-पूजक हैं। वे प्राकृतिक शक्तियों में विश्वास करते हैं और सभी तरह की मूर्तियों, पशुओं, पक्षियों ओर अलौकिक शक्तियों की पूजा करते हैं।

एक दिलचस्प तथ्य यह है कि डोंगा येरुकलाओं का कुल-धर्म ही 'डोंगातनमु' यानी चोरी करना था। किसी घर में चोरी, सेंधमारी, लूटपाट, वगैरह के लिए निकलने से पहले वे बाकायदा मोदेवी (निद्रा की देवी) की पूजा करते थे। वे देवी से प्रार्थना करते थे कि चोरी के दौरान घर के लोग गहरी निद्रा में सोए रहें जबकि वे खुद चुस्त, चौंकन्ने और होशियार रहें। वे अपने धर्म के निर्वाह में पुलिस द्वारा कोई रुकावट पैदा न किए जाने की भी दुआ माँगते थे। अपराधी प्रवृत्ति डोंगा येरुकलाओं के व्यक्तित्व में इतनी रस-बस गई थी कि शुरू-शुरू में स्टुअर्टपुरम बस्ती में उन्हें ईमानदार आजीविका कमाने के लिए प्रेरित करना बहुत मुश्किल काम साबित हो रहा था।[288]

भाषा

विभिन्न जनजातियों की अपनी अलग-अलग बोलियाँ तो हैं लेकिन कोई लिखित लिपि नहीं है। येरुकला और कोरवा जनजातियों की भाषा के अधिकांश शब्द तमिल, तेलुगु और कन्नड़ जैसी दक्षिण भारतीय भाषाओं के शब्दों के बिगड़े हुए रूप प्रतीत होते हैं। जगह-जगह भटकते रहने के कारण किसी एक भाषा से उनका काम नहीं चल

सकता था, इसलिए वे अन्य भाषाओं के शब्द भी सीखते और अपनी भाषा में मिलाते रहते थे। किसी एक क्षेत्र में बसी हुई जनजातियाँ करीब-करीब वहाँ की स्थानीय भाषा का ही प्रयोग करती थी।[289] आन्ध्र प्रदेश के विभिन्न क्षेत्रों में बसे हुए येरुकला तेलुगु और येरुकला भाषा का प्रयोग करते हैं। लेकिन वे तेलुगु शब्दों को भी इस अन्दाज में बोलते हैं कि दूसरे लोग उनकी बोली को आसानी से नहीं समझ सकते।

स्टुअर्टपुरम बस्ती में बसे येरुकलाओं की अपनी अलग भाषा है और वे आपस में संवाद के लिए इसी येरुकला भाषा का प्रयोग करते हैं। बच्चे भी अपने माता-पिता से यह भाषा सीखते रहते हैं, भले ही वे इसे पढ़-लिख न सकें। येरुकलाओं की भाषा उन्हें एक सूत्र में पिरोए रखती है और यह उनकी जातिगत एकता का प्रतीक है। इस भाषा के कारण ही उन्हें गैर-येरुकलाओं से आसानी से अलग पहचाना जा सकता है। एक तरह से अब उनकी भाषा या बोली ही उनकी पहचान का प्रतीक रह गई है। बस्ती के लोग अपने गोत्र और कुल-सम्बन्धों को भी बहुत महत्त्वपूर्ण मानते हैं और वैवाहिक सम्बन्ध जोड़ने के लिए गोत्र और कुल का खास ध्यान रखा जाता है। वे एक-दूसरे को उनके घरेलू नामों से बुलाते हैं और औपचारिकता के चक्कर में नहीं पड़ते। समय के साथ-साथ, अन्य जनजातियों की तरह येरुकला समुदाय में भी बदलाव के चिन्ह दिखाई देने लगे हैं। अब स्टुअर्टपुरम बस्ती में अर्न्तजातीय विवाह भी देखने को मिलने लगे हैं।

भोजन

येरुकला पूरी तरह मांसाहारी जनजाति रही है। वे शिकार के भी खूब शौकीन रहे हैं। बकरी, भेड़ और सुअर का मांस उनका प्रिय भोजन है।[290] इसके अलावा वे चिड़िया और गिलहरी इत्यादि का मांस भी खाने के लिए जाने जाते हैं। इसी तरह, उनके समुदाय में मदिरापान भी बहुत प्रचलित है और वे अकसर पीकर बहक भी जाते हैं। मांसाहार के अलावा वे सभी तरह की सब्जियाँ भी खा लेते हैं। वे कुछ जनजातियों के साथ खा-पी भी लेते हैं लेकिन परिआओं और मुसलमानों के साथ खाने से परहेज करते हैं।

विवाह-प्रणाली

येरुकला बहुविवाह में विश्वास करते रहे हैं लेकिन यह प्रथा अब धीरे-धीरे खत्म हो रही है। अब वे एक से ही विवाह करना पसन्द करते हैं। ये विवाह घर के बड़े-बूढ़ों द्वारा तय किए जाते हैं। वे दूसरी जातियों की स्त्रियों के साथ भी विवाह करने से परहेज नहीं करते लेकिन माला और मडिगा जैसी कुछ छोटी समझी जाने

वाली जातियों में विवाह करना पसन्द नहीं करते। वैसे, अब समय बदलने के साथ-साथ ये मर्यादाएँ भी अब कमजोर पड़ने लगी हैं और वे इन जनजातियों के साथ भी घुलने-मिलने लगे हैं। जैसा कि हम कह चुके हैं, विवाह वर और कन्या के माता-पिता द्वारा तय किए जाते हैं। लड़के के माता-पिता लड़की के माता-पिता को वधू-मूल्य या 'वोली' चुकाते हैं, जो प्रथम विवाह के मामले में साढ़े तीन रुपए और पुनर्विवाह के मामले में सात रुपए होता है।[291] एक सुखद तथ्य यह है कि येरुकला जनजाति में बाल-विवाह की परम्परा नहीं रही है। लेकिन ऐसे सन्दर्भ मिलते हैं कि "लड़की का मामा अपनी पहली दो भान्जियों को अपने बेटों की बहुओं के रूप में चुन सकता था।"[292] यह प्रथा भी अब कम ही देखने को मिलती है। आमतौर से किसी विवाह को तय करने की प्रक्रिया के कुछ निश्चित कायदे हैं। पहले, लड़के के माता-पिता उसके लिए कोई लड़की पसन्द करते हैं और फिर घर के सभी बड़े-बूढ़ों के साथ लड़की के घर जाते हैं। इस अवसर पर गाँव का मुखिया भी मौजूद रहता है और दोनों पक्षों के बीच मध्यस्थ की भूमिका निभाता है। लड़की को पसन्द कर लेने के बाद लड़के वाले अपनी स्वीकृति व्यक्त करते हैं और वधू-मूल्य चुका देते हैं। लेकिन अब समाज के अन्य वर्गों की देखा देखी इस प्रथा में भी बदलाव आने लगा है और लड़के वाले वधू-मूल्य चुकाने की बजाय दहेज की माँग करने लगे हैं। लड़के वाले अपने सामाजिक रुतबे के हिसाब से दहेज की माँग करते हैं। यह दहेज आमतौर से खेत की जमीन, नकदी, सोने, वाहन और अन्य मूल्यवान वस्तुओं के रूप में होता है।

विवाह सम्बन्ध तय हो जाने के बाद दोनों पक्षों के लोग जश्न मनाते हैं। इस अवसर पर ताड़ी का जमकर सेवन किया जाता है। गाँव के मुखिया की उपस्थिति में लड़के और लड़की के माता-पिता आपस में ताड़ी का आदान-प्रदान करते हैं और कुछ ताड़ी एक बर्तन में भरकर कुल-पंचायत को भी भेंट करते हैं। मदिरापान के बाद भोज का आयोजन किया जाता है और सब लोग मिलजुलकर खाते-पीते हैं। इस रस्म के बाद दोनों पक्षों को आपस में अनुबन्धित मान लिया जाता है और कोई भी पक्ष इस समझौते का उल्लंघन नहीं कर सकता। लेकिन कभी-कभार कोई अड़चन भी पैदा हो जाती है और आपसी सम्बन्ध बिगड़ जाते हैं। ऐसी स्थिति में सम्बन्ध तोड़ने वाले पक्ष को एक सभा बुलाकर अपनी सफाई देनी पड़ती है और अनुबन्ध तोड़ने का कारण बताना पड़ता है। इसके बाद कुल-पंचायत जो फैसला करती है, उसका पालन सबको करना पड़ता है, भले ही यह फैसला अनुबन्ध न तोड़ने के पक्ष में हो। कोई भी इस फैसले का अनादर नहीं कर सकता।

आमतौर से हिन्दू धर्म का अनुसरण करने वाले येरुकलाओं के लिए विवाह का मुहूर्त एक ब्राह्मण पंडित द्वारा निकाला जाता है और वही इस विवाह को सम्पन्न भी करवाता है। ईसाई धर्म अपना चुके येरुकलाओं का विवाह चर्च का

पास्टर सम्पन्न करवाता है। विवाह के अवसर पर वधू को काले मनकों की एक 'ताली' पहनाई जाती है, जो एक तरह से उसका मंगल-सूत्र होती है।[293] वर और वधू पर चावलों की बौछार करने की एक अन्य रस्म भी सम्पन्न की जाती है, जिसे 'तारलमब्रलु' कहा जाता है।[294] समुदाय की विधवाओं को इन रस्मों में भाग लेने की अनुमति नहीं होती। समुदाय में एक और दिलचस्प प्रथा भी प्रचलित है। इसके अनुसार, दो परिवार या व्यक्ति आपस में यह अनुबन्ध कर लेते हैं कि एक के यहाँ लड़की और दूसरे के यहाँ लड़का पैदा होने या इसका उल्टा होने की स्थिति में उन दोनों का विवाह कर दिया जाएगा। इस तरह बच्चों के पैदा होने से पहले ही उनका जीवनसाथी निर्धारित कर दिया जाता है। लेकिन अगर बाद में ब्राह्मण पंडित इस विवाह को शुभ न समझे तो इस अनुबन्ध को तोड़ा भी जा सकता है।[295]

वय:सन्धि

समुदाय में लड़कियों के वय:सन्धि की अवस्था में पहुँचने के अवसर को बहुत शुभ माना जाता है और इसे उत्सव के रूप में मनाया जाता है। वय:सन्धि की सूचना सबसे पहले लड़की के मामा को दी जाती है। इस अवसर पर लड़की को पाँच दिनों तक 'बैठक' की अवस्था में रखा जाता है और उससे कोई काम नहीं करवाया जाता। इसके बाद उसे सूतक से मुक्त मान लिया जाता है। मामा उसे नए कपड़े, दर्पण, कंघी, कुमकुम और चूड़ियाँ भेंट करता है। वह उसे कुछ सूखे मेवे और फूल भी भेंट करता है। इसके बाद भोज का आयोजन किया जाता है और यह खर्च भी मामा ही उठाता है। इस अवसर पर पास-पड़ोस और सम्बन्धियों में मिठाइयाँ भी बाँटी जाती हैं।

तलाक

येरुकला समुदाय में तलाक बहुत कम होते हैं। लेकिन जब कभी ये तलाक होते हैं तो दोनों पक्षों में बहुत ज्यादा खटास पैदा हो जाती है और वे अकसर एक-दूसरे के दुश्मन बन जाते हैं। इसी तरह, किसी की लड़की को भगा ले जाने को भी बहुत गम्भीर अपराध माना जाता है। ऐसे अवसरों पर एक पंचायत बुलाकर दोषी लड़के को दंडित किया जाता है। इसके अलावा उसे लड़की के साथ विवाह करने के लिए भी बाध्य किया जा सकता है। अगर कोई विवाहित पुरुष किसी युवती को भगा ले जाए तो कुल-पंचायत दोनों को ही बहुत कड़ा दंड देती है। पुरुष को कुछ हर्जाना देने के लिए भी कहा जाता है। इसी तरह, अवैध यौन-सम्बन्ध रखने वालों को भी समुदाय बहुत बुरी नजर से देखता है और उसे कुल-पंचायत द्वारा दंडित किया जाता है। अगर कोई विवाहित पुरुष लम्बे समय से नि:सन्तान हो तो उसे

दूसरा विवाह करने की अनुमति होती है। लेकिन दूसरा विवाह करने के बाद उसे पहली पत्नी को गुजर-बसर का खर्च देते रहना पड़ता है।

विधवा विवाह

इस समुदाय में विधवा विवाह बहुत आम बात है। इस तरह के विवाहों में ज्यादा लम्बी-चौड़ी रस्में भी नहीं होतीं। विवाह करने का इच्छुक पुरुष समुदाय के कुछ अन्य सदस्यों की उपस्थिति में स्त्री को एक नई साड़ी भेंट करता है और सबके सामने उसे अपनी पत्नी के रूप में स्वीकार कर लेता है। इन विवाहों को 'चीराकट्टुकोवाडमु' (साड़ी पहनाना) कहते हैं।[296] इस अवसर पर गाँव का मुखिया भी उपस्थित रहता है और वह मध्यस्थ की भूमिका निभाता है। इसके बाद सब लोग मिल-जुलकर ताड़ी पीते हैं और विवाह का जश्न मनाते हैं।[297]

जन्म से जुड़ी रस्में

पुराने जमाने में किसी बच्चे के जन्म लेने के तुरन्त बाद झोंपड़ी के बाहर धूपबत्तियाँ जला दी जाती हैं। गाय के गोबर से घर का शुद्धिकरण किया जाता था, जिसके बाद सभी लोगों को बच्चे को देखने की अनुमति दे दी जाती थी।[298] नवजात शिशु को दुरात्माओं के प्रभाव से बचाने के लिए कुछ अन्य रस्में भी सम्पन्न की जाती थीं। माँ और बच्चे पर पूरा ध्यान दिया जाता था और जन्म के नौवें दिन दोनों को नहलाया जाता था।[299] इसके बाद एक उत्सव का आयोजन किया जाता था, जिसमें ताड़ी के दौर के दौर के बाद भोजन परोसा जाता था। बच्चों के नाम उनके पूर्वजों के नामों पर रखने का चलन था। कई बार ये नाम समुदाय के किसी जननायक या देवी-देवताओं के नामों पर भी रख दिए जाते थे। आमतौर से ये नाम वेंकटीगाडु, गंगाडु, नागी, अंकली जैसे नामों की तरह होते हैं। ऐसा माना जाता है कि उनके नामों के बाद (गाडु) लगाना ब्रिटिशों ने शुरू किया था, जो उनके प्रति उपनिवेशीय प्रशासकों के दुर्व्यवहार को प्रदर्शित करता था। बच्चे के नामकरण के बाद उसकी कलाई पर एक काला धागा बाँध दिया जाता है। बच्चे के मामा की उपस्थिति को इस अवसर पर बहुत शुभ माना जाता है। पूर्णिमा की रात पैदा हुए बच्चों को बहुत भाग्यशाली माना जाता है।[300] अगर बच्चे की नाभिकीय नाल मुड़कर उसकी गर्दन पर लिपटी हुई हो तो इसे बहुत अशुभ लक्षण और उसके पिता या मामा की शीघ्र मृत्यु का संकेत माना जाता है। इस अशुभ लक्षण के प्रभाव को दूर करने के लिए एक मुर्गे को मारकर उसकी हड्डियों को बच्चे के गले में पहना दिया जाता है और बाद में उन्हें नाभी-नाल के साथ ही जला दिया जाता है।[301]

मृतकों का दाह-संस्कार

अगर किसी घुमन्तू येरुकला की रास्ते में मृत्यु हो जाए तो उसे जल्दी-से-जल्दी दफना दिया जाता है। उसका सिर उत्तर दिशा में और पाँव दक्षिण दिशा में रखे जाते हैं। मृतक के शव को नहलाकर नए कपड़े पहनाए जाते हैं। उसकी कब्र में एक किनारे पर एक सिक्का भी रखा जाता है। कब्र को ढँकने के बाद उसके आसपास रोटी डालकर कौओं को बुलाया जाता है। ऐसा माना जाता है कि मृत्यु के बाद मृतक की आत्मा उसकी कब्र के आसपास भटकती रहती है। मृत्यु के ठीक एक वर्ष बाद एक संस्कार समारोह का आयोजन किया जाता है और मृत्यु से जुड़ी सभी रस्में पूरी की जाती हैं। ऐसा माना जाता है कि इसके बाद मृतक की आत्मा को पूर्ण शान्ति मिल जाती है। ईसाई धर्म अपना चुके येरुकला भी लगभग इसी तरह की मिलती-जुलती रस्मों का पालन करते हैं। कुछ येरुकला मृतक के पार्थिव शरीर को अग्नि के हवाले करने के बाद उस जगह पर तुलसी का पौधा उगा देते हैं।

अन्धविश्वास

येरुकला समुदाय में छिपकली को बहुत अशुभ माना जाता है। अगर छिपकली दीवार या छत से फिसलकर उनके सामने आ गिरे तो वे इसे किसी अनहोनी का संकेत मानते हैं। इसी तरह छिपकली के कहीं आसपास से आवाज करने को भी बहुत अशुभ माना जाता है। अगर घर से निकलते समय घर का कोई सदस्य छींक पड़े तो येरुकला अपना कार्यक्रम टाल देना पसन्द करते हैं। लेकिन बार-बार छींकने को अशुभ की बजाय शुभ लक्षण माना जाता है। रास्ते में किसी तेली, नाई, टेढ़ी नजर से देखने वाले या पुलिस वाले से भेंट को भी अशुभ लक्षण माना जाता है। अगर कोई कौआ उड़ते-उड़ते दाईं तरफ से गुजर जाए तो यह एक शुभ लक्षण माना जाता है। लेकिन अगर कौआ सिर के ऊपर से गुजर जाए तो इसे एक अशुभ लक्षण, किसी अनहोनी का संकेत माना जाता है। कौवे के काँव-काँव करने या रोने को घर में किसी मेहमान के आने का सूचक माना जाता है। किसी यात्रा पर निकलते समय रास्ते में किसी विधवा से भेंट हो जाने, कुत्तों के भौंकने, बैल लेकर चले आ रहे किसी व्यक्ति से भेंट होने या दूध के मटके दिख जाने को भी अशुभ माना जाता है। इसी तरह तीन की संख्या को भी अशुभ माना जाता है। तीन लोगों के एक साथ कहीं जाने को या तीन लोगों द्वारा एकसाथ कोई काम शुरू करने को भी अशुभ माना जाता है। रविवार के दिन को विवाह के लिए जितना शुभ माना जाता है परन्तु कोई अपराध करने के लिए उतना ही अशुभ भी। इसी तरह सोमवार, बुधवार और शनिवार भी भाग्यशाली दिन नहीं माने जाते।[302] रास्ते में लकड़ियों का

ढेर दिख जाने या गाय के गोबर के उपले दिख जाने को भी अच्छा संकेत नहीं माना जाता। किसी बनी-ठनी विधवा से भेंट हो जाने या बिल्ली के रास्ता काट देने को भी बहुत अशुभ लक्षण और किसी अनहोनी का संकेत मानकर इसे बहुत गम्भीरता से लिया जाता है।

शस्त्र

डोंगा येरुकला अपने साथ कुछ खास तरह के हथियार रखने के लिए मशहूर हैं। इनमें चाकू-छुरों के अलावा एक अलग किस्म का 'कोडावली' नामक हथियार भी शामिल है, जो तलवार और हँसिये के बीच की चीज है। इसकी धार जितनी तीखी होती है, हत्था उतना ही भारी होता है। इसलिए इसका वार बहुत घातक होता है। इस औजार से वे पशुओं को मारने-काटने और बाँसों की चीर-फाड़ का काम भी करते हैं। घरों में सेंधमारी के लिए वे 'गड़ीकोलु' या 'सिल्लुकोलु' नामक एक लोहे के औजार का इस्तेमाल करते हैं।[303]

कुल पंचायत

अतीत में, गाँव के मुखिया की समुदाय में बहुत महत्त्वपूर्ण भूमिका होती थी। बस्ती में नए आने वालों और जन्म या मृत्यु से सम्बन्धित सभी जानकारियों का रजिस्टर उसी के पास रहता था। एक तरह से बस्ती के अधिवासियों का नियंत्रण उसी के हाथ में था। उसे लोकप्रियता, उम्र और विविध प्रकार के दायित्वों के निर्वाह करने की दक्षता के आधार पर चुना जाता था।

पंचायत में इसके नाम के अनुरूप पाँच सदस्य होते हैं। ये पाँच लोग समुदाय के वरिष्ठ सदस्य होते हैं, जिन्हें 'बेरुमानुसम' यानी 'बड़े लोग' या 'बड़े-बूढ़े' कहा जाता है। समुदाय के सभी सदस्य इन पंचों के मौखिक नियमों का सम्मान करते हैं और कुल-पंचायत के निर्देशों का कड़ाई से पालन करते हैं। कुल-पंचायत के नियमों और निर्देशों के उल्लंघन को बहुत गम्भीरता से लिया जाता है।

पंचायत की बैठकें एक सामूहिक सभा स्थल या चौपाल पर होती हैं। दोषी व्यक्ति और उसकी तरफ के लोगों को बाईं तरफ बैठाया जाता है वहीं पीड़ित व्यक्ति और उसकी तरफ के लोगों को दाईं तरफ। यूँ इसका उल्टा भी होता रहता है, इसलिए हम कह सकते हैं कि एक तरफ आरोपी पक्ष के लोग होते हैं और दूसरी तरफ अभियोग पक्ष के लोग। पाँचों पंच इन दोनों पक्षों के बीच में बैठते हैं। पंच आपस में गुप्त मंत्रणा करके आरोपी द्वारा किए गए अपराध के सच-झूठ की पड़ताल करते हैं।

पुरानी प्रथा के अनुसार आरोपी को खौलते तेल में उँगलियाँ डुबोने के लिए कहा जाता था और यही परीक्षा उसके सच-झूठ की कसौटी होती थी। अब यह प्रथा खत्म हो चुकी है। हालाँकि, कभी-कभार इसके कुछ चिन्ह अब भी देखने को मिल जाते हैं। एक अन्य प्रथा में, आरोपी को आग पर रखी लोहे की सलाख उठाकर और सिर पर पानी से लबालब भरा मटका लेकर चलना पड़ता था। पानी की एक बूँद भी गिरने का अर्थ होता था कि वह दोषी है, अन्यथा उसे निर्दोष मान लिया जाता था। अब यह अतर्कपूर्ण प्रथा भी खत्म हो चुकी है और पंच आरोपी के दोषी या निर्दोष होने का पता लगाने के लिए आधुनिक और तर्कपूर्ण उपायों का प्रयोग करते हैं।

कुल-पंचायत आमतौर से निम्न प्रकार के मामलों का निपटारा करती है— (1) समुदाय के भीतर अनैतिक आचरण का मामला अगर कोई पुरुष अपनी पत्नी को अनैतिक यौन सम्बन्धों में लिप्त होते रंग हाथों पकड़ लेता है तो वह यह मामला कुल-पंचायत के पास ले जाता है। कुल-पंचायत मामले की जाँच करती है और आरोप सही पाए जाने पर दंड का फैसला करती है। पंचायत की कार्रवाई का पूरा खर्च भी दोषी व्यक्ति को ही देना पड़ता है। (2) सामाजिक रीति-रिवाजों के उल्लंघन का मामला; (3) सम्पत्ति का विवाद; (4) वैवाहिक विवाद; (5) पैतृक सम्पत्ति के बँटवारे का विवाद; (6) बस्ती में नए सदस्यों की भर्ती का मामला; (7) चोरी के माल से जुड़ा विवाद, इत्यादि।

4

शिक्षा

साल्वेशन आर्मी का मानना था कि बस्ती के अधिवासियों की शिक्षा का प्रबन्ध करना उनके सुधार और उत्थान का एक महत्त्वपूर्ण और अनिवार्य अंग था। इसलिए बस्ती की स्थापना के दो वर्ष बाद ही वहाँ एक प्राथमिक स्कूल खोल दिया गया। सन् 1916 में इस स्कूल की शुरुआत के साथ ही बच्चों के लिए शिक्षा अनिवार्य कर दी गई। बच्चों को स्कूल न भेजने वाले माता-पिता को कड़ा दंड दिया जाता था। पहले ही वर्ष, यानी सन् 1916 में, बस्ती के कुल 481 बच्चों में से 250 बच्चे स्कूल जाने लगे थे। इनमें से 74 बच्चे नियमित रूप से स्कूल आते रहे और प्राथमिक शिक्षा पूरी करने में सफल रहे। शिक्षकों ने इन सभी बच्चों को बहुत मेहनती और होशियार पाया। मद्रास के गवर्नर ने स्कूल का दौरा करके बच्चों और शिक्षकों का उत्साह बढ़ाया। उन्होंने बहुत भावभीने शब्दों में अपनी प्रसन्नता प्रकट की और स्कूल के बच्चों का एक चित्र भी खींचा।[304]

यह स्कूल एक साठ फुट लम्बे और बीस फुट चौड़े छप्पड़ के नीचे चलाया जाता था। बारिश के दिनों में छप्पड़ की छत से पानी रिसने लगता था और बच्चों को पढ़ाना मुश्किल हो जाता था। इस प्राथमिक स्कूल में 'थ्री आर' अर्थात् रीडिंग, राइटिंग और रिथमैटिक (पढ़ना, लिखना और गणित) प्रणाली से शिक्षा दी जाती थी। बच्चों को सामान्य ज्ञान, ग्राम्य विज्ञान, बागवानी, प्रकृति अध्ययन के साथ-साथ अंग्रेजी भाषा का भी कुछ ज्ञान दिया जाता था। उन्हें शारीरिक व्यायाम भी करवाए जाते थे और उनकी धार्मिक चेतना को जागृत करने के लिए बाइबल पढ़ाई जाती थी। स्कूल की उच्चतर कक्षाओं में औद्योगिक शिक्षा और नैतिक प्रशिक्षण भी दिया जाता था। स्टुअर्टपुरम बस्ती एक कृषि-प्रधान बस्ती थी। इसे देखते हुए स्कूलों में कृषि की शिक्षा को अनिवार्य कर दिया गया। यह स्कूल एक सह-शिक्षा स्कूल था, जिसमें लड़कों और लड़कियों दोनों को साथ-साथ पढ़ाया जाता था। हर कक्षा में लगभग 40 बच्चे थे। स्कूल की किताबों, कॉपियों, तख्ती, पेंसिल और पढ़ाई के लिए जरूरी अन्य सामग्री का पूरा खर्च बस्ती का प्रबन्धन उठाता था। इस स्कूल में वयस्कों के लिए रात्रि-कक्षाओं का भी प्रबन्ध था। जो शिक्षक दिन में बच्चों को पढ़ाते थे, वही रात में वयस्कों को भी पढ़ाते थे। इतना ही नहीं, शिक्षकों की पत्नियाँ भी बच्चों की पढ़ाई में दिलचस्पी लेती थीं और अपनी तरफ से पूरा सहयोग देती थीं। पत्नी द्वारा हाथ बँटाए जाने की स्थिति में हैडमास्टर को आठ रुपए और अन्य अध्यापकों को पाँच रुपए अतिरिक्त वेतन मिलता था। जैसा कि हम कह चुके हैं, स्कूल में पाठ्यक्रम के तीन मूल आधार—पढ़ना, लिखना और गणित—'थ्री आर' थे।[305] इस स्कूल में बच्चों की संख्या और दैनिक उपस्थिति का अन्दाजा लगाने के लिए किसी एक दिन की उपस्थिति के आँकड़े प्रस्तुत करना बेहतर होगा। 29 अक्टूबर, 1917 को स्कूल में बच्चों की उपस्थिति इस प्रकार थी[306]—

तालिका 3.6 : स्टुअर्टपुरम स्कूल में बच्चों की संख्या, 1917

कक्षा	*रजिस्टर में दर्ज बच्चे*		*उपस्थित बच्चे*		*कुल*
	लड़के	*लड़कियाँ*	*लड़के*	*लड़कियाँ*	
शिशु 'ए'	14	11	14	9	23
शिशु 'बी'	12	14	13	11	24
शिशु 'सी'	15	23	10	18	28
शिशु 'डी'	30	34	25	27	52
प्रथम कक्षा	8	3	6	2	8
द्वितीय कक्षा	11	1	8	1	9
तृतीय कक्षा	7	3	7	3	10

स्कूल का संचालन और शिक्षकों की नियुक्ति पूरी तरह साल्वेशन आर्मी के हाथ में थी। ब्रिटिश सरकार चाहती थी कि स्कूल के नियम सरकार के शिक्षा विभाग द्वारा निर्धारित नियमों के अनुसार हों। एक दिलचस्प तथ्य यह था कि स्कूल के शिक्षकों के रूप में येरुकला जनजाति के कुछ शिक्षकों को भी नियुक्त किया गया था—पुरुष और स्त्रियों दोनों को।[307] इसके पीछे येरुकला जनजाति के लोगों में स्वाभिमान और आत्मविश्वास की भावना पैदा करने का उद्देश्य था। दूसरे, इससे समुदाय की छवि सुधारने में भी मदद मिलती थी, क्योंकि इससे यह प्रमाणित होता था कि वे सिर्फ शिक्षा प्राप्त करने योग्य ही नहीं हैं, बल्कि हर तरह का काम करने और हर तरह की जिम्मेदारी निभाने में भी सक्षम हैं। ये नियुक्तियाँ उनकी शैक्षणिक क्षमता, लगन और समर्पण भावना का प्रतीक थीं, इससे अपने काम के प्रति उनकी प्रतिबद्धता और गम्भीरता भी झलकती थी। उनकी योग्यता को प्रमाणित करने और साथ ही उनकी इस नई छवि को और सुदृढ़ करने के लिए जाने-माने और विद्वान शिक्षा अधिकारियों को स्कूल के निरीक्षण के लिए बुलाया जाता था।[308] स्कूल के अध्यापक को अच्छा वेतन और रहने के लिए मकान दिया जाता था।[309] सन् 1918 में इस स्कूल में कार्यरत अध्यापकों की योग्यता और वेतन इस प्रकार था[310]—

तालिका 3.7 : स्टुअर्टपुरम प्राथमिक स्कूल में शिक्षकों की स्थिति

अध्यापक का नाम	*योग्यता*	*वेतनमान*
के. जेकब	1915 की एल.एस.पी.टी.सी.	25
च. जॉसफ	1915 की एस.एस.एल.सी.	20
सन्तोषामल्ल	1915 की एल.एस.पी.टी.सी.	15
सौभाग्यामल्ल	1915 की एल.एस.पी.टी.सी.	15
पी. साइमन	अनुर्त्तीण	12
लिस्मामल्ल	चौथी कथा उर्त्तीण	12
बी. सोलोमन	अनुर्त्तीण	12

बस्ती में एक बोर्डिंग स्कूल की स्थापना साल्वेशन आर्मी की एक और उपलब्धि थी। इस स्कूल की स्थापना के बाद आधिवासियों के बच्चों को आपराधिक माहौल से दूर रखना और भी सुगम हो गया। इस बोर्डिंग स्कूल की स्थापना के पीछे कुछ प्रमुख उद्देश्य थे—(1) अनाथ बच्चों की समस्या; (2) जेल में बन्द माता-पिता के बच्चों की समस्या; (3) अत्याधिक निर्धन माता-पिता के बच्चों की समस्या; (4) जेल से हाल ही में छूटकर आए माता-पिता के बच्चों की समस्या; (5) माता-पिता या बच्चों के संदिग्ध चरित्र के कारण माता-पिता से अलग किए गए बच्चों की समस्या; और (6) बस्ती से भाग चुके अधिवासियों के बच्चों की समस्या।[311] सुबह और शाम दोनों समय स्कूल में उपस्थित रहने वाले बच्चों को दोपहर में चावलों का उबला हुआ पानी पिलाया जाता था, जिसे 'गंजी' कहा जाता है।

बोर्डिंग स्कूल बहुत व्यवस्थित ढंग से चलाया जा रहा था। बस्ती के मैनेजर ने इसकी प्रशंसा करते हुए अपनी रिपोर्ट में कहा था कि यह स्कूल बस्ती के लिए एक वरदान साबित हुआ था। बोर्डिंग स्कूल में बच्चों के सोने की व्यवस्था में सुधार करने के लिए लेबर कमिश्नर ने लड़कों और लड़कियों के लिए अलग-अलग डॉरमैट्री बनाए जाने का निर्देश दिया। दोनों डॉरमैट्री के लिए अलग-अलग वार्डनों की भी व्यवस्था की गई। इसके अलावा छोटे बच्चों के लिए भी एक अलग कक्ष बनाया गया क्योंकि उन्हें बड़े बच्चों के साथ रखने से उनकी ठीक से देखभाल नहीं हो पाती थी। इन तीन कक्षों के अलावा बिल्डिंग के अहाते में खेलने और मन बहलाव के लिए एक और कक्ष भी बनाया गया।

स्कूल में या घर पर माता-पिता और बच्चों के आपस में मिलने-जुलने से बच्चों पर दुष्प्रभाव पड़ता दिखाई देता था। ऐसा महसूस किया गया कि बच्चों के स्वस्थ भावनात्मक और मानसिक विकास के लिए उन्हें अपराध से जुड़ी सोच से पूरी तरह से दूर रखना जरूरी था। साल्वेशन आर्मी ने माता-पिता को बच्चों से कम-से-कम मिलने और उनसे दूर रहने की सलाह दी। लेकिन बच्चे माता-पिता से मिले बगैर रह नहीं पाते थे और प्रबन्धकों की सारी कोशिशें बेकार हो जाती थीं। आखिर यह योजना बनाई गई कि बच्चों को विभिन्न प्रकार की गतिविधियों में इतना व्यस्त रखा जाए कि उन्हें माता-पिता से मिलने या उनके बारे में सोचने का समय ही न मिल पाए।[312]

बच्चों की नई पीढ़ी कहीं ज्यादा नैतिक और ईमानदार थी। वह आपराधिक भावनाओं से भी लगभग मुक्त हो चुकी थी। बस्ती के प्रबन्धक चाहते थे कि उनके अबोध मस्तिष्कों पर कोई भी ऐसा प्रभाव न पड़े जिससे वे अनैतिक आचरण या अपराध की तरफ आकर्षित हो सकें। बस्ती में बोर्डिंग स्कूल की स्थापना के पीछे यही मूल भावना थी। इससे बिना किसी जोर-जबर्दस्ती के बच्चों को माता-पिता के प्रभाव से दूर रखा जा सकता था और उनके मासूम मस्तिष्कों को दूषित होने से बचाया जा सकता था। बोर्डिंग स्कूल में माता-पिता को कभी-कभार ही बच्चों से मिलने की अनुमति थी।

शुरू में बच्चों को स्कूल जाने के लिए प्रोत्साहित करना भी एक समस्या बनी हुई थी। इसके लिए कुछ चपरासियों को नियुक्त किया गया था। ये चपरासी भी बस्ती के अधिवासियों में से ही चुने गए थे।[313] उनका काम बस्ती का चक्कर लगाना और स्कूल में पढ़ने वाले बच्चों को स्कूल ले जाना-लाना था। पाँच वर्ष से ऊपर के बच्चों को स्कूल में भर्ती किया जाता था।[314] प्राथमिक स्कूल पाँचवीं कक्षा तक था, जिसमें लड़के और लड़कियाँ दोनों ही पढ़ते थे। हैडमास्टर के पद के लिए उच्चतर ग्रेड के प्रशिक्षण का प्रमाण-पत्र होना जरूरी था तभी उसकी नियुक्ति हो सकती थी।[315]

हर वर्ष स्कूल में पढ़ने वाले और नियमित रूप से उपस्थित रहने वाले बच्चों की संख्या में वृद्धि होती रही थी। ये दोनों अलग-अलग बातें थीं क्योंकि स्कूल में दाखिल किए गए और नियमित रूप से स्कूल आने वाले बच्चों की संख्या में काफी अन्तर होता था। उदाहरण के लिए, सन् 1924 के वर्ष में स्कूल के रजिस्टर में 401 बच्चों के नाम थे जबकि नियमित रूप से उपस्थित रहने वाले बच्चों की औसत संख्या मात्र 261 थी।[316] बच्चों पर स्कूल के बाहर के माहौल का भी काफी प्रभाव पड़ता था। लेकिन उन्हें इस माहौल से दूर रखना भी कोई आसान काम नहीं था। बच्चे स्कूल में कुछ ही घंटे गुजारते थे और ज्यादा समय घर में या बस्ती के गली-मुहल्लों में ही रहते थे। इस समस्या के समाधान के रूप में लड़कियों को पढ़ने के लिए नेल्लोर भेजने का फैसला लिया गया। इसी तरह लड़कों को भी पढ़ाई के लिए मद्रास शहर के नजदीक पेराम्बुर भेजने का फैसला किया गया।[317] इससे उनके सुधरने की सम्भावना कहीं ज्यादा थी। बच्चों के स्वस्थ भावनात्मक और मानसिक विकास के लिए उपयुक्त माहौल की बहुत ज्यादा जरूरत होती है। बाद में बस्ती में ही एक बोर्डिंग स्कूल की स्थापना से यह समस्या काफी हद तक दूर हो गई। साल्वेशन आर्मी के एक प्रमुख अधिकारी मैकेंजी एक ऐसे बोर्डिंग स्कूल का निर्माण करना चाहते थे जहाँ बच्चों को समुचित और स्वस्थ विकास के लिए अनुकूल माहौल मिल सके। वे नेल्लोर में इस तरह के स्कूलों की स्थापना से काफी खुश थे। बाद में उन्हीं के प्रयासों से बस्ती में भी एक बोर्डिंग स्कूल की स्थापना हो सकी, जहाँ लड़कों, लड़कियों और कम उम्र के बच्चों के लिए अलग-अलग कक्ष थे। लेकिन किन्हीं कारणों से सन् 1926 में स्टुअर्टपुरम का यह बोर्डिंग स्कूल अचानक ही बन्द कर दिया गया, जो इस स्कूल में रहने और पढ़ने वाले बच्चों के लिए यह एक बड़ा झटका साबित हुआ। बोर्डिंग स्कूल में पढ़ने वाली कुछ लड़कियों को नेल्लोर के स्कूल में भेज दिया गया। इसी तरह कुछ लड़कों को भी दूसरे बोर्डिंग स्कूलों में भेजने की व्यवस्था की गई। लेकिन स्टुअर्टपुरम के बोर्डिंग स्कूल के बन्द होने से हुई क्षति को कभी भी भरा नहीं जा सका और बस्ती के बच्चों के लिए एक बड़ा झटका साबित हुआ।[318]

स्टुअर्टपुरम बस्ती का एक उल्लेखनीय पहलू यह भी रहा है कि वहाँ के शुरुआती मैनेजर एल.आर. गेल परिवेश को एक ईसाई स्पर्श देने के इच्छुक थे और वे काफी हद तक इसमें सफल भी रहे। जब येरुकला जनजाति के शुरू के जत्थों को वहाँ लाया गया था तो उनका हुलिया बहुत खराब था। वे मैली-कुचैली और बेतरतीब अवस्था में थे। वे छोटी-मोटी चोरियों और राह चलते उठाईगिरी और लूटपाट के अभ्यस्त थे। उन्हें सुधारना, सँवारना और नेकीयत के रास्ते पर चलने के लिए प्रेरित करना कोई आसान काम न था। लेकिन साल्वेशन आर्मी की कर्मठता, लगन और धैर्यशीलता धीरे-धीरे रंग लाने लगी और इन दरिद्र और बेहाल चोर-उचक्कों का जीवन धीरे-धीरे

सुधरने-सँवरने लगा। जनजाति के बच्चों ने तो और भी तेजी से विकास किया और बस्ती की नई और भली जिन्दगी को बड़े उत्साह और उमंग से अपनाया।[319]

सन् 1915 में बस्ती में एक चर्च की स्थापना की गई। इसके पीछे इरादा उन्हें बाइबल पढ़ा कर उनकी मानवीय चेतना को जगाना और उन्हें अनुशासन सिखाना था। बस्ती के सभी अधिवासियों को इकट्‌ठा करके चर्च में लाया जाता था। मैनेजर हफ्ते में हर तीसरे दिन उन्हें कुछ धर्म-वाक्य पढ़कर सुनाता था और उन वाक्यों का अर्थ समझाता था। रविवार को चर्च में जाना सबके लिए अनिवार्य था। हफ्ते में छह दिनों तक मेहनत करने के बाद अधिकारी रविवार की छुट्‌टी करते थे और अपने घरों में आराम करते थे। मैनेजर का विचार था कि धार्मिक शिक्षा के लिए यह दिन बहुत अच्छा था। अत: वह सभी रहवासियों को अनिवार्यत: रविवार को चर्च में आने के लिए कहता था। उस दिन कभी-कभी बाहर से भी कुछ जाने-माने धर्म-प्रचारकों को बुलाया जाता था। वे अधिवासियों को धर्म का महत्त्व समझाते थे और भलाई और ईमानदारी के रास्ते पर चलने की प्रेरणा देते थे।

जैसा कि हम बता चुके हैं, साल्वेशन आर्मी एक गैर-सरकारी और विदेशी संस्था थी, जिसका मुख्यालय इंग्लैंड में स्थित था। संस्था के कुछ वरिष्ठ नेता और ई.जी. हिगिंस 1933 में भारत और श्रीलंका (तब सिलोन) के दौरे पर आए तो उन्होंने स्टुअर्टपुरम बस्ती का भी निरीक्षण किया। वे सब बस्ती के संचालन और विकास से इतने खुश थे कि हिगिंस ने बस्ती के बारे में अपनी प्रतिक्रिया व्यक्त करते हुए लिखा—

> अधिवासियों ने हम सबको बहुत प्रभावित किया है। उन्हें देखकर यह भी पता चलता है कि उनके प्रति अत्यन्त सहानुभूति भरा रवैया अपनाकर उनकी कितनी अच्छी देखभाल की जा रही है। इसके लिए प्रबन्धन के सभी लोग बधाई और प्रशंसा के पात्र हैं।[320]

उन्होंने बस्ती की सफलता का श्रेय पूरी प्रबन्धन टीम को देते हुए उनके काम की भरपूर सराहना की।

लेबर मिनिस्टर एस.एच. स्लेटर भी बस्ती के संचालन और विकास में निरन्तर दिलचस्पी लेते रहते थे। बस्ती के बच्चों पर खासतौर से उनकी नजर रहती थी और वे उनके समुचित विकास के लिए हर सम्भव प्रयास करते रहते थे। उनके इस प्रोत्साहन के कारण ही बस्ती के कुछ बच्चे एस.एस.एल.सी. (सैकेंडरी स्कूल लीविंग सर्टिफिकेट) प्राप्त करने में सफल रहे। प्रबन्धक सिर्फ पास हो जाने वाले बच्चों का ही नहीं बल्कि फेल हो जाने वाले बच्चों का भी पूरा ध्यान रखते थे। उन्हें पेराम्बुर, मद्रास के इंडस्ट्रियल स्कूल या पैडीसन हॉस्टल में भर्ती कर दिया था।[321] बस्ती के स्कूल में पाँचवीं कक्षा पास कर लेने वाले कुछ बच्चों को बापट्‌ला के हाई स्कूल में चौथे और छठे दर्जे में दाखिल कर दिया जाता था।[322]

मद्रास के तत्कालीन पुलिस उपमहानिरीक्षक डॉअसन ने 8 जुलाई, 1931 को बस्ती का दौरा करने के बाद अपनी टिप्पणी में लिखा था—

> मैं इस बस्ती से इसके शुरुआती दिनों से परिचित हूँ। आज का मेरा दौरा खासतौर से दिलचस्प रहा है। मैं यहाँ पहली बार 1914 में आया था। आज 8.7.1931 को यह देखा जा सकता है कि यह बस्ती अपने उद्देश्य पर खरी उतरने में पूरी तरह सफल रही है।[323]

बस्ती के स्कूल का निरीक्षण करने के बाद उन्होंने कहा था—

> बच्चे खूब तन्दुरुस्त और खुश दिखाई पड़ रहे हैं। न तो प्रबन्धन और न पुलिस ही किसी तरह के विवाद में उलझी हुई है। बस्ती अपने पूरे खुमार पर है और खूब फल-फूल रही है।[324]

बस्ती के प्रबन्धन के सामने एक और समस्या आई थी। बच्चों के माता-पिता कई बार इन बच्चों को बेच भी देते थे। यह एक तरह की नीलामी होती थी और सबसे ऊँची कीमत देने वाले को बच्चा बेच दिया जाता था। लड़की का मूल्य 300 रुपए से 500 रुपए तक होता था। ऐसे अवसरों पर कुछ लड़कियाँ नशे में धुत्त भी पाई जाती थीं और उन्हें किसी बात का होश नहीं रहता था। कई बार माता-पिता लड़की को बेचने के लिए यह बहाना भी बनाते थे कि वह किसी रिश्तेदार के विवाह में जा रही है। लेकिन सच्चाई यह होती थी कि खुद उस लड़की को ही पैसे लेकर किसी के साथ बाँध दिया जाता था। इस बुराई से निपटने के लिए बस्ती में यह नियम बना दिया गया कि सिर्फ एक खास उम्र के और सुधर चुके लड़के या लड़की का विवाह ही किया जा सकता था। कोई विवाह पक्का करते समय मैनेजर से परामर्श करना और उसे पूरी जानकारी देना जरूरी था। इस नए नियम का एक लाभ यह भी था कि विवाह को एक पुरस्कार की तरह देखा जा सकता था—अच्छा आचरण करने का पुरस्कार। लड़के और लड़की को पता होता था कि विवाह योग्य उम्र में पहुँचने के बाद किसी उपयुक्त लड़के या लड़की से और उनकी पसन्द के अनुसार उनका विवाह कर दिया जाएगा, बशर्ते कि वे अच्छे आचरण का प्रदर्शन करें। विवाह पक्का करने से पहले लड़के और लड़की को एक-दूसरे से मिलवाया जाता था और उनकी पसन्द पूछी जाती थी। दोनों तरफ से 'हाँ' होने पर ही कोई विवाह तय किया जा सकता था। मैनेजर दोनों पक्षों को बचत करने की सलाह देता था ताकि उनके सिर पर कोई कर्ज न हो और वे सुख-चैन से जी सकें। इसी तरह, विवाह पर भी किसी तरह की फिजूलखर्ची से बचा जाता था। यह खर्च लड़की के लिए कुछ साड़ियों और बर्तनों की व्यवस्था करने और एक कम खर्चीले भोज तक ही सीमित रहता था। यह ध्यान भी रखा

जाता था कि दूल्हे की आर्थिक स्थिति ऐसी हो कि वह विवाह के बाद अपनी पत्नी का खर्च उठा सके।[325]

सन् 1921 के वर्ष में सॉल्वेशन आर्मी ने स्त्रियों की शिक्षा को प्रोत्साहन देने के लिए बस्ती में अलग से एक लड़कियों के स्कूल की स्थापना कर दी। इससे बस्ती की स्त्रियों की शिक्षा को और भी बल मिला। पहले वर्ष इस स्कूल में लगभग 100 लड़कियों को भर्ती किया गया।[326] पाँच वर्ष बाद, 1926 में, इस स्कूल की कुछ लड़कियों को आगे पढ़ने के लिए नेल्लोर भेज दिया गया। लेकिन नेल्लोर का स्कूल बन्द हो जाने के बाद इन लड़कियों को अपने माता-पिता के पास वापस लौटना पड़ा। बस्ती में पाँचवीं कक्षा से आगे की पढ़ाई के लिए कोई व्यवस्था नहीं थी। इसलिए लड़कियों को दूसरे शहरों के स्कूलों में भेजा जाता था। नेल्लोर का स्कूल बन्द हो जाने के बाद लड़कियों को कावाली के उच्चतर प्राथमिक बोर्डिंग स्कूल में भेजा जाने लगा। उन्हें वहाँ नर्सिंग और सिलाई-कढ़ाई जैसे कामों का प्रशिक्षण दिया जाता था। बस्ती के मैनेजर के प्रयासों से जल्दी ही ऐसी लड़कियों का एक जत्था तैयार हो गया, जिन्हें पढ़ने, लिखने और गणित की जानकारी के साथ बातचीत की कला भी आती थी और जो अन्य लोगों को कोई विषय अच्छी तरह से समझा सकती थीं। इन लड़कियों को घर की देखभाल, रखरखाव, साफ-सफाई और खाना बनाने के तौर-तरीके भी सिखाए जाते थे। बाद में, सबसे अच्छा प्रदर्शन करने वाली लड़कियों को पुरस्कृत भी किया जाता था। उदाहरण के लिए, मार्च 1928 में एक स्वास्थ्य सप्ताह प्रतियोगिता आयोजित की गई थी। इसमें एक निबन्ध-लेखन प्रतियोगिता भी हुई थी, जिसमें 'घर की स्वच्छता' पर सबसे अच्छा निबन्ध लिखने वाली लड़की को प्रथम पुरस्कार के रूप में एक मैडल दिया गया था।[327]

बस्ती में सन् 1923 से स्काउट तैयार करने की भी शुरुआत कर दी गई थी। रोजगार और अन्य परिस्थितियों के कारण इस ब्रिगेड की संख्या कम-ज्यादा होती रहती थी, फिर भी यह एक अच्छी-खासी ब्रिगेड थी। इसके लिए एक छोटा-सा बैंड भी तैयार कर दिया गया था और सभी जरूरी वाद्य यंत्रों की व्यवस्था कर दी गई थी। बस्ती के लड़कों में उत्साह और उमंग का संचार करने के लिए और उन्हें अनुशासन और परस्पर सहयोग और तालमेल का महत्त्व समझाने के लिए यह एक अच्छा कदम था। बस्ती का असिस्टेंट मैनेजर इसमें व्यक्तिगत दिलचस्पी लेता था और स्काउट ब्रिगेड के साथ कैम्पों में जाता था।[328] स्कूल में स्काउटिंग की गतिविधियाँ शिक्षकों द्वारा ही संचालित की जाती थीं। ये शिक्षक स्काउट मास्टर का प्रशिक्षण प्राप्त कर चुके थे।[329]

बस्ती की विकास-यात्रा में एक और महत्त्वपूर्ण कदम एक डाकघर की स्थापना थी। यह डाकघर 1934 में स्थापित किया गया था। बस्ती के अधिवासियों को इसका महत्त्व समझाने और उन्हें इसके प्रयोग के लिए प्रोत्साहित करने के लिए

डाकघर की सेवाओं को साढ़े तीन महीने तक—1 मई, 1935 से 15 अगस्त, 1935 तक—नि:शुल्क रखा गया था। डाकघर की स्थापना बस्ती के लिए एक नई सुविधा होने के साथ-साथ पढ़ने-लिखने के महत्त्व और परस्पर और अन्य सगे-सम्बन्धियों के साथ संचार की उपयोगिता को रेखांकित करती थी।

बस्ती के सभी वयस्क अधिवासियों से सुधरने के बाद नए नैतिक मापदंड अपनाने और इन्हीं के अनुसार अच्छा आचरण करने की अपेक्षा की जाती थी। बहु-विवाह की प्रथा को हतोत्साहित करके एक से ही विवाह पर जोर देना भी इसी नैतिक उत्थान का एक अंग था। साल्वेशन आर्मी का मानना था कि आपराधिक जनजातियों के जीवन में बदलाव और सुधार लाने के लिए उन्हें धार्मिक शिक्षा देकर उनका नैतिक उत्थान करना बहुत जरूरी था। बस्ती की स्त्रियों को यह भी समझाया जाता था कि अपने पतियों को अपराध से दूर रखकर भलाई और ईमानदारी के रास्ते पर लाने में वे बहुत महत्त्वपूर्ण भूमिका निभा सकती हैं। लेकिन नैतिक मूल्यों के अभाव में आमतौर से यह देखा जाता था कि अपने पतियों को अपराध से दूर रखने की बजाय वे खुद भी इन आपराधिक गतिविधियों में लिप्त हो जाती थीं। इसलिए बस्ती के अधिवासियों के लिए धार्मिक शिक्षा और नैतिक उत्थान का पाठ उनके सुधार की दिशा में एक महत्त्वपूर्ण और अनिवार्य कदम था।[330]

देश की आजादी के बाद, दिसम्बर 1947 में, स्टुअर्टपुरम बस्ती में पहली बार मिड-डे मील अर्थात दोपहर का भोजन देने की व्यवस्था की शुरुआत की गई। यह व्यवस्था सरकार की तरफ से की गई थी और सभी बस्तियों के स्कूल जाने वाले बच्चों के लिए लागू की गई थी। स्कूलों में बच्चों को पढ़ाने के साथ-साथ उन्हें दोपहर का भोजन भी दिया जाता था। इससे बच्चों को न सिर्फ स्कूल जाने के लिए प्रोत्साहन मिलता था, बल्कि इससे उनका स्वास्थ्य भी ठीक रहता था और वे ज्यादा मन लगाकर और मेहनत से पढ़ाई कर सकते थे।[331] स्कूल के बच्चों को कभी-कभार मन बहलाव के लिए सैर-सपाटे पर भी ले जाया जाता था। इसके लिए सरकार और रेलवे द्वारा खर्च की व्यवस्था की जाती थी। यह खर्च प्रति वर्ष पचास रुपए तक सीमित था और इसके लिए पुलिस डी.आई.जी. की सहमति ली जाती थी। इससे बच्चे खुश और तरोताजा महसूस करते थे और स्कूल की जिन्दगी से सन्तुष्ट महसूस करते थे।[332]

स्टुअर्टपुरम बस्ती की सफलता का एक उल्लेखनीय पहलू यह भी था कि वहाँ बसे येरुकला समुदाय के कुछ लोग केन्द्र और प्रदेश सरकार में नौकरियाँ प्राप्त करने में सफल रहे थे।[333] आँकड़ों के अनुसार, इस समुदाय के तीन सौ से भी ज्यादा छात्र यूनिवर्सिटी की परीक्षा में उत्तीर्ण हो चुके थे, जो एक बड़ी उपलब्धि थी। इसके पीछे साल्वेशन आर्मी के अथक प्रयासों के साथ-साथ समुदाय की युवा पीढ़ी की लगन और मेहनत का भी हाथ था। इन छात्रों के लिए साल्वेशन आर्मी

ने अलग हॉस्टलों की व्यवस्था भी की थी। ये पंक्तियाँ लिखते समय इस छात्रावास में 155 छात्र थे। इनमें 101 लड़के और 54 लड़कियाँ शामिल थीं। ये सभी छात्र पहली से दसवीं कक्षा तक के विद्यार्थी थे। इन विद्यार्थियों को छात्रवृत्ति के साथ-साथ हॉस्टल में रहने की नि:शुल्क सुविधा प्राप्त थी।

सन् 1958 में साल्वेशन आर्मी और पुलिस महानिरीक्षक के संयुक्त प्रयासों से बस्ती के अधिवासियों के बच्चों के लिए एक नया हाई स्कूल भी शुरू कर दिया गया। इस स्कूल में मुख्यत: येरुकला जनजाति के बच्चे थे लेकिन धर्मान्तरित ईसाइयों और उच्च जातियों के कुछ बच्चे भी इस स्कूल में पढ़ते थे। यह स्कूल सरकार के समाज कल्याण मंत्रालय द्वारा चलाया जाता था।[334] इस हाई स्कूल में आन्ध्र प्रदेश बोर्ड ऑफ़ सैकेंडरी एजुकेशन द्वारा निर्धारित पाठ्यक्र म के अनुसार शिक्षा दी जाती थी। 1991 के आँकड़ों के अनुसार उस वर्ष इस स्कूल में विद्यार्थियों की संख्या 277 थी। इनमें लड़के और लड़कियाँ दोनों शामिल थे। छठी से दसवीं कक्षा तक की पढ़ाई वाले इस स्कूल में सन् 1991 में लड़कों और लड़कियों की संख्या निम्न प्रकार थी—[335]

तालिका 3.8 : स्टुअर्टपुरम के हाई स्कूल में छात्रों की संख्या, 1991

कक्षा	*लड़के*	*लड़कियाँ*	*कुल*
VI	34	26	60
VII	29	18	47
VIII	26	17	43
IX	34	28	62
X	41	24	65
कुल			**277**

साल्वेशन आर्मी बच्चों के लिए एक सामान्य पुस्तकालय स्कूल परिसर के बाहर चाहती थी। इस सम्बन्ध में मद्रास सरकार से अनुरोध किए जाने पर यह माँग मान ली गई और स्कूल परिसर के बाहर एक बाल पुस्तकालय की स्थापना कर दी गई जो सभी बच्चों के लिए उपयोगी था।

5

स्वास्थ्य और स्वच्छता

शुरू में बस्ती में मृत्यु-दर बहुत ज्यादा थी। सन् 1915 में फ्लू से कई जानें चली गई थीं। सरकार ने बस्ती की स्वास्थ्य सम्बन्धी जरूरतों को ध्यान में रखते हुए क्षेत्र में

एक नए अस्पताल की स्थापना की। यह अस्पताल निकटतम बस्ती से लगभग दो फर्लांग की दूरी पर था। यह मुख्य सड़क के दाईं तरफ स्थित था। इस अस्पताल के साथ एक छोटा-सा औषधालय भी जुड़ा हुआ था, जिसमें एक प्रशिक्षित यूरोपीय नर्स नियुक्त थी। अधिक गम्भीर रोगियों को चिराला और बापट्ला भेजा जाता था, जो बस्ती से लगभग पाँच मील दूर पड़ते थे। ऐसा आमतौर से जटिल मामलों में किया जाता था, जिन्हें स्थानीय औषधालय में ठीक नहीं किया जा सकता था। स्थानीय औषधालय में इंजेक्शन, चीर-फाड़, छेदन और स्पैचुला जैसी कई आधुनिक चिकित्सा सुविधाएँ थीं।[336]

प्राकृतिक आपदा की स्थितियों में रोगों का प्रकोप और भी बढ़ जाता था। उदाहरण के लिए, 1919 में बारिश न होने के कारण बस्ती के मैनेजर ने अपनी रिपोर्ट में सूखे की स्थितियों को लेकर चिन्ता प्रकट की थी। इस स्थिति से निपटने के लिए सरकार ने सूखा राहत राशि के रूप में 2,000 रुपए का प्रावधान रखा। सर्जन जनरल बस्ती के दौरे पर आए और बस्ती के अधिवासियों के स्वास्थ्य की जाँच करने के बाद उन्होंने बस्ती के आसपास के खड्डों को भरने का निर्देश दिया। इन खड्डों में जमा सड़े पानी में मच्छरों के पनपने और मलेरिया के फैलने का खतरा था। खड्डों की भरपाई के काम से अधिवासियों को कुछ पैसे कमाने का भी अवसर मिल गया। अधिवासियों की चिन्ताजनक आर्थिक स्थिति को देखते हुए ही प्रबन्धन ने सरकार से बस्ती को सूखा राहत राशि देने का अनुरोध किया था। इस मदद के बाद अधिवासियों को 30 सितम्बर, 1919 तक पका हुआ भोजन वितरित किया जाता रहा।[337] इस सूखे की मार से अधिवासियों को न सिर्फ भूख से बल्कि उन बीमारियों से भी दूर रखा जा सकता था, जो बीमारियाँ इस तरह की स्थितियों में ज्यादा फैलती थीं।

सन् 1918 में भी फ्लू फैलने से मृत्यु-दर में बहुत ज्यादा बढ़ोतरी हो गई थी। बस्ती की हालत चिन्ताजनक बनी हुई थी। लेकिन सरकार के एक प्रमुख चिकित्सा अधिकारी जिफार्ड बस्ती का दौरा करने में आनाकानी करते रहे।[338] आसपास के सभी क्षेत्रों चिराला, बेटापालेम और बापट्ला इत्यादि में मलेरिया फैला हुआ था, इसलिए बस्ती पर भी इसका गम्भीर खतरा मँडरा रहा था। स्थिति इतनी खराब थी कि रोमन कैथलिक पादरी भी बस्ती में जाने से घबरा रहे थे और उन्होंने अपने निर्धारित कार्यक्रम में बदलाव करके बस्ती के दौरे का कार्यक्रम रद्द कर दिया था। जिले के चिकित्सा और स्वास्थ्य अधिकारी ने मलेरिया से बचाव के लिए निम्नलिखित कदम उठाने की सलाह दी—(1) सभी नालियों को ढँकने के लिए तेजी से कदम उठाए जाएँ; (2) ज्वरहर (फैब्रीफ्यूज़) का वितरण किया जाए; (3) सारा कूड़ा-कचरा जला दिया जाए; (4) सभी खड्डों को भर दिया जाए; (5)घरों के आसपास बिखरे टूटे हुए बर्तनों और कनस्तरों इत्यादि को जमीन में गाड़ दिया जाए; (6) जहाँ-जहाँ मच्छरों के पनपने का अन्देशा हो वहाँ मिट्टी के

तेल और पाइरेथ्रम का छिड़काव किया जाए; इत्यादि।[339] साल्वेशन आर्मी ने खुद से जिम्मेदारी उठाते हुए इन सभी सुझावों पर तेजी से अमल किया।

बस्ती के अधिवासियों के इलाज के लिए हफ्ते में दो बार बापट्ला से एक सब-असिस्टेंट सर्जन को भी बुलाया जाता था। बस्ती की विभिन्न बीमारियों में पेचिश, हैजा, मलेरिया, छोटी माता, आम बुखार, फोड़े-फुंसी और पेट दर्द इत्यादि शामिल थे। सब असिस्टेंट सर्जन इन सबके लिए दवा देता था और जरूरत होने पर मरहम-पट्टी भी करता था। हर फेरे में वह लगभग 200 रोगियों की जाँच करता था और उनका इलाज करता था।[340]

स्टुअर्टपुरम एक विशाल बस्ती है लेकिन वहाँ की आबादी घनी न होकर बहुत ज्यादा छितरी हुई है। घरों के समूह हर दो-तीन फर्लांग पर एक-दूसरे से दूर-दूर फैले हुए हैं।[341] एक दिलचस्प तथ्य यह भी है कि अधिवासी अपने घरों के अन्दर रहने के बजाय घर से बाहर ज्यादा रहते हैं और सोते भी बाहर ही हैं। वे अपने मधुमक्खियों के छत्तों जैसे छोटे-छोटे झोंपड़ों को आमतौर से बारिश, धूप और प्रतिकूल मौसम में सिर छिपाने के लिए इस्तेमाल करते हैं। कई बार बस्ती के दौरे पर आने वाले लोग पूछते रहे हैं कि अधिवासियों के लिए बेहतर घर क्यों नहीं बनाए गए। इसका कारण यह है कि बेहतर घरों का निर्माण बहुत खर्चीला काम है और बस्ती के प्रबन्धन की सीमित आर्थिक क्षमताओं को देखते हुए यह सम्भव नहीं हो पाया। इस सम्बन्ध में एक पुलिस महानिरीक्षक की टिप्पणी ध्यान देने योग्य है—

> झोंपड़े बनाने के लिए मिट्टी-गारा बड़ी मुश्किल से मिलता है। इसका कारण यह है कि रत्नापुरम जाने के लिए कोई सड़क ही नहीं है और रेल पटरी पार करने के लिए कहीं कोई लेवल-क्रॉसिंग भी नहीं है।[342]

बस्ती में बेहद गरीब लोगों की काफी संख्या थी। इनमें से कई बहुत वृद्ध थे। उनके लिए अपने-आपको सम्भालना ही मुश्किल था। आँधी-तूफान आने पर झोंपड़ों का बुरा हाल हो जाता था। कई तो उखड़ या टूट-फूट भी जाते थे। साल्वेशन आर्मी के एक अधिकारी ने एक तूफान में बर्बाद हुए झोंपड़ों के बारे में चिन्ता प्रकट करते हुए लिखा था—

> सभी झोंपड़ों की छतें उड़ गई हैं और उन्हें दोबारा बनाने की जरूरत है। इस क्षेत्र में ताड़ के पत्तों के मिलने का भरोसा करना बेकार है। तूफान ने न सिर्फ इस बस्ती को बल्कि आसपास के पूरे क्षेत्र को और हर झोंपड़े को तहस-नहस कर दिया है।[343]

झोंपड़ों की मरम्मत के लिए हर घर पर चार रुपए के हिसाब से खर्च की स्वीकृति दी गई। कुछ सरकारी इमारतों को भी बुरी तरह नुकसान पहुँचा था और

उनकी भी मरम्मत की जरूरत थी। इस आपदा से निपटने के लिए साल्वेशन आर्मी के साथ-साथ अधिवासियों की युवा पीढ़ी ने भी दिन-रात एक कर दिया। उन्होंने बहुत-सी जानों को बचाया और लोगों को सुरक्षित जगहों पर पहुँचाया। साल्वेशन आर्मी ने प्रभावित लोगों के लिए भोजन की व्यवस्था करने के लिए पचास बोरे चावल खरीदा। इस दौरान पास जारी करना भी बन्द कर दिया गया ताकि सभी लोग बस्ती में ही रहें। बर्बाद हुए झोंपड़ों और इमारतों की मरम्मत एक बड़ी समस्या थी। तूफान पीड़ितों के खाने-पीने और कुछ बहुत जरूरी इमारतों की मरम्मत पर 3,700 रुपए खर्च हुए।[344] साल्वेशन आर्मी ने युद्धस्तर पर राहत कार्य के साथ-साथ सरकारी इमारतों की मरम्मत की जिम्मेदारी उठाते हुए यह खर्च वहन किया था। धीरे-धीरे अधिवासियों के घर भी फिर से निर्मित हो गए। इस काम में खुद अधिवासियों ने भी बढ़-चढ़कर भाग लिया था। एक रिपोर्ट के अनुसार—

> इस बस्ती का एक उल्लेखनीय पहलू खेती-बाड़ी से जुड़े अधिवासियों के नवनिर्मित और बहुत अच्छे घर हैं, जिनका निर्माण उन्होंने खुद ही किया है। इससे पता चलता है कि वे इस बस्ती को ही अपना स्थायी बसेरा मानने लगे हैं और यहीं रहना चाहते हैं।[345]

तूफान, सूखे और अन्य प्राकृतिक आपदाओं के दौरान साल्वेशन आर्मी बड़ी तेजी से कदम उठाती थी और अधिवासियों की सुरक्षा का पूरा ध्यान रखती थी। बस्ती के झोंपड़ों के रखरखाव और मरम्मत के लिए मद्रास सरकार भी समय-समय पर सहायता राशि देती रहती थी। यह राशि औसतन प्रति झोंपड़ा और प्रति परिवार सोलह रुपए के हिसाब से होती थी।[346]

बस्ती में चिकित्सा सेवाएँ भी बड़ी कर्मठता से काम कर रही थीं। हर मरीज पर पूरा-पूरा ध्यान दिया जाता था और उसके पूरी तरह ठीक होने तक इलाज जारी रखा जाता था। बस्ती की डिस्पेंसरी में 1927 के वर्ष में कुल 10,650 मामले इलाज के लिए दर्ज किए गए थे। उस वर्ष पहली बार बस्ती में राष्ट्रीय स्वास्थ्य दिवस भी मनाया गया था। राष्ट्रीय स्वास्थ्य दिवस समारोह के लिए सरकार ने 250 रुपए दिए थे, जिसमें बस्ती वालों ने बड़े उत्साह से भाग लिया था।[347]

फिर भी, समय-समय पर कुछ अन्य समस्याएँ उत्पन्न होती रहती थीं। बस्ती की डिस्पेंसरी में उपलब्ध दवाइयाँ अकसर मरीजों की जरूरत को देखते हुए पर्याप्त नहीं होती थीं। सन् 1927 में नियुक्त किए गए चिकित्सा अधिकारी कोंडया नायडू ने बस्ती की मदद के लिए कई प्रभावी कदम उठाए थे। उनके प्रयासों से डिस्पेंसरी में काफी सुधार भी हुआ था। उसी वर्ष डिस्पेंसरी में एक कम्पाउंडर की नियुक्ति भी की गई थी। उसका वेतन-मान $30^1/_2$-$35^1/_2$-40 रुपए के हिसाब से था।[348] बस्ती

में नियुक्त किए जाने वाले ये कम्पांडर उतनी ही योग्यताएँ रखते थे जितनी योग्यता सरकारी अस्पतालों में नियुक्ति के लिए जरूरी होती थी।[349]

सन् 1929 में मद्रास के लेबर कमिश्नर जे. ग्रे ने स्टुअर्टपुरम बस्ती का दौरा किया था। उन्होंने हैजा और अन्य छूत की बीमारियों के लिए बनाए गए अलग वार्ड का खासतौर से निरीक्षण किया था। डिस्पेंसरी में पर्याप्त स्टाफ का अभाव चिन्ता का विषय था। मरीजों की देखभाल के लिए वहाँ एक नर्स और एक कम्पांडर के अलावा और कोई भी नहीं था। इसके बाद दस रुपए महीने के वेतन पर एक वार्ड बॉय की नियुक्ति की गई, जिसका काम मरीजों की देखभाल में नर्स का हाथ बँटाना था।[350]

जैसा कि सन् 1930 के रिकॉर्डों से पता चलता है, बस्ती के मरीजों की चिकित्सा वी. सीतारामा अय्यर नाम के एक सब-असिस्टेंट सर्जन किया करते थे। वे एक कर्मठ और समर्पित चिकित्सक थे और अधिवासियों से बहुत प्रेम करते थे। वे हफ्ते में दो बार बस्ती का दौरा करते थे और मरीजों का पूरा ध्यान रखते थे। वे बापट्ला के अस्पताल से जुड़े हुए थे। जरूरत पड़ने पर वे मरीज को अपने अस्पताल में भर्ती कर लेते थे ताकि वे उस पर निरन्तर निगरानी रख सकें। बस्ती का दौरा करने वाले एक गैर-सरकारी समाजसेवी जी.आर. प्रेमय्या ने बस्ती की चिकित्सा सेवाओं से प्रभावित होकर निम्नलिखित टिप्पणी की थी—

> बस्ती के अधिवासियों के लिए यह किसी वरदान से कम नहीं है और उन्हें बस्ती के भीतर ही एक अनुभवी कम्पाउंडर और एक दाई की सेवाएँ उपलब्ध हैं।[351]

अधिवासी इस डिस्पेंसरी का पूरा लाभ उठा रहे थे। यह सब तरह का अस्पताल ही था, जहाँ बहुत आरामदायक और हवादार वातावरण था। मरीज बड़ी खुशी से इस अस्पताल में रहते थे, जहाँ उनके इलाज के साथ-साथ उन्हें हर तरह की सुविधा उपलब्ध थी। सारा खर्च सरकार उठाती थी। सन् 1930 में वहाँ एक जच्चा-बच्चा विभाग (प्रसूति विभाग) भी खोल दिया गया ताकि गर्भवर्ती स्त्रियों को बस्ती में ही हर सुविधा उपलब्ध हो सके। साल्वेशन आर्मी के एक क्षेत्रीय कम्पाउंडर की टिप्पणी के अनुसार, बाहरी मरीजों और प्रसूति मामलों की संख्या दिनोदिन बढ़ रही थी। मरीजों की बढ़ती जरूरतों का ध्यान रखते हुए हफ्ते में दो दिन डॉक्टर के दौरे की बजाय बस्ती के अस्पताल में ही एक पूर्णकालिक डॉक्टर को नियुक्त कर दिया गया।

अधिवासियों के अनुपयुक्त आहार को देखते हुए पेचिस और चर्म-रोगों के मामलों की भरमार थी। येरुकला एक तरह से टुकड़ा चावल और लाल मिर्च पर ही जिन्दा रहते थे।[352]

स्टुअर्टपुरम से चार मील की दूरी के अन्दर ही लगभग चौबीस गाँव पड़ते थे। ये गाँव वाले निरन्तर जोर दे रहे थे कि बस्ती के अस्पताल में उन्हें भी इलाज

करवाने की सुविधा होनी चाहिए।[353] धीरे-धीरे अस्पताल की हालत बिगड़ने लगी। वह गन्दा और स्वास्थ्य की दृष्टि से खराब रहने लगा। डॉक्टरों का भी कोई भरोसा नहीं रहता था, जो कभी आते थे और कभी नहीं भी आते थे। इन परिस्थितियों में, सन् 1934 में, कुछ अधिवासी कोढ़ के शिकार हो गए।[354] उन्हें इलाज के लिए बापट्ला भेजा गया, जहाँ साल्वेशन आर्मी ने अलग से एक कुष्ठ रोगी कॉलोनी बसा रखी थी। उन्हें वहाँ कपड़े, भोजन और दवाइयाँ सब कुछ निशुल्क उपलब्ध था। साल्वेशन आर्मी अधिवासियों को चिकित्सा सेवाएँ उपलब्ध करवाने के साथ-साथ बस्ती में होने वाले हर जन्म और मृत्यु का भी हिसाब रखती थी। इसके लिए एक रजिस्टर बनाया गया था, जिसमें जन्म और मृत्यु से सम्बन्धित आवश्यक विवरण लिखा रहता था।[355]

बेसहारा माता पिताओं पर उनके बच्चों द्वारा पर्याप्त ध्यान नहीं दिया जाता था। यही हाल बेसहारा बच्चों का भी था। प्रबन्धन की कर्मठता और लगन के बावजूद बस्ती में ये कुछ ऐसी खामियाँ थीं जिन्हें दूर किया जाना जरूरी था। इनमें से बहुत से बच्चे विधवाओं के थे जिन्हें पर्याप्त भोजन नहीं मिल पाता था। नियमित रूप से स्कूल न जाने के कारण वे दोपहर के भोजन की सुविधा से वंचित रह जाते थे और परिणामस्वरूप, कुपोषण के शिकार हो रहे थे। उन्हें हर रोज स्कूल घसीटकर लाना एक बड़ा सिरदर्द साबित हो रहा था। उनकी पारिवारिक परिस्थितियों को ध्यान में रखते हुए उनके साथ जोर-जबर्दस्ती नहीं की जा सकती थी। सरकार हर बच्चे पर तीन रुपए महीने के हिसाब से साल्वेशन आर्मी को मिड-डे-मील का खर्च देती थी।[356] बेसहारा बच्चों को स्कूल में भोजन दिए जाने की योजना के साथ कुछ शर्तें जुड़ी हुई थीं। ये शर्तें इस प्रकार थीं—(1) हर बच्चे पर तीन रुपए महीने से ज्यादा खर्च नहीं किया जाना चाहिए; (2) बच्चे नियमित रूप से स्कूल में आने चाहिए; (3) अगर बच्चे बेसहारा न रहें तो यह सुविधा बन्द कर दी जानी चाहिए; (4) सोलह वर्ष की उम्र पूरी होने के बाद किसी भी स्थिति में यह सुविधा जारी नहीं रखी जा सकती।[357]

अक्टूबर, 1949 में एक पूर्णकालिक डॉक्टर की नियुक्ति के बाद स्टुअर्टपुरम डिस्पेंसरी के कम्पाउंडर की सेवाएँ खत्म कर दी गई थीं। डिस्पेंसरी की दाई प्रसव सम्बन्धी मामले देखती थी। अगले वर्ष, 1950 में, इस डिस्पेंसरी को एक बड़ी चुनौती का सामना करना पड़ा। उस वर्ष छोटी माता ने बस्ती के बहुत-से लोगों को अपनी चपेट में ले लिया। स्वास्थ्य विभाग द्वारा समय पर कार्रवाई के कारण स्थिति ज्यादा नहीं बिगड़ी और जल्दी ही पूरी बस्ती से छोटी माता का प्रकोप समाप्त हो गया।[358]

बस्ती की स्थापना के शुरुआती वर्षों में पुलिस अकसर बस्ती के अधिवासियों के बारे में पूछताछ करती रहती थी। इसके लिए उसे साल्वेशन आर्मी के अधिकारियों से मिलकर ही कोई जानकारी लेनी पड़ती थी। पुलिस को साल्वेशन आर्मी के मैनेजर की सहमति के बिना बस्ती में प्रवेश करने की अनुमति नहीं थी।[359]

बस्ती के मैनेजर मद्रास प्रेसीडेंसी की अन्य सी.टी. (आपराधिक जनजाति) बस्तियों का दौरा भी करते रहते थे। वे बम्बई और निज़ाम शासन के अधीन पड़ने वाले कुछ उपनिवेशों की बस्तियों का दौरा भी करते रहते थे। इससे उन्हें एक-दूसरे के साथ अपने विचारों और अनुभवों का आदान-प्रदान करने और आपराधिक जनजातियों के पुनर्वास और उत्थान से जुड़ी समस्याओं को सुलझाने में मदद मिलती थी। अलग-अलग बस्तियों के मैनेजर अलग-अलग तरीकों से इन समस्याओं से निपट रहे थे।[360]

मैनेजरों के कुशल नियंत्रण और स्थानीय पुलिस के निन्तर सहयोग के बावजूद बस्ती के निवासियों में अकसर लड़ाई-झगड़े होते रहते थे। उन्हें आपस में प्रेम और सद्भावना के साथ रहने और बस्ती में शान्ति और व्यवस्था बनाए रखने के महत्त्व को समझाना टेढ़ी खीर साबित हो रहा था। पुलिस उन्हें नियंत्रण में रहने के लिए सुरक्षा कानूनों का इस्तेमाल करती थी। फिर भी, अधिवासी न तो आपस में लड़ने, झगड़ने से बाज आते थे और न अपराधों से ही पूरी तरह दूर रह पाते थे। कभी-कभी वे नियंत्रण से बाहर भी हो जाते थे। उनकी इस प्रवृत्ति पर अंकुश लगाने के लिए मद्रास के आदतन अपराधी कानून, 1948 के अनुच्छेद-10 के अन्तर्गत प्रतिबन्ध और दंड का प्रावधान रखा गया।[361]

देश की आजादी के बाद भारत सरकार ने साल्वेशन आर्मी के अधिकांश अधिकार अपने हाथ में ले लिए। बस्ती के संचालन की जिम्मेदारी जनजाति कल्याण विभाग को सौंप दी गई। फिर भी, साल्वेशन आर्मी की गतिविधियाँ जारी रहीं और वह आज भी बस्ती के विकास में अपना हाथ बँटा रही है और अधिवासियों के कल्याण के लिए काम कर रही है। संस्था के मैनेजर, उसकी पत्नी और कुछ वार्डन डिस्पेंसरी, चर्च, स्कूलों और हॉस्टलों की देखरेख कर रहे हैं। हमारे दौरे के दौरान हॉस्टल में एक सौ पचपन विद्यार्थी थे, जिनमें एक सौ एक लड़के और चौवन लड़कियाँ थीं। ये सभी पहली से दसवीं कक्षा (एस.एस.सी.) तक के विद्यार्थी थे।[362] इन्हें छात्रवृत्ति के साथ-साथ किताबें-कॉपियाँ और कपड़े भी दिए जाते थे। लगभग 600 एकड़ जमीन जो संस्था के नियंत्रण में थी, उस पर उसे राजस्व प्राप्त होता था। अधिवासियों को साल्वेशन आर्मी पर अटूट विश्वास था क्योंकि वह वर्षों से बड़े उत्साह और लगन से उनकी भलाई के लिए काम कर रही है।

6

अपराधिता—अपराध करने का तरीका (मोडस ऑपरेंडी)

सी.बी.आई. के रिकॉर्डों के अनुसार, अपराध की जाँच और छानबीन को आसान बनाने के लिए अपराधी गिरोहों को अलग-अलग पहचान दे दी गई थी। इन गिरोहों

के नाम इस प्रकार थे—पहला गिरोह—गडीडा येरुकलाओं का गिरोह (इसे स्टोर गैंग के नाम से भी जाना जाता था); दूसरा गिरोह—किसानों का गिरोह; तीसरा गिरोह—मजदूरों का गिरोह; चौथा गिरोह—मजदूरों का ही एक और गिरोह; पाँचवाँ गिरोह—तम्बाकू कम्पनी के नौकरों का गिरोह। इनके अलावा उप्पू येरुकलाओं के गिरोह को नया गिरोह, येद्दू येरुकलाओं के गिरोह को केला गिरोह और खेतीहर मजदूरों के गिरोह को एट्टापुरम या मित्रापुरुम गिरोह के नाम से (पुलिस के रिकॉर्डों में) जाना जाता था।[363]

बस्ती में विभिन्न भेंटवार्ताओं के दौरान हमें येरुकला जनजाति द्वारा किए जाने वाले अपराधों और उनके कारणों के बारे में बहुत-सी जानकारियाँ मिलीं। ये लोग आमतौर से इस तरह के अपराध करते हैं—(1) जेबकतरी, (2) डकैती, (3) सेंधमारी, (4) पशु-चोरी, (5) रेल डकैती, (6) बैंक डकैती, (7) दुकानों पर उठाईगिरी, (8) गले की जंजीर खींचना, और (9) 'रफू' यानि धोखाधड़ी (खरीदने वाले को असली माल दिखाकर मौल-भाव के दौरान उसकी जगह पैकेट में नकली माल रखकर ठग लेना)। हमें इस तरह के अपराधों के पीछे के कारणों का भी पता चला। इनमें से कुछ प्रमुख कारण इस प्रकार थे—(1) किसी उपयुक्त वैकल्पिक आजीविका का अभाव; (2) बचपन में उचित पालन-पोषण से वंचित रह जाना; (3) खस्ताहाल आर्थिक स्थितियाँ; (4) नौकरी या मजदूरी के अवसरों का अभाव; (5) अपराध न करने या अपराध का रास्ता छोड़ देने के बाद भी पुलिस द्वारा परेशान किए जाना, इत्यादि।[364]

भेंटवार्ता के दौरान एक भूतपूर्व अपराधी ने बताया—"मेरे माँ-बाप शुरू से ही स्टुअर्टपुरम बस्ती में रहते हैं। जब मैं बच्चा था तो मेरा बाप छोटी-मोटी चोरियाँ करता रहता था। वह शराब भी खूब पीता था। कुछ वर्ष बाद उसे टी.बी. हो गई और फिर जल्दी ही उसकी मौत भी हो गई। इसके बाद मेरी माँ भी जल्दी ही मर गई। मैं अनाथ और बेसहारा हो गया और मुसीबतों में घिर गया। कमाई का कोई साधन न होने के कारण मैं पैसे-पैसे को मोहताज हो गया। इसके बाद ही मैंने भी अपराध का रास्ता अपनाया। धीरे-धीरे मैं और बड़े अपराध करने लगा और एक शातिर अपराधी बन गया।"[365]

एक अन्य अधिवासी ने बताया कि पुलिस पूर्व-अपराधियों के बच्चों को परेशान करती रहती थी और कई बार अकारण ही उन्हें पकड़कर ले जाती थी। इससे बच्चों के मन पर बहुत बुरा प्रभाव पड़ता था और वे सचमुच बिगड़ने और अपराध करने लगते थे। एक तरह से उन्हें अपराध करने के लिए मजबूर कर दिया जाता था।[366]

इन भेंटवार्ताओं के दौरान बहुत-से भूतपूर्व अपराधियों ने अपने अपराध करने के तौर-तरीके भी बताए। सबसे पहले वे आसपास के लोगों से घुल-मिलकर धनवान घरों के बारे में जानकारियाँ इकट्ठी करते थे। इसके बाद वे खूब सोच-समझकर

स्टुअर्टपुरम बंदोबस्ती का खाका

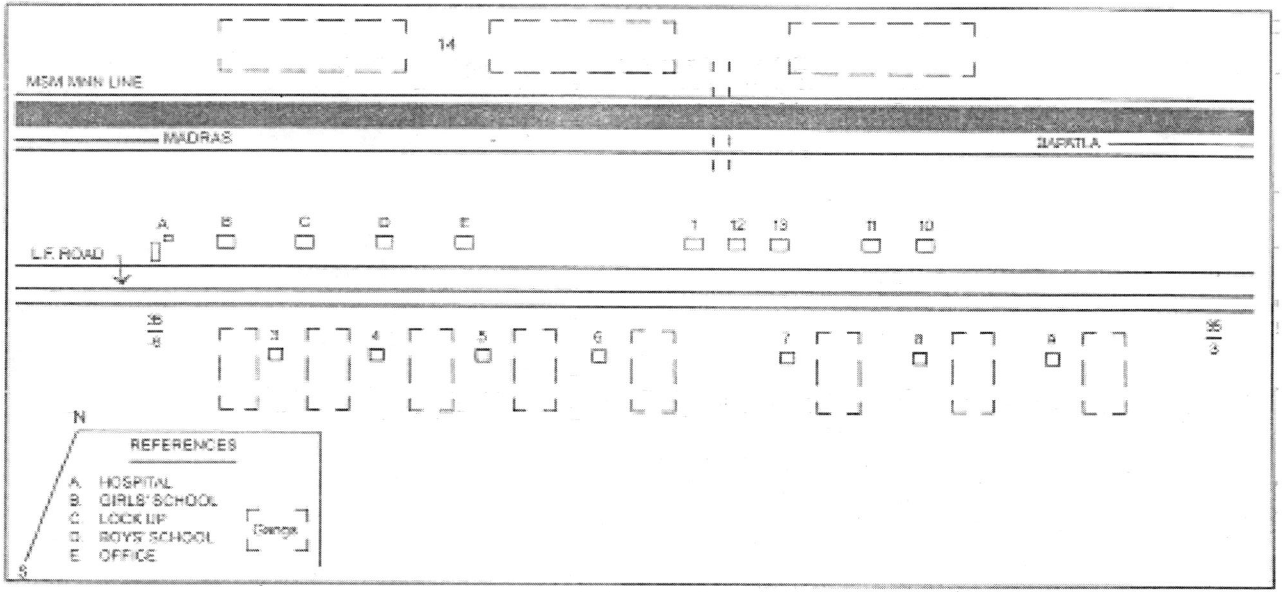

स्रोत : गृह विभाग, जी.ओ. सं. 5701, 30 अक्टूबर, 1939, एनएआई, नई दिल्ली

निशाना बनाए जाने वाले घर का चुनाव करते थे और उसके आसपास चक्कर लगाकर घर का पूरा नक्शा जान लेते थे। इसके बाद वे एक टोली बनाकर चोरी करने निकलते थे। वे पैसा, सोना-चाँदी और दूसरे कीमती सामान चुराना पसन्द करते थे। उन्होंने अपराध से जुड़े बहुत-से शब्दों की एक कोड-भाषा भी बना रखी थी, जिसे सिर्फ वे ही समझ सकते थे। कुछ प्रमुख शब्दों के कोड-नाम इस प्रकार थे[367]—

	शब्द	*अर्थ*
1.	ओलुकु	टॉर्च लाइट
2.	सोनपम	सोना
3.	कंचनम	पैसा
4.	बोकोल्लु	पुलिस
5.	बेरीकेडा	सब-इंस्पेक्टर
6.	पुल्लाकोल्लु	गिरोह का नेता
7.	एल्लावी	सहायक नेता
8.	नेमती	आदमी
9.	तेल्लाबेलुपु	चाँदी
10.	उल्ली मुक्का	चाकू या पेचकस

बस्ती में पाँच अपराधी गिरोह प्रमुख थे। हर गिरोह में चार-पाँच सदस्य होते थे। हर गिरोह का अपना नेता और उपनेता होता था। कोई भी गिरोह दूसरे गिरोह का भेद नहीं उगलता था।

एक अपराधी ने बताया कि उनके गिरोह ने एक समृद्ध मन्दिर को किस तरह लूटा था। उनके गिरोह में कुल बारह सदस्य थे और उन्होंने मन्दिर से बहुमूल्य जवाहरात और गहने चुराने की योजना बनाई थी। उन्होंने विशाखापत्तनम जाकर उस मन्दिर के बारे में सभी जरूरी जानकारियाँ इकट्ठी कीं। एक हफ्ते बाद वे अपने पूरे दल और साजो-सामान के साथ वहाँ गए। पहले दिन वे सिर्फ भक्तों के रूप में भगवान के दर्शन करने मन्दिर में गए थे। अगले दिन वे वापस मन्दिर में गए और उन्होंने पुजारी को डरा-धमकाकर सारा चढ़ावा लूट लिया और मूर्तियों के गहने उतार लिए। लेकिन पुलिस भी काफी होशियार साबित हुई। उसने जल्दी ही लुटेरों का सुराग लगा लिया और एक दिन अचानक ही बस्ती में पहुँचकर उन सबको गिरफ्तार कर लिया। मन्दिर की लूट से अपना भाग्य चमकाने की बजाय वे सब आज जेल की सलाखों के पीछे पहुँच गए हैं।[368]

फिर भी, पूर्व-अपराधी बार-बार कहते थे कि उन्हें अपराधी बनाने में पुलिस का ही हाथ था। पुलिस की यातनाओं से तंग आकर वे अकसर झूठे नाम बता देते थे और फिर सचमुच ही अपराध का रास्ता पकड़ लेते थे। बस्ती की एक महिला ने भी यही कहा कि पुलिस उन्हें चैन से जीने ही नहीं देती थी और उनसे अपराध

करवाकर ही दम लेती थी। पुलिस के कारण ही वे चाहकर भी अपराध का रास्ता नहीं छोड़ पाते थे। उन्होंने कोई अपराध नहीं भी किया होता था तो भी पुलिस उनसे मामुल्लु (रिश्वत) लिए बिना उनका पीछा नहीं छोड़ती थी। परिणामस्वरूप, उन्हें पुलिस की मुट्ठी गर्म करने के लिए कोई-न-कोई अपराध करना पड़ता था। एक बार यह रास्ता पकड़ लेने के बाद वापसी बहुत मुश्किल हो जाती थी और वे अपराध और पुलिस के चंगुल में फँसते चले जाते थे। कभी-कभी तो उन्हें अपने घर के बर्तन या सोने के जेवरात आदि बेचकर भी पुलिस का मुँह बन्द करना पड़ता था।[369]

पूरे प्रदेश में कहीं भी कोई डकैती की घटना होती है तो पुलिस सबसे पहले स्टुअर्टपुरम वासियों को कटघरे में खड़ा करने की कोशिश करती है। उन्होंने कुछ किया हो या न किया हो लेकिन वे हमेशा सन्देह के घेरे में रहते हैं। रेडियो और टी.वी. जैसे प्रसार माध्यम भी उन्हीं को निशाना बनाने की कोशिश करते हैं। बड़े दुर्भाग्य की बात है कि असली अपराधियों को ढूँढ़ने के बजाय इसी अभिशप्त जनजाति पर पुलिस द्वारा दोष लगाकर छुट्टी पा ली जाती है। एक भूतपूर्व अपराधी ने जनजाति की इस यंत्रणा का विस्तार से चित्रण करते हुए हाल ही में घटी एक घटना का उल्लेख किया। उसने बताया, कि अभी बीस दिन पहले ही 'ईनाडु' (तमिल दैनिक) में यह खबर छपी थी कि गुंटूर जिले के मंगलागिरी क्षेत्र में हुई चोरी की एक घटना में जिन दो व्यक्तियों का हाथ माना जा रहा है, वे दोनों ही स्टुअर्टपुरम बस्ती के निवासी हैं। इनके नाम ओला सरीनू और वेंकय्या बताए जाते हैं।[370] "लेकिन सच्चाई यह है कि ये दोनों ही हमारी बस्ती के अधिवासी नहीं हैं। हमारा दुर्भाग्य यह है कि स्टुअर्टपुरम का नाम सुनते ही लोग आपराधिक गतिविधियों की कल्पना करने लगते हैं। हमारे मामले में 'बद अच्छा बदनाम बुरा' वाली कहावत चरितार्थ होती है। हमने कुछ किया हो या न किया हो, पर हर अपराध का दोष हम पर ही मढ़ दिया जाता है।"

इसी तरह, एक अन्य भूतपूर्व अपराधी ने बताया कि तिरुपति में हुई डकैती और हत्या की एक घटना के बाद एक पुलिस अधिकारी ने झट से स्टुअर्टपुरम बस्ती वालों का नाम ले लिया था और यह खबर सभी अखबारों में भी छप गई। कुछ दिन बाद अपराधी पकड़े भी गए थे और जो सच्चाई सामने आई थी वह कुछ और ही थी। अपराधी स्टुअर्टपुरम के न होकर महाराष्ट्र के थे। यह सच्चाई सी.आई.आई. की जाँच के बाद ही सामने आ सकी थी। लेकिन अपराध के बाद पुलिस और अखबार वालों ने जिस तरह झट से स्टुअर्टपुरम की तरफ उँगली उठा दी थी, उससे इन जनजातियों के प्रति पुलिस और जन-साधारण के पूर्वग्रह का पता चलता था। समुदाय का यह बहुत बड़ा दुर्भाग्य है कि अपराधी न होते हुए भी उसे अपराधी मान लिया जाता है। पुलिस समुदाय के लोगों को बिसात के मोहरों की तरह इस्तेमाल करती है और उनके प्रति सहानुभूति दर्शाने की बजाय उनकी छवि को बिगाड़ने का काम करती है।[371]

इन स्थितियों को देखते हुए समाज के रवैये में बदलाव आना बहुत जरूरी है। यह सच है कि स्टुअर्टपुरम बस्ती में बहुत-से अपराधी पैदा होते रहे हैं, जिनमें से कुछ कुख्यात अपराधी भी रहे हैं लेकिन व्यक्तियों की बजाय समुदाय पर दोष लगाना न्यायसंगत नहीं है। बस्ती में कुछ 'रॉबिनहुड' किस्म के लोकप्रिय अपराधी भी हुए हैं जिन्हें समुदाय में जन-नायकों की तरह देखा जाता रहा है। इसी तरह का एक लुटेरा समुदाय में बहुत लोकप्रिय था और लूट के पैसे अपने पास रखने की बजाय गरीबों में बाँट देता था। वह खुद भी अनाथ था, इसलिए समुदाय के सभी अनाथ बच्चों का खयाल रखता था और अपने-आपको उनके अभिभावक के रूप में देखता था। कहते हैं कि उसके बहुत-से किस्से समुदाय में प्रचलित थे और उसकी बहादुरी और दानवीरता की प्रशंसा में कुछ गीत भी बनाए गए थे। इन्हें खूब रस लेकर गाया जाता था। ऐसे ही एक गीत में पुलिस की ज्यादतियों का भी जिक्र था, जिसने बाद में समुदाय के इस 'शेर' को मार गिराया।

7

आज का स्टुअर्टपुरम

स्टुअर्टपुरम में आज आपराधिक और गैर-आपराधिक दोनों तरह के परिवार बसे हुए हैं। गैर-आपराधिक परिवारों के कुछ वर्ग सरकारी नौकरियों, औद्योगिक संस्थानों, खेती-बाड़ी और छोटे-मोटे व्यापार से जुड़े हुए हैं।[372] आपराधिक पृष्ठभूमि वाले परिवार भी अब अपराधों में लिप्त होने से कतराते हैं। इसके पीछे कई कारण हैं—(1) उनके कुछ सगे-सम्बन्धी पुलिस द्वारा मार गिराए गए हैं; (2) पुलिस के निरन्तर पीछे पड़े रहने और परेशान करने से वे दुखी हो चुके हैं क्योंकि इस मामले में समाज भी उनका साथ नहीं देता; (3) शिक्षा के कारण उन्हें अपराधी जीवन की बुराइयों का अहसास होने लगा है; (4) वे अपने बच्चों के लिए एक बेहतर और सुरक्षित भविष्य चाहते हैं; (5) वे समाज की मुख्यधारा से जुड़कर एक सामान्य और सम्मानजनक जीवन बिताना चाहते हैं। धीरे-धीरे उनकी जीवन-शैली में एक बदलाव आता रहा है और वे छोटी-मोटी नौकरियाँ या कोई काम-धन्धा करके अपनी आजीविका कमाने की तरफ आकर्षित हुए हैं। वे अब अपराध का रास्ता छोड़कर ईमानदारी से आजीविका कमाने का निश्चय कर चुके हैं। समस्या सिर्फ यह है कि निजी और सार्वजनिक दोनों क्षेत्रों में ही नौकरी के इतने अवसर उपलब्ध नहीं हैं कि इन सबको सन्तोषजनक रोजगार मिल सके। सरकार पशुपालन, साइकिल-रिक्शा इत्यादि के लिए छोटे-मोटे ऋण देकर इनकी मदद करने की कोशिश करती रही है। लेकिन यह बिलकुल साफ है कि इतना सब काफी नहीं है। इन्हें ज्यादा बड़े और व्यापक पैमाने पर सरकारी मदद और प्रोत्साहन की जरूरत है।

स्टुअर्टपुरम में बसे येरुकला कई दूसरे प्रदेशों से आकर आन्ध्र प्रदेश में बसने वाले येरुकलाओं के वंशज हैं। वे स्वभाव से जितने परिश्रमी हैं, उतने ही तीक्ष्ण बुद्धि वाले भी हैं। बस्ती में रहने वालों पर आसपास के गाँवों की जीवन-शैली और संस्कृति का भी काफी प्रभाव पड़ा है। उनमें शिक्षा, रोजगार और राजनीति को लेकर काफी जागरूकता आई है। उन्होंने 'येरुकला ट्राइब एसोसिएशन' के नाम से अपने एक संगठन की स्थापना भी की है। इसके अलावा कई जिला और तालुका स्तर के संगठन भी हैं, जिनसे ठक्कर बापा, वी. राघवैया, पॉलापार्टी विरैय्या, रमेश्वरम नागैय्या, चडाला जानकीराम और कम्पा पुनैय्या जैसे कई समर्पित समाजसेवक जुड़े रहे हैं। ये सब लोग बड़ी लगन और मेहनत से येरुकला जनजाति के उद्धार और विकास के लिए काम करते रहे हैं। इस जनजाति के जागरण और उत्थान में साल्वेशन आर्मी की भूमिका के बारे में तो सभी जानते हैं। इस संस्था के प्रयत्नों का ही यह फल है कि आज न सिर्फ कई बी.ए. और एम.ए. पास येरुकला मिलते हैं बल्कि कुछ येरुकला प्रशासनिक सेवाओं में भी उल्लेखनीय उपलब्धियाँ हासिल कर चुके हैं। येरुकला अब देश की लोकसभा में भी प्रवेश कर चुके हैं। के. कमला कुमारी ने इस जनजाति की पहली महिला सांसद के रूप में लोकसभा में प्रवेश करके पूरी जाति का नाम रोशन कर दिया। इस पहल से स्टुअर्टपुरम बस्ती में सांस्कृतिक और राजनीतिक जागरूकता के स्तर का पता चलता है।

स्टुअर्टपुरम बस्ती अतीत में भी कई गौरवशाली उपलब्धियाँ हासिल कर चुकी है। येरुकला जनजाति के देवरा कोंडा हनुमन्त राव एक सफल व्यापारी होने के साथ-साथ देश के स्वतंत्रता आन्दोलन से भी बहुत नजदीक से जुड़े रहे थे और उनकी राष्ट्रभक्ति और यश-गाथा पर आज भी पूरा समुदाय गर्व महसूस करता है। उन्होंने आपराधिक जनजाति कानून को हटाने में भी बहुत महत्त्वपूर्ण भूमिका निभाई थी। वे आज भी पूरे समुदाय के लिए एक प्रेरणास्रोत बने हुए हैं।

गोरा, लवनम और हेमलता लवनम जैसे कई जाने-माने और समर्पित सामाजिक कार्यकर्ता स्टुअर्टपुरम बस्ती के कल्याण से जुड़े रहे हैं। ऐसे ही कई समाज सेवकों के प्रयत्नों के फलस्वरूप बस्ती में कई कुख्यात अपराधियों को भलाई के रास्ते पर लाया जा सका। इस बस्ती के कायाकल्प में सरकारी और गैर-सरकारी दोनों तरह की संस्थाओं का उल्लेखनीय योगदान रहा है।

सन्दर्भ

1. होम (ज्यूडीशियल) गवर्नमेंट ऑर्डर (जी.ओ.) नं. 1279, 10.6.1915
2. होम (ज्यूडीशियल) जी.ओ. 1860; 3.9.1917; आपराधिक जाँच विभाग द्वारा डौंगा वोड्डारों को एक आपराधिक जनजाति के रूप में दर्ज किया गया था। (गैंग नं. XIV); इसी तरह येरुकला जनजाति को गैंग नं. XIII के रूप में दर्ज किया गया था।

3. होम (ज्यूडीशियल) जी.ओ. 1284; 27.3.1937
4. होम (ज्यूडीशियल) जी.ओ. 6170; 22.12.1938
5. पी.डब्ल्यू.एल.डी., जी.ओ. 52; 1.1.1927; इन खड्डों से मच्छर पैदा हो रहे थे। बारिश के दिनों में छोटी-छोटी नालियाँ इन खड्डों को आपस में जोड़ देती थीं। गाँव से लगभग दो फर्लांग की दूरी पर ऐसे ही कई और खड्डे भी थे। वहाँ दलदली जमीन थी जो बारिश के मौसम में और भी फिसलन भरी हो जाती थी। इन्हीं सब कारणों को देखते हुए 20.12.1926 को बस्ती को किसी सुरक्षित और सुविधाजनक जगह पर स्थानान्तरित करने का फैसला किया गया।
6. वही, 1379; 19.1.1927
7. वही, 1719; 9.8.1927
8. वही, 2190; 28.7.1930
9. ललिता, 1995; पृ. 74
10. होम (ज्यूडीशियल) जी.ओ. 1279; 10.6.1915
11. रामचन्द्र शास्त्री, 1929, पृ. 17
12. पी.डब्ल्यू.एल.डी.; जी.ओ. 2146; 1928
13. होम (ज्यूडीशियल), जी.ओ. 1860, 5.9.1917; होम जी.ओ. 2661, 25.10.1920; अधिवासियों के घर बाँस के टुकड़ों से निर्मित किए गए थे और दस फुट तक ऊँचे थे। घरों का हर समूह 540×340 फुट का एक बाड़ा था और इसी क्षेत्र के भीतर सभी घर स्थित थे। चारों तरफ साठ फुट की जगह आने-जाने के लिए खुली छोड़ दी गई थी। ये सभी घर बहुत कमजोर थे और मिट्टी की दीवारों पर फूस के छप्पड़ डालकर बनाए गए थे। ऐसी उम्मीद की जा रही थी कि आर्थिक हालत सुधरने के बाद अधिवासी खुद अपने घरों की मरम्मत करवा सकेंगे और उन्हें साफ-सुथरा और जंगली घास से मुक्त रख सकेंगे।
14. मुले, 1892, पृ. 78
15. पी.डब्ल्यू.एल.डी., जी.ओ. 2146, 28.8.1928
16. वही
17. होम (ज्यूडीशियल), जी.ओ. 1279, 10.6.1915
18. *नोट,* 1916
19. गेयर, 1910, पृ. 46
20. मुले, 1892, 80
21. नायडू और पौपा राव, 1905, पृ. 16
22. नोट 1916, पृ. 36
23. थर्स्टन, 1909, पृ. 422
24. कैनेडी, 1909, पृ. 165
25. होम जी.ओ. 504, 15.2.1946; सिद्धापुरम के टक्कू वोड्डार पत्थर काटने में बहुत कुशल माने जाते थे। 1945 के वर्ष में आर. दोराई सामी अय्यर ने उद्योग शुरू करने के लिए अग्रिम राशि की मंजूरी दी थी। इन लोगों को नल्लामलई से बस्ती तक पत्थरों की ढुलाई की अनुमति दे दी गई थी। वहाँ से पत्थर अटमापुर और आसपास के गाँवों में बिक्री के लिए ले जाए जाते थे।
26. पी.डब्ल्यू.एल.डी., जी.ओ. 2146, 28.8.1928

27. गेयर, 1910, पृष्ठ 35; मुले 1892, पृ. 22
28. गनी, 1915, पृ. 125
29. कैनेडी, 1909, पृ. 167
30. कमला मनोहर राव, पी.; *बुलेटिन ऑफ़ ट्राइबल कल्चरल रिसर्च एंड ट्रेनिंग इंस्टीट्यूट,* मद्रास, 1961; वोड्डार कभी भी जूते नहीं पहनते थे, हालाँकि कभी-कभार वे सैंडल जरूर पहन लेते थे। इसी तरह, उनकी स्त्रियाँ भी चोली नहीं पहनती थीं। उनके समुदाय में यह किंवदन्ती प्रचलित है कि सदियों पहले चूहे उनके जूते और चोलियाँ चुरा ले गए थे, जिसके बाद उन्होंने इनका इस्तेमाल करना ही बन्द कर दिया था। यही कारण है कि वे चूहों को अपना शत्रु मानते हैं और इन्हें खोज-खोजकर मार डालते हैं या खा जाते हैं। सन् 1899 में तत्कालीन पुलिस डिप्टी कमिश्नर पी.बी. थॉमस ने अपनी एक रिपोर्ट में लिखा था, "मैं जानता हूँ कि ये लोग किसी भी तरह के जूते पहनना पसन्द नहीं करते। वे सिर्फ किसानों और छोटी जातियों द्वारा प्रयुक्त चप्पलें पहनते हैं। ये चप्पलें भी वे खरीदकर नहीं बल्कि चुराकर पहनते हैं।" गेयर, 1930, पृ. 36
31. मुले; 1912, पृ. 79
32. कैनेडी, 1909, पृ. 78
33. मद्रास सरकार, श्रीहरिकोटा की यानाडी जनजाति से सम्बन्धित हुक्मनामे और दस्तावेज़; नेल्लोर जिले के पुराने रिकॉर्डों से संकलित कागजात, खंड-1, गवर्नमेंट सेंट्रल प्रेस, मद्रास, 1955
34. गेयर, 1910, पृ. 47
35. बीसवीं सदी के शुरुआती दशकों में बार-बार सूखा पड़ने के कारण उनके व्यापार को गहरा झटका लगा था। खेती के लिए मिली जमीनों पर मुश्किल से ही गुजारे लायक पैदावार होती थी। ऐसी परिस्थितियों में वे लोग वेंकटागिरी, पुट्टुर, नेल्लोर और कुडप्पा जैसी जगहों की तरफ कूच करने लगे थे।
36. रामचन्द्र शास्त्री, 1929, पृ. 1
37. शशि और वर्मा, 1991, पृ. 87
38. रामचन्द्र शास्त्री, 1930, पृ. 21
39. *गैजेटियर ऑफ़ बाम्बे स्टेट,* धारवाड़ जिला, खंड-21, 1884
40. पी.डब्ल्यू.एल.डी., जी.ओ. 1433, 31.3.1928
41. होम जी.ओ. 2661, 25.10.1920; 1920 का वर्ष हर दृष्टि से अधिक सफलताओं भरा वर्ष साबित हुआ था। अधिवासियों ने बड़ी खुशी और उत्साह से कृषक जीवन को अपना लिया था। खराब मौसम के बावजूद बस्ती वालों का स्वास्थ्य भी अच्छा रहा था। बाद में खेती-बाड़ी के लिए और ज्यादा जमीन उपलब्ध हो गई थी, इसलिए ज्यादा बड़े क्षेत्र में खेती की गई थी।
42. वही
43. वही
44. वही
45. पी.डब्ल्यू.एल.डी., जी.ओ. 2425, 12.11.1935; इन कृषक मिस्त्रियों को 18 रुपए महीने के हिसाब से वेतन मिलता था।
46. 1927 में सरकार ने 2,300 रुपए खर्च करके सिद्धापुरम में एक भंडार-घर का निर्माण किया था। इस भंडार-घर के निर्माण के दो उद्देश्य थे—(1) अन्न का संग्रह करना,

(2) उचित मूल्य मिलने तक खेती में हुई पैदावार को सम्भाल कर रखना। पी.डब्ल्यू. एल.डी., जी.ओ. 137, 19.1.1927

47. 1927 के वर्ष में कुछ अपरिहार्य कारणों से बस्ती के किसानों को भारी नुकसान उठाना पड़ा। इसके लिए पानी की कमी और प्रतिकूल मौसम जैसे कारण शामिल थे। फसलों का एक बड़ा हिस्सा बर्बाद हो गया और बस्ती वालों को सूखी लकड़ी और घास-फूस की बिक्री से गुजर-बसर करने के लिए मजबूर होना पड़ा। पी.डब्ल्यू.एल.डी., जी.ओ. 1719, 9.8.1927
48. पी.डब्ल्यू.एल.डी., जी.ओ. 2543, 5.9.1929
49. वही, 137, 19.1.1927
50. पी.डब्ल्यू.एल.डी., 137, 19.1.1927
51. वही
52. पी.डब्ल्यू.एल.डी., जी.ओ. 1843, 25.8.1927; इस तरह धीरे-धीरे पुलिस विभाग की इन शक्तियों का हस्तान्तरण होता चला गया और बस्ती के अधिवासियों को ज्यादा अधिकार और शक्तियाँ मिलती चली गईं।
53. पी.डब्ल्यू.एल.डी., जी.ओ. 137, 19.1.1927
54. वही; बस्ती की जमीन की बाहर के लोगों में काफी माँग थी। इससे यह भी पता चलता था कि यह जमीन कितनी अच्छी थी। बस्ती के मैनेजर ने अधिवासियों के मन में यह बात बिठाने के लिए कि वे अपराधी नहीं बल्कि किसान हैं, कई सकारात्मक कदम उठाए थे। इनमें से कुछ प्रमुख कदम इस प्रकार थे—(1) अच्छे आचरण का प्रदर्शन करने वाले परिवारों के नाम आपराधिक जनजाति के रजिस्टर से हटा दिए गए; (2) बस्ती के अधिवासियों में से ही उनका एक मुखिया चुनकर उसे गाँव के मुखिया जैसे अधिकार दे दिए गए; (3) समुदाय पर नियंत्रण रखने के लिए दो तलयारियों की भी नियुक्ति कर दी गई; (4) बस्ती के सभी किसानों को पाँच वर्ष के लिए उनकी जमीनों के अस्थायी पट्टे दे दिए गए।
55. पी.डब्ल्यू.एल.डी., जी.ओ. 2190, 28.7.1930
56. वही
57. वही, 2671, 6.12.1934
58. वही, 2194, 4.9.1928
59. वही, 2671, 6.12.1934; सरकारी खेतों में मजदूरी करने वालों की बस्ती के मैनेजर द्वारा 6 आने प्रति वयस्क पुरुष, तीन आने प्रति वयस्क स्त्री और साढ़े चार आने प्रति लड़के (सोलह से इक्कीस वर्ष तक की उम्र के युवक) के हिसाब से मजदूरी दी जाती थी। आर्थिक तंगी और खाद्यान्नों के बढ़ते मूल्यों को देखते हुए बारह वर्ष से अधिक उम्र के मजदूर आठ आने दिए जाने की माँग कर रहे थे क्योंकि आसपास के गाँवों में यही भाव चल रहा था।
60. वही
61. सिद्धापुरम बस्ती के एक भूतपूर्व अपराधी के साथ भेंटवार्ता, 24.11.1994
62. पी.डब्ल्यू.एल.डी., जी.ओ. 1782, 9.8.1935
63. होम जी.ओ. 1217, 6.3.1939; सरकार के कृषि विभाग के अधिकारी बस्ती का अकसर दौरा करते रहते थे। कृषि के लिए जरूरी सभी तरह की सामग्री की भी आपूर्ति की जाती थी। कृषि के सुधार में मिस्त्रियों और गैर-तकनीकी स्टाफ का बहुत महत्त्वपूर्ण योगदान

था। मिस्त्री ही यह फैसला करते थे कि किस खेत में कौन-सी फसल बोना अच्छा रहेगा। उन्हें खेती-बाड़ी की विभिन्न गतिविधियों से जुड़ी बहुत-सी भूमिकाएँ निभानी पड़ती थीं। इसके अलावा वे अधिकारियों के लिए सद्-आचरण और अनुशासन का भी उदाहरण होते थे। इसलिए इन पदों के लिए उपयुक्त व्यक्तियों का चुनाव करते समय उनकी तकनीकी जानकारी के साथ-साथ उनके मानवीय गुणों को भी देखा जाता था। मिस्त्री शुरू से लेकर आखिर तक खेती-बाड़ी के हर पहलू से जुड़े होते थे। वे अटमापुर में स्थित कृषि निदेशक के अधीन काम करते थे।

64. वही, 568, 23.2.1944
65. वही, 2113, 13.7.1944
66. वही, 568, 23.2.1944
67. मद्रास सरकार, *एडमिनिस्ट्रेशन रिपोर्ट ऑन कल्लार रीक्लेमेशन, कोरवा रीक्लेमेशन, हेब्च्युिल ऑफेंडर्स सैटलमेंट्स, यानाडी एंड सुगली री-क्लेमेशन फॉर द ईयर 1948-49;* मद्रास, 1950
68. पी.डब्ल्यू.एल.डी., जी.ओ. 1053, 12.5.1927
69. अस्थायी पट्टे इस वायदे के साथ दिए गए थे कि पाँच वर्ष बाद इन्हें स्थायी पट्टों में बदल दिया जाएगा। यह वायदा उनके अच्छे आचरण को देखते हुए किया गया था।
70. मद्रास सरकार, *मद्रास स्टेट एडमिनिस्ट्रेशन रिपोर्ट फॉर द ईयर 1950-51*, खंड-1, 1954
71. पी.डब्ल्यू.एल.डी., जी.ओ. 3259, 18.11.1930
72. आन्ध्र प्रदेश सरकार, *आन्ध्र प्रदेश स्टेट एडमिनिस्ट्रेशन रिपोर्ट*, 1961-62, खंड-1, हैदराबाद, 1963
73. होम डिपार्टमेंट, जी.ओ. 1227, 24.3.1942
74. पी.डब्ल्यू.एल.डी., जी.ओ. 2543, 3.9.1929; तेलुगु में नत्तु/नट्टु का अर्थ झुकावदार या मुड़ी हुई घास होता है। तगेडु का पत्ता ज्यादातर मैदानों और ज्यादा उपज देने वाले क्षेत्रों में पाया जाता है। इसकी टहनियों से दाँत साफ करने की दातुनें भी बनाई जाती हैं। इस पत्ते को आमतौर से सिकाई के लिए भी इस्तेमाल किया जाता है। देखें, सी.डी. मैकलीन (सं.), *ग्लोसरी ऑफ़ द मद्रास प्रेसीडेंसी*, दिल्ली, 1928, पृ. 932
75. होम, जी.ओ. 2063, 7.6.1952
76. सिद्धापुरम के वोड्डारों को कुरनूल जिले की सिद्धापुरम टैंक परियोजना पर मजदूरी के लिए लगाया गया था। इनमें 57 पुरुष, 57 स्त्रियाँ और 71 बच्चे शामिल थे। ये लोग वहाँ 31 दिसम्बर 1916 तक काम करते रहे।
77. होम जी.ओ. 1227, 24.3.1942; अधिवासियों को भू-सुधार (रीक्लेमेशन) के काम पर लगाया गया था। हर अधिवासी को सात रुपए महीने के हिसाब से गुजर-बसर का खर्च दिया जा रहा था। इस काम को सूखा राहत कार्य के रूप में लिया जा रहा था ताकि अधिवासियों को आजीविका का कोई साधन उपलब्ध कराया जा सके। यह व्यवस्था रोजगार के दूसरे अवसर पैदा होने तक लगभग छह महीने के लिए की गई थी। बस्ती के मैनेजर का कहना था कि नई कृषि-योग्य भूमि मिल जाने के बाद भी पहले वर्ष अच्छी फसल होने की उम्मीद नहीं की जा सकती थी क्योंकि रीक्लेम की गई जमीन पर शुरू में कम पैदावार होती थी। इसलिए इन फसलों से होने वाली कमाई अधिवासियों के वर्ष भर के गुजारे के लिए काफी नहीं थी। मैनेजर ने इस सम्बन्ध में लेबर कमिश्नर को निम्नलिखित जानकारियाँ दी थीं—

1. क्या अधिवासियों और उनके परिवारों को काज़ा स्थानान्तरित किया गया है?
2. क्या छह महीने बाद अधिवासी रीक्लेम की गई जमीन पर खेती करके अपना गुजारा चला सकेंगे?
3. परिवारों की गुजर-बसर किस तरह हो रही है?
4. क्या उन्हें कोई मजदूरी दी गई है?
5. उनसे किस तरह का काम लिया जा रहा है?
6. वर्षा न होने के कारण उनकी वर्तमान स्थिति क्या है?
7. अधिवासियों के उपयोग के लिए रीक्लेम की गई जमीन का सबसे प्रमुख लाभ क्या है?

78. आन्ध्र प्रदेश सरकार, *आन्ध्र प्रदेश स्टेट एडमिनिस्ट्रेशन रिपोर्ट फॉर द ईयर 1960-61* खंड-1, हैदराबाद, 1961
79. *नोट,* 1927
80. पी.डब्ल्यू.एल.डी., जी.ओ. 1719, 9.8.1927; 1927 के वर्ष में वहाँ कपास का कोई उद्योग नहीं था। ऊन उद्योग जरूर था लेकिन काम के लिए कोई उपयुक्त जगह न होने के कारण ऊन के कम्बल उत्पादन की रफ्तार भी काफी धीमी थी। उस वर्ष सिर्फ 155 कम्बल ही बनाए जा सके थे। बस्ती के कोष में कुल 5,588 रुपए जमा हुए थे। अधिवासियों ने बुनाई के काम के अलावा जंगल से सूखी लकड़ी इकट्ठी करके बेची थी और इससे भी उन्हें कुछ कमाई हो गई थी। इस बीच बस्ती अपनी पुरानी जगह से स्थानान्तरित होकर नई और ज्यादा स्वास्थ्यजनक जगह पर आ चुकी थी, जो पुरानी जगह से लगभग डेढ़ मील की दूरी पर थी। पुरानी जगह पर गन्दे पानी के खड्डों के कारण मच्छरों की भरमार थी, जिसके कारण मलेरिया ने बस्ती के कई लोगों को अपनी चपेट में ले लिया था। नई जगह ज्यादा साफ-सुथरी थी, इसलिए यहाँ मच्छरों की इतनी समस्या नहीं थी। फिर भी, खराब मौसम के कारण उस वर्ष फसलें अच्छी नहीं हो पाईं। बाद में ऊन और कपास के माल की बुनाई के लिए उपयुक्त हौजरियाँ बना दी गईं तो इन दोनों उद्योगों में काफी सुधार आने लगा।
81. वही, 2190, 28.7.1930; 1930 के वर्ष में बुनाई उद्योग में कई उतार-चढ़ाव दिखाई दिए। फिर भी, अधिवासी काफी अच्छे कम्बल बनाने लगे थे और बाजार में उनकी माँग भी थी। अधिवासियों के लिए आजीविका कमाने का यह एक वैकल्पिक साधन था, खासकर यह देखते हुए कि फसलों की सफलता मौसम पर निर्भर करती थी और हर दूसरे-तीसरे वर्ष बारिश के कम या बहुत ज्यादा होने पर फसलें या तो बर्बाद हो जाती थीं या उम्मीद से बहुत कम पैदावार होती थी।
82. वही, 1425, 5.5.1944
83. 31 अक्टूबर, 1949 तक स्टुअर्टपुरम बस्ती में बुनाई उद्योग ही एकमात्र सुनियोजित उद्योग था। बुनकरों को प्रतिदिन औसतन एक रुपया मिलता था। उस वर्ष उन सबको कुल 7,251 रुपए मजदूरी के रूप में दिए गए थे। जहाँ तक उत्पादन की बात है तो उस वर्ष 555 गज सादे कपड़े, 3,911 गज गॉज कपड़े, 57 धोतियों और 68 कुर्तों का उत्पादन हुआ था। इससे 1,285 रुपए 7 आने का मुनाफा हुआ था। 2,200 रुपए आठ आने अन्य मदों में खर्च किए गए। मोटे कपड़े के उत्पादन को कुछ झटका लगा था क्योंकि बाजार में उसकी कोई खास माँग नहीं थी।

84. होम (ज्यूडी), जी.ओ. 1860, 5.9.1917
85. पी.डब्ल्यू.एल.डी., जी.ओ. 2190, 28.7.1930
86. वही, 1719, 9.8.1927; बस्ती के अधिवासियों पर उनका पूरा नियंत्रण था। वे सब उन्हें एक मित्र, मार्गदर्शक और दार्शनिक गुरु के रूप में देखते थे। उनके अप्रितम उत्साह, लगन और समर्पण भावना को देखते हुए उन्हें 1927 में 'राव साहब' की उपाधि से सम्मानित किया गया था।
87. मद्रास सरकार, *एडमिनिस्ट्रेशन रिपोर्ट ऑन हैबिच्युल ऑफेंडर्स सैटलमेंट्स फॉर 1949-50*, मद्रास, 1951
88. एक भूतपूर्व अपराधी के साथ भेंटवार्ता, सिद्धापुरम बस्ती, 24.11.1994
89. चन्द्रशेखर भाट, *एथानिसिटी एंड मोबिलिटी*, नई दिल्ली, 1984
90. सैय्यद सिराज उल-हसन, 1909, पृ. 49
91. मुले, 1892, पृ. 81
92. गेयर, 1910, पृ. 48
93. ललिता, 1977, पृ. 59
94. उनके विवाह कुल-पंचायत द्वारा निर्धारित किए जाते हैं। वैवाहिक सम्बन्ध जोड़ते समय वे अपने गोत्रम को बहुत ज्यादा महत्त्व देते हैं। फिर भी, उनके दृष्टिकोण में धीरे-धीरे कुछ बदलाव भी आ रहा है और अब कुछ अन्तर्जातीय विवाह भी देखने को मिलने लगे हैं।
95. ललिता, 1977, पृ. 59
96. पी.डब्ल्यू.एल.डी., जी.ओ. 6170, 22.12.1938 और पी.डब्ल्यू.एल.डी., जी.ओ. 137, 19.1.1927
97. गनी, 1915, पृ. 126
98. ललिता, 1977, पृ. 59
99. उनकी उल्लेखनीय प्रथाओं में देवी को अपने केश चढ़ाने की पम्परा भी शामिल है।
100. चन्द्रशेखर भाट्ट, 1964, पृ. 18
101. सैयद सिराज उल-हसन, 1909, पृ. 193
102. गनी, 1915, पृ. 126
103. होम (ज्यूडीशियल), जी.ओ. 1279, 10.6.1915
104. पी.डब्ल्यू.एल.डी. जी.ओ. 2671, 6.12.1924; वोड्डार परिवारों में कुछ ईसाई धर्म अपना चुके परिवार भी शामिल हैं, जो कप्परल्ला टिप्पा बस्ती से यहाँ आए हैं। हालाँकि हिन्दुओं की संख्या काफी ज्यादा है। फिर भी 200 परिवार ऐसे हैं जो हिन्दू धर्म को छोड़कर ईसाई धर्म अपना चुके हैं। ये सभी परिवार ईसाई मिशनरियों द्वारा चलाई जा रही दूसरी बस्तियों से यहाँ आए हैं। मुसलमानों के साथ उनका छत्तीस का आँकड़ा है क्योंकि मुसलमान अब भी उन्हें अपराधियों के रूप में देखते हैं।
105. वही, 1675, 9.8.1932; अध्यापकों को निशुल्क राशन और कपड़ों के साथ-साथ अन्य कई सुविधाएँ भी उपलब्ध थीं। इसके अलावा अस्वस्थ क्षेत्र के नाम पर पाँच रुपए महीने का अतिरिक्त भत्ता भी मिलता था। ऊँची कक्षाओं को पढ़ाने वाले अध्यापकों को $27^1/_2$-1-$1^1/_2$-50 रुपए के वेतनमान के साथ-साथ दस रुपए महीने का अस्वस्थ क्षेत्र भत्ता मिलता था।
106. *नोट*, 1927; बस्ती के 76 बच्चों में से 23 लड़के और 17 लड़कियाँ स्कूल जाती थीं।

लेकिन 1924 के वर्ष में बच्चों की औसत दैनिक उपस्थिति 19.5 थी। इसका अर्थ था कि आमतौर से लगभग आधे बच्चे ही स्कूल में उपस्थित रहते थे।

107. सरकारी रिकॉर्डों के अनुसार, बच्चों को माँ-बाप से दूर रखा जाता था। छोटे बच्चों को रात के समय घर भेज दिया जाता था लेकिन अन्य सभी बच्चे स्कूल में ही सोते थे। पी.डब्ल्यू. एल.डी., जी.ओ. 1719, 9.8.1927

108. होम जी.ओ. 3557, 6.9.1937; 1930 के वर्ष में स्कूल में बच्चों की संख्या इस प्रकार थी—

कक्षा	*लड़के*	*लड़कियाँ*	*कुल*
I	24	26	50
II	2	1	3
III	2	2	4
IV	3	-	3
V	5	-	5
कुल	**36**	**29**	**65**

109. पी.डब्ल्यू.एल.डी., जी.ओ. 2190, 28.7.1930
110. वही, 2671, 6.12.1934
111. होम जी.ओ. 6170, 22.12.1938
112. पी.डब्ल्यू.एल.डी. 2671. 6.12.1934
113. होम जी.ओ. 6170, 22.12.1938
114. वही
115. वही, 149, 11.1.1947
116. मद्रास सरकार *एडमिनिस्ट्रेशन रिपोर्ट ऑन काल्लार रीक्लेमेशन, कोरला रीक्लेमेशन, क्रिमिनल ट्राइब्स सैटलमेंट्स एंड यानाडी री-क्लेमेशन फॉर 1947-48*, मद्रास, 1949; गोल्ला कुप्पम डोंगा दसारियों के आने के बाद स्कूल में बच्चों की संख्या में काफी बढ़ोतरी हुई। इस स्कूल में पाँचवीं पास करने के बाद छात्रों को आगे की पढ़ाई के लिए कुरनूल भेज दिया जाता था।
117. होम जी.ओ. 2661, 25.10.1920; सितम्बर 1926 से लागू व्यवस्था के अनुसार अटमापुर का सब असिस्टेंट सर्जन महीने में चार बार बस्ती का दौरा करता था।
118. पी.डब्ल्यू.एल.डी., जी.ओ. 2190, 28.7.1930
119. वही, 137, 19.1.1927
120. होम जी.ओ. 2113, 13.7.1944; सिद्धापुरम बस्ती में एक दाई नियुक्त की गई थी जिसे 25 रुपए महीना वेतन मिलता था। बुखार और चेचक से कई लोगों की जान चली गईं थी। समय पर टीके लगाकर इन बीमारियों को ज्यादा नहीं फैलने दिया गया और जल्दी ही बस्ती से इनका खात्मा कर दिया गया।
121. पी.डब्ल्यू.एल.डी.; जी.ओ. 2671, 6.12.1934
122. वही, 2970, 8.1.1934
123. अयप्पन, 1948, पृ. 38
124. होम जी.ओ. 1035, 15.3.1947
125. होम (ज्यूडी) जी.ओ. 1279, 10.6.1915

126. कैनेडी, 1909, पृ. 72
127. इन लोगों का 'मोडस ऑपेरंडी' या अपराध करने का तरीका इस प्रकार है—वे परचून का सामान खरीदने के बहाने किसी दुकान में घुस जाते हैं और दुकानदार को मोल-भाव में उलझाकर और उसकी नजर बचाकर इधर-उधर से कीमती सामान उठाकर थैलों में भरते रहते हैं। अगर दुकानदार को पता चल जाता है तो वे किसी तरह उसे चकमा देकर वहाँ से भाग खड़े होते हैं और रास्ते में किसी दूसरी तरह के थैले लेकर खड़े अपने साथियों को चुपके से माल पकड़ाते हुए इधर-उधर छिप जाते हैं। अगर वे पकड़े भी जाएँ तो भी उनके पास से कुछ बरामद नहीं होता। वे आमतौर से सड़कों पर और बाजारों में उठाईगिरी, घरों में सेंधमारी, मुख्य मार्ग में डकैती, वन-सम्पदा और पशुओं की चोरी और जेबकतरी जैसे अपराध किया करते थे।
128. मुले, 1892, पृ. 81
129. कैनेडी, 1909, पृ. 170; विधवाओं के साथ बुरा व्यवहार करने की परम्परा नहीं है। इसी तरह, स्त्री के मंगल-सूत्र या बिच्छुओं को छूना भी अपराध माना जाता है।
130. मुले, 1892, पृ. 81
131. गेयर, 1910, पृ. 47
132. *नोट,* 1916
133. अय्यपन, 1948, पृ. 38
134. *नोट,* 1927; सार्वजनिक कार्य विभाग द्वारा दिया गया काम 1918 में पूरा हो गया तो सरकार ने वन-भूमि का एक टुकड़ा बस्ती को आबंटित कर दिया। 650 एकड़ का यह क्षेत्र 1917 में बस्ती को मिला था। आँकड़ों के अनुसार, 1 अप्रैल, 1919 को 65 पुरुषों, 65 स्त्रियों और 74 बच्चों के नाम बस्ती के अधिवासियों के रूप में रजिस्टर में दर्ज थे।
135. पी.डब्ल्यू.एल.डी., जी.ओ. 1201, 22.5.1935
136. होम जी.ओ. 2500, 16.5.1938; आपराधिक जनजाति कानूनों के माध्यम से इन लोगों की गतिविधियों पर रोक लगाने के सारे प्रयास विफल रहे थे। इस कानून के तहत आम सतर्कता बरतना अपर्याप्त और प्रभावहीन साबित हुआ था। इसलिए बस्ती की स्थापना एक महत्त्वपूर्ण कदम था क्योंकि इसके बाद इन लोगों की गतिविधियाँ आसपास के क्षेत्रों तक ही सीमित होकर रह गई थीं। किसी-न-किसी काम में व्यस्त रखे जाने के कारण इन लोगों को अपराध करने या उसके बारे में सोचने का वक्त भी कम मिलता था। इसके लिए बस्ती के मैनेजर की कुशलता की भी प्रशंसा करनी होगी, जो बड़ी सूझ-बूझ से इन्हें किसी-न-किसी रोजगार में खपाकर रखता था और इन पर कड़ी नजर रखता था।
इसी तरह वे अधिवासियों की पीने की लत को भी धीरे-धीरे कम करने में सफल रहे थे।
137. 1948 में आपराधिक जनजाति कानून (आर.टी.ए.) को खत्म करके इसकी जगह एक नया कानून लाया गया था। इसमें सिर्फ आदतन अपराधियों की गतिविधियों और कहीं आने-जाने पर प्रतिबन्ध लगाने का प्रावधान था।
138. होम (ज्यूडी) जी.ओ. 1140, 20.5.1920
139. वही, 1279, 10.6.1915
140. वही, 1860, 5.9.1917
141. वही
142. वही, 'नव्वी' का मतलब है 'बिना कौशल वाला काम'

143. मैनेजर को निर्धारित दरों पर ठेके लेने का अधिकार था। ये ठेके अधिवासियों के नाम पर लिए जाते थे। छोटे-मोटे ठेकों में पेशगी भुगतान न होने के कारण मजदूरों को अपनी जेब से मजदूरी देनी पड़ती थी और सरकार से बाद में पैसा मिलता था। इस तरह के ज्यादातर ठेके सार्वजनिक कार्य विभाग द्वारा दिए जाते थे।
144. वही
145. वही
146. वही, 1860, 5.9.1917
147. वही, 3325, 25.12.1930; 1930 के वर्ष में बस्ती में लाए जाने वाले भिन्न-भिन्न कारीगरों में ये कारीगर शमिल थे—धोबियों के दो परिवार, नाइयों के दो परिवार, कुम्हारों का एक परिवार, बढ़इयों के दो परिवार, लोहारों का एक परिवार और चर्मकारों का एक परिवार।
148. वही, 137, 19.1.1927; सिद्धापुरम में मालाओं की एक छोटी-सी बस्ती है। उन्हें डोंगा वोड्डारों को यह सिखाने के लिए लाया गया था कि मृत पशुओं की खाल किस तरह उतारी जाती है और उनके शवों को किस तरह ढोया और ठिकाने लगाया जाता है। उनके खेती-बाड़ी के अनुभव का भी उपयोग किया जाता था।
149. वही, 3325, 25.11.1920
150. वही, 781, 1.4.1933; कभी-कभी वे अपने बच्चों को भी साथ लेकर चलते हैं और चुराई गई कीमती चीज या बटुए इत्यादि को उनके हाथ में पकड़ा देते हैं। इसका यह लाभ होता है कि पकड़े जाने पर वे सबके सामने अपने बच्चों को मारने लगते हैं, जैसे सचमुच उन्होंने ही चोरी की हो, और खुद निर्दोष साबित होकर पुलिस की कार्रवाई से बच जाते हैं।
151. वही, 127, 19.1.1927
152. वही, 2146, 26.8.1928; अधिवासियों को एक सी.टी. बस्ती से दूसरी सी.टी. बस्ती में स्थानान्तरित करना बड़ी आम बात थी। इसलिए कप्परल्ला टिप्पा के कुछ अधिवासी आज भी सिद्धापुरम बस्ती के निवासी माने जाते हैं। उनका कहना हे कि उनकी जाति के उद्धार और विकास में लुडविग की बहुत महत्त्वपूर्ण भूमिका रही है। उनके पूर्वज लुटविग को आदर और श्रद्धा की दृष्टि से देखते रहे हैं और यह परम्परा आज भी जारी है। जनजाति में लुडविग की लोकप्रियता का यह हाल है कि समुदाय के कुछ लोक-गीतों में भी उनका जिक्र सुनने को मिलता है। लुडविग ने आदिवासियों के कल्याण और सुरक्षा के लिए कई कदम उठाए और आदिवासी भी उनके प्रति अपनी कृतज्ञता व्यक्त करने से नहीं चूकते।
153. पी.डब्ल्यू.एल.डी., जी.ओ. 293, 6.3.1929
154. वही, 2190, 28.7.1930
155. होम जी.ओ. 504, 15.2.1945; इन्हें टक वोड्डार कहा जाता था क्योंकि ये जब पत्थर की चक्कियाँ बनाते थे तो 'टक-टक' का शोर होता था। तत्कालीन पुलिस डिप्टी सुपरिटेंडेंट दोराईसामी अय्यर, जो अपराध शाखा से जुड़े हुए थे, ने 1945 में सरकार को सूचना दी थी कि बस्ती के कुछ अधिवासियों को पिसाई की चक्कियाँ बनाने का काम दिया जा सकता था। इससे उन्हें आजीविका का एक अतिरिक्त साधन उपलब्ध हो सकता था। ये लोग नल्लामलाई पहाड़ियों से पत्थरों की ढुलाई करके लाते थे और इन्हें आसपास के गाँवों में बेचते थे। टक वोड्डार पत्थरों की कटाई में बहुत कुशल माने जाते हैं। पत्थरों को काट-तराशकर उन्हें इमारतों के निर्माण में काम आने वाली शिलाओं, चक्की के पाटों और नहाने के टबों इत्यादि का रूप दिया जाता है। इनके परिश्रम भरे जीवन की तुलना में

पुराने डोंगा वोड्डारों को सुस्त माना जाता है, जो बिना कुछ किए ही परिणाम की उम्मीद में रहते हैं। बस्ती के सभी नए अधिवासियों को जमीनें, बैल और कृषि के लिए जरूरी अन्य सामग्री उपलब्ध करवा दी गई थी। साथ ही यह सन्दर्भ भी देखें—मद्रास सरकार, *एडमिनिस्ट्रेशन रिपोर्ट ऑन रीक्लेमेशन ऑफ़ कल्लर, कोरवा, यानाडी एंड सुगली ड्यूरिंग 1952-53*, मद्रास, 1954, पृ. 3

156. पी.डब्ल्यू.एल.डी., जी.ओ. 2247, 17.10.1933
157. वही
158. होम जी.ओ. 1284, 27.3.1937
159. पी.डब्ल्यू.एल.डी., जी.ओ. 3006, 25.10.1930; यह भी देखें, होम जी.ओ. 1217, 6.3.1939; 'शातिर', 'पेशेवर' या असाध्य/असुधार्य अपराधी के लिए अंग्रेजी में प्रयुक्त होने वाले शब्द 'इन-कोरिजिबल' का अर्थ इन अपराधियों से था—(1) सुधार बस्तियों की बजाय अन्य बस्तियों में बसे आदिवासी अपराधी; (2) जिनमें सुधार के कोई लक्षण दिखाई नहीं देते और जिनके सम्पर्क से दूसरों के सुधरने में भी बाधा पैदा हो सकती है; (3) जो तीन बार से ज्यादा बस्ती से गायब पाए गए हैं; (4) जिन्हें असन्तोषजनक आचरण के कारण सुधार बस्तियों से हटा दिया गया है; (5) जो सुधार बस्तियों से हमेशा के लिए भाग खड़े हुए हैं।
160. होम जी.ओ. 312, 29.1.1946; यह भी देखें, होम जी.ओ. 2509, 16.5.1938; एक बस्ती से दूसरी बस्ती में स्थानान्तरित किए जाने वाले अधिवासी सिर्फ आन्ध्र प्रदेश में ही नहीं बल्कि मद्रास प्रेसीडेंसी के किसी भी भाग में स्थित बस्ती में भेजे जा सकते थे।
161. एक भूतपूर्व अपराधी के साथ भेंटवार्ता, सिद्धापुरम, 24.11.1999; वर्तमान में सरकार ने उन्हें 'बीसी-ए' ग्रुप में शामिल कर लिया है। फिर भी, उनकी आदतें, परम्पराएँ और प्रथाएँ येरुकलाओं से मिलती-जुलती हैं। इन दोनों जनजातियों में एक-दूसरे के साथ खाना-पीना और वैवाहिक सम्बन्ध भी धड़ल्ले से चलता है। अधिवासी सरकार से बार-बार यह अनुरोध करते रहे हैं कि उन्हें भी अनुसूचित जनजातियों की सूची में शामिल किया जाए।
162. एक नेत्र शिविर का आयोजन करके कुछ अधिवासियों की आँखों का ऑपरेशन भी किया गया था। उन्हें 200 से 300 रुपए तक प्रति व्यक्ति सहायता राशि भी दी गई थी।
163. एक भूतपूर्व अपराधी के साथ भेंटवार्ता, सिद्धापुरम, 24.11.1999
164. उदाहरण के लिए एक पुलिस अधिकारी का रिवॉल्वर खो गया तो उसने बिना किसी सबूत के एक भूतपूर्व अपराधी के दामाद को गिरफ्तार कर लिया। वह उसे रिहा करने के लिए 10,000 रुपए की माँग करने लगा। लेकिन यह आदिवासी परिवार इतने पैसों का प्रबन्ध नहीं कर पाया और बाद में झूठे सबूतों के आधार पर दामाद को सात वर्ष कैद की सजा सुना दी गई।
165. एक भूतपूर्व अपराधी के साथ भेंटवार्ता, सिद्धापुरम, 24.11.1999
166. "वन अधिकारी ने हमारी भलाई के लिए बहुत-से कदम उठाए। उसने बस्ती के पूरे माहौल को ही बदलकर रख दिया। उसी के कारण बहुत-से अधिवासियों ने शराब से तौबा कर ली और नेक जिन्दगी गुजारने लगे। वह हमसे राजनेताओं से दूर रहने के लिए कहता था, जो सिर्फ अपने फायदे के लिए हमारा इस्तेमाल करते रहते थे। उसी के कारण हम निडर होकर मतदान करते थे और नेताओं के दबाव में नहीं आते थे।" एक पूर्व अपराधी के साथ भेंटवार्ता, सिद्धापुरम, 24.11.1999

167. होम जी.ओ. 3570, 27.1.1951

168. वन-अधिकारी ने भूतपूर्व अपराधियों को यह भरोसा दिलवाया था कि वह उन्हें सरकारी परियोजना में रोजगार दिलवाएगा। इनमें स्थानीय मंडल राजस्व अधिकारी, ब्लॉक डेवलपमेंट अधिकारी और आदिवासी विकास अधिकारी इत्यादि द्वारा शुरू की गई परियोजनाएँ शामिल थीं। उसने उनसे यह भी कहा था कि उन्हें अपनी पूरी ऊर्जा और पूरा समय खपाने की भी जरूरत नहीं थी। वह कहा करता था—'हमें ईमानदारी से ज्यादा-से-ज्यादा पैसे कमाने की कोशिश करनी चाहिए।' अधिवासियों को उत्साहित और प्रेरित करने के लिए वह उन्हें यह भी समझाता था कि इस तरह की परियोजनाएँ उनके कल्याण के लिए ही शुरू की गई थीं, इसलिए उन्हें अपने काम से जी चुराने या लापरवाही दिखाने की बजाय ईमानदारी और लगन से काम करना चाहिए। अपने काम को गम्भीरता से लेकर ही वे अपना जीवन सुधार और सँवार सकते थे। एक भूतपूर्व अपराधी के साथ भेंटवार्ता, सिद्धापुरम, 22.11.1999

169. "सभी राजनीतिक पार्टियाँ हमारे पास आती रहती हैं और हमें पार्टी में शामिल होने के लिए कहती हैं। वे हमें रोजगार और उज्ज्वल भविष्य का लालच भी देती हैं।" एक भूतपूर्व अपराधी के साथ भेंटवार्ता, सिद्धापुरम, 24.11.1999

170. वही; उसने आगे बताया कि सभी भूतपूर्व अपराधियों के आपराधिक जीवन के पीछे निर्धनता ही सबसे प्रमुख कारण रहा है। उसने यह भी कहा कि उनसे बार-बार अपराध करवाने के पीछे अकसर सरकारी अधिकारियों का हाथ होता है। वे उनसे अपराध करवाते हैं और लूट का एक बड़ा हिस्सा खुद लेते रहते हैं। अगर सभी सरकारी अधिकारी वर्तमान वन-अधिकारी जैसे ईमानदार और नेकदिल हों तो वे भूलकर भी अपराध के रास्ते पर न चलें। "अपराध करने का खतरा हम उठाते हैं लेकिन जेबें दूसरों की भरती रहती हैं। वे मजे करते हैं और हम जेलों में सड़ते हैं। हमारी मुसीबतों और दुखों का सबसे बड़ा कारण ऐसे ही सरकारी अधिकारी हैं।"

171. एक भूतपूर्व अपराधी के साथ भेंटवार्ता, सिद्धापुरम, 24.11.1999

172. भारत सरकार, भारतीय जनगणना, स्पेशल टेबल्स फॉर एस.टी.ज़ 1981, खंड-2, नई दिल्ली

173. ललिता, 1995, पृ. 173

174. सैयद सिराज उल-हसन, 1901, पृ. 185 के अनुसार ये आँकड़े इस प्रकार हैं—21,42,817 पुरुष (6.35 प्रतिशत) और 20,56,664 स्त्रियाँ (6.27 प्रतिशत)। 1991 की जनगणना के अनुसार जनजाति में साक्षरता की दर इस प्रकार थी—पुरुष 23.25 प्रतिशत और स्त्रियाँ 8.67 प्रतिशत। इस प्रकार जनजाति की कुल साक्षरता दर 17.15 प्रतिशत थी। इन लोगों को तेलुगु में येरुकला, तमिल में कोरवा, कन्नड़ में कोरमा और मराठी में कैकड़ी कहा जाता है।

175. थर्स्टन, 1909, पृ. 441

176. सी. सत्यनारायण, 'येरुकलाज—एन एक्स-क्रिमिनल ट्राइब ऑफ़ आन्ध्र एंड इट्स सैटलमेंट (स्टुअर्टपुरम)', अप्रकाशित एम.ए. शोध-कार्य, सागर विश्वविद्यालय, 1960

177. मीना राधाकृष्णन, 1992, पृ. 273

178. थर्स्टन, 1909, पृ. 441

179. गुस्ताव ओपर्ट, 1978, पृ. 205

180. वही

181. थर्स्टन, 1909, पृ. 441

182. श्रीहरिकोटा के यानाडियों से सम्बन्धित हुक्मनामे और दस्तावेज़ खंड-1; *ओल्ड-रिकॉर्ड्स*

ऑफ़ द नेल्लोर डिस्ट्रिक्ट, नेल्लोर, 1915 से संकलित कागजात, परिशिष्ट 1-3; यह भी देखें, *त्रिलिग्ना* (तेलुगु) जनरल', अप्रैल 1919, पृ. 1-3

183. शैरिंग, 1974, पृ. 137
184. सत्यनारायण, 1960, पृ. 26
185. *नोट,* 1916; विभिन्न जिलों में घूमते रहने वाली आपराधिक जनजातियों का वर्गीकरण इस प्रकार किया गया था—नेल्लोर और बल्लारी गिरोह संख्या V और X; गोदावरी : गिरोह संख्या IV; गुंटूर : गिरोह संख्या VI, VIII और IX; कुरनूल : गिरोह संख्या XIII
186. ललिता, 1989, पृ. 2
187. साल्वेशन आर्मी का मासिक पत्र द *वार क्राई,* इंटरनेशनल हेरिटेज सेंटर, लन्दन, अप्रैल 1937, पृ. 3
188. *नोट,* 1916, पृ. 3
189. मैकेंजी, 1959, पृ. 77
190. स्टुअर्टपुरम बस्ती का उद्घाटन 1 जून 1914 को किया गया था। तब कुछ थोड़े-से आदिवासी परिवार डिवीजन नं. 8 में रहा करते थे। रत्नापुरम के नाम से जाने वाले इस क्षेत्र में सिर्फ थोड़ी-सी खस्ताहाल झोंपड़ियाँ थीं।
191. मद्रास सरकार, स्टुअर्टपुरम बस्ती के कामकाज पर लिखित वक्तव्य, 1915-1928, मद्रास
192. मैकेंजी, 1959, पृ. 79
193. लॉ (जनरल), जी.ओ. 1714, 22.10.1921; लॉ (जनरल), जी.ओ. 3187, 14.11.1924
194. मैकेंजी, 1959, पृ. 84
195. मैकेंजी, 1959, पृ. 83; गुंटूर जिले के येरुकला हर वर्ष दिसम्बर से अगस्त तक बापट्ला तालुका के बेटापुडी गाँव के पास डेरा डाल लिया करते थे। वे ओंगोल, बापट्ला और तेनाली के किसानों के लिए अनाज की ढुलाई का काम करते थे। अगस्त से दिसम्बर के बीच वे बिनुकोंडा में पशु चराने का काम करते थे। 1913 में पुलिस के बहुत ज्यादा हरकत में आ जाने और आपराधिक जनाजातियों के पीछे पड़ जाने के कारण येरुकला परेशान हो गए और साल्वेशन आर्मी की शरण में जाने के लिए विवश हो गए। देखें, *नोट शोइंग द प्रोग्रेस मेड इन द सैटलमेंट ऑफ़ सीटीज़ इन द मद्रास प्रेसीडेंसी अप-टू सितम्बर 1916,* पृ. 6
196. साल्वेशन आर्मी का मासिक पर्चा द *वार क्राई,* इंटरनेशनल हेरिटेज सेंटर, लन्दन, अप्रैल 1937
197. लॉ (जनरल), जी.ओ. 1327, 14.2.1925
198. मद्रास सरकार, 'एडमिनिस्ट्रेशन रिपोर्ट ऑफ़ द इंस्पेक्टर जनरल ऑफ़ पुलिस', 1915-23, मद्रास
199. होम (ज्यूडी), जी.ओ. 2074, 18.8.1916
200. हर 100 एकड़ जमीन की देखरेख के लिए एक मिस्त्री की नियुक्ति की गई थी; होम (ज्यूडी) जी.ओ. 2074, 18.9.1916
201. लॉ (जनरल) जी.ओ. 1714, 22.10.1921; लॉ (जनरल) जी.ओ. 3187, 14.11.1924
202. होम (ज्यूडी) जी.ओ. 2074, 18.8.1916; 200 एकड़ जमीन पर खेती से उन्हें 100 बोरे धान प्राप्त हुई थी। हर बोरा साठ रुपए के हिसाब से बेचा गया था। 1915 में विभिन्न स्रोतों से अधिवासियों की आय के आँकड़े इस प्रकार थे—

1. भाड़े पर मजदूरी	4,837 रुपए
2. पशुओं का व्यापार	1,385 रुपए
3. धान की ढुलाई	5,807 रुपए
4. धान का मूल्य	1,535 रुपए
5. कर्वेपाकू की बिक्री	385 रुपए
6. रागी का मूल्य	482 रुपए
7. टोकरियों की बिक्री	960 रुपए
8. रस्सियों की बिक्री	1,149 रुपए
9. चटाइयों की बिक्री	2,979 रुपए

1914 में उनकी कुल आय 18,206 रुपए थी। यह पिछले वर्ष की तुलना में 1,314 रुपए अधिक थी। सिर्फ धान से होने वाली कमाई में तो 4,465 रुपए की जबरदस्त बढ़ोतरी हुई थी।

203. होम (ज्यूडी) जी.ओ. 305, 7.2.1918

204. मीना राधाकृष्णन, 1992, पृ. 184; आसपास के बापट्ला, चिराला, करमचेडु, कर्लापालेम इत्यादि गाँवों के धनवान किसान बस्ती के अधिवासियों को मुफ्त में मिली उनकी जमीनों पर नजरें गड़ाए हुए थे। वे किसी तरह इन पर कब्जा करने के लालच में इन्हें औने-पौने दामों में खरीदने या किराए पर लेने की ताक में रहते थे। जब भी उन्हें कोई अतिरिक्त फसल उगानी होती तो वे भोले-सीधे अधिवासियों को थोड़े-से पैसों का लालच देकर मूर्ख बनाने और उनकी जमीन पर उनके नाम से खुद खेती करने से बाज नहीं आते थे। गुंटूर के कलेक्टर का परिषद के सदस्य स्टुअर्ट के नाम 20.3.1915 का पत्र, ज्यूडीशियल डिपार्टमेंट, जी.ओ. 2509, 14.10.1915

205. *नोट,* 1916; यह बहुत दुर्भाग्यपूर्ण था कि अपराध करने का कोई कारण या आधार न दिखाई देने के बावजूद बस्ती के कुछ अधिवासियों को हमेशा सन्देह की नजर से देखा जाता था। इस बीच जमीनों के मूल्य में काफी बढ़ोतरी हो गई थी। बस्ती इतनी फल-फूल रही थी कि उसके आसपास का क्षेत्र भी आबाद होने लगा था। कहीं गुप्त खजाना मिल जाने वाली कहावत की तरह बस्ती खूब लोकप्रिय होती जा रही थी और उसका अपना खुद का रेलवे स्टेशन भी स्थापित हो चुका था। यह जंगल में मंगल जैसी बात थी। (बर्नाड वेटसन, 1964, पृ. 145)

206. होम (ज्यूडी) जी.ओ. 572, 8.3.1917

207. वही, 305, 7.2.1915

208. वही, जी.ओ. 572, 8.3.1917

209. पी.डब्ल्यू.एल.डी., जी.ओ. 1551, 20.7.1927; जब तक बीज फूटकर अंकुरित होते थे और पौधों का रूप लेते थे तब तक उनके प्रतिरोपण का समय आ जाता था। यह समय रोमपेरु नाले में बाढ़ का पानी आने का भी समय होता था। यह नाला आमतौर से सूखा रहता था लेकिन बाढ़ आने पर इसमें पानी भर जाता था। इसी पानी से खेतों की सिंचाई होती थी। पौधों के प्रतिरोपण के लिए बाढ़ का इन्तजार किया जाता था। आमतौर से पूरे वर्ष में चार बार बाढ़ आती थी। पहली बाढ़ अगस्त के महीने में आती थी, इसलिए आमतौर से इस महीने के पहले हफ्ते में पौधों को खेतों में प्रतिरोपित कर दिया जाता था। दूसरी बाढ़ प्रतिरोपण के दो-तीन हफ्ते बाद आती थी। इस बीच पौधों के लिए कोई खतरा नहीं होता

था। पौधे पहली और दूसरी बाढ़ के बीच के लगभग तीन हफ्तों के अन्तराल के दौरान आराम से जीवित रह सकते थे। लेकिन अगर दूसरी बाढ़ तीन हफ्ते बाद नहीं आती थी तो पौधें के मुरझा जाने का खतरा पैदा हो जाता था। ऐसी परिस्थितियों में नहरों या पम्पों से पानी खींचकर खेतों की सिंचाई करनी पड़ती थी। जैसा कि हमने पहले कहा है, रोमपेरु नाला एक बरसाती नाला है और बारिश न होने पर इसमें पानी नहीं रहता। अगर पहली बाढ़ के तीन हफ्ते के अन्दर दूसरी बाढ़ नहीं आती थी तो बस्ती के अधिवासियों के लिए मुसीबत खड़ी हो जाती थी। बड़ी मेहनत से तैयार किए गए खेत सूख जाने का खतरा पैदा हो जाता था। इन स्थितियों में कुओं और तालाबों के पानी से काम चलाना पड़ता था, जो पर्याप्त नहीं होता था। इससे सिंचाई करना ज्यादा मुश्किल भी होता था। इसके बाद नवम्बर के महीने तक रोमपेरु नाले में दो बार और बाढ़ आती थी और खेतों की सिंचाई का काम सुचारू रूप से चलता रहता था। आमतौर से जुलाई से अक्टूबर के अन्त तक ही बाढ़ आने का मौसम रहता था और किसानों को इसी हिसाब से खेती-बाड़ी करनी पड़ती थी। सितम्बर के महीने में आने वाली बाढ़ फसलों के पकने का शुभ संकेत लेकर आती थी।

210. होम (ज्यूडी) जी.ओ. 572, 8.3.1917

211. वही, जी.ओ. 305, 7.2.1918; एक प्रयोग के तौर पर 30 एकड़ जमीन पर नारियल और शहतूत उगाए गए। इस सम्बन्ध में एक विशेषज्ञ गौर्डन ब्राउन ने 1918 में बस्ती का दौरा किया था और यह सुझाव दिया था कि इनके पौधों को रोपने के लिए 40×40 का गणित उपयुक्त रहेगा।

212. *नोट,* 1926; यह उम्मीद की जा रही थी कि बाँध बन जाने के बाद बस्ती वालों की पानी की समस्या हल हो जाएगी और उन्हें खेतों की सिंचाई के लिए निरन्तर पानी मिलता रहेगा। लेकिन इस तरह की खुशफहमी का कोई ठोस आधार नहीं था और यह उम्मीद तर्कसंगत प्रतीत नहीं होती थी। इसके बजाय मैनेजर का सुझाव ज्यादा ठोस लगता था, जो रोमपेरु की बजाय पेरला नाले पर बाँध बनाए जाने के पक्ष में थे।

213. मैकेंजी, 1959, पृ. 85; स्टुअर्टपुरम के अधिवासी बिना किसी अड़चन के खेती-बाड़ी के काम में जुटे रहे। बाद में ज्यादा वर्षा न होने के कारण बाढ़ से हुआ नुकसान कम हो गया था। साथ ही पेरला नाले के जुड़ जाने से भी अधिकारियों की मुसीबतें कम हो गई थीं। मैकेंजी के अनुसार, "बस्ती की उपलब्धियों में कृषि परियोजनाएँ, नालों की खुदाई, सिंचाई परियोजनाएँ, फलों और टमाटरों के बागों की स्थापना, दफ्तर की इमारतों का निर्माण, एक अस्पताल और दो स्कूलों की स्थापना, बड़े सभागृहों का निर्माण इत्यादि शामिल थे। ये कोई छोटी उपलब्धियाँ नहीं थीं और बस्ती के विकास पर इनका दूरगामी प्रभाव पड़ा।"

214. पी.डब्ल्यू.एल.डी.; जी.ओ. 475, 19.2.1990

215. साल्वेशन आर्मी का मासिक पत्र द *वार क्राई,* इंटरनेशनल हेरिटेज सेंटर, लन्दन, मई 1937; यहाँ हम इस तथ्य का उल्लेख करना चाहेंगे कि 1921 के वर्ष में बस्ती के मैनेजर ने अच्छे आचरण का प्रदर्शन करने वाले अधिवासियों को बस्ती से हटा देने का बड़ा विचित्र-सा फैसला किया था। यह इन अधिवासियों के लिए एक सजा से कम न था। मानो अच्छा आचरण करना कोई अपराध हो। ये लोग बस्ती को ही अपने स्थायी बसेरा और अपने को यहाँ के मूल निवासी के रूप में देखने लगे थे। वे वहाँ सरकार से मिली जमीनों पर खेती-बाड़ी कर रहे थे और एक नई जीवन-शैली में रम गए थे। अब प्रश्न यह था कि अगर

सुधरने और अच्छे आचरण का प्रदर्शन करने के बाद उन्हें बस्ती में रखने की जरूरत नहीं रह गई थी तो वे जाएँ तो कहाँ जाएँ? करें तो क्या करें? उनके पास आजीविका का कोई वैकल्पिक साधन भी नहीं था। इसलिए मैनेजर का यह कदम सचमुच बहुत चकित करने वाला और अतर्कपूर्ण था। जैसा कि स्वाभाविक था, यह एक व्यावहारिक कदम और एक असफल प्रयोग साबित साबित नहीं हुआ। इसी से बस्ती छोड़कर गए लोगों को जल्दी ही वापस बस्ती में बसना पड़ा। सीतानगरम में भी ऐसा ही एक असफल प्रयोग किया गया था, जिसके पीछे कोई व्यावहारिक और ठोस तर्क नहीं था।

216. लॉ (जनरल), जी.ओ. 3187, 14.11.1924

217. तालिका सरकार के वर्ष 1925 से 1930 तक के निर्देशों पर आधारित है। देखें पी.डब्ल्यू. एल.डी., जी.ओ. संख्या 1926, 2881, 1147, 1313, 1996, 2007, 967, 1551 (20 जनवरी, 1927), 2394 (23 अगस्त, 1929), 1338 (19 अगस्त, 1929); यह आय भिन्न-भिन्न स्रोतों से हुई थी, जिनमें धान, रगी और मूँगफली की फसलें, चटाइयों, टोकरियों और रस्सियों की बिक्री, भाड़े पर मजदूरी, पशुओं का व्यापार और तम्बाकू कम्पनी से मिलने वाली मजदूरी, इत्यादि शामिल थीं। 1949 के वर्ष में इन सभी स्रोतों से 6,53,188,73 रुपए की आय हुई थी। बस्ती में दुधारू पशु भी रखे गए थे, साथ ही दूध दुहने के लिए एक ग्वाला भी। हर महीने दूध की बिक्री से भी बस्ती को चार से पाँच रुपए महीने की आमदनी होती थी।

218. *नोट,* 1926; 1917-18 के वर्ष के दौरान सरकार ने बस्ती के पास के संरक्षित वन-क्षेत्र में केसरीना (आस्ट्रेलिया और पूर्वी द्वीप समूह का एक पेड़) के बागान लगाने के प्रस्ताव पर गम्भीरता से विचार किया था। इसके साथ सरकार ने यह शर्त भी जोड़ रखी थी कि इन बागानों पर सरकार का ही स्वामित्व रहेगा। बूथ टकर ने इस सम्बन्ध में अपनी रिपोर्ट में लिखा था कि सरकार द्वारा रखी गई शर्तों को स्वीकार नहीं किया जा सकता था। उन्होंने इस काम में बिलकुल भी दिलचस्पी नहीं दिखाई तो 1918-19 में सरकार ने तत्कालीन लेबर कमिश्नर मि. पेडीसन को यह काम अपने हाथ में लेने के लिए कहा। लेकिन गुंटूर के जिला मजिस्ट्रेट भी इस प्रस्ताव के खिलाफ थे। उनका कहना था कि इस योजना से सरकार को घाटा होने के अलावा और कुछ भी हासिल नहीं होने वाला है। बाद में, अगले लेबर कमिश्नर ने भी इस प्रस्ताव की धज्जियाँ उड़ाते हुए इसे सिरे से खारिज कर दिया। ये नए लेबर कमिश्नर मि. मोयर थे। उन्होंने बागान की बजाय पशुपालन का सुझाव दिया, जिससे बस्ती के किसानों की खाद की समस्या भी हल हो सकती थी। यह एक व्यावहारिक प्रस्ताव था। सरकार ने लेबर कमिश्नर से सहमति जताते हुए बागान की योजना को रद्द कर दिया।

219. पी.डब्ल्यू.एल.डी., जी.ओ. 697, 1.7.1926

220. वही

221. वही, 268, 5.2.1927; यह पम्पिंग संयंत्र बस्ती से लगभग ढाई मील की दूरी पर स्थित था। बस्ती का मैनेजर कभी-कभी इस पम्पिंग-संयंत्र का दौरा करता रहता था। लेकिन पैदल चलकर इतनी दूर जाना और लौटना एक थका देने वाला काम था। इसमें समय भी बर्बाद होता था। मैनेजर ने समय की कमी और शारीरिक थकान की शिकायत की तो सरकार ने उसकी सवारी के रूप में एक टट्टू की व्यवस्था कर दी। इसके बाद मैनेजर टट्टू पर बैठकर पम्पिंग स्टेशन के दौरे पर जाने लगा। यह पम्पिंग-संयंत्र बस्ती के किसानों

की सिंचाई की समस्या को हल करने के लिए स्थापित किया गया था। स्टुअर्टपुरम बस्ती की शुरू से ही यह समस्या रही थी कि कृष्णा नहर के पानी को किस तरह बस्ती तक पहुँचाया जा सके। इसके लिए बहुत-सी योजनाएँ बनाई गई थीं और कुछ पर अमल भी किया गया था। लेकिन कोई भी योजना सफल नहीं हो पाई थी। कृष्णा नहर का पानी बस्ती वालों को उपलब्ध नहीं हो पाया था। इसके बाद, मई 1923 में चीफ इन्जीनियर ने वायदा किया कि वह कामामूर नहर का पानी बस्ती तक लाने की कोशिश करेगा। यह पानी सखी काल्वा नाले के जरिए बस्ती तक लाने की योजना थी। लेकिन यह योजना भी विफल हो गई क्योंकि रासते में ही बहुत-सा पानी बर्बाद हो जाता था। दिसम्बर 1924 में इस सम्बन्ध में एक और प्रस्ताव प्रस्तुत किया गया। इसके अन्तर्गत मुराकोंडापाडु के पास एक बाँध बनाने की योजना थी। लेकिन यह योजना स्थगित होती चली गई और इस पर काम ही शुरू नहीं हो पाया। एक तीसरा प्रस्ताव यह था कि रोमपेरु नाले के समानान्तर एक नहर बनाई जाए। लेकिन इससे कामामूर नहर पर बहुत ज्यादा दबाव पड़ने की सम्भावना थी, जहाँ से अतिरिक्त पानी छोड़ना मुश्किल था। इसलिए सार्वजनिक कार्य विभाग ने इस प्रस्ताव को भी अपनी मंजूरी नहीं दी।

222. वही, 1654, 6.7.1928
223. वही, 2394, 23.8.1929
224. वही, 1147, 26.5.1933
225. होम (ज्यूडीशियल) जी.ओ. 475, 19.2.1920
226. वही, 1654, 6.7.1928
227. वही 2338, 19.8.1930
228. वही, 36, 4.1.1930
229. वही, 1313, 17.6.1932
230. वही, 1830, 30.8.1932; पी.डब्ल्यू.एल.डी., जी.ओ. 1149, 28.10.1930; सार्वजनिक कार्य विभाग ने रोमपेरु नाले पर बने बाँध पर शटरों की व्यवस्था कर दी थी ताकि स्टुअर्टपुरम बस्ती के किसानों की सिंचाई की जरूरतों को देखते हुए पानी को सुरक्षित रखा जा सके।
231. पी.डब्ल्यू.एल.डी., जी.ओ. 1996, 16.6.1933
232. वही, 1147, 20.5.1933
233. लॉ (जनरल) जी.ओ. 748, 8.8.1925
234. वही
235. पी.डब्ल्यू.एल.डी., जी.ओ. 1551, 20.7.1927; यह पता चला था कि बस्ती की जमीन को लेकर होने वाले बहुत-से झगड़े कारनम के कारण होते थे। इस समस्या से निपटने के लिए जमीन की कीमत से तीन गुणा हर्जाने का दंड रख दिया गया ताकि बस्ती वाले अपनी जमीन को गाँव वालों को देने से हतोत्साहित हों।
236. मद्रास सरकार, *एडमिनिस्ट्रेशन रिपोर्ट ऑन हेबिच्युअल ऑफेंडर्स सैटलमेंट्स फॉर द ईयर 1949-50*, मद्रास, 1951
237. साल्वेशन आर्मी का मासिक मुख-पत्र द *वॉर क्राई*, इंटरनेशनल हेरिटेज, सेंटर, लन्दन, 1937
238. आन्ध्र प्रदेश सरकार, *आन्ध्र प्रदेश स्टेट एडमिनिस्ट्रेशन रिपोर्ट फॉर द ईयर 1963-64*, हैदराबाद, 1965
239. *नोट*, 1926; तम्बाकू कम्पनी आई.एल.टी.डी. 1908 से गुंटूर जिले में स्थापित थी। यह कम्पनी

ब्रिटिश अमेरिकन टबैको कम्पनी और पेनिनस्युलर कम्पनी की एक शाखा के रूप में काम कर रही थी और स्थानीय क्षेत्रों में तम्बाकू जुटाने का काम करती थी। स्टुअर्टपुरम बस्ती के अधिवासियों के साथ कम्पनी का सम्पर्क चटाइयों और टोकरियों की खरीददारी के माध्यम से हुआ था। बस्ती की स्त्रियाँ ये चटाइयाँ और टोकरियाँ बनाती थीं और तम्बाकू कम्पनी को अपनी फैक्टरी में इन चटाइयों और टोकरियों की जरूरत पड़ती रहती थी। दरअसल, चटाइयाँ और टोकरियाँ कम्पनी की उत्पादन प्रक्रिया का एक अनिवार्य अंग थीं। साल्वेशन आर्मी दोनों पक्षों के बीच बिचौलिए की भूमिका निभाती थी क्योंकि बस्ती में निर्मित माल को बेचना उसी के हाथ में था। बस्ती में जीवन-यापन और कामकाज की सभी सुविधाएँ सरकार द्वारा उपलब्ध करवाई गई थीं ताकि बस्ती के अधिवासी आत्मनिर्भर हो सकें और ईमानदारी से अपनी आजीविका कमा सकें। बस्ती की जमीन पर होने वाली खेती-बाड़ी से इतनी कमाई नहीं होती थी कि बस्ती का पूरा खर्च चल सके इसलिए आजीविका के साधनों के रूप में बस्ती की फैक्टरियाँ पर निर्भरता दिनोदिन बढ़ती चली गई थी। (पब्लिक वर्क्स लेबर डिपार्टमेंट, जी.ओ. 23941, 23.8.1929; 2338 एल, 19.8.1930; जी.ओ. 1313 एल, 17.6.1932)

240. होम (ज्यूडीशियल) जी.ओ. 572, 8.3.1917
241. वही, 2074, 18.8.1916
242. साल्वेशन आर्मी का मासिक पत्र द *वार क्राई*, इंटरनेशनल हेरिटेज सेंटर, लन्दन, 1937
243. होम (ज्यूडी) जी.ओ. 1759, 5.8.1918
244. वही, 1225, 15.6.1917
245. वही, 475, 19.2.1920
246. वही, 2062, 10.8.1918
247. मैकेंजी, 1959, पृ. 84
248. लॉ (जनरल) जी.ओ. 1714, 22.10.1921
249. पी.डब्ल्यू.एल.डी. 1916, 6.2.1933; मैकेंजी, 1959, पृ. 84; हेरोल्ड स्टुअर्ट ने स्टुअर्टपुरम बस्ती के अपने दौरे के दौरान कहा था, "ऐसा लगता है कि लोगों को अपराध की तरफ धकेलने में रेलवे का भी काफी हाथ था। इसलिए कम-से-कम इतना तो होना ही चाहिए था कि स्टुअर्टपुरम बस्ती का अपना एक रेलवे स्टेशन हो। आज स्टुअर्टपुरम स्टेशन मद्रास लाइन के नियमित स्टेशनों में से है।"
250. मीना राधाकृष्णन, 1989, पृ. 4
251. लॉ (जनरल), जी.ओ. 3187, 14.11.1924
252. होम (ज्यूडीशियल) जी.ओ. 1974, 10.8.1920
253. पी.डब्ल्यू.एल.डी., जी.ओ. 697, 1.7.1926
254. वही, 1551, 10.7.1927
255. वही, 697, 1.7.1926; पी.डब्ल्यू.एल.डी., जी.ओ. 1551, 20.7.1927
256. वही, 987, 8.7.1924
257. लॉ (जरनल) जी.ओ. 2267, 6.7.1925
258. मद्रास सरकार, *एडमिनिस्ट्रिशन रिपोर्ट ऑफ़ द इंस्पेक्टर जनरल ऑफ़ पुलिस, मद्रास प्रेसीडेंसी फ्रॉम 1921 टू 1931*, मद्रास
259. पी.डब्ल्यू.एल.डी., जी.ओ. 1551, 20.7.1927; 1927 के वर्ष के दौरान दी गई शेयर

पूँजी 2,947.70 रुपए थी। अधिवासियों की निश्चित अवधि की जमा राशियाँ 345 रुपए थीं। शेयर और जमाराशियाँ दोनों को मिलाकर प्राप्त हुई राशि 4,360.90 रुपए थी। इस वर्ष अधिवासियों को 4,282 रुपए के ऋण भी दिए गए थे। सोसाइटी को प्राप्त हुई राशि 3,555-11-11 रुपए थी। अधिवासी इस स्थिति से बहुत खुश थे। उन्हें लगता था कि उनके बेहतर दिन आ चुके थे और वे बस्ती के अधिकारियों के गुण गाते नहीं थकते थे।

260. मद्रास सरकार, *रिपोर्ट ऑन द एडमिनिस्ट्रेशन ऑफ़ मद्रास प्रेसीडेंसी 1925-26*, मद्रास
261. वही; *रिपोर्ट ऑन कल्लार, कोरवा एंड यानाडी री-क्लेमेशन एंड हेबिच्युल ऑफडेंर्स सैटलमेंट्स फ्रॉम 1948 टू 1952*, मद्रास
262. वही; *मद्रास स्टेट एडमिनिस्ट्रिशन रिपोर्ट फॉर द ईयर 1949-50*, मद्रास
263. आन्ध्र प्रदेश सरकार, *आन्ध्र प्रदेश स्टेट एडमिनिस्ट्रेशन रिपोर्ट फॉर द ईयर 1961-62*, हैदराबाद, 1963
264. पी.डब्ल्यू.एल.डी., जी.ओ. 170, 21.1.1931
265. मद्रास सरकार, *एडमिनिस्ट्रेशन रिपोर्ट ऑफ़ द इंस्पेक्टर जनरल ऑफ़ पुलिस फॉर द ईयर 1921*, मद्रास, 1922
266. वही, *एडमिनिस्ट्रेशन रिपोर्ट ऑफ़ कल्लार रीक्लेमेशन, कोरवा रीक्लेमेशन, क्रिमिनल ट्राइब्स सैटलमेंट्स एंड यानाडी रीक्लेमेशन फॉर द ईयर 1947-48*, मद्रास, 1949; तम्बाकू कम्पनी आई.एल.टी.डी. में कामकाज की प्रक्रिया मूलत: स्त्री-प्रधान थी इसलिए पुरुष कर्मचारियों के लिए खासतौर से काम निकालना पड़ता था। सन् 1932 के वर्ष में कम्पनी के 3,000 मौसमी कर्मचारी हड़ताल पर चले गए थे, जिससे कई परेशानियाँ पैदा हो गई थीं। (मद्रास सरकार, एडमिनिस्ट्रिशन रिपोर्ट ऑफ़ द लेबर डिपार्टमेंट, 1932-33, मद्रास, 1934)
267. पी.डब्ल्यू.एल.डी., जी.ओ. 1313, 17.6.1932; प्रत्येक व्यक्ति की दैनिक आय 2.80 रुपए थी। 1948 के कैलेंडर वर्ष में उनकी कुल आय 3,22,857 रुपए थी।
268. वही, 1926, 30.7.1931
269. वही, 694, 19.3.1934
270. वही, 1313, 17.6.1932
271. वही, 1996, 16.1.1933
272. वही, 1654, 6.7.1928; होम (ज्यूडीशियल) जी.ओ. 305, 1.2.1918; वेदुलापल्ली संरक्षित वन-क्षेत्र बापट्ला गाँव की सीमा में ही पड़ता था। यह वेदुलापल्ली से लेकर बापट्ला के कुष्ठ रोग केन्द्र (लैपर होम) तक फैला हुआ था। राजस्व आँकड़ों के अनुसार इसका कुल क्षेत्र 801.44 एकड़ था। लेकिन स्वयं वन-विभाग के आँकड़े इससे अलग थे, जिनके अनुसार यह वन 779 एकड़ के क्षेत्र में फैला हुआ था। आसपास के गाँवों के मवेशी आमतौर से इसी वन में चारा चुगा करते थे। उस समय के रेन्ज अधिकारी ने इस सम्बन्ध में टिप्पणी करते हुए कहा था, "अगर इस वन को भी साफ करके बस्ती वालों को दे दिया गया तो आसपास के गाँवों के मवेशियों के चरने के लिए कोई जगह ही नहीं बचेगी। बापट्ला के निवासियों ने स्टुअर्टपुरम बस्ती की स्थापना का कई बार विरोध किया था।" ई.ए. डेविस ने वेदुलापल्ली संरक्षित वन क्षेत्र को साल्वेशन आर्मी को देने के प्रस्ताव का कड़ा विरोध किया था।
273. वही, 1313, 17.6.1932
274. वही, 2007, 11.9.1934
275. वही, 543, 1.3.1935

276. वही, 170, 21.1.1931

277. वही, 1926, 30.7.1931

परिस्थितियाँ	*प्रति माह दी जाने वाली मदद राशि*
1. दो छोटे बच्चों वाली विधवा	4.00 रुपए
2. पति जेल में और एक बेटा स्कूल में	4.00 रुपए
3. दो बच्चों वाली स्त्री जिसका पति बस्ती से भाग चुका हो	4.00 रुपए
4. पति जेल में, तीन बच्चों वाली स्त्री	4.00 रुपए
5. पति जेल में	3.00 रुपए
6. पति जेल में, एक छोटे बच्चे वाली स्त्री	4.00 रुपए

278. पी.डब्ल्यू.एल.डी., जी.ओ. 2671, 6.12.1934

279. मद्रास सरकार, *एडमिनिस्ट्रेशन रिपोर्ट ऑफ़ द इंस्पेक्टर जनरल ऑफ़ पुलिस, 1936*, मद्रास; 'ओ' पास एक तरह का पहचान-पत्र होता था जो स्थानीय पुलिस द्वारा बस्ती के अधिवासियों को जारी किया जाता था। यह पास दिखाकर अधिवासी काम के लिए बस्ती से बाहर जा सकते थे और वापस आ सकते थे। यह उनकी आसानी से पहचान करने के लिए एक अनुमति-पत्र था।

280. वही, *एडमिनिस्ट्रेशन रिपोर्ट ऑन हैबिच्युल ऑफेंडर्स सैटलमेंट्स फॉर द ईयर 1947-48*, मद्रास 1949

281. वही, *एडमिनिस्ट्रेशन रिपोर्ट ऑन कल्लार, कोरवा रीक्लेमेशन फॉर द ईयर 1947-48*', मद्रास, 1949

282. सिम्हाद्री, 1979, पृ. 80

283. थर्स्टन, 1909, पृ. 441

284. हैच, 1928, पृ. 62

285. प्रताप रबिनन्दन डी., द *ट्राइब्स ऑफ़ आन्ध्र प्रदेश*, वर्ल्ड तेलुगु कॉन्फ्रेंस पब्लिकेशन, वर्ल्ड तेलुगु कॉन्फ्रेंस ऑफ़िस, रविन्द्र भारती, हैदराबाद, 1975

286. हैच, 1928, पृ. 62; येरुकलाओं के बहुत सारे घरेलू या पारिवारिक नाम प्रचलित हैं—वुययला, बंडी, मल्ली, कम्पा, करियेडुला, गज्जला, समुद्रला, रागला, कुंडनटी, मानेपटी, गुट्टी, वल्लगी, चवटा, पुजारी, कटारी, कट्टा, बल्लनी, देवस, देवरा कोंडा, कोंड्रा कोंडा, अनापा, इट्टा, मडीगनी, मेडा, कावटी, पेरम, चिनापोटुला, मोटा, संगडला, पाकला, पीरिगा, गरिका इत्यादि। इनमें से कई नामों के अपने-अपने अर्थ भी हैं, जैसे कि दसारी = वैष्णवी फकीर, सुक्का=सितारा, कम्पा=कँटीली झाड़ी, अवयुला=गाय, टोका=घंटी, बंडी=छकड़ा, गज्जला=छोटी घंटी, वुय्यला=फूला, पुला=फूल, कटारी=छुरा, मल्ली= चमेली का फूल, समुद्रला=समुद्र, इत्यादि। फॉसेट ने इन नामों की महता बताते हुए कहा था कि इनसे इनके काम-धन्धों का संकेत मिलने के साथ-साथ इनकी पहचान स्थापित करने में भी मदद मिल सकती है।

287. सिम्हाद्री, 1979, पृ. 71; ऐसी कभी प्रचलित रहा है कि जब इन लोगों ने अपने कुल-देवता सुब्रमण्य से अपने कर्म के बारे में पूछा तो देवता ने उन्हें एक ऐसा अस्त्र थमा दिया जो घरों में सेंधमारी करने में काम आता है। (सी.टी. बस्तियों के विकास से सम्बन्धित नोट, 1925, पृ. 63)

288. साल्वेशन आर्मी का मासिक पत्र द *वार क्राई*, इंटनेशनल हेरिटेज सेंटर, लन्दन, अप्रैल 1937

289. थर्स्टन, 1909, पृ. 447; उनकी बोली के कुछ शब्दों के उदाहरण हैं—
संख्याएँ—1=औंडु, 2=रेंडु, 3=मुडु, 4=नलु, 5=अन्जु, 6=आरु, 7=ऐगु, 8=एट्टु, 9=वमबुडु, 10=पट्टु, 100=नूरू, 1000=पट्टुनूरू
संज्ञाएँ—पिता=अवा, माँ=अम्मे, बड़ा भाई=अन्नो, छोटा भाई=टेम्बी, तुम्हारा नाम क्या है=निबेरू अंडडी?, मेरा नाम रवि है=नानू रवि
चावल=सोरु, पानी=टन्नी, पत्नी=मोंडु, पत्थर=केल्लु, हाथ=किय्यी, दायाँ हाथ=सोरुकिय्यी, बायाँ हाथ=पुराकिय्यी, पति=मनगम, बेटा=मगने, बेटी=मगले, छोटी बहन=टेंगसी, दाँत=पेल्लु
सर्वनाम—मैं=नानू, तुम=निनू, हम=ननगा, क्या=एंडा
वाक्यांश—मैं पानी पीता हूँ=टन्नी कुडीकिरेन; मैं चावल खाता हूँ=सोयु टिंगाकरेन; मेरी पत्नी=ना मोंडु; मैं यहाँ हूँ=नान इतिककरेन; आप सब=निनगा अडेरु; भला आदमी=नल्ला मोनसो; मैं तुम्हें पीटूँगा=नानू अट्टा मोटीकरेन। देखें, *हुक्मनामाज एंड पेपर्स रिलेटिंग टू श्रीहरिकोटा यानाडीज',* *खंड-1; 'ए सिलेकशन ऑफ़ पेपर्स फ्रॉम द ओल्ड रिकॉड्‌र्स ऑफ़ द नेल्लोर डिस्ट्रिक्ट-1,* अदिनांकित, नेल्लोर, 1915, परिशिष्ट 1-3; यह भी देखें, *त्रिलिग्ना* (तेलुगु) जनरल, अप्रैल 1919, पृ. 1-3

290. थर्स्टन, 1909, पृ. 475

291. शेरिंग, 1974, पृ. 138

292. मद्रास सरकार, *मद्रास गवर्नमेंट बुलेटिन, खंड-1, संख्या-1; एन्थ्रोपॉलोजी : विजन ऑफ़ द उरलीज एंड शोल्गाज, मोर मैरिज कस्टम्ज इन सदर्न इंडिया, हुक स्विंगिंग, पलियांस,* मद्रास, 1903, पृ. 23-24; पत्नी का मूल्य एक खास प्रणाली से तय किया जाता है, जिसे '20 पगोड़ा' कहा जाता है। मामा को पहली दो बेटियों पर इस 20 पगोड़ा में से 8 पगोड़ा का स्वाभाविक अधिकार मिलता है।

293. गुस्ताव ओपर्ट, 1978, पृ. 203

294. मद्रास सरकार, *मद्रास गवर्नमेंट म्यूजियम बुलेटिन,* एन्थ्रोयोलोजी, 5:3, मद्रास, 1913

295. थर्स्टन, 1909, पृ. 487

296. सैयद सिराज-उल-हसन, 1909, पृ. 190; लेखक के अनुसार, विधवा विवाह की रस्म बहुत सरल होती है। उसे सिर्फ नए कपड़े और बाँहों में चूड़ियाँ पहनाकर पुरुष अपने घर में ले आता है और दोनों को पति-पत्नी मान लिया जाता है।

297. हैच, 1928, पृ. 77

298. कमला मनोहर राव, *बुलेटिन टू ट्राइबल कल्चरल रिसर्च एंड ट्रेनिंग इंस्टीट्यूट,* मद्रास, 1901

299. गुस्ताव ओपर्ट, 1978, पृ. 206

300. थर्स्टन, 1909, पृ. 492; ऐसा माना जाता है कि ऐसी शुभ घड़ियों में पैदा हुए बच्चे बड़े होकर बहुत होशियार चोर बनते हैं।

301. वही

302. हैच, 1928, पृ. 97

303. कमला मनोहर राव, 1901, पृ. 117

304. होम (ज्यूडीशियल) जी.ओ. 2074, 18.8.1916

305. वही, 1225, 20.5.1918
306. वही
307. मैकेंजी, 1959, पृ. 85
308. लॉ (जनरल) जी.ओ. 3187, 14.11.1924
309. वही
310. होम (ज्यूडीशियल) जी.ओ. 1225, 20.5.1918; दोनों अनुतीर्ण अध्यापकों को सत्रीय (सीज़नल) स्कूल में भेज दिया गया था।
311. लॉ (जनरल) जी.ओ. 1714, 22.10.1921
312. होम (ज्यूडीशियल) जी.ओ. 1759, 5.8.1918; साल्वेशन आर्मी ने समुदाय को परिवारों में बाँट दिया था और एक परिवार के रूप में ही उन्हें बस्ती में विभिन्न सुविधाएँ उपलब्ध करवाई जाती थीं। हर परिवार को जमीन का एक टुकड़ा दिया जाता था; जिस पर खेती-बाड़ी करने की पूरी जिम्मेदारी परिवार के मुखिया की होती थी। बच्चों को माँ-बाप से दूर रखने की योजना के कारण ये परिवार और भी बँट गए थे। साल्वेशन आर्मी का मानना था कि समुदाय की नई पीढ़ी को माँ-बाप के नकारात्मक प्रभाव से दूर रखना जरूरी था। अनुकूल और सकारात्मक वातावरण में पल-बढ़कर ही वे बेहतर मनुष्य बन सकते थे और अपने भविष्य को सँवार सकते थे। इसी उद्देश्य को ध्यान में रखकर बस्ती में बच्चों के लिए एक आवासीय स्कूल की स्थापना की गई थी। बच्चे अपने माता-पिता से दूर इस आवासीय स्कूल में ही रहते थे, परिणामस्वरूप माता-पिता के आपराधिक अतीत की काली छाया उन पर नहीं पड़ती थी। बच्चे और माता-पिता सिर्फ रविवार को चर्च की गतिविधियों के दौरान आपस में मिल सकते थे। कुछ अधिवासी इस योजना से चिन्तित भी थे। उन्हें लगता था कि बच्चों और माँ-बाप को एक-दूसरे से अलग रखना क्रूरता है। साल्वेशन आर्मी के अधिकारी उन्हें समझाते-बुझाते रहते थे कि यह सख्ती बच्चों की भलाई और उनके अच्छे भविष्य के लिए ही बरती जा रही थी। अच्छे वातावरण में पल-बढ़कर ही वे अच्छे नागरिक बन सकते थे और ईमानदारी से अपनी आजीविका कमाने में सफल हो सकते थे। फिर भी, साल्वेशन आर्मी के इस कदम का बस्ती के अधिवासियों ने भले ही विरोध न किया हो लेकिन कई अन्य लोग इसकी कड़ी आलोचना करते रहे। इनमें माबे और रॉबिलियर्ड भी शामिल थे। उनका कहना था कि बच्चों को माँ-बाप से अलग करना किसी भी तरह से एक सराहनीय कदम नहीं हो सकता। फिर भी, वे बस्ती में आवासीय स्कूल की स्थापना से असहमत नहीं थे, जहाँ माता-पिता को अधिकारियों की देखरेख में अपने बच्चों से मिलने की अनुमति होती थी। (होम ज्यूडीशियल डिपार्टमेंट, गवर्नमेंट ऑर्डर (जी.ओ.) नम्बर 1534, दिनांक 1.4.1916 और जी.ओ. 2308, 22.9.1916)
313. लॉ (जनरल) जी.ओ. 2267, 16.6.1925
314. पी.डब्ल्यू.एल.डी., जी.ओ. 2338, 19.8.1930
315. वही
316. लॉ (जनरल) जी.ओ. 3187, 14.11.1924
317. वही, 1907, 15.6.1925
318. वही, 2267, 16.7.1925
319. वही, 151, 20.7.1927
320. वही, 1996, 16.1.1933

321. वही, 2061, 21.8.1928
322. वही, 1926, 30.7.1931
323. वही, 1313, 17.6.1932; पी.डब्ल्यू.एल.डी. जी.ओ. 1996, 16.1.1933
324. वही
325. होम (ज्यूडीशियल) जी.ओ. 1759, 5.8.1918; बूथ टकर के अनुसार, अगर किसी बाहरी व्यक्ति को बस्ती की किसी लड़की से विवाह करना होता था तो उसे बस्ती में आकर रहने की शर्त का पालन करना पड़ता था। जबकि गिलमैन के अनुसार, अधिकांश मामलों में लड़की के लिए पसन्द किया जाने वाला वर पहले से ही समुदाय का सदस्य होता था।
326. *नोट,* 1926
327. होम (ज्यूडीशियल) जी.ओ. 1639, 8.8.1917; साथ ही देखें, मद्रास सरकार, *एनुअल एडमिनिस्ट्रेशन रिपोर्ट ऑफ़ नेल्लोर गर्ल्स स्कूल फॉर द ईयर 1927-28,* मद्रास
328. पी.डब्ल्यू.एल.डी., जी.ओ. 1313, 17.6.1932; 1931 के वर्ष में स्कूल की स्काउट टीम पाँच दिनों के लिए शिविर पर गई थी।
329. मद्रास सरकार, *एडमिनिस्ट्रेशन रिपोर्ट ऑन कोल्लार, कोरावर रीक्लेमेशन, क्रिमिनल ट्राइब्स सैटलमेंट एंड यानाडी रीक्लेमेशन फॉर द ईयर 1947-48,* मद्रास 1949
330. होम जी.ओ. 1508, 21.3.1938
331. मद्रास सरकार, *एडमिनिस्ट्रेशन रिपोर्ट ऑन कोल्लर, कोरावर रीक्लेमेशन, क्रिमिनल ट्राइब्स सैटलमेंट एंड यानाडी रीक्लेमेशन फॉर द ईयर 1947-48,* मद्रास, 1949
332. होम जी.ओ. 2178, 8.6.1946
333. सॉल्विंग स्मिथ, *बाय लव कम्पेल्ड : द स्टोरी ऑफ़ 100 ईयर्स ऑफ़ द साल्वेशन आर्मी इन इंडिया एंड एडजेसेंट कंट्रीज,* लन्दन, 1981, पृ. 108
334. प्रधानाध्यापिका के साथ भेंटवार्ता, साल्वेशन आर्मी हाई स्कूल, स्टुअर्टपुरम, 6.2.1991
335. वही
336. होम (ज्यूडीशियल) जी.ओ. 2074, 18.8.1916
337. पी.डब्ल्यू.एल.डी. जी.ओ. 1974, 10.8.1920; होम (ज्यूडी) जी.ओ. 878, 22.3.1920
338. होम (ज्यूडीशियल) जी.ओ. 475, 9.2.1920
339. होम जी.ओ. 1974, 10.8.1920
340. लॉ (जरनल) जी.ओ. 1714, 22.10.1921; आँकड़ों के अनुसार 1925 के वर्ष में बस्ती में बहुत ज्यादा जानें गई थीं। यही कारण था कि उस वर्ष बस्ती से भागने वालों की संख्या भी काफी ज्यादा थी।
341. लॉ (जनरल) जी.ओ. 732, 8.8.1925
342. पी.डब्ल्यू.एल.डी., जी.ओ. 1996, 16.1.1939
343. वही, 3046, 5.11.1936
344. वही, 1757, 6.8.1935; 1934 में स्टुअर्टपुरम बस्ती में कुल 14 इमारतें थीं। मूल नक्शे में इन सभी इमारतों की वास्तविक भौगोलिक स्थिति दर्शाई गई है। इसी तरह इन इमारतों के उपयोग को लेकर भी एक निश्चित व्यवस्था थी। इसके अनुसार, इमारत क्रमांक 1 और 6 बस्ती के मैनेजर के उपयोग के लिए थी। इमारत क्रमांक 2 सहायक निर्देशक के लिए थी। इमारत क्रमांक 3, 4, 5, 7, 8 और 12 स्कूल के अध्यापकों के निवास के

लिए थीं। इमारत क्रमांक 11 डिस्पेंसरी के कम्पांउडर के लिए थी। इमारत क्रमांक 9 में बस्ती का डाकघर था। इमारत क्रमांक 13 मैनेजर के खानसामा (रसोइए) के लिए थी, जबकि इमारत क्रमांक 14 भंडार-घर के रूप में उपयोग होती थी।

345. साल्वेशन आर्मी का मासिक पत्र *द वार क्राई*, इंटरनेशनल हेरिटेज सेंटर, लन्दन, 1937
346. पी.डब्ल्यू.एल.डी., जी.ओ. 1996, 16.1.1933; लॉ (जनरल) जी.ओ. 748, 15.9.1925
347. वही, 1551, 20.7.1927
348. वही, 1654, 6.7.1928
349. वही, 973, 3.4.1928
350. वही, 3260, 18.11.1930
351. वही, 1526, 30.7.1931
352. वही, 1996, 16.1.1933
353. वही, 2007, 11.9.1934
354. वही, 1298, 4.6.1935
355. पी.डब्ल्यू.एल.डी., जी.ओ. 343, 1.3.1935
356. वही, 1925, 25.9.1936
357. होम जी.ओ. 5701, 30.10.1939
358. मद्रास सरकार, *मद्रास स्टेट एडमिनिस्ट्रेशन रिपोर्ट फॉर द ईयर 1950, भाग-1,* मद्रास, 1951
359. ललिता, 1995, पृ. 46; 1926 के वर्ष में स्टुअर्टपुरम में एक हैड-कांस्टेबल और दस हवलदारों की नियुक्ति की गई थी। इसके पीछे आपराधिक जनजातियों के उद्धार के काम में मदद करने और बस्ती की गतिविधियों की कड़ी निगरानी का उद्देश्य था।
360. पी.डब्ल्यू.एल.डी., जी.ओ. 1926, 30.7.1931; मैनेजर के दौरे दूर-दूर तक होते रहते थे। इनमें बेजाबाडा से लिंगला बस्ती तक के दौरों के साथ-साथ सिकन्दराबाद, शोलापुर, बीजापुर, बागलकोट, गड्डक, हुबली, तेरुचिनोपल्ली, मदुरै, टिनेवली, कुलसेकरापुरम, तन्जोर, बोर्स्टल इंस्टीट्यूट, अजीजनगर, पल्लावरम, कावती, बिट्रगुंटा और अल्लूर जैसे भिन्न-भिन्न क्षेत्रों के दौरे शामिल थे। इंस्पेक्टर जनरल ऑफ़ पुलिस सी.बी. कनिंघम ने अपनी रिपोर्ट में बस्ती के अधिकारियों और कर्मचारियों की मदद और सहयोग की सराहना करते हुए आपराधिक जनजातियों के उद्धार को लेकर अपने विचार व्यक्त किए थे।
361. मद्रास सरकार, *एडमिनिस्ट्रेशन रिपोर्ट ऑन हेबिच्युल ऑफेंडस सटेलमेंट्स फॉर द ईयर 1951-52*, मद्रास
362. स्टुअर्टपुरम बस्ती के मैनेजर के साथ भेंटवार्ता, स्टुअर्टपुरम, 3.2.1992
363. मद्रास सरकार, *एडमिनिस्ट्रेशन रिपोर्ट ऑफ़ इंस्पेक्टर जनरल ऑफ़ पुलिस फॉर द ईयर 1950*, मद्रास 1951
364. एक भूतपूर्व आदिवासी अपराधी गजुल्ला पार्वती के साथ भेंटवार्ता, स्टुअर्टपुरम, बेढापुडी, 6.2.1999
365. वही, स्टुअर्टपुरम, 7.2.1999
366. वही, स्टुअर्टपुरम बस्ती, 1.2.1999; साथ ही देखें, *आन्ध्र ज्योति* (तेलुगु साप्ताहिक), 3.8.1994; पृ. 76-77
367. वही, 11.2.1999
368. वही, 1.2.1999

369. वही, 11.2.1999

370. वही, 7.2.1999

371. वही, 7.2.1999

372. हैच, 1928, पृ. 38; सफेदपोश (वाइट कॉलर) अपराधी उसे कहते हैं जो खुद आगे बढ़कर अपराध न करने की बजाय दूसरों से यह काम करवाता है या अपराधियों को पीछे से सहयोग देता है। चोरों और सेंधमारों के दोस्त और पैसों से उनकी मदद करने वाले लोग भी इसी श्रेणी में आते हैं। 'ब्लू कॉलर' अपराधी वह होता है जो खुद आगे जाकर चोरी, सेंधमारी और लूट-डकैती जैसे अपराध करता है। पुरुष चोरों के साथ रहकर उनकी ढाल के रूप में काम करने वाली स्त्रियाँ भी इसी श्रेणी में आती हैं।

अध्याय-4

सुधार और पुनर्वास

इस अध्याय में हम सिद्धापुरम और स्टुअर्टपुरम की बस्तियों में लगभग पिछले एक सदी से जारी सुधार और पुनर्वास के कार्यों और अधिवासियों के जीवन पर पड़ने वाले इसके प्रभावों का विश्लेषण करेंगे। इसके पीछे लन्दन की धार्मिक संस्था साल्वेशन आर्मी के साथ-साथ एथीइस्ट सेंटर, विजयवाड़ा, आन्ध्र राष्ट्र आदिमजाति सेवक संघ, आन्ध्र राष्ट्र येरुकला संगम और सिद्धापुरम की एक्स-क्रिमिनल वेलफेयर एसोसिएशन जैसी कई संस्थाओं के सतत प्रयत्नों का हाथ रहा है। साथ ही, केन्द्रीय और प्रदेश सरकारों ने भी इस काम में महत्त्वपूर्ण भूमिका निभाई है। हम इस दिशा में उठाए गए विभिन्न कदमों की विस्तार से चर्चा करेंगे। साथ ही हम यह देखने की भी कोशिश करेंगे कि समय के साथ-साथ इन भूतपूर्व आपराधिक जनजातियों में किस तरह का और कितना बदलाव आया है। उनकी जीवन-शैली और सोच में कितना अन्तर आया है।

1

सबसे पहले हम इन भूतपूर्व आपराधिक जनजातियों के आपराधिक अतीत, अपराधिता (क्रिमिनैलिटी) और उनके प्रति समाज और सरकार के दृष्टिकोण पर भी एक नजर डालेंगे।

एक समय था जब इन जनजातियों के कुछ सदस्यों ने देश भर के कई हिस्सों में कहर ढा रखा था। उनके दुस्साहस और हिंसा की कल्पना करके ही दिल काँप उठता था। इन लोगों के कुछ गिरोह ऐसे थे, जो अपनी बर्बरता के लिए बदनाम थे। उनके जिक्र से ही लोग दहशत से भर जाते थे।

समाज को ऐसे शातिर और आदतन अपराधियों से बचाने के लिए कानून को सख्त बनाना और कड़ी सजा की व्यवस्था करना जरूरी हो गया। लेकिन सिर्फ सजा देने से ही इन लोगों पर लगाम नहीं लगाई जा सकती थी। यूँ भी दंड का प्रावधान समाज को नियंत्रण में रखने का एकमात्र उपाय नहीं होता। अपराध की रोकथाम

अपराधी को दंडित करने से कहीं बेहतर विकल्प होता है। यह एक ऐसी समस्या थी जो सिर्फ सरकार के लिए ही नहीं, बल्कि पूरे समाज के लिए एक चुनौती बनी हुई थी। इसलिए इसका कोई बेहतर और स्थायी समाधान ढूँढ़ना जरूरी लग रहा था। जैसा कि के.एम. कपाड़िया ने लिखा था—

> इन लोगों से इनकी समाज-विरोधी गतिविधियाँ छुड़वाने के सिद्धान्त ने समस्या को सुलझाने के बजाय और ज्यादा उलझा दिया है क्योंकि ये आपराधिक मानसिकता के शिकार हैं।[1]

दंड के बारे में लोकप्रिय धारणा यह है कि अपराधी को कानून का उल्लंघन करने के अपराध में ऐसा दंड मिलना चाहिए जो उसके लिए कष्टकर हो। ऐसे दंडों में—शारीरिक यातना देना, शरीर का कोई अंग काट देना, सलाखों से दागना, खुलेआम अपमानित करना, कोड़े बरसाना, हर्जाना ठोंकना, सम्पत्ति जब्त कर लेना, देश निकाला, काला-पानी और जेल में कैद रखना, इत्यादि शामिल हैं। लेकिन क्या ये कठोर सजाएँ अपराध पर लगाम लगाने के लिए काफी होती थीं?

> इन दंडों के कारण अपराधी बहुत चौकन्ना और होशियार रहता है और अपनी गतिविधियों को लुका-छिपाकर रखता है। वह समाज से कट जाता है और अलग-थलग पड़ जाता है। उपेक्षित बचपन और पालन-पोषण व्यक्ति में सत्ता के प्रति रोष और विद्रोह पैदा करते हैं और उसमें समाज-विरोधी भावनाएँ विकसित होने लगती हैं।[2]

इसी तरह डब्ल्यू.जे. हैच ने भी इस विषय पर लिखा है—

> अपराधी एक प्रकार का दार्शनिक ही होता है जो अपने व्यवहार का खुद नियंत्रक होता है और उस समाज और सरकार के लिए मुसीबतें खड़ी करता रहता है जिसने उससे उसकी आजादी छीन ली है।...समाज उसके खिलाफ होता है...विधायिका में सभी कानून भी उसकी आजादी पर अंकुश लगाने के लिए ही बनाए जाते हैं।[3]

लेकिन आपराधिक जनजातियों की समस्या सिर्फ अपराध तक सीमित नहीं है। सिर्फ अपराध की रोकथाम करके ही इस समस्या को हल नहीं किया जा सकता। आपराधिक जनजातियों की समस्या उनके अस्तित्व की समस्या है। यह उनके अस्तित्व के संघर्ष से जुड़ी हुई समस्या है। अपने अस्तित्व को बचाए रखने के लिए ही वे अपराधों में लिप्त होते रहे हैं। इसलिए मूल समस्या अपराधों की रोकथाम मात्र नहीं है। मूल समस्या आपराधिक जनजातियों के अस्तित्व और उनके लिए आजीविका से जुड़ी है। दूसरे शब्दों में कहें तो मूल समस्या इन

जनजातियों के आर्थिक पुनर्वास की है।[4] सिर्फ अपराधों की रोकथाम करके या अपराधियों को दंड देकर इस समस्या को हल नहीं किया जा सकता। तमिलनाडु के एक स्थानीय अखबार के अनुसार—

> कोई अपराधी जेल जाता है तो उसे वहाँ तरह-तरह की यातनाएँ झेलनी पड़ती हैं। उसके साथ जानवरों से भी बुरा व्यवहार किया जाता है।[5]

दंड का अन्तिम उद्देश्य अपराधी को सुधारना और उनकी मानसिकता में बदलाव लाना होता है। अपराधी को समाज में एक सामान्य और सम्मानजनक जीवन जीने के लिए तैयार करना ही कानून का लक्ष्य होना चाहिए।

जैसा कि हैकरवाल ने लिखा है—

> समाज के समूचे आर्थिक ढाँचे को नए सिरे से गढ़ने की जरूरत है। इसी तरह राज्य, समुदाय और परिवार की सामाजिक और मनोवैज्ञानिक स्थिति भी बदलने की जरूरत है। समाज के हर सदस्य के लिए रोजगार और स्वस्थ मनोरंजन के भरपूर साधन उपलब्ध होने चाहिए। वह हर बाधा दूर की जानी चाहिए जो किसी व्यक्ति के व्यक्तित्व के विकास में बाधक है।[6]

सन् 1952 में काफी सोच-विचार और कुछ हिचकिचाहट के बाद सन् 1924 के आपराधिक जनजाति कानून (सी.टी.ए.) को पूरी तरह खत्म कर दिया गया। इसके साथ ही इन जनजातियों के माथे पर लगा जन्मजात अपराधी होने का कलंक भी हमेशा के लिए हट गया। इन जनजातियों की गतिविधियों से जुड़े हर तरह के प्रतिबन्ध हटा लिए गए। अब किसी भी अपराधी को सिर्फ इस आधार पर दोषी नहीं माना जा सकता था कि वह किसी विशेष जनजाति का जन्म से सदस्य है। इस आधार पर उसे ज्यादा सख्त सजा भी नहीं दी जा सकती। अब इन समुदायों को अनुसूचित जातियों और अन्य पिछड़े वर्गों की तरह देखा जाने लगा। इन्हें सामान्य स्थिति में लाने के लिए कई तरह के कदम उठाए गए। जब सन् 1952 में सी.टी. कानून को रद्द किया गया था तब देश में इस कानून के अन्तर्गत आने वाली आबादी की संख्या लगभग 25 लाख थी।[7]

इसके बाद से केन्द्रीय और प्रादेशिक सरकारों ने इन जनजातियों के उत्थान और विकास के लिए बहुत-से कदम उठाए हैं। इनके पुनर्वास के लिए कई तरह की योजनाएँ बनाई गई हैं। इनमें से बहुत-सी योजनाओं पर अमल भी किया गया है। फिर भी, इन लोगों के विकास की रफ्तार काफी धीमी रही है। ऐसा माना जाता है कि इन डी-नोटिफाइड समुदायों के पुनर्वास की समस्या एक जटिल समस्या है क्योंकि इन्हें अपराध के रास्ते से दूर रखना अपने आप में काफी उलझा हुआ और गूढ़ विषय है। जैसा कि जी.पी. मराल लिखते हैं—"इन समूहों की समस्या जितनी

जटिल है, उतनी ही एक-दूसरे से अलग भी। इसलिए इन समूहों की समस्याओं से निपटने के लिए अलग-अलग तरीकों की जरूरत है।"[8]

यह सत्य बहुत दुर्भाग्यपूर्ण है कि देश की आजादी के बाद केन्द्र और राज्य सरकारें इन जनजातियों की समस्याओं पर पर्याप्त और पूरा ध्यान नहीं दे पाई हैं। यही कारण है कि इनके उत्थान और विकास का लक्ष्य अब तक पूरा नहीं हो पाया है। ये जनजातियाँ आज भी बहुत दयनीय जीवन गुजार रही हैं।[9]

बहुत पहले, सन् 1947 में ही, उत्तर प्रदेश सरकार के उप-सचिव एम.एम. सिद्दिकी ने इन जनजातियों की स्थिति का उल्लेख करते हुए कहा था—

> इनकी आर्थिक स्थिति को बेहतर बनाने के लिए यह बहुत जरूरी है कि या तो इन्हें (खेतीबाड़ी के लिए) और ज्यादा जमीन दी जाए या इन्हें औद्योगिक शहरों में फिर से बसाया जाए।[10]

एक और विडम्बना यह है कि आपराधिक जनजाति कानून को निरस्त कर दिए जाने के बाद भी ये तथाकथित डीनोटिफाइड जनजातियाँ आज भी कई तरह के प्रतिबन्धों की शिकार होती रही हैं। माना जाता है कि ये समाज में रहने के योग्य नहीं हैं।[11]

ये सभी डीनोटिफाइड जनजातियाँ सी.टी. कानून के खत्म होने के बाद भी पुलिस की निगरानी में रहती रही हैं। पुलिस का काम अपराधों की रोकथाम करना और शान्ति और व्यवस्था बनाए रखना है, इसलिए पुलिस इन समुदायों पर खासतौर से ध्यान देती रही है। पुलिस का काम अपराधियों का पता लगाना और उन्हें गिरफ्तार करके सजा दिलवाना भी है। इसलिए पुलिस सबसे पहले इन्हीं वर्गों पर हाथ डालने की कोशिश करती है। लेकिन पुलिस की भी अपनी सीमाएँ हैं। जैसा कि सन् 1960 में पुलिस आयोग ने अपनी टिप्पणी में कहा था—

> पुलिस बल में कार्यकुशलता का अभाव है। इसके प्रशिक्षण और कार्यालयी ढाँचे में ही बहुत-से दोष हैं। इसके काम-काज की निगरानी की भी कोई पुख़्ता व्यवस्था नहीं है। इस व्यवस्था को आमतौर से भ्रष्ट और दमनकारी माना जाता है। पुलिस आम जनता का विश्वास और सहयोग अर्जित करने में सफल नहीं हो पाई है।[12]

ये आदिवासी जातियाँ सदियों से समाज की मुख्यधारा से कटी हुई अलग-थलग पड़ी रही हैं और समाज के हाशियों में जीने के लिए विवश रही हैं। इसलिए यह बहुत स्वाभाविक है कि इनके दिलों में समाज और सरकार के प्रति रोष और विद्रोह भरा हुआ हो। इसी कारण इनमें आत्मविश्वास और आत्मश्लाघा की भी कमी है। इन्होंने मानो अपने आपको भाग्य के हवाले कर दिया है और अपनी परिस्थितियों

के आगे हथियार डाल दिए हैं। आखिर ये करें भी तो क्या करें? इन्हें लगता है कि समाज ने इन्हें ठुकरा दिया है, इन्हें इनके हाल पर छोड़ दिया गया है इसलिए समाज के खिलाफ कोई अपराध करने या उसके नियमों का उल्लंघन करने में इन्हें कोई परहेज महसूस नहीं होता। इन जनजातियों पर निम्नलिखित टिप्पणी पूरी तरह से लागू होती जान पड़ती है—

> लाचारी और गरीबी किसी भी व्यक्ति या समुदाय की अस्मिता और गरिमा को निचले स्तर तक धकेलने के सबसे प्रमुख कारण होते हैं। ये दोनों कारण किसी अभिशाप से कम नहीं होते।[13]

यूरोप और अन्य पश्चिमी देशों में तिरस्कृत, बंजारा और आपराधिक समुदायों जैसे अलग-थलग वर्गों के उत्थानों के लिए कई सामाजिक कदम उठाए गए हैं। इंग्लैंड में लीड्स के नजदीक अपराधियों के बच्चों के लिए एक औद्योगिक स्कूल खोला गया था तो स्विट्जरलैंड में बेसहारा और आवारा बच्चों के लिए एक शिक्षा कॉलोनी की स्थापना एक क्रान्तिकारी कदम साबित हुआ था। ये गतिविधियाँ सिर्फ इंग्लैंड या स्विट्जरलैंड तक सीमित न होकर पूरे यूरोप में देखने को मिल रही थीं। हर तरफ पिछड़े वर्गों के उद्धार और विकास की लहर बह रही थीं। फ्रांस में भी बड़े स्तर पर ये गतिविधियाँ जारी थीं। हर मुल्क में उपेक्षित समुदायों के लिए एक नई सुबह का उदय हो रहा था। यह अलग बात थी कि इन प्रयासों को कहीं ज्यादा तो कहीं थोड़ी कम सफलता मिल रही थी।[14] फिर भी, अपने देश के पिछड़े और उपेक्षित वर्गों को साथ लेकर चलने की उमंग सब जगह दिखाई दे रही थी।

लेकिन भारत में आजादी के बाद इस तरह की कोई लहर दिखाई नहीं दी। अगर कहीं-कहीं कोई लहर उठी भी तो जल्दी ही उसका ज्वार ठंडा पड़ गया। आजादी के बाद देश की आदिम, बंजारा और आपराधिक जनजातियों के लिए अलग से कोई गम्भीर और ठोस योजना नहीं बनाई गई। लगभग सभी प्रदेशों का यही हाल रहा। या तो कोई ठोस योजना बनाई ही नहीं गई या उसे सुचारू ढंग से लागू करने का प्रयास ही नहीं किया गया। परिणामस्वरूप इन सभी समुदायों की स्थिति ज्यों-की-त्यों बनी रही। खासकर, भूतपूर्व आपराधिक जनजातियों का सबसे बुरा हाल था। आपराधिक जनजाति कानून को खत्म करके उनके माथे पर लगे कलंक को भले ही पोंछ दिया गया हो लेकिन सिर्फ इतना करना काफी नहीं था। इन जनजातियों को सिर्फ इस कलंक से मुक्ति का नहीं बल्कि एक नई सुबह का और आजीविका कमाने के नए और बेहतर अवसरों का इन्तजार था। लेकिन दुर्भाग्यवश ऐसा कुछ भी देश में नहीं हो पाया। शिक्षा और रोजगार का क्षेत्र हो या सामाजिक, राजनीतिक और आर्थिक विकास का प्रश्न, कहीं भी इनके साथ न्याय नहीं हो पाया। सरकार ने मानो आर.टी. कानून को निरस्त करके अपने कर्तव्य की

इतिश्री समझ ली थी और अधिकारियों ने इनकी तरफ से पूरी तरह से आँखें मूँद ली थीं। इन जनजातियों के प्रति सरकार और उसके अधिकारियों की उदासीनता का यह परिणाम रहा कि इनकी सामाजिक-आर्थिक स्थिति में जरा भी बदलाव नहीं आ पाया। सरकार द्वारा शुरू की गई विभिन्न योजनाओं में मानवीय दृष्टिकोण का सर्वथा अभाव था। देश की आजादी के बाद भी सरकार खुद कुछ करने के बजाय विदेशी मिशनरियों और परोपकारी संस्थाओं का मुँह ताकती रही। आज भी सरकार बड़े हद तक इन्हीं मिशनरियों और परोपकारियों पर निर्भर है।[15]

ऐसा लगता है कि इन जनजातियों के जीवन के विभिन्न पहलुओं को लेकर समुचित जानकारियाँ एकत्रित करने का कोई गम्भीर प्रयास नहीं किया गया है। इनके पुनर्वास के कार्यक्रमों की रूपरेखा और योजना बनाने और उसे लागू करने से पहले इनकी सामाजिक और आर्थिक परिस्थितियों का गम्भीरता से अध्ययन किया जाना चाहिए था। इन जनजातियों की मनोवैज्ञानिक दशा को समझने की जरूरत पर जोर देते हुए जे.टी. हटन ने लिखा था—

> अगर ये लोग आदतन या पेशे के तौर पर अपराध करना बन्द भी कर दें और कानून का पालन करने वाले नागरिकों की तरह शान्तिपूर्वक जीने लगें तो भी ये अपनी सामाजिक स्थिति के कारण व्यथा के शिकार रहेंगे। इनकी अनिश्चित सामाजिक स्थिति इनके लिए उतनी ही बड़ी यंत्रणा है जितनी कि आपराधिक जनजाति से जुड़े कलंक की यंत्रणा।[16]

हमारा यह कहने का कतई अर्थ नहीं है कि सरकार और प्रशासन इन जनजातियों के भरण-पोषण का जिम्मा ले ले या बेसहारा बच्चों की तरह इनकी देखभाल की जाए। इनके कल्याण और उत्थान का अर्थ इन्हें परजीवी बनाना नहीं है।[17] इन लोगों में आत्मविश्वास पैदा करने की जरूरत है। साथ ही यह ध्यान रखना भी जरूरी है कि मानवता के प्रति इनकी निष्ठा को कोई ठेस न पहुँचे। इसके बाद ही ये लोग आत्मनिर्भरता की तरफ बढ़ सकते हैं और अपने जीवन के खुदमुख्तार बनकर सुख-चैन से जी सकते हैं। जैसा कि पैनाकल ने लिखा है—

> डी-नोटिफाइड समुदायों के सुधार का काम तब तक पूरा नहीं हो सकता जब तक कि समाज बिना किसी भेदभाव के इन्हें अपने एक अभिन्न अंग के रूप में स्वीकार न कर ले।[18]

डीनोटिफाइड जनजातियों के पुनर्वास का काम एक चुनौती भरा काम है जो सिर्फ भौतिक साधन उपलब्ध हो जाने से पूरा नहीं हो सकता। इसलिए इनके पुनर्वास का काम शैक्षणिक संस्थानों के हाथ में देना एक बेहतर विकल्प हो सकता है जो संस्थान के विस्तारित कार्यक्रम के रूप में इस योजना को सम्पन्न कर सकते हैं।

दूसरा विकल्प यह है कि यह काम ऐसी प्रतिष्ठित समाजसेवी संस्थाओं को सौंपा जाए जिनकी इन जनजातियों के कल्याण और विकास में सचमुच ही दिलचस्पी है। इस काम के लिए ऐसे कार्यकर्ताओं की जरूरत है जो किसी तरह के सन्देह, घृणा या दया की भावना के बिना इन लोगों को अपना सच्चा सहयोग दे सकें। जैसा कि सामाजिक कार्यकर्ता ऋषिराम गुप्ता कहते हैं—

> इनके पुनर्वास के काम के लिए सोशल वर्क की तीन मूल विधियाँ अपनाए जाने की जरूरत है—सोशल केस वर्क, सोशल ग्रुप वर्क और कम्युनिटी ऑर्गेनाइजेशन। इन तीनों के माध्यम से पुनर्वास का काम सुचारू ढंग से चलाया जा सकता है।[19]

सामाजिक कार्यकर्ताओं को आगे आकर इस समुदाय की मदद करनी चाहिए। पी.के. भौमिक के अनुसार, पश्चिम बंगाल के लोधा इन स्वयंसेवी संस्थाओं के काम से बहुत खुश थे जबकि सरकारी संस्थाओं द्वारा चलाई जा रही बस्तियाँ पूरी तरह से विफल रही थीं।[20] शेर सिंह शेर ने पुनर्वास के काम को प्रभावशाली ढंग से आगे बढ़ाने के लिए निम्नलिखित सुझाव दिए हैं—[21]

1. 'डिनोटीफाइड ट्राइब्स' (अधिसूचित जनजाति) शब्दावली की जगह 'डिस्प्लेस्ड ट्राइब्स' (विस्थापित जनजाति) शब्दावली का प्रयोग किया जाना चाहिए।
2. इन विस्थापित जनजातियों के बारे में विस्तृत जानकारियाँ एकत्रित की जानी चाहिए।
3. विस्थापित जनजातियों द्वारा झेली जा रही समस्याओं का सही ढंग से विश्लेषण किया जाना चाहिए।
4. इन जनजातियों को सरकारी कार्यालयों और रक्षा-सेना की नौकरियों में आरक्षण का लाभ दिया जाना चाहिए।
5. पुनर्वास कार्यक्रमों का संचालन विशिष्ट अधिकारियों की देखरेख में होना चाहिए।
6. इन जनजातियों को समाज की मुख्यधारा से अलग रखने का रवैया खत्म होना चाहिए।
7. इन जनजातियों को इनके पुराने और परम्परागत व्यवसायों—कृषि और पशुपालन, इत्यादि—से फिर से जोड़ा जाना चाहिए।
8. इन जनजातियों को सामाजिक शिक्षा दी जानी चाहिए।
9. इनकी शिक्षा के पाठ्यक्रम में इनकी जातियों की उत्पत्ति और इतिहास के बारे में भी जानकारी होनी चाहिए।

कई पीढ़ियों से अपराधों में लिप्त समुदाय को सुधारना कोई आसान काम नहीं है। यह एक सामाजिक चुनौती है। फिर भी कई कर्मठ समाजसेवी बड़ी लगन से इस काम में जुटे रहे हैं। इनमें से कुछ ऐसे भी हैं जो इन जनजातियों की उद्धार-कथा के महानायकों के रूप में देखे जाते हैं।

इन जनजातियों का जीवन-स्तर दरिद्रता के आसपास झूलता रहा है। आपराधिक जनजाति होने के कलंक के बावजूद ये हमेशा आर्थिक असुरक्षा और अभावों में जीती रही हैं। इसका सबसे बड़ा कारण आजीविका के स्थायी और सुनिश्चित साधनों का अभाव है। इनकी आय हमेशा अनिश्चित रही है इसलिए वे आय के हिसाब से अपने खर्चों को सन्तुलित करना नहीं सीख पाए। यही कारण है कि इनकी आय और खर्च में अकसर असन्तुलन बना रहता है। लेकिन, अब ये लोग इस आर्थिक अनिश्चितता और असन्तुलन से त्रस्त हो चुके हैं। वे इससे बाहर निकलना चाहते हैं और अपने बच्चों को एक बेहतर और सुरक्षित भविष्य देना चाहते हैं। वे नहीं चाहते कि उनकी आने वाली पीढ़ियाँ उनकी तरह अनिश्चित आजीविका और आर्थिक असुरक्षा की शिकार रहें।

आपराधिक जनजातियों को सुधारने के लिए बसाई गई सिद्धापुरम और स्टुअर्टपुरम जैसी बस्तियों की स्थापना को लगभग सौ वर्ष हो चुके हैं। इन सौ वर्षों में इन बस्तियों में कितना सुधार हुआ है? इन जनजातियों की अपराध की लत छुड़ाकर इन्हें भलाई, आर्थिक सुरक्षा और विकास की राह पर लाने में कितनी सफलता मिली है? सुधार कार्यक्रमों की सफलता का सबसे सही पैमाना यह हो सकता है कि इन समुदायों के सदस्यों के आचरण और व्यवहार में कितना अन्तर आया है। वे आज पहले की तुलना में ईमानदारी और सच्चाई की कसौटी पर कितने खरे उतरते हैं?[22] नेल्लोर के भूतपूर्व पुलिस सुपरिंटेंडेंट जसपाल सिंह का कहना है कि "इन लोगों के सुधार में सबसे बड़ा रोड़ा खुद इन बस्तियों का अस्तित्व है।"[23] जाने-माने सामाजिक कार्यकर्ता और स्वतंत्रता सेनानी वेनेलाकुंटी राघवैया का विचार था कि इन लोगों को छोटे-छोटे समूहों में आसपास के गाँवों में बसा देना चाहिए ताकि इन लोगों की आबादी किसी एक जगह पर केन्द्रित न रहे। उनका कहना था कि किसी एक जगह पर इनकी घनी आबादी होने से आपराधिक मानसिकता को प्रोत्साहन मिलता था। किसी भी समुदाय का विकास एक सुव्यवस्थित ओर चिर-स्थापित समाज में सीखने की लम्बी प्रक्रिया का परिणाम होता है।[24]

भूतपूर्व अपराधियों को समाज के अन्य वर्गों के साथ घुलने-मिलने के भरपूर अवसर प्राप्त होने चाहिए। इससे उन्हें मेहनत और पसीने की कमाई के महत्त्व का अहसास हो सकेगा।

"जहाँ तक सम्भव हो, इन लोगों को अपने-आप में सिमटे भाईचारे में नहीं रहने देना चाहिए। इससे इनमें आपस में घनिष्ठ जातीय निष्ठा को बढ़ जाती है।"[25]

समस्या यही है कि ये लोग सदियों से अपने-आप में सिमटे और मुख्यधारा से अलग-थलग अपने खुद के समाज से ही जुड़े रहे हैं। इससे इनकी आपराधिक प्रवृत्तियों को बढ़ावा मिलता रहा है। दुर्भाग्य की बात यह है कि इन जनजातियों की नई पीढ़ियों के कुछ सदस्य भी अपराध की तरफ आकर्षित होने लगे हैं और इसे अपने खानदानी व्यवसाय की तरह बड़े सहज ढंग से देखते हैं। अपने पूर्वजों की तरह वे अपराध को जीवन का एक सामान्य अंग मानते हैं। इस सम्बन्ध में सिक्का कृष्णलाल की यह टिप्पणी बहुत महत्त्वपूर्ण है—

> बच्चे के सामाजिक और वैयक्तिक विकास का आधार उसका परिवार ही होता है।[26]

वे आगे कहते हैं—

> बाल-अपराध या किशोर अपराध बहुत खतरनाक स्तर तक पहुँच गए हैं। यह आने वाले दिनों के लिए शुभ संकेत नहीं हैं।[27]

आपराधिक जनजातियों की सुधार प्रक्रिया इस बात पर निर्भर करती है कि इनके बच्चों को कितनी अच्छी शैक्षणिक सुविधाएँ प्रदान की जा रही हैं। अच्छी शिक्षा प्राप्त करने के बाद ही इन समुदायों की नई पीढ़ियाँ समाज की मुख्यधारा से जुड़ सकती हैं और अपने-आपको शेष समाज का एक अभिन्न अंग मान सकती हैं। शिक्षा ही इनकी ऊर्जा को सकारात्मक और सृजनात्मक दिशा में मोड़ सकती है। जैसा कि अकसर कहा जाता है, "शिक्षा सामाजिक बदलाव का सबसे प्रभावशाली शस्त्र और औजार है।"[28]

आपराधिक जनजातियों के बच्चों की जीवन-शैली में सकारात्मक बदलाव लाने और उनका भविष्य सँवारने में शिक्षा बहुत महत्त्वपूर्ण भूमिका निभा सकती है। लेकिन समस्या यह है कि उनकी आर्थिक स्थितियाँ और उनका पारिवारिक-जातीय परिवेश उनकी राह में रोड़ा बनकर खड़ा हो जाता है। जब वे समाज के अन्य वर्गों के साथ अपनी तुलना करते हैं तो सहज ही हीन-भावना के शिकार हो जाते हैं। यह एक ऐसी बाधा है जिससे वे चाहकर भी पार नहीं पा पाते। यह एक अभिशाप की तरह उन्हें एक अदृश्य बन्धन में जकड़े रखती है।

सिद्धापुरम बस्ती के अधिवासियों ने खुलकर यह बात स्वीकार की कि उनके बच्चे समाज के ऊँचे तबकों से घुलने-मिलने से कतराते थे और एक मनोवैज्ञानिक बाधा महसूस करते थे।[29] इस बस्ती में स्कूली शिक्षा की सुविधाओं की स्थिति भी बहुत चौंकाने वाली थी। ऐसा नहीं है कि इन बच्चों में कोई कमी थी। जैसा कि डी.एन. मजुमदार लिखते हैं—"स्कूल के निरीक्षण के बाद आपराधिक जनजातियों के बहुत-से बच्चों को अत्यन्त बुद्धिमान, चुस्त और जागरूक पाया गया था।"[30] हमें

यह समझ लेना चाहिए कि शिक्षा के अभाव से सामाजिक और राजनीतिक चेतना नहीं पैदा होती। इन जनजातियों का कोई प्रतिनिधि भी विधानसभा में नहीं है, जो इन बस्तियों में सुधार और विकास की स्थिति की तरफ सरकार का ध्यान खींच सके और इस प्रक्रिया में तेजी ला सके। इसी तरह, बस्ती में सुविधाओं के अभाव को लेकर भी कोई आवाज उठाने वाला नहीं है।[31]

आपराधिक जनजातियाँ एक अन्य मनोवैज्ञानिक समस्या से भी जूझ रही हैं। यह समस्या उस भय-भावना से जुड़ी हुई है जिसके वे कई पीढ़ियों से शिकार हैं। वे आज भी इस भय-ग्रन्थि से मुक्त नहीं हो पाए हैं। आज भी हमें उनके भीतर कहीं बहुत गहराई में बैठा हुआ डर देखते हैं। इस डर का सम्बन्ध उनके आर्थिक पिछड़ेपन और दरिद्रता से है। यह डर ही अकसर उन्हें अपराध करने के लिए भी प्रेरित करता रहा है। हैकरवाल के अनुसार, "अपराधिता का सीधा सम्बन्ध आर्थिक स्थिति से है।"[32] डेविड आर्नोल्ड भी इस विचार से पूरी तरह सहमत थे। उनके अनुसार—

> अपराध और अशान्ति का एक बड़ा कारण बार-बार पड़ने वाला सूखा था, खासकर 19वीं सदी की आखिरी तिहाई में। इस सूखे का प्रभाव सिर्फ तात्कालिक न होकर अकसर लम्बे समय तक बना रहता था।[33]

बी.एस. भार्गव भी इन दोनों विद्वानों से सहमत दिखते हैं। उनके विचार में—

> भारत में अपराध का बैरोमीटर आम जनता की खुशहाली के साथ चढ़ता-उतरता रहता है।[34]

इन जनजातियों के पुनर्वास का एक महत्त्वपूर्ण पहलू उन पर लगा कलंक भी है,[35] जिसे पूरी तरह से पोछे और भुलाए बगैर आगे नहीं बढ़ा जा सकता। 'आपराधिक', या 'भूतपूर्व आपराधिक' या 'डीनोटीफाइड' (अधिसूचित) जनजातियों के रूप में इनकी पहचान अपने-आप में एक बाधा बन कर खड़ी है। जैसा शेर सिंह शेर इस सम्बन्ध में लिखते हैं—

> ...इन पर लगे 'अपराधी' के ठप्पे ने इन्हें समाज से और ज्यादा दूर करने का काम किया क्योंकि आम जनता इन बस्तियों में रहने वालों को सन्देह की नजर से देखने लगी है। सुधार बस्ती में रह चुके किसी भी व्यक्ति पर कोई आसानी से विश्वास नहीं करता था।[36]

फिर भी, इन जनजातियों को, खासकर नई पीढ़ी के बच्चों को अपराध की संस्कृति से दूर एक नए, सकारात्मक और स्वस्थ वातावरण में रखने और भय, सन्देह और हीन भावना से मुक्त करके इन्हें एक अच्छे नागरिक बनाने की कोशिशें

की जाती रहीं। अलग-अलग बस्तियों में, और अपने-अपने स्तर पर, ये कोशिशें रंग भी लाईं।

2

आर्थिक पुनर्वास के साथ-साथ सामाजिक और सांस्कृतिक पुनर्वास भी जरूरी है इसलिए इन सब पर एक साथ काम करना होगा। सामाजिक और सांस्कृतिक पुनर्वास का एक तरीका यह है कि समाज के अलग-अलग वर्गों के लोगों को आदिवासियों के बीच ले जाया जाए ताकि वे आपस में घुल-मिलकर एक-दूसरे के सामाजिक व्यवहार और संस्कृति की जानकारी ले सकें। इससे जनजातियों के सुधार के काम में भी अप्रत्यक्ष रूप से मदद मिलेगी।

यह सच है कि इन जनजातियों के उत्थान और विकास से जुड़े विभिन्न कार्यक्रमों में बहुत-सी खामियाँ हैं, फिर भी ये प्रयास धीरे-धीरे अपना प्रभाव दिखा रहे हैं और स्थितियाँ बदल रही हैं। इसका एक कारण यह है कि ये लोग खुद भी अपने को बदलने के इच्छुक हैं। वे अपनी वर्तमान स्थिति में सुधार और विकास चाहते हैं। वे आत्म-सम्मान के साथ जीना चाहते हैं। सबसे बड़ी बात यह है कि वे अपने बच्चों के लिए बेहतर, सुरक्षित और उज्ज्वल भविष्य चाहते हैं। इसलिए वे कुछ भी करने के लिए तैयार हैं। वे बड़ी खुशी से आजीविका के ईमानदार और सम्मानजनक साधन अपना रहे हैं।[37] भले ही ये साधन अभी पर्याप्त मात्रा में उपलब्ध न हों।

यह भी देखने में आया है कि वे सरकार और आम जनता से सहानुभूति की अपेक्षा करते हैं। वे चाहते हैं कि दूसरे लोग उनकी स्थितियों और समस्याओं को समझें और अकारण ही उन्हें सन्देह या तिरस्कार की दृष्टि से न देखें। उनके पुनर्वास की सफलता का सबसे सही मापदंड यही है कि वे समाज की मुख्यधारा में किस हद तक रस-बस सकते हैं। इसलिए उनके पुनर्वास के कार्यक्रमों में मानवीय पहलू की बहुत महत्त्वपूर्ण भूमिका है।[38] इन कार्यक्रमों से न सिर्फ उनकी आर्थिक सुरक्षा सुनिश्चित होनी चाहिए बल्कि उनकी जीवन-शैली में एक क्रान्तिकारी बदलाव आना चाहिए। इसके बाद ही वे 'अपराधिता' के मनोवैज्ञानिक कलंक से मुक्त हो सकते हैं। जैसा कि जाने-माने सामाजिक कार्यकर्ता लवनम इस सम्बन्ध में लिखते हैं—

> जो बदलाव आ रहा है वह अपराध की संस्कृति से सामाजिकता की संस्कृति में कदम रखने का बदलाव है। यह एक बड़ा बदलाव है। यह आजीविका के समाज-विरोधी उपायों से आजीविका के समाज स्वीकृत उपायों की तरफ बढ़ने का बदलाव है। यह भय की ग्रन्थि से सहयोग की भावना की तरफ और अक्खड़ व्यवहार से तर्कशीलता और समझदारी की तरफ बढ़ने का बदलाव है।[39]

आर्थिक विकास एक निरन्तर और सतत प्रक्रिया होती है। यह किसी एक मोड़ पर रुक नहीं सकती। इसलिए इन जनजातियों के पुनर्वास का काम इस लक्ष्य को ध्यान में रखते हुए ही होना चाहिए। बस्ती वाले क्षेत्रों में ग्रामीण बैंकों की स्थापना होनी चाहिए ताकि ये लोग इन बैंकों की सुविधाओं का लाभ उठा सकें और बचत की तरफ उन्मुख हो सकें।[40] इसके साथ ही यह भी जरूरी है कि इन बस्तियों के आसपास हुए अनाधिकृत निर्माण को हटा दिया जाए और इसके स्थान पर नए निर्माण किए जाएँ। बस्तियों के आसपास के ये ढाँचे गैरकानूनी हैं और भ्रष्ट बिल्डरों और पुलिस अधिकारियों की मिलीभगत का परिणाम हैं। इनके अलावा इस कृत्य में कुछ लोभी दलालों और वकीलों का भी हाथ रहा है। ये सभी इन बस्तियों और इनकी जमीनों का दुरुपयोग करने की ताक में लगे रहते हैं।

जहाँ तक खुद इन बस्तियों के अधिवासियों का प्रश्न है तो उन्हें ऐसे लोभी और शोषक तत्वों के खिलाफ जागृत करने की जरूरत है ताकि वे इनके झाँसे में न आएँ। पिछड़ी जाति आयोग ने अपनी रिपोर्ट में कहा था—

> आर्थिक कार्यक्रम के साथ-साथ सामाजिक शिक्षा का एक उपयुक्त और प्रभावशाली कार्यक्रम भी चलाने की जरूरत है ताकि इन लोगों को अवांछनीय सामाजिक प्रवृत्तियों से दूर रखा जा सके।[41]

सरकार द्वारा चलाए जाने वाले विभिन्न कल्याणकारी कार्यक्रमों में इन जनजातियों की मनोवृत्तियों और पारम्परिक कौशलों का ध्यान रखना बहुत जरूरी है। ये लोग साहसी और जोशीले हैं और इन्हें इनकी स्वाभाविक प्रकृति के अनुरूप ही विभिन्न कार्य-क्षेत्रों में लगाया जाना चाहिए। के.एम. कपाड़िया ने इस सम्बन्ध में बड़ी महत्त्वपूर्ण टिप्पणी करते हुए लिखा है—

> आर्थिक अपराध आमतौर से तब पनपते हैं जब समाज के एक वर्ग के लिए मौजूदा सामाजिक व्यवस्था या आर्थिक ढाँचे के भीतर अस्तित्व का संकट खड़ा हो जाता है।[42]

इन असामाजिक गतिविधियों के पीछे आमतौर से आर्थिक जरूरतों को पूरा करने का उद्देश्य ही होता है—भले ही कुछ मामलों में इसके साथ समाज के उपेक्षा भरे और तिरस्कारपूर्ण रवैये का बदला लेने की भावना भी जुड़ी हुई हो। जो समाज उन्हें इज्जत की रोटी नहीं दे सकता, उसके प्रति रोष और विद्रोह पनपना स्वाभाविक ही है।

आपराधिक जनजातियों के लिए विशेष रूप से स्थापित की गई बस्तियों का प्रमुख उद्देश्य उन्हें सुधारना था, न कि उन्हें शेष समाज से अलग-थलग रखना या उन्हें बन्धन में रखना था। लेकिन समस्या यह है कि बस्तियों के इस वास्तविक

उद्देश्य से जुड़ी सकारात्मक भावना को कितने लोग समझ पाते हैं? बहुत-सी बस्तियों का संचालन शुरू में पुलिस के हाथ में रहा, जिन्हें इन जनजातियों के प्रति अंशमात्र भी सहानुभूति नहीं थी। न ही उसे अपराधियों को सुधारने की तकनीक का कोई प्रशिक्षण प्राप्त था। बस्ती से जुड़े अन्य सरकारी अधिकारियों का भी यही हाल था। पुलिस का काम अपराधियों को डरा-धमकाकर रखना था, जिससे अपराधियों में भरोसा पैदा होने का प्रश्न ही नहीं उठता था। आपराधिक जनजातियों के सुधार में पुलिस का यह रवैया सबसे बड़ी बाधा थी। जल्दी ही, सरकार को अपनी इस गलती का अहसास हो गया और वह इन बस्तियों के संचालन के लिए गैर-सरकारी संस्थाओं की तरफ देखने लगी। गैर-सरकारी संस्थाओं के समर्पित और आत्मत्यागी कार्यकर्ता ही अपराधियों को सुधारने के कठिन काम को ठीक से सम्पन्न कर सकते थे—ऐसे कार्यकर्ता जो इस काम में अपना पूरा जीवन झोंक देने को तैयार हों। साल्वेशन आर्मी जैसी संस्थाओं के पास ऐसे ही कार्यकर्ता थे। इसलिए सरकार ने न सिर्फ इन संस्थाओं की मदद लेने का फैसला लिया बल्कि उन्हें इस उद्देश्य के लिए नई बस्तियाँ स्थापित करने की अनुमति भी दे दी।

कुछ सरकारी अधिकारी भी इन निर्धन, निरक्षर और भाग्य के मारे आदिवासियों के उद्धार में सच्ची दिलचस्पी रखते थे। वे उनके साथ सहानुभूति बरतने के पक्ष में थे। लेकिन सरकार सिर्फ ऐसे अधिकारियों पर निर्भर नहीं रह सकती थी क्योंकि कई बार इन अधिकारियों का स्थानान्तरण हो जाने पर इनका उपयुक्त विकल्प ढूँढना मुश्किल हो जाता था। इसलिए गैर-सरकारी संस्थाओं पर ज्यादा भरोसा किया जा सकता था। सरकार इस तरह से स्वयंसेवी संस्थाओं की मदद करने के लिए तैयार थी। यह भी देखा गया था कि कुछ सी.टी. बस्तियों में इन संस्थाओं का काम सचमुच ही बहुत उल्लेखनीय रहा है। उन्होंने न सिर्फ सफलतापूर्वक इन बस्तियों को चलाया बल्कि इनका समुचित विकास भी किया।

इन बस्तियों के संचालन के साथ आर्थिक प्रश्न भी जुड़ा हुआ था। सरकार अच्छी तनख्वाहों पर योग्य और कुशल प्रबन्धक नियुक्त करने की स्थिति में नहीं थी। गैर-सरकारी संस्थाओं पर निर्भर रहना कहीं कम खर्चीला था। इसलिए सभी पहलुओं पर विचार करने के बाद गैर-सरकारी संस्थाओं पर ही भरोसा करने का फैसला लिया गया था।

बस्तियों के मैनेजरों को बस्तियों के संचालन में पूरी स्वतंत्रता प्राप्त थी। वे बिना किसी रोक-टोक और बिना दख़लन्दाजी के अपना काम कर सकते थे। उनका पद जितना जिम्मेदारी भरा था उतना ही सम्मानजनक भी। इस पद के साथ भरपूर प्रतिष्ठा भी जुड़ी हुई थी। मैनेजर को अपने अधिकांश फैसलों के लिए सरकार की अनुमति लेने की जरूरत नहीं पड़ती थी। न ही इनके बारे में सरकार को सूचित करना जरूरी होता था।

जहाँ तक अपराधों पर नियंत्रण रखने और बस्ती और उसके आसपास शान्ति और व्यवस्था का प्रश्न था, सरकार पुलिस की मदद लेती रहती थी। बस्ती का मैनेजर भी इस मामले में पुलिस के साथ सहयोग करता था। लेकिन बस्ती के संचालन में पुलिस कोई दखल नहीं देती थी। यह पूरी तरह से मैनेजर और साल्वेशन आर्मी की जिम्मेदारी थी। मैनेजर इसी संस्था का एक योग्य, समर्पित और कर्मठ कार्यकर्ता होता था और अपने कुछ सहायकों के सहयोग से बस्ती को बड़ी कुशलता से चलाता था। किसी सरकारी कर्मचारी से इतनी लगन, समर्पण-भावना और आपराधिक जनजातियों के प्रति इतनी सहानुभूति की उम्मीद नहीं की जा सकती थी। भारत सरकार ने इस सम्बन्ध में अपनी एक टिप्पणी में कहा था—

> अन्य प्रदेशों के अनुभवों से पता चलता है कि साल्वेशन आर्मी जैसी संस्थाओं ने उद्धार के काम में कम खर्च में बहुत अच्छे परिणाम हासिल किए हैं।[43]

मद्रास सरकार इस निष्कर्ष पर पहुँची थी कि इन आपराधिक जनजातियों के उद्धार का सबसे अच्छा तरीका कृषि प्रधान और औद्योगिक बस्तियों की स्थापना है। मजदूरी के काम में ये लोग बे-मन से थोड़ा-सा ही काम करते थे। लेकिन जिस अधिवासी को खेती के लिए जमीन दे दी जाती थी, वह सुबह जल्दी उठकर अपने खेत में पहुँच जाता था और शाम तक मेहनत करता था। कोई दूसरा काम हाथ में होने पर भी वह अपने खेत के लिए कुछ समय निकाल ही लेता था। इसलिए सरकार ने सभी बस्तियों में कृषि-कार्य को अनिवार्य कर दिया। बस्तियों में बसे हर परिवार को थोड़ी सूखी और थोड़ी गीली जमीन दे दी गई ताकि वे इस जमीन पर खेती-बाड़ी करके अपनी आजीविका चला सकें। जमीन के रखरखाव और खेती-बाड़ी की पूरी जिम्मेदारी इन्हीं अधिवासियों के ऊपर थी, हालाँकि बस्ती के प्रबन्धक उनका मार्गदर्शन करते रहते थे और बीज, खाद, हल इत्यादि खेती-बाड़ी से जुड़ी सभी चीजें उपलब्ध करवाते रहते थे। अधिवासियों के मार्गदर्शन और मदद के लिए कुछ कृषि-विशेषज्ञ भी नियुक्त किए गए थे, जिन्हें मिस्त्री कहा जाता था। ये मिस्त्री खेतों की जमीन का निरीक्षण करके उगाई जाने वाली फसलों के बारे में फैसला लेते थे और खेती-बाड़ी के हर चरण में अधिवासियों की मदद करते थे। अधिकांश अधिवासी जमीनें मिलने से बहुत खुश थे और बड़े उत्साह और लगन से अपने-अपने खेतों में जुटे रहते थे। लेकिन कुछ अधिवासी कामचोर या लापरवाह भी थे और अपनी जमीन की देखभाल और खेती-बाड़ी में कोई खास दिलचस्पी नहीं लेते थे। ऐसे लोगों से प्रबन्धक बहुत सख्ती से निपटते थे।

अपनी जमीन का ध्यान न रखने वालों को पत्थर तोड़ने या जमीन खोदने जैसे मेहनत भरे काम की सजा दी जाती थी। इसके बाद भी वे यदि नहीं सुधरते थे तो उनकी जमीन दूसरों को दे दी जाती थीं। सरकार का विचार था कि कुछ समय

बाद इन अधिवासियों को अपनी-अपनी जमीन का अस्थायी या स्थायी पट्टा दिया जा सकता था।

गोरखपुर में डोमों की एक बस्ती की स्थापना साल्वेशन आर्मी की पहली बड़ी उपलब्धि थी। इस बस्ती के सफल संचालन की शुरुआत के बाद साल्वेशन आर्मी ने संयुक्त प्रान्त (उत्तर प्रदेश) में ही जनजातियों के लिए दो और बस्तियों की स्थापना की। इन बस्तियों की सफलता से प्रभावित होकर और संयुक्त प्रान्त का अनुसरण करते हुए पंजाब, बंगाल, बिहार, बम्बई, उड़ीसा और मद्रास सरकारों ने भी आपराधिक जनजाति बस्तियों की स्थापना में दिलचस्पी लेनी शुरू कर दी।[44] साल्वेशन आर्मी के सराहनीय काम को देखते हुए हर सरकार उससे सहयोग और भागीदारी का अनुरोध करने लगी।

किसी 'अपराधी' का उद्धार व्यक्तिगत और मानवीय समस्या है। इसे किसी तरह के गणित में नहीं बाँधा जा सकता। सिर्फ भौतिक स्थितियाँ बदल देने से व्यक्ति नहीं बदल जाता। इसलिए इस काम को तकनीकी दृष्टि से देखने वाली संस्था का विफल होना निश्चित है। किसी अपराधी व्यक्ति या अपराधी समुदाय को बदलने के लिए उसके साथ मानवीय सूत्र जोड़ना और उनके मानवीय पहलुओं को समझना जरूरी है। मानवीय स्पर्श के बिना किसी को भी सुधारा नहीं जा सकता—न व्यक्ति को और न समुदाय को। जब सरकारी अधिकारी इस समस्या को एक औपचारिक या सरकारी समस्या के रूप में देखते हैं तो वे इस समस्या के मानवीय पहलुओं को समझने और ध्यान में रखने से चूक जाते हैं। परिणामस्वरूप, वे इस समस्या के सिर्फ ऊपरी पहलुओं को ही छू पाते हैं और अपने प्रयास में विफल हो जाते हैं। साल्वेशन आर्मी इस समस्या को एक मानवीय समस्या के रूप में देखती थी और इसके मानवीय पहलुओं को ही प्रमुखता से ध्यान में रखती थी। उसके द्वारा नियुक्त किए गए बस्ती का मैनेजर हुक्म चलाने वाला प्रबन्धक नहीं होता है बल्कि भला, उदार-हृदय और सहानुभूति भरा व्यक्ति होता है। उनका उद्देश्य इन आपराधिक जनजातियों को अपराध के रास्ते से हटा कर ईमानदारी और सच्चाई के रास्ते पर और एकान्त-वास से समाज की मुख्यधारा में लाना होता है। उसे उन लोगों पर हुक्म चलाने के लिए नहीं चुना जाना चाहिए।[45]

3

सरकार की नीति यह थी कि घुमन्तू जनजातियों को कुछ विशेष बस्तियों में बसा दिया जाए। इसके पीछे उनकी गतिविधियों पर नजर रखने और अपराधों पर अंकुश लगाने का उद्देश्य था। आपराधिक जनजाति कानून के अन्तर्गत की जाने वाली कार्रवाइयों की दो श्रेणियाँ थीं। पहली श्रेणी में घुमन्तू समुदाय थे, जिन्हें विभिन्न

बस्तियों में बसने और नियंत्रित करने की जिम्मेदारी मिशनरी संस्थाओं पर छोड़ दी गई थी। दूसरी श्रेणी में वे आपराधिक जनजातियाँ थीं जो किसी निश्चित जगह पर बसी हुई थीं। इनसे निपटने की जिम्मेदारी पुलिस की थी।

आन्ध्र प्रदेश में घुमन्तू जनजातियों को बसाने की जिम्मेदारी साल्वेशन आर्मी को सौंप दी गई थी। सन् 1933 तक साल्वेशन आर्मी देश भर में इस तरह की पैंतीस बस्तियाँ चला रही थी। ब्लैकमेन ने इस संस्था के प्रयासों की सराहना करते हुए लिखा था—

> अब देशभर में पैंतीस बस्तियों की जिम्मेदारी अकेले साल्वेशन आर्मी के हाथ में है। ...ये बस्तियाँ दान-दक्षिणा से चलने वाली बस्तियाँ नहीं हैं, जहाँ खाली बैठे लोगों का भरण-पोषण किया जा रहा हो। ये ऐसी बस्तियाँ हैं जहाँ अपराधी ईमानदारी और मेहनत से खुद अपनी गुजर-बसर कर रहे हैं।[46]

ब्लैकमैन का मानना था कि सी.टी. बस्तियों में बसे इन आदिवासियों को अच्छे आचरण और सुव्यवस्थित जीवन का उदाहरण प्रस्तुत करते हुए कुशल कारीगरों के रूप में विकसित किया जाना चाहिए। उन्हें सामाजिक और स्वास्थ्य सम्बन्धी नियमों की जानकारी होनी चाहिए और कड़ाई से इस जानकारी का पालन करना चाहिए। इसी तरह, बंगाल के भूतपूर्व गवर्नर रोनाल्ड भी साल्वेशन आर्मी के काम से अत्याधिक प्रभावित थे। उन्होंने संस्था की उपलब्धियों की सराहना करते हुए कहा था—

> आज जिस तरह की सफलता हमें मिल रही है, उसका सबसे ज्यादा श्रेय साल्वेशन आर्मी को जाता है।[47]

इन बस्तियों में हुई सफलता के पीछे कई कारण थे। इनमें से कुछ प्रमुख कारण थे—(1) इन बस्तियों के अधिवासी पुलिस द्वारा परेशान किए जाने से बचे रहते थे; (2) इन बस्तियों में वे सुरक्षित महसूस करते थे और जेल जाने की स्थिति में भी उनके परिवार पर कोई मुसीबत नहीं आती थी; (3) बच्चों को माँ-बाप से अलग रखने की नीति के कारण वे स्वस्थ वातावरण में पल-बढ़ रहे थे।

बूथ टकर ने मद्रास की इन बस्तियों पर टिप्पणी करते हुए कहा था—

> मद्रास में हमने यह काम देर से शुरू किया, लेकिन अब हम अन्य प्रेसीडेंसी और प्रान्तों से भी आगे निकल गए हैं।[48]

मद्रास सरकार ने आपराधिक जनजातियों की आजीविका को ध्यान में रखते हुए मिशनरी संस्थाओं को कुछ जमीन दे दी थी। ये जमीन कृषि-प्रधान बस्तियों को दी गई थी। संस्थाओं ने यह जमीन अधिवासियों में बाँट दी थी ताकि वे अपनी-अपनी

जमीन पर अपनी जिम्मेदारी से खेती-बाड़ी कर सकें। जमीन से जुड़े सभी फैसले पूरी तरह संस्थाओं के हाथ में थे। इन जमीनों का कुछ किराया भी निर्धारित कर दिया गया था ताकि बस्ती के संचालन और रखरखाव पर होने वाले खर्च में कुछ मदद मिल सके। मिशनरी मेहनत में विश्वास करते थे और चाहते थे कि सभी अधिवासी अपने खेतों में मेहनत से काम करें। काम से जी चुराने वालों या आलसी लोगों से सख्ती से निपटा जाता था। कई बार उन्हें दंड के रूप में पत्थर तोड़ने या जमीन की खुदाई का कठिन काम सौंप दिया जाता था। इसके बाद भी लापरवाही दिखाने पर उनकी जमीन दूसरों को सौंप दी जाती थीं। इसी तरह, लगन और मेहनत से काम करने वालों को प्रोत्साहित भी किया जाता था। अच्छे आचरण का प्रदर्शन और मेहनत से काम करने वालों को जमीन का अस्थायी पट्टा देकर पुरस्कृत भी किया जाता था। लेकिन पट्टों के मामले में अन्तिम फैसला सरकार के हाथ में रहता था, जिसकी सहमति के बाद ही इन पट्टों को मंजूरी मिल सकती थी। बस्तियों में दंड और पुरस्कार की इस नीति के पीछे अधिवासियों को ईमानदारी और मेहनत का महत्त्व समझाने का लक्ष्य था। ईमानदारी और मेहनत के महत्त्व की सीख दिए बिना इन अपराधियों को सुधारने का काम पूरा नहीं हो सकता था।

कृषि प्रधान बस्तियों के मैनेजरों ने काम के घंटे निश्चित कर रखे थे। वयस्कों को प्रतिदिन नौ घंटे काम करना पड़ता था। सोलह वर्ष से छोटी उम्र के बाल-वयस्कों के लिए प्रतिदिन सात घंटे और तेरह वर्ष से छोटी उम्र के बालकों के लिए प्रतिदिन चार घंटे काम करना जरूरी था।[49]

लेकिन ये कृषि-प्रधान बस्तियाँ अनुकूल सफलता प्राप्त नहीं कर सकीं। इस असफलता के पीछे कुछ व्यावहारिक कारण थे। इनमें से कुछ प्रमुख थे—(1) अधिवासियों को खेती-बाड़ी का कोई अनुभव नहीं था; (2) उनके पास खेती-बाड़ी के आधुनिक उपकरण नहीं थे, इसलिए पुराने तरीकों से खेती करने के कारण पैदावार अच्छी नहीं हो पाती थी; (3) खेतों के लिए दी गई जमीन भी अच्छी किस्म की नहीं थी; (4) खेतों में काम करने के लिए जिन अधिवासियों को प्रतिदिन के हिसाब से मजदूरी दी जाती थी, वे आसपास के गाँवों की मजदूरी दर से काफी कम थी, इसलिए वे पूरे उत्साह से काम नहीं करते थे; (5) आसपास के गाँवों के किसान अधिवासियों को जमीन देने की योजना से नाखुश थे और उनके काम में कोई न कोई रोड़े अटकाते रहते थे।

दूसरी तरह की बस्तियाँ औद्योगिक बस्तियाँ थीं, जहाँ अधिवासियों को विभिन्न काम-धन्धे सिखाए और दिए जाते थे। ये काम-धन्धे इस प्रकार थे—(1) रेशम उत्पादन; (2) रेशम के धागे को चरखियों पर लपेटना; (3) ऊन की कताई और बुनाई; (4) दरियाँ बनाना; (5) कपास की कताई; (6) बढ़ईगिरी और लुहारगिरी; (7) जूते बनाना; (8) कपड़े सिलना; (9) चटाइयाँ और टोकरियाँ बनाना;

(10) मिट्टी के बर्तन बनाना; (11) धातु के काम; (12) बोरियाँ और बक्से बनाना; (13) मुर्गी पालन; (14) भेड़ पालन; (15) पत्थर तोड़ना और तराशना; (16) बागवानी; (17) इमारतों की मरम्मत का काम; (18) कूड़ा करकट बीनना जैसे जमादार के काम, इत्यादि।[50]

अधिवासियों को इस तरह के मेहनत के काम करने की आदत नहीं थी, इसलिए कुछ लोग बेमन और लापरवाही से काम करते थे या नियमों और निर्देशों की अनदेखी या अवहेलना करते रहते थे। ऐसे अधिवासियों से प्रबन्धक सख्ती से निबटते थे। इसके कई तरीके थे—(1) औपचारिक चेतावनी; (2) सजा के रूप में ज्यादा मेहनत और कम मजदूरी वाला काम; (3) छुट्टियाँ न देना; (4) सुविधाओं से वंचित रखना; (5) प्रतिदिन हाजिरी देने के लिए कहना; (6) बस्ती के भीतर सिर्फ एक सीमित क्षेत्र में आने-जाने की अनुमति; (7) हर्जाना; (8) कैद की सजा, इत्यादि।

जिस तरह बुरे व्यवहार के लिए सजा दी जाती थी, उसी तरह अच्छे व्यवहार के लिए ईनाम भी दिया जाता था। ये ईनाम या प्रोत्साहन इस प्रकार होता था—(1) हाजिरी देने से छूट; (2) अधिक अधिकारों वाला 'पास'; (3) काम के लिए अतिरिक्त मजदूरी; (4) खेती-बाड़ी के लिए अधिक जमीन; (5) जिम्मेदारी के किसी पद पर नियुक्ति, इत्यादि।

सरकार ने आपराधिक जनजातियों को तीन श्रेणियों में बाँटा हुआ था। ये श्रेणियाँ इस प्रकार थीं—(1) विशेष बस्तियों में बसाई गईं आपराधिक जनजातियाँ, (2) जिलों के कुछ विशेष क्षेत्रों तक प्रतिबन्धित आपराधिक जनजातियाँ, (3) सभी प्रतिबन्धों से मुक्त आपराधिक जनजातियाँ।[51]

इनमें से कुछ जनजातियाँ ऐसी थीं जो कोई दूसरा काम नहीं जानती थीं और चोरी या लूटपाट के बिना जिनके भूखों मरने की नौबत आ सकती थी। ऐसी जनजातियों को औद्योगिक क्षेत्रों के आसपास बसा दिया जाता था ताकि उन्हें अच्छे दैनिक भत्ते पर मजदूरी का काम मिल सके और वे अपराध के मोह से बचे रहें।[52]

मिशनरियों को इस बात का भली-भाँति अहसास था कि आर्थिक पुनर्वास के साथ-साथ नैतिक उत्थान का काम भी होते रहना चाहिए। इसलिए वे बस्तियों को एक नैतिक और आध्यात्मिक परिवेश देने का प्रयास करते थे।[53] चूँकि वे सब ईसाई थे, इसलिए इस नैतिक-आध्यात्मिक प्रचार में ईसाईयत का ही प्रभाव रहता था। यह बात बस्तियों के आसपास के हिन्दू निवासियों को बहुत ज्यादा अखरती थी।[54] कुछ लोगों का विचार था कि इन आपराधिक जनजातियों को धर्म का पाठ पढ़ाने की कोई जरूरत ही नहीं थी। सिर्फ ईमानदारी से आजीविका कमाने के अच्छे अवसर प्रदान करके ही उनमें सुधार लाया जा सकता था। साल्वेशन आर्मी के एक कर्मठ अधिकारी मि. ले का मानना था कि अपराध के प्रलोभन को आजीविका के सुगम साधन उपलब्ध करवाकर ही दूर किया जा सकता था।

दूसरी तरफ, एक अन्य साल्वेशन आर्मी अधिकारी मि. सोटर का विचार था कि अधिवासियों को ईमानदारी के सिद्धान्तों का पाठ पढ़ाना और इसे उनके हृदय में बसाना जरूरी था। उनके अनुसार,

> हम अपना अधिकांश समय और ध्यान बच्चों को पढ़ाने पर ही खर्च कर देते हैं। बस्तियों का संचालन करने वाले कुछ मैनेजरों में सच्चरित्रता का अभाव होता है। ऐसे लोग इन बस्तियों को चलाने के योग्य नहीं हैं। कुछ मैनेजर तो अधिवासियों की भाषा तक नहीं जानते। वे उन्हें क्या सिखाएँगे?[55]

एक समस्या कुछ अधिवासियों के बस्तियों से भाग जाने से भी जुड़ी हुई थी। वे अपनी जमीन आसपास के गाँववालों को बेचकर बस्ती से चम्पत हो जाते थे। इस तरह की प्रवृत्तियों से निबटना सचमुच बहुत मुश्किल काम था।

बस्तियों में मौजूद अपराधी भी दो तरह के थे। एक तो वे जो आजीविका के साधनों के अभाव के कारण अपराध करने के लिए बाध्य हो जाते थे, जैसे कि डोंगा येरुकला। उन्हें अपराध के रास्ते से ईमानदारी के रास्ते पर लाने के लिए आर्थिक विकास ही काफी था। लेकिन दूसरी तरफ कठेरा जैसे समुदाय भी थे, जो मजे या सनक के लिए अपराध करते थे, भले ही उनकी आर्थिक स्थिति कैसी भी हो। ऐसे लोगों को बस्ती के भीतर ही रखना और बाहर आने-जाने की अनुमति न देना ही जरूरी था। अपराध करने की स्थिति में उन्हें बस्ती से निष्कासित करके कानून के हवाले किया जा सकता था। वयस्क अपराधियों के साथ ऐसा ही किया जाता था।[56]

साल्वेशन आर्मी बस्ती की छवि बनाने के लिए सड़कों पर जुलूस निकालने जैसे शोर-शराबे भरे तरीकों का भी इस्तेमाल करती थी। इन जुलूसों में आदिवासी झंडों के साथ गाते-बजाते हुए और झूमते-नाचते नज़र आते थे। बस्ती की जीवन-शैली भी बहुत सुव्यवस्थित होती थी। पुरुष काम पर जाते थे और स्त्रियाँ घर की सफाई करके उसे साफ-सुथरा और व्यवस्थित रखती थीं। बच्चे पढ़ने के लिए स्कूल जाते थे, जहाँ उन्हें सच बोलने और ईमानदारी से जीने का महत्त्व समझाया जाता था। उन्हें स्वास्थ्य और स्वच्छता का महत्त्व भी समझाया जाता था। इसलिए साल्वेशन आर्मी का मानना था कि अधिवासियों के साथ घंटों आत्मीय बातचीत कर सकने वाला और उनके साथ पूरी तरह घुल-मिलकर रहने वाला व्यक्ति ही उन्हें सुधार सकता था। उनसे अलग-थलग या खामोश रहने वाला मैनेजर इस काम के लिए उपयुक्त नहीं था।[57]

जो अधिवासी अपनी उम्र के कारण या किसी शारीरिक अक्षमता के कारण काम नहीं कर सकते थे, उन्हें सरकार की तरफ से भत्ता दिया जाता था।[58] स्टुअर्टपुरम बस्ती में यह भत्ता छह से नौ रुपए प्रति माह था।[59]

विभिन्न जिलों और क्षेत्रों से लाकर बस्ती में बसाए गए अधिवासियों को निम्नलिखित आधार पर चुना जाता था—

1. अगर उनके क्षेत्र में चोरी का माल खरीदने वाले व्यापारियों की संख्या काफी ज्यादा हो। इसके पीछे आशय यह था कि ये व्यापारी आपराधिक जनजातियों को पैसों का लालच देते रहेंगे और उन्हें अपराध करने के लिए उकसाते रहेंगे।[60]
2. अगर वे अपने क्षेत्र से समय-समय पर गायब होते रहते हों और उन पर इस दौरान अपराधों में लिप्त होने का सन्देह हो।
3. अगर समूह के बहुत-से सदस्य कई दिनों तक दिखाई न देते हों।
4. अगर वे थोड़ी-थोड़ी संख्या में बहुत सारे क्षेत्रों में फैले हुए हों।
5. अगर उन पर अन्य समुदाय के अपराधियों से सम्पर्क रखने का सन्देह हो।
6. अगर उनके बच्चे शिक्षा प्राप्त न कर रहे हों।

उपरोक्त सभी कारणों से आपराधिक जनजातियों को विभिन्न बस्तियों में बसाया गया था। इसके पीछे उनकी वयस्क आबादी को आजीविका के बेहतर साधन उपलब्ध करवाने के साथ-साथ उनके बच्चों को शिक्षित करके एक बेहतर भविष्य देने का उद्देश्य भी था। लेकिन सबसे पहला लक्ष्य अपराधों पर रोकथाम लगाना था। जैसा कि साल्वेशन आर्मी के अधिकारियों ने लम्बे विचार-विमर्श के बाद संस्था की तरफ से एक घोषणा में कहा था—

> इन लोगों को बस्तियों में रखने के पीछे अपराध पर लगाम लगाने का मकसद है।[61]

बस्ती में कृषि अभियान को सफल बनाने के लिए सभी जरूरी साधन जुटाए गए। लेकिन सबसे बड़ी समस्या सिंचाई के लिए पानी जुटाने की थी। यह कोई आसान काम न था।

बस्ती के आर्थिक विकास की योजना के दो प्रमुख पहलू थे—(1) अधिवासियों को खेती के लिए जमीन उपलब्ध करवाना, और (2) उन्हें खेती-बाड़ी के साथ-साथ आजीविका के कुछ अतिरिक्त साधन उपलब्ध करना।

स्टुअर्टपुरम में साल्वेशन आर्मी ने अधिवासियों को जमीन प्रदान कर दी थी। इस जमीन का कुल क्षेत्रफल 2,033.78 एकड़ से कुछ अधिक था और यह चारों गाँवों—मुरुकोंडापुड्डु, वाडा, एपुरुपालेम और पेरला—तक फैली हुई थी। इसमें से 1,617.13 एकड़ गीली और 405.65 एकड़ सूखी जमीन थी। 495 येरुकला परिवारों को 898 एकड़ गीली जमीन दी गई थी। लगभग 1,126 एकड़ जमीन साल्वेशन आर्मी ने खुद अपने पास रखी थी। येरुकलाओं को दी गई जमीन में से 140 एकड़ जमीन रोमपेरु नाले के पास थी। इसे 126 भू-भागों के रूप में येरुकला परिवारों

को बाँट दिया गया था।[62] कृषि पर ध्यान देकर वे लोग इसे अपनी आजीविका का प्रमुख साधन बना सकते थे। बस्ती का मैनेजर जरूरत पड़ने पर अधिवासियों को और जमीन भी दे सकता था। सरकार समय-समय पर कृषि-ऋण देकर बस्ती के अनुभवहीन लेकिन उत्साही किसानों की मदद करती रहती थी। मद्रास सरकार के तत्कालीन सचिव हेरोल्ड स्टुअर्ट ने बस्ती की सफलता पर प्रसन्नता प्रकट करते हुए कहा था—

> स्टुअर्टपुरम बस्ती सबसे सफल बस्ती है और उसके पास सबसे बढ़िया किस्म की जमीन है।[63]

जब कुछ समय बाद बस्ती के अधिवासियों को उनकी जमीनों के अस्थायी पट्टे दे दिए गए तो वे आसपास के गाँवों के जमींदारों की आँखों में खटकने लगे।[64] उनके खिलाफ तरह-तरह की शिकायतें दर्ज की जाने लगीं। जमींदार यह कहने लगे कि उनका चोर-उच्चकों और डाकू-लुटेरों के बीच रहना मुश्किल होता जा रहा था।

अधिवासियों को जमीन के पट्टे देते समय दो शर्तें जोड़ी जाती थीं—(1) दस वर्ष तक जमीन को गिरवी नहीं रखा जा सकता और (2) जमीन को कभी भी किसी गैर-येरुकला को नहीं बेचा जा सकता। इन शर्तों का उल्लंघन करने वाले की जमीन जब्त की जा सकती थी।[65]

स्टुअर्टपुरम बस्ती में खेती-बाड़ी और मजदूरी के कामों के साथ-साथ एक तम्बाकू कम्पनी में काम आजीविका का एक और साधन था। इंडियन लीफ टबैको डिपार्टमेंट (आई.एल.टी.डी.) नामक यह कम्पनी समय-समय पर बस्ती के अधिवासियों को काम देती रहती थी। मजदूरी की दरों में पुरुषों और स्त्रियों में खुलकर भेद किया जाता था। भुगतान में यह भेदभाव तब बहुत आम बात थी। तम्बाकू कम्पनी न सिर्फ अधिवासियों की कमाई का एक अतिरिक्त साधन थी बल्कि संकट के दिनों में उनकी आजीविका का एकमात्र साधन साबित होती थी।[66] बस्ती को इस कम्पनी से बहुत ज्यादा सहारा था। इसलिए बस्ती के प्रबन्धक भी इस कम्पनी के साथ पूरा सहयोग करते थे।

इन आपराधिक जनजातियों के उद्धार का सबसे महत्त्वपूर्ण अंग है इन्हें समकालीन विश्व के साथ कदम-से-कदम मिलाकर चलने के लिए तैयार करना। इन्हें आपस में और समाज के अन्य वर्गों के साथ सद्भावपूर्ण सम्बन्ध बनाने के लिए तैयार करना है। इसके साथ ही, इन जनजातियों और पुलिस के बीच भी परस्पर भरोसा, सहयोग और सम्मानजनक सम्बन्ध विकसित करने की जरूरत है। इन जनजातियों के अवचेतन में बैठे गहरे भय, सन्देह और हीन-भावना को दूर करके इनमें इतना आत्मविश्वास और आत्म-सम्मान पैदा करने की जरूरत है कि

ये समाज के उच्च वर्गों के साथ आसानी से घुल-मिल सकें और उनसे दबें या सहमें नहीं। रोजगार के उपयुक्त और समान अवसर और दूसरों के साथ बराबरी का व्यवहार इन जनजातियों को इनके घरौंदे से बाहर निकालकर उजाले और विकास की राह पर ला सकता है।

ये जनजातियाँ सदियों से न सिर्फ आर्थिक असुरक्षा बल्कि सामाजिक अवहेलना की भी शिकार रही हैं। जैसा कि पी.के. भौमिक लिखते हैं, इसी कारण "उनके मन में अपने तथाकथित पड़ोसियों के प्रति वैमनस्य पैदा हो गया।"[67] उनके सामाजिक दर्जे को ऊपर उठाने की जरूरत है ताकि वे अपने सदियों लम्बे अभिशप्त जीवन और सामाजिक उपेक्षा की यंत्रणा से उबर सकें।[68] समाज के उच्च वर्गों को उनके प्रति सहानुभूति दिखानी चाहिए और उन्हें दबाकर रखने की भावना से बचना चाहिए। इससे इन जनजातियों को अपने ऊपर लगे अपराधिता के कलंक के मनोविकृत प्रभावों से मुक्त होने में मदद मिलेगी। जब तक ये जनजातियाँ इस मनोविकृत ग्रन्थि से मुक्त नहीं होंगी, वे न तो एक सामान्य जीवन जी पाएँगी और न राष्ट्र के विकास में अपनी हिस्सेदारी निभा पाएँगी।

भारतीय पुलिस में अनुशासन का बहुत अच्छा रिकॉर्ड रहा है। उसने हमेशा ऊँचे दर्जे के साहस, शौर्य और संकल्प को प्रदर्शित किया है।[69] एक आम आदमी के लिए पुलिस ही वर्तमान स्थापित व्यवस्था की सबसे प्रत्यक्ष प्रहरी होती है। पुलिस का काम शान्ति और व्यवस्था को बनाए रखना होता है। भारतीय पुलिस के अच्छे रिकॉर्ड के बावजूद, यह भी सच है कि आम जनता में पुलिस की छवि अच्छी नहीं है। पुलिस को अक्खड़, संवेदनहीन और भ्रष्ट माना जाता है। ऐसा कहा जाता है कि पुलिस वाले अत्याचारियों की तरह व्यवहार करते हैं और लोगों की वैयक्तिक स्वतंत्रता और अधिकारों की जरा भी परवाह नहीं करते। जैसा कि वेणुगोपाल राव लिखते हैं—

> सभी सरकारी सेवाओं में पुलिस ही लोगों के सबसे नजदीक होती है लेकिन यही लोगों से सबसे दूर है।[70]

पुलिस को अकसर अकुशलता, सख्त हथकंडों और बेगानेपन के लिए दोषी ठहराया जाता है। आम लोग पुलिस को सन्देह, भय और कटुता की दृष्टि से देखते हैं। जैसा कि एन.एस. सक्सेना कहते हैं—

> किसी भी तरह का भ्रष्टाचार पुलिस की छवि को ध्वस्त करता है, पुलिस अधिकारी की अपनी निर्भीक कार्रवाई की क्षमता को कमजोर करता है; पुलिस और जनता के बीच सहयोग के अवसर को मुश्किल बनाता है और परोक्ष रूप से अपराध को बढ़ावा देता है।[71]

पुलिस की छवि बिगड़ने का एक अन्य प्रमुख कारण है झूठे मामले दर्ज करने की पुलिस की आदत। इसके पीछे पुलिस का अपना रिकॉर्ड अच्छा रखने की भावना होती है। इसके अलावा समाज के निचले तबकों के लोगों के साथ थर्ड डिग्री तरीकों का इस्तेमाल पुलिस के अमानवीय व्यवहार और इन जातियों के प्रति उसकी असहानुभूति को दर्शाता है। इस तरह के व्यवहार से मामूली और छोटे-मोटे अपराधी भी बाद में बड़े और शातिर अपराधी बन जाते हैं। पुलिस की मनोवृत्ति के बारे में खुद एक पुलिस अधिकारी जसपाल सिंह की टिप्पणी तो और भी चिन्ताजनक है। उनके अनुसार—

> पुलिस अधिकारी अपराधियों से बरामद हुआ चोरी का माल कई बार खुद ही हड़प जाते हैं। कभी-कभी वे खुद ही अपराध करवाते हैं और लूट के माल में से अपना हिस्सा ले लेते हैं।[72]

सामाजिक बिलगाव, पुलिस का भय और अपने परिवार से दूरी अपराधियों को कट्टर अपराधी बना देती है। वे क्रूर और ढीठ हो जाते हैं और समाज को घृणा और क्रोध की दृष्टि से देखने लगते हैं। समाज से उनका भरोसा ही उठ जाता है और वे पूरी सामाजिक-व्यवस्था को सन्देह की दृष्टि से देखने लगते हैं। भारत के पहले राष्ट्रपति डॉ. राजेन्द्र प्रसाद ने पुलिस की भूमिका को परिभाषित करते हुए कहा था—

> एक पुलिसकर्मी को यह बात कभी नहीं भूलनी चाहिए कि वह खुद भी एक मानव है और जिन लोगों से उसे निबटना है वे भी मनुष्य हैं। उनके साथ व्यवहार करते हुए उसे अपनी मानवता को सबसे आगे रखना चाहिए।[73]

समूचे पुलिस तंत्र में सुधार की जरूरत है। पुलिस को अच्छे प्रशिक्षण के साथ-साथ उपयुक्त शस्त्र भी मिलने चाहिए। मानवीय स्पर्श से भरे प्रशिक्षण के बाद ही पुलिस वालों में निस्वार्थ और न्याय की पहल का संचार हो सकेगा और वे अपने आसपास के लोगों को मानवीय दृष्टि से देख और बरत सकेंगे। पुलिस विभाग के पदों के लिए शैक्षणिक योग्यता का स्तर भी ऊँचा उठाया जाना चाहिए ताकि ये पद अन्य सरकारी पदों की बराबरी पर आ सकें। पुलिस विभाग के कामकाज में क्रान्तिकारी बदलाव से ही समाज के कई अन्य वर्गों की स्थिति में अपेक्षित बदलाव लाया जा सकता है। ऐसा न हो पाने की स्थिति में अपराध और अपराधी इसी तरह पनपते रहेंगे और एक असंवेदनशील और भ्रष्ट पुलिस विभाग इनकी रोकथाम की बजाय इन्हें बढ़ावा देने की ही अपनी पहल निभाता रहेगा। इसलिए अगर हम अपराधियों को सुधारना चाहते हैं तो सबसे पहले हमें पुलिस को सुधारना होगा। अगर हम अपराधों पर लगाम लगाना चाहते हैं तो सबसे पहले हमें पुलिस के अक्खड़ और भ्रष्ट रवैये पर लगाम लगानी होगी।

4

सामाजिक दृष्टि से पिछड़े वर्गों का विकास राष्ट्रीय विकास का एक अभिन्न अंग है। अनुसूचित जनजातियों को संविधान द्वारा प्रदत्त आश्वासनों और भरोसों को अमल में लाने की जिम्मेदारी केन्द्र और राज्य दोनों सरकारों पर है। इस जिम्मेदारी को निभाने का काम केन्द्रीय स्तर पर कमिश्नर के हाथ में और राज्य के स्तर पर समाज कल्याण निदेशक के हाथ में रहता है। राज्य स्तर पर आमतौर से, अनुसूचित जनजातियों के कल्याण का काम अन्य विभागों के कल्याण के काम से भी जुड़ा रहता है और इसलिए दोनों कार्यक्रम अकसर एक-दूसरे में घुले-मिले रहते हैं। इस कारण, अनुसूचित जनजातियों की कई समस्याओं पर पर्याप्त ध्यान नहीं दिया जाता और उनकी क़ई अपेक्षाएँ पूरी नहीं हो पातीं। उदाहरण के लिए, सी.टी. बस्तियों पर होने वाले खर्च को छोड़कर अनुसूचित जनजातियों के कल्याण से जुड़े कार्यक्रमों के लिए अनुसूचित जातियों के लिए निर्धारित फंड में से ही पैसों की व्यवस्था की जाती है। अनुसूचित जनजातियों के छात्रों को मिलने वाली छात्रवृत्तियाँ और हॉस्टलों से जुड़ी रियायतें इसी तरह के कार्यक्रम हैं। परिणामस्वरूप, इन कार्यक्रमों को सुचारू ढंग से लागू करना मुश्किल हो जाता है क्योंकि अनुसूचित जातियों के लिए निर्धारित फंड से जुड़े अधिकारी अकसर यह तर्क देते रहते हैं कि उन्हें अनुसूचित जनजातियों के इन कार्यक्रमों के लिए फंड जारी करने का कोई निर्देश नहीं दिया गया है। इस ढुलमुल व्यवस्था के कारण न तो अनुसूचित जनजातियों के साथ न्याय हो पाता है और न अनुसूचित जातियों के साथ। दोनों ही असन्तुष्ट महसूस करती रहती हैं।[74]

जाँच समितियों, नृतत्त्वशास्त्रीय रिपोर्टों और अनेक सामाजिक कार्यकर्ताओं के निष्कर्षों से यह सच्चाई खुलकर उजागर हो चुकी है कि इन जनजातियों के सामाजिक रीति-रिवाजों पर सुधारों का जितना अधिक प्रभाव पड़ेगा, उतनी ही तेजी से इसका शैक्षणिक और आर्थिक विकास होगा। इसी तरह, यह बात भी सामने आ चुकी है कि जब तक इन जनजातियों के कल्याण के लिए अलग से सरकारी विभाग नहीं होंगे, इनके विकास से जुड़े कार्यक्रम सुचारू ढंग से लागू नहीं हो पाएँगे। इस सम्बन्ध में केन्द्र सरकार और राज्य सरकारों को कई बार ज्ञापन भी दिए जा चुके हैं और इनके कल्याण के लिए एक अलग मंत्रालय की स्थापना की माँग भी की जा चुकी है। इस माँग का असर भी हुआ है। केन्द्र सरकार ने भले ही इस माँग को लेकर कोई कदम न उठाया हो लेकिन आन्ध्र प्रदेश सरकार ने समाज कल्याण विभाग से अलग एक अनुसूचित जनजाति विभाग की स्थापना की है। राजस्व मंडल के एक सदस्य को एक विशिष्ट अधिकारी के तौर पर इस विभाग का दायित्व सौंपकर सरकार ने इन जनजातियों के कल्याण के काम को तेजी से आगे बढ़ाने का प्रयास किया है।[75]

सन् 1952 में आपराधिक जनजाति कानून के खात्मे के बाद यह अपेक्षा की जा रही थी कि सभी राज्य सरकारें इन जनजातियों के उद्धार और कल्याण के काम को और जोर-शोर से आगे बढ़ाएगी। इसके लिए इन जनजातियों के सदस्यों को समाज के अन्य वर्गों के समान अवसर प्रदान करके विकास की राह पर लाने और धीरे-धीरे समाज की मुख्यधारा से जोड़ने की जरूरत थी। इस काम में राज्य सरकारों की मदद करने के लिए केन्द्र सरकार ने सन् 1953 में पहली बार अनुसूचित जनजातियों के कल्याण की योजनाओं के लिए अनुदान देने का फैसला किया। सरकार द्वारा शुरू की गई ये योजनाएँ इस प्रकार थीं—(1) शिक्षा, (2) कृषि, (3) आवास, (4) कुटीर उद्योग, (5) स्वास्थ्य सुविधाएँ, (6) जन-स्वास्थ्य, (7) स्वयंसेवी संस्थाओं को आर्थिक मदद, इत्यादि।[76] राष्ट्रपति डॉ. राजेन्द्र प्रसाद ने इस सम्बन्ध में टिप्पणी करते हुए कहा था—

> राज्य सरकारों ने सन्तोषजनक ढंग से अपनी भूमिका निभाई है लेकिन अभी उनके द्वारा बहुत कुछ किए जाने की जरूरत है।[77]

पहली पंचवर्षीय योजना के अमल में आने के साथ ही डीनोटीफाइड जनजातियों के कल्याण की योजनाओं पर काम शुरू कर दिया गया था। दूसरी पंचवर्षीय योजना में केन्द्र सरकार ने इन जनजातियों के आर्थिक और शैक्षणिक विकास के लिए विशेष अनुदान राशि का प्रावधान रखा था। इसी तरह, तीसरी पंचवर्षीय योजना में भी इस उद्देश्य के लिए 3.75 करोड़ रुपए का प्रावधान रखा गया था। 1962-63 की एक रिपोर्ट के अनुसार उस वर्ष इस योजना पर 55.36 लाख रुपए खर्च किए जाने का अनुमान था। चौथी पंचवर्षीय योजना में इन जनजातियों की समस्याओं के अध्ययन के लिए कुछ और महत्त्वपूर्ण कदम उठाए गए। इस रिपोर्ट में इनकी समस्या के आर्थिक, सामाजिक और सांस्कृतिक पहलुओं का अध्ययन शामिल भी था। इन पंचवर्षीय योजनाओं में इन समुदायों पर 4.39 करोड़ रुपए व्यय किए गए, जिसमें इनके कल्याण से जुड़ी विभिन्न योजनाओं पर होने वाला खर्च शामिल था। पाँचवीं पंचवर्षीय योजना में इन जनजातियों के कल्याण से जुड़ी योजनाओं के लिए केन्द्र की तरफ से अलग से कोई प्रावधान नहीं रखा गया था।[78]

सन् 1974 में एक प्रयोग के तौर पर राज्य सरकार ने स्टुअर्टपुरम बस्ती के लिए एक व्यापक सुधार कार्यक्रम चलाने का फैसला किया। सरकार द्वारा इस सम्बन्ध में उठाए गए कई कदमों के फलस्वरूप बस्ती पर बार-बार पड़ने वाले पुलिस के छापे बन्द हो गए और अपराधियों को किसी जनजाति से जोड़कर देखने का रवैया बदलने लगा। सरकार की योजना के अन्तर्गत एक सौ पैंतालीस आपराधिक परिवारों को लगभग एक सौ पैंतीस एकड़ उपजाऊ जमीन दी गई। इसके साथ ही उन्हें बीज, खाद, कीटनाशक इत्यादि कृषि से जुड़ी अन्य जरूरी सामग्रियाँ भी उपलब्ध

करवाई गईं। गिरिजन कॉ-ऑपरेटिव सोसाइटी नामक संस्था ने ऋण के रूप में और रियायती दरों पर बस्ती के कुछ अधिवासियों को साइकिल-रिक्शा उपलब्ध करवाए। इसके अलावा, राज्य सरकार ने भी सिलाई मशीनों और टोकरियाँ बनाने की सामग्री की खरीद के लिए अधिवासियों को ऋण प्रदान किए। इन सब कदमों से बस्ती के अधिवासियों की आर्थिक स्थिति में कुछ सुधार हुआ और वे अपने भविष्य को लेकर ज्यादा आशान्वित दिखाई देने लगे।[79]

आर्थिक मदद की योजनाओं के अन्तर्गत बस्तियों के किसानों को खेती के लिए जरूरी सामग्रियाँ भी उपलब्ध करवाई गईं। 1973-74 के वर्ष के दौरान बासठ आदिवासी परिवारों को 12,200 रुपए के ऋण के साथ-साथ 7,250 रुपए के कृषि उपकरण भी उपलब्ध करवाए गए। स्टुअर्टपुरम बस्ती के किसानों को हलों में जोतने के लिए बारह जोड़ी बैल भी दिए गए। इसी तरह, 1976-77 में भी पैंसठ परिवारों को आर्थिक मदद की योजनाओं के अन्तर्गत कुछ दुधारू पशु दिए गए। बापट्ला के खंड विकास अधिकारी ने इन आदिवासियों की मदद के लिए एक योजना तैयार की थी। जिला आदिवासी कल्याण विभाग को सौंपी गई इस योजना में बस्ती के अधिवासियों को लघु अवधि मदद के साथ-साथ अतिरिक्त जमीन देने का प्रावधान था। सरकार की तरफ से ये कल्याण कार्यक्रम इसी तरह जारी रहे। 1980-81 में आर्थिक मदद योजना के अन्तर्गत उन्तीस आदिवासी परिवारों को दुधारू पशु उपलब्ध करवाए गए।[80]

आपराधिक जनजातियों के कल्याण और विकास के लिए बहुत-से संगठन भी आगे आए। इनमें भारतीय आदिम जाति सेवक संघ (नई दिल्ली), आन्ध्र राष्ट्र आदिम जाति सेवक संघ और आन्ध्र राष्ट्र येरुकला महासंगम प्रमुख थे। ठक्कर बापा जैसे समर्पित और कर्मठ सामाजिक कार्यकर्ताओं ने भी इन जनजातियों के उद्धार में बहुत महत्त्वपूर्ण भूमिका निभाई है। वे जनजाति कल्याण के काम को दार्शनिक नजरिये से देखते थे और मिशनरी तरीकों में विश्वास करते थे। उनके मानवतावादी और उत्साही रवैये ने इन जनजातियों में जागरूकता पैदा करने में महत्त्वपूर्ण योगदान दिया है। भारतीय आदिम जाति सेवक संघ एक पत्रिका का प्रकाशन भी करता रहा है। 'वन्यजाति' नामक इस पत्रिका में इन जनजातियों की विभिन्न समस्याओं को समझने और उनकी तरफ से आवाज उठाने का प्रयास किया जाता है। भारतीय आदिमजाति सेवक संघ समय-समय पर सम्मेलनों का आयोजन भी करता रहा है।[81] इस संस्था के अध्यक्ष राजेन्द्र प्रसाद और उपाध्यक्ष ठक्कर बापा के सतत प्रयत्नों से इन जनजातियों के कल्याण के लिए बहुत-से कार्यक्रम शुरू हो सके।[82]

आन्ध्र राष्ट्र आदिम जाति सेवक संघ की पहचान सन् 1948 में हुई थी। ठक्कर बापा ही इसके संस्थापक थे, जिन्हें भारतीय आदिम जाति कल्याण आन्दोलन का जनक माना जाता है।[83] पॉलापर्ती वीरैय्या इसके उपाध्यक्ष थे। इससे पहले आदिवासियों

से जुड़े अधिकांश कल्याणकारी कार्यक्रमों का संचालन आन्ध्र प्रादेशिक यानाडी संघ के हाथ में रहता था। यह संस्था और भी ज्यादा पुरानी है, जिसकी स्थापना सन् 1927 में नेल्लोर जिले में हुई थी।[84] लेकिन आन्ध्र राष्ट्र आदिम जाति सेवक संघ की स्थापना के बाद अधिकांश कामकाज इस नई संस्था की देखरेख में ही होने लगा। इस संस्था की प्रमुख उपलब्धियों में आदिवासी बस्तियों का निर्माण, बस्ती दासता से मुक्ति और शिक्षा का प्रसार शामिल है। यह संस्था पिछली गणना के अनुसार, 2,05,381 यानाडी, 1,28,024 येरुकला और 96,174 बंजारा जाति के आदिवासियों का प्रतिनिधित्व करती है। इस तरह कुल मिलाकर इसे आन्ध्र प्रदेश में 4,29,579 आदिवासियों का नेतृत्व करने का गौरव प्राप्त है।[85]

आन्ध्र राष्ट्र आदिमजाति सेवक संघ के मुख्य लक्ष्य इस प्रकार हैं—(1) सभी तरह की दासता से मुक्ति, (2) शिक्षा, (3) सहकारिता प्रणाली, (4) कुटीर उद्योग, (5) साहित्य, (6) दास-व्यापार और सख्त सज़ा जैसी बुराइयों का उन्मूलन, (7) वेतनमान में सुधार और मद्य निषेध, (8) सदाचार का प्रचार।[86]

सन् 1927 में आन्ध्र प्रादेशिक यानाडी संघ की स्थापना के बाद आपराधिक जनजातियों के उद्धार के काम में तेजी आई। संघ ने चिट्टूर, नेल्लोर, गुंटूर, कृष्णा और गोदावरी जिलों में येरुकला, यानाडी और बंजारा जनजातियों के लिए लगभग 1,300 रिहायशी कॉलोनियाँ बसाईं।[87] 1934 में संघ ने अपने पहले स्कूल की स्थापना की। इससे पहले 1929 में आन्ध्र प्रदेश के पहले हरिजन हॉस्टल की स्थापना हो चुकी थी। 1939 में प्रदेश का पहला आदिवासी हॉस्टल भी अस्तित्व में आ गया। अगले वर्ष, 1940 में, संघ ने स्त्री शिक्षा का बीड़ा उठाया। स्त्री किसी भी परिवार की धुरी होती है इसलिए उसकी शिक्षा के न सिर्फ पारिवारिक बल्कि सामाजिक महत्त्व को भी नजरअन्दाज नहीं किया जा सकता था। देश की आजादी के बाद आदिवासी कल्याण का यह अभियान नई संस्था आन्ध्र राष्ट्र आदिमजाति सेवक संघ के हाथ में आ गया, जिसके बाद इन जनजातियों के उद्धार और विकास से जुड़े कामों में और भी तेजी आई।

सन् 1956 में तत्कालीन गृह राज्यमंत्री बी.एन. दतार के प्रयत्नों से इन जनजातियों को अनुसूचित जनजातियों की सूची में शामिल कर लिया गया। इसके बाद इन जनजातियों की घुमन्तू जीवन-शैली में तेजी से बदलाव आया। तब तक 50 प्रतिशत यानाडी, 40 प्रतिशत येरुकला और सिर्फ 10 प्रतिशत लम्बाडी ही घुमन्तू जीवन जी रहे थे।[88] अगले वर्ष 1957 में घुमन्तू जीवन-शैली पूरी तरह खत्म हो गई और ये सभी जनजातियाँ निश्चित जगहों पर बस गईं।

सन् 1952 में आपराधिक जनजाति कानून को निरस्त किए जाने के पीछे भी आन्ध्र राष्ट्र आदिम जाति सेवक संघ की सक्रिय भागीदारी रही थी। संघ ने तत्कालीन प्रधानमंत्री जवाहर लाल नेहरू और भारत सरकार से आग्रह करके इस कलंक रूपी कानून को खत्म करवाने में सफलता प्राप्त की थी। न सिर्फ आन्ध्र प्रदेश में बल्कि

पूरे भारत में यह कानून खत्म कर दिया गया और कई पीढ़ियों से एक कलंकित और अभिशप्त जी रही तथाकथित आपराधिक जनजातियों ने चैन की साँस ली। उन्हें मानो सच्ची आजादी इस कानून के खत्म होने के बाद ही मिली थी। संघ ने न सिर्फ लाखों आदिवासियों को एक शर्मनाक कलंक से मुक्त किया बल्कि अपने मार्गदर्शन, सहयोग और प्रोत्साहन से उन्हें सम्मान और विकास की राह भी दिखाई।

मछुआरों और चटाइयों और टोकरियाँ बनाने वालों के लिए चालीस सहकारी संस्थाओं की स्थापना एक और बड़ी उपलब्धि थी। इसी तरह, नेल्लोर में रिक्शा-चालकों की एक सहकारी संस्था की भी स्थापना की गई ताकि इस समिति से ऋण लेकर वे अपने खुद के साइकिल-रिक्शा खरीद सकें और विकास की राह पर आगे बढ़ सकें।[89] इस संस्था के प्रयत्नों से आदिवासियों की समस्याओं को लेकर न सिर्फ तेलुगु और अंग्रेजी में विभिन्न पुस्तकों और पत्रिकाओं का प्रकाशन हुआ बल्कि अन्य अखबारों में भी बहुत-से महत्त्वपूर्ण लेख इस विषय पर प्रकाशित हुए। *कल्लुमुंटा, रामराज्यम* और *येकलव्य* जैसी पौराणिक कथाओं का पुस्तकों के रूप में प्रकाशन और *येरुकला, आदिवासी, दलित मार्ग, गिरिजन ज्योति, येकलव्य पत्रिका* और *हरिजनोद्धारण* जैसी पत्र-पत्रिकाओं की शुरुआत इसी संस्था—आन्ध्र राष्ट्र आदिमजाति सेवक संघ—के प्रयत्नों का फल है।[90] संघ सरकार को अपना मार्गदर्शन और सहयोग देकर आदिवासियों के कल्याण से जुड़ी योजनाओं में महत्त्वपूर्ण भूमिका निभाता रहा है। इसी के सुझाव पर मद्रास सरकार ने समाज कल्याण विभाग की स्थापना की थी। संघ आदिवासियों को सदाचार का पाठ पढ़ाने और अरक के उत्पादन और बिक्री पर रोक लगाने पर भी महत्त्वपूर्ण भूमिका निभाता रहा है। विभिन्न जनजातियों की समस्याओं को गहराई से समझने के लिए संघ ने कुछ शोध-कार्यों को भी प्रोत्साहित किया है।

एक समय था जब आदिवासी स्त्रियों की गुपचुप खरीद-फरोख्त का व्यापार यहाँ एक शर्मनाक समस्या बनी हुई थी। ये स्त्रियाँ आमतौर से लिंगला सी.टी. बस्ती से खरीदी जाती थीं। खरीददार ज्यादातर पंजाब से आते थे। एक स्त्री की कीमत दो से पाँच हजार रुपए तक होती थी।[91] यह गोरखधन्धा पुलिस की नाक के ठीक नीचे बड़े धड़ल्ले से चला करता था। आन्ध्र राष्ट्र आदिमजाति सेवा संघ ने इस शर्मनाक व्यापार को बन्द कराने का बीड़ा उठाया और सरकार से भारतीय दंड विधान की दासता से जुड़ी धाराओं का सख्ती से पालन करने का आग्रह किया। केन्द्र सरकार ने अपने गृह और कानून मंत्रालय के माध्यम से इस दिशा में कुछ जरूरी कदम उठाए और दशकों से चला आ रहा यह गोरखधन्धा बन्द हो गया।

इसी तरह, संघ ने कुछ जनजातियों की कुल-पंचायतों द्वारा दी जाने वाली क्रूर और अतर्कपूर्ण सजाओं पर भी रोक लगाने में सफलता प्राप्त की। जैसा कि हम पहले इन जनजातियों की सामाजिक प्रथाओं की चर्चा के दौरान बता चुके

हैं, कुल-पंचायतें आरोपी व्यक्ति को खौलते पानी में हाथ डुबोने या लोहे की गर्म सलाखें हाथों में लेकर और सिर पर पानी का मटका लेकर चलने के लिए कहती थीं। इन्हें आरोपी के अपराधी होने या न होने के परीक्षण के रूप में देखा जाता था। संघ ने इन अतर्कपूर्ण और क्रूर प्रथाओं को खत्म करने का बीड़ा उठाया और अपने अथक और सतत प्रयत्नों से धीरे-धीरे इन प्रथाओं का उन्मूलन करने में सफल रहा।[92]

इन जनजातियों के उद्धार और उत्थान में वी. राघवैया जैसे समर्पित और कर्मठ समाज-सेवकों के योगदान को नजरअन्दाज नहीं किया जा सकता। आपराधिक जनजाति कानून को खत्म करवाने में अग्रणी भूमिका निभाने के साथ-साथ उन्होंने आदिवासियों के कल्याण के लिए बहुत-से उल्लेखनीय काम किए। उनकी कुछ प्रमुख उपलब्धियाँ इस प्रकार हैं—

1. उन्होंने सिद्धापुरम में यानाडी, येरुकला और चेंचू जनजातियों के एक सौ साठ परिवारों की एक बस्ती की स्थापना की। ऐसे ही एक बस्ती उन्होंने नेल्लोर जिले के संघम में भी स्थापित की।[93]
2. वे आदिवासियों की संस्कृति, परम्पराओं और उत्थान को लेकर विजयवाड़ा रेडियो स्टेशन से प्रसारित कई चर्चाओं में भाग ले चुके हैं।
3. उन्होंने मद्रास के राज्यपाल की अध्यक्षता में आयोजित सामाजिक कार्यकर्ताओं के एक अधिवेशन में आदिम जातियों के उत्थान को लेकर एक आलेख प्रस्तुत किया था।
4. उन्होंने 1949 में राजस्थान के लम्बे दौरे के बाद सैंसी, कंजर और मीना समुदायों को अपराधिता के ठप्पे से मुक्त करने की जोरदार सिफारिश करते हुए एक रिपोर्ट प्रस्तुत की थी।
5. इसी तरह, मद्रास प्रान्त के आदिवासियों को भी उन्होंने इस ठप्पे से मुक्त करवाया और उनके बच्चों की शिक्षा के लिए छात्रवृत्तियों और निशुल्क शिक्षा की व्यवस्था करवाई।
6. उन्होंने हरिजनों और आदिवासियों के लिए एक 'कॉ-ऑपरेटिव कांट्रेक्ट वर्क सोसाइटी' की स्थापना की। उन्हीं के प्रयत्नों से आदिम जाति सेवक संघ ने सिद्धापुरम की नहरों की मरम्मत का काम अपने हाथ में लेकर आदिवासी किसानों के सिंचाई में होने वाली समस्या को दूर किया।
7. उन्होंने गुंटूर जिले में भी यानाडी समुदाय की एक 'कॉ-ऑपरेटिव सोसाइटी' की स्थापना की।[94]

30 दिसम्बर, 1949 को आयोजित पहले चेंचू अधिवेशन के अध्यक्ष होने का भी गौरव भी वी. राघवैया प्राप्त है। गुंटूर जिले के मचरला क्षेत्र में हुए इस अधिवेशन में 600 चेंचू और सुगली समुदायों के 600 सदस्यों ने भाग लिया था। इस अवसर

पर झंडा फहराने का काम जलेलामुडी गुरप्पा नामक एक निरक्षर और अधनंगे चेंचू ने किया था। गुंटूर जिले के एक अन्य आदिवासी समाज-सेवक कवुरी वेंकेय्या भी अपनी समर्पित और निस्वार्थ सेवा के कारण वहाँ के आदिवासियों में काफी नाम कमा चुके हैं और वे जिला बोर्ड के सदस्य भी हैं। वहाँ वी. राघवैया के प्रयत्नों के फलस्वरूप, पहले चेंचू छात्रावास की स्थापना के साथ-साथ आदिवासियों के लिए एक प्राथमिक स्कूल भी शुरू किया गया। उसी वर्ष गुरजला में भी एक चेंचू संघ की स्थापना की गई।[95]

1947-48 में ही प्रकासम जिले के एपुरूपालेम में आन्ध्र राष्ट्र येरुकला महासंघ की स्थापना की गई थी। इस संस्था का भी काफी लम्बा इतिहास है। महासंघ ने चित्तूर, विजयवाड़ा, नेल्लोर, गुंटूर, नन्दीगामा, पलनाडु, बापट्ला, रामनगर और कई अन्य क्षेत्रों में अपनी जातीय महासभाओं का आयोजन किया। महासंघ ने *आदिवासी* के नाम से अंग्रेजी में और *येरुकला पत्रिका* के नाम से तेलुगु में दो पाक्षिक पत्रिकाओं का प्रकाशन भी शुरू किया। महासंघ सुधारवादी विवाहों को प्रोत्साहन देता रहा है जबकि शराब और मांसाहार का विरोध करता रहा है। महासंघ ने चित्तूर, अनन्तपुर, नेल्लोर, गुंटूर, कृष्णा और वेस्ट गोदावरी जिलों में प्रचार करके येरुकला जनजाति में जागरूकता लाने का प्रयास किया। इसी तरह, यह महासंघ सांस्कृतिक गतिविधियों को भी प्रोत्साहन देता रहा है और समय-समय पर ऐसे समारोहों का आयोजन करता रहा है।

येरुकला महासंघ होने के बावजूद यह संस्था येरुकलाओं के अलावा अन्य आदिवासी जातियों के कल्याण के लिए भी काम करती रही है। महासंघ का लक्ष्य येरुकला समुदाय के आर्थिक विकास के अलावा उसकी जातीय और सांस्कृतिक समस्याओं का भी समाधान करना है। बेजावाड़ा में लड़कों के एक छात्रावास के साथ-साथ चिराला में 1948-49 लड़कियों के लिए एक छात्रावास की स्थापना महासंघ की एक बड़ी उपलब्धि थी। यह छात्रावास सिर्फ येरुकला जाति की लड़कियों के लिए न होकर सभी आदिवासी लड़कियों के लिए था।[96]

आन्ध्र प्रदेश येरुकला संघ के सचिव आर. नागैय्या, उपाध्यक्ष पॉलापार्सी वीरैय्या और कार्यकारी समिति के सदस्य वाई. येलेसु के प्रयत्नों से 6 मई, 1962 को वेस्ट गोदावरी डिस्ट्रिक्ट येरुकला महासंघ को पुनर्जीवित करने पर विचार किया गया। इसके साथ ही यह फैसला भी किया गया कि कल्याणकारी कार्यक्रम शुरू करने के लिए सदस्यों को विभिन्न जिलों के दौरे करने चाहिए।[97] आर. नागैय्या ने जिले के येरुकला संघ के पुनर्गठन के लिए नेल्लोर जिले का दौरा किया।[98]

कृष्णा जिला आदिवासी सभा एक और महत्त्वपूर्ण संस्था रही है। इस संस्था ने विजयवाड़ा में अपनी समिति की बैठक करके कांकीपाडु में एक अधिवेशन आयोजित करने का फैसला लिया। जून 1962 के पहले सप्ताह में आयोजित इस

अधिवेशन में आदिवासियों के कई महत्त्वपूर्ण संगठनों ने शिरकत की। इसमें भाग लेने वाले कुछ प्रमुख व्यक्तियों में निम्नलिखित नाम शामिल थे[99]—

1. आन्ध्र प्रदेश आदिमजाति सेवक संघ के सचिव वी. राघवैया
2. आन्ध्र प्रदेश यानाडी संघ के सचिव तिरुविधुला सम्बैय्या
3. आन्ध्र प्रदेश येरुकला संघ के सचिव रमेश्वरम नागैय्या
4. आन्ध्र प्रदेश सुगली संघ के सदस्य रामावटु लालू नाइक
5. चेन्नुपटी रामाकोटैय्या
6. पोन्ना कोटेश्वरराव
7. जी. वेंकेटेशवरलु
8. पोना सत्यनारायण

यह अधिवेशन अपेक्षा के अनुरूप भरपूर सफल रहा।

साल्वेशन आर्मी और अन्य गैर-सरकारी संस्थाओं के अलावा कई सामाजिक कार्यकर्ता भी आदिवासियों के उत्थान के काम में तन-मन से जुटे रहे हैं। इनमें विजयवाड़ा के एथीस्ट सेंटर के लवनम और हेमलता लवनम; गोरा, और भूतपूर्व पुलिस सुपरिंटेंडेंट एम.वी. थॉमस अपनी समर्पण भावना और निस्वार्थ सेवा के कारण आदिवासियों में खूब लोकप्रिय रहे हैं। लवनम और हेमलता लवनम स्टुअर्टपुरम बस्ती के उद्धार में बड़ी लगन से जुटे रहे हैं। उन्होंने यह काम 1974 में शुरू किया था। उनसे पहले एक और महान समाज-सेवक गोरा इस काम में जुटे हुए थे, जो 1928 से ही आपराधिक जनजातियों के बीच काम कर रहे थे। उन्होंने इन जनजातियों के उद्धार में और देश की आजादी के बाद आपराधिक जनजाति कानून को निरस्त करवाने में बहुत महत्त्वपूर्ण भूमिका निभाई थी।[100]

लवनम और हेमलता लवनम आदिवासियों की आर्थिक समस्याओं के बजाय उनके सामाजिक और मनोवैज्ञानिक पुनर्वास पर अधिक ध्यान देते रहे हैं। उन्होंने इन जनजातियों के इतिहास की छानबीन पर भी विस्तार से काम किया है और इनकी आपराधिक गतिविधियों के ऐतिहासिक पहलुओं को उजागर किया है। वे आदिवासियों को जातीय संकीर्णता और अन्धविश्वासों से बाहर निकालने में जुटे रहे हैं, जो उनके पिछड़ेपन के प्रमुख कारणों में गिना जाता है। ये दोनों इन आदिवासियों को अपराधी प्रवृत्ति से मुक्त कराने और एक स्वस्थ सामाजिक नजरिया अपनाने के लिए प्रेरित करने में भी काफी हद तक सफल रहे हैं। जैसा कि वे कहते हैं, इन जनजातियों में अपराधिता की संस्कृति के बजाय सामाजिकता की संस्कृति का संचार करने की जरूरत है। लवनम और हेमलता लवनम स्टुअर्टपुरम, सीतानगरम, लक्कावरम और कावाली बस्तियों में कई दिन गुजार चुके हैं जिस कारण वे इन जनजातियों की समस्याओं से नजदीक से परिचित हो सके। उन्होंने गहरी दिलचस्पी और सहानुभूति के साथ इनकी व्यथा-कथा सुनी है और इनकी यंत्रणा और कठिनाइयों को गहराई

से जाना है। लवनम दम्पती खुद तो इनकी तरफ से आवाज उठाते ही रहे हैं, साथ ही खुद इन्हें भी विधायकों, अधिकारियों और मंत्रियों से मिलने और उन्हें अपनी समस्याओं के बारे में बताने के लिए प्रेरित करते रहे हैं। वे हर मामले में उन्हें पूरा सहयोग देते रहे हैं और उनकी मदद करते रहे हैं। उदाहरण के लिए, सन् 1983 में स्टुअर्टपुरम बस्ती के स्कूल में सातवीं और दसवीं कक्षा की परीक्षाओं में प्रथम आने वाले बच्चों को लवनम और हेमलता लनवम ने खुद अपने हाथों से पुरस्कार दिए थे। ये पुरस्कार विजयवाड़ा के एथीस्ट सेंटर की तरफ से वितरित किए गए थे।

लवनम और हेमलता लवनम बस्ती के प्रबन्धन से खुश नहीं थे। इसलिए उन्होंने तत्कालीन प्रबन्धन को भंग करके बस्ती को एक स्वतंत्र आवासीय कॉलोनी घोषित किए जाने की माँग उठाई। उनका यह प्रयास जल्दी ही रंग लाया और सन् 1976 में तत्कालीन प्रबन्धकों को हटाकर सभी सी.टी. बस्तियों को स्वतंत्र आवासीय कॉलोनियाँ घोषित कर दिया गया। यह लवनम दम्पती और इस माँग से जुड़े अन्य समर्पित समाज-सेवियों की एक बड़ी उपलब्धि थी। लवनम और हेमलता लवनम स्टुअर्टपुरम बस्ती के कुछ कुख्यात अपराधियों से भी मिले, जो जेल में बन्द थे। उनके निरन्तर सम्पर्क और प्रेरणा से इनमें से कई कैदी सुधरने में सफल रहे। वे अपराध का रास्ता छोड़कर ईमानदारी की आजीविका अपनाने के लिए तैयार हो गए। बस्ती के अन्य लोग भी लवनम दम्पती के काम से बहुत खुश थे और उन्हें बहुत सम्मान की दृष्टि से देखते थे। ये पूर्व अपराधी समय-समय पर एथीस्ट सेंटर जाकर उनसे मिलते और उनकी सलाह लेते रहते थे। लवनम और हेमलता लनवम भी बस्ती में अकसर आते-जाते रहते थे। वे बस्ती के अधिवासियों के साथ पत्र-व्यवहार भी करते रहते थे। इस तरह बस्ती को निरन्तर उनका मार्गदर्शन और सहयोग मिलता रहता था।

सन् 1983 में 'संस्कार' नामक एक नई संस्था की स्थापना की गई। लवनम इस संस्था के अध्यक्ष थे जबकि हेमलता लवनम इसकी सचिव थीं। इस संस्था का उद्देश्य समाज द्वारा परित्यक्त जनजातियों का सामाजिक और सांस्कृतिक पुनर्वास था।[101] पर यह भी सत्य है कि सिर्फ आर्थिक विकास से इन लोगों को समाज की मुख्यधारा से नहीं जोड़ा सकता था। इसके लिए उनका सामाजिक और सांस्कृतिक पुनर्वास भी जरूरी था। लवनम और हेमलता लवनम बड़ी लगन और कर्मठता से इस काम में जुटे रहे हैं,जो किसी चुनौती से कम नहीं है।

सरकार ने सन् 1974 में स्टुअर्टपुरम कल्याण समिति की स्थापना की थी। इसी वर्ष बस्ती को सिंचाई की बेहतर सुविधाएँ भी उपलब्ध करवाई गईं जिस कारण धान की फसल उस वर्ष काफी अच्छी हुई थी। सभी किसान परिवारों को बीज और खाद के साथ-साथ पलगु (सब्बल), पारा (मूमटी), कोडावली (हँसिया), कडावा (मटका) और टट्टा (टोकरे) इत्यादि कृषि में काम आने वाले संयंत्र भी निशुल्क बाँटे गए थे।

सन् 1975 में बस्ती की स्त्रियों को बीड़ियाँ बनाने के काम का प्रशिक्षण दिया गया। एक निजी कम्पनी ने वहाँ बीड़ी उत्पादन की एक इकाई की स्थापना भी की। लेकिन प्रशिक्षण देने के बाद इस कम्पनी ने अचानक ही अपने कदम पीछे खींच लिए। कम्पनी के मालिक एक भूतपूर्व आपराधिक जनजाति बस्ती में काम शुरू करने से घबरा रहे थे। लेकिन उस वर्ष बस्ती में कई अन्य उल्लेखनीय काम हुए। भारतीय स्टेट बैंक ने बस्ती के अधिवासियों की मदद के लिए उन्हें विभिन्न प्रकार के ऋण दिए। उसी वर्ष बस्ती की गतिविधियों पर एक फिल्म भी बनाई गई। एक सामाजिक कार्यकर्ता मुक्कमला नागाभूषणम द्वारा 'प्रगति चित्र' के बैनर तले बनाई गई यह फिल्म एक आपराधिक जनजाति के उद्धार और पुनर्वास पर केन्द्रित थी। इसमें दिखाया गया था कि स्टुअर्टपुरम की इस बस्ती में किस तरह भूतपूर्व अपराधियों को ईमानदारी और मेहनत से अपनी आजीविका कमाने की प्रेरणा दी गई थी और इस प्रयोग को कितनी सफलता मिली थी। इस फिल्म में भूतपूर्व अपराधियों के उद्धार और सुधार से जुड़ी शुरुआती गतिविधियों का चित्रण भी था। एक जाने-माने, संवेदनशील और सामाजिक प्रतिबद्धता वाले फिल्म निर्देशक श्री तिलक द्वारा निर्देशित यह फिल्म इस अनूठी और अनोखी बस्ती का बहुत सजीव और दिलचस्प चित्र प्रस्तुत करती थी। जैसा कि स्वाभाविक था, इस फिल्म की अधिकांश शूटिंग स्टुअर्टपुरम बस्ती में हुई थी। बस्ती के अधिवासियों ने शूटिंग में भाग लेने के साथ-साथ फिल्म के यूनिट के साथ पूरा सहयोग किया था।

अगले ही वर्ष, सन् 1976 में, स्टुअर्टपुरम बस्ती में बिजली आ गई। बस्ती की सड़कों पर बिजली के खम्बे लगा दिए गए थे।

1983-85 के दौरान आन्ध्र प्रदेश सरकार ने बस्ती के अधिवासियों के आर्थिक विकास के लिए एक और योजना बनाई। इस योजना के अन्तर्गत अधिवासियों को खेती-बाड़ी के लिए जमीन देने के साथ-साथ घरों के निर्माण के लिए भी ऋण उपलब्ध करवाया गया। यह काम गुंटूर जिला के कलेक्टर टी. गोपाल राव की देखरेख में हुआ था। इसी तरह एक अन्य जिला कलेक्टर चन्द्रय्या के कार्यकाल में भूतपूर्व अपराधियों के परिवारों को 136 एकड़ सूखी और 146 एकड़ गीली जमीन आबंटित की गई थी। हर परिवार को खेती-बाड़ी के लिए जमीन और रहने के लिए पक्के घर मिल जाने से उनके आर्थिक विकास में तेजी आने लगी थी।

5

येरुकला, यानाडी और सुगली जनजातियों के कल्याण के लिए उठाए जाने वाले कदमों के प्रभाव का आकलन किया जाए तो ये प्रयास रेत से तेल निकालने जैसा कठिन प्रतीत होते हैं। इन जनजातियों का उद्धार और विकास आज भी एक चुनौती

ही है। एक ऐसा सपना जिसे साकार करने के आश्वासनों के बावजूद कोई भी सरकार इस कसौटी पर पूरी तरह खरी नहीं उतर पाई है। कल्याण के कार्यक्रमों को लेकर शोर-शराबा तो बहुत होता है लेकिन यह शोर खाली बर्तनों के खड़कने की तरह हमेशा खोखला साबित होता है। आमतौर से नीतियाँ या तो कागजों पर ही धरी रह जाती हैं या उन पर नाममात्र ही अमल हो पाता है। भूतपूर्व आपराधिक जनजातियों की बहुत-सी समस्याएँ आज भी ज्यों-की-त्यों बनी हुई हैं। उनके बच्चों को कहने के लिए भले ही निशुल्क शिक्षा की सुविधा उपलब्ध हो लेकिन दाखिले के समय उन्हें दाखिला फीस तो भरने के लिए कहा ही जाता है। ये गरीब आदिवासी आमतौर से इतनी रकम जुटा नहीं पाते। इसी तरह, उनके बच्चों को भले ही छात्रवृत्ति दी जाती हो लेकिन इसके मिलने में भी अकसर देर हो जाती है। कई बार तो यह वर्ष के आखिर में जारी की जाती है। जैसा कि स्वाभाविक है इसके कारण छात्रों को तरह-तरह की कठिनाइयों का सामना करना पड़ता है और बहुत-से खर्चों को अपनी जेब से (या अपने परिवार की सीमित आय से) उठाना पड़ता है।

इसी तरह, इन परिवारों को खेती के लिए जमीन के आबंटन में भी कई तरह की गड़बड़ियाँ देखने को मिलती हैं। अन्याय के खिलाफ आवाज उठाने पर भी उनकी कोई नहीं सुनता। कई बार तो वे राजस्व विभाग को ज्ञापन दे-देकर थक जाते हैं, पर कोई कार्रवाई नहीं होती।[102] रोजगार के मामले में भी उन्हें तरह-तरह की कठिनाइयों का सामना करना पड़ता है। बहुत सारे रिक्त पद इन जनजातियों के लिए आरक्षित होते हैं। लेकिन इन पदों के लिए विज्ञापन जारी करते समय यह शर्त भी जोड़ दी जाती है कि इन जनजातियों में से योग्य उम्मीदवार न मिलने की स्थिति में इन रिक्त स्थानों के लिए अन्य उम्मीदवारों को चुना जा सकता है। इस तरह की नीति से आरक्षण के लाभ का कोई अर्थ ही नहीं रह जाता। सरकार को इन सभी समस्याओं पर गम्भीरता से ध्यान देना चाहिए और इन समस्याओं का गहराई से अध्ययन करके इन जनजातियों के साथ हो रहे अन्याय की समाप्ति करनी चाहिए। जब तक इनके साथ न्याय नहीं होता, इनके विकास का सपना कागजों तक ही सीमित रहेगा। इन जनजातियों का विकास पूरे देश के विकास का एक अभिन्न हिस्सा है। हमें यह समझना होगा कि जब तक समाज द्वारा ठुकराए गए और इतिहास द्वारा अभिशप्त ये लाखों लोग समाज की मुख्यधारा से जुड़कर राष्ट्रीय विकास का हिस्सा नहीं बन पाते, हमारा राष्ट्रीय विकास अधूरा ही रहेगा। इनकी तरफ से आवाज उठाने की जिम्मेदारी इन क्षेत्रों के विधायकों और सांसदों पर भी है।[103] डीनोटीफाइड जनजातियों के समुचित और सार्थक पुनर्वास के लिए हम यहाँ कुछ सुझाव प्रस्तुत कर रहे हैं—

1. इन जनजातियों की वर्तमान स्थिति की जानकारी के लिए सरकार को एक सर्वेक्षण करवाना चाहिए। इससे इन जनजातियों में साक्षरता की स्थिति,

आजीविका के साधन, आवास की समस्या और इनकी अन्य गतिविधियों के बारे में उपयोगी जानकारी मिल सकेगी।[104]

2. इन्हें रोजगार उपलब्ध करवाने के लिए पर्याप्त धनराशि का प्रावधान किया जाना चाहिए। आजीविका के उपयुक्त और स्थायी साधन ही इनके आर्थिक विकास को एक ठोस आधार दे सकते हैं।
3. इन जनजातियों को जमीनों के (डी-फार्म वाले) ऐसे पट्टे जारी किए जाते हैं जिन पर ऋण नहीं लिया जा सकता। इसके बजाय इन्हें ऋण उपलब्धता वाले पट्टे जारी किए जाने चाहिए। विभिन्न बस्तियों में ऐसे कई अधिवासी हैं जो खेती-बाड़ी के काम को गम्भीरता से लेते रहे हैं और जिनमें कुशल किसान बनने के पर्याप्त गुण हैं। इन सभी अधिवासियों को जमीन के साथ-साथ बीज, खाद और सिंचाई के अच्छे साधन उपलब्ध करवाए जाने चाहिए।
4. मजदूरी के ठेके लेने-देने वाली सोसाइटियों का गठन इन समुदायों के सदस्यों की सहमति से और उनके साथ सलाह करके ही किया जाना चाहिए। इसमें किसी तरह का पक्षपात या भाई-भतीजावाद नहीं होना चाहिए।
5. इन जनजातियों की आजीविका के लिए ईंटों के भट्ठों, टोकरियों-चटाइयों की बुनाई और कपड़ों की सिलाई जैसी लघु उद्योग इकाइयों की बड़े स्तर पर स्थापना की जानी चाहिए। ये सभी ऐसे काम हैं जिनमें न्यूनतम कौशल और प्रशिक्षण की जरूरत होती है। साथ ही ये समुदाय इन कामों में रुचि और दक्षता का भरपूर प्रदर्शन भी कर चुके हैं।
6. स्व-रोजगार स्कीमें भी इन जनजातियों के आर्थिक विकास में महत्त्वपूर्ण भूमिका निभा सकती हैं। यह काम कॉ-ऑपरेटिव आधार पर किया जा सकता है, जिसके लिए सरकार आर्थिक मदद दे सकती है।
7. इन जनजातियों को ऐसे कामों में खपाने की जरूरत है जिनसे इन्हें निश्चित और नियमित आय हो सके और उन्हें गरीबी और आर्थिक असुरक्षा से मुक्ति मिल सके। इन समुदायों के कम पढ़े-लिखे सदस्यों को पुलिस हवलदार, जमादार, चौकीदार इत्यादि की नौकरियाँ दी जा सकती हैं। इन समुदायों के कुछ लोग पहले से ही चौकीदार के पद पर नियुक्त हैं और उनका काफी अच्छा रिकॉर्ड रहा है।[105]
8. इन समुदायों के कुछ लोग चाय की दुकान या सोडा शॉप जैसे छोटे-मोटे व्यवसाय करने के इच्छुक हैं। इन सभी को बैंकों द्वारा ऋण सुलभ कराए जाने चाहिए ताकि वे आत्म-निर्भर होकर आर्थिक विकास की राह पर आगे बढ़ सकें।
9. इस बात का भी ध्यान रखा जाना चाहिए कि ये डीनोटिफाइड जनजातियाँ किसी एक जगह केन्द्रित न हों। यह कदम इसलिए जरूरी है ताकि पुरानी

आपराधिक प्रवृत्तियाँ फिर से सर न उठा सकें। इसके साथ ही पके और आदतन अपराधियों को भी इनकी बस्तियों से दूर रखने के लिए ठोस कदम उठाए जाने चाहिए।

10. पुलिस के कठोर रवैये पर भी अंकुश लगाने की जरूरत है, जो कई बार इन जनजातियों पर अत्याचार का रूप ले लेता है। पुलिस कानून को अपने हाथ में लेने और इन बस्तियों के कुछ आदिवासियों की हत्या की भी दोषी रही है। कई बार अपराधियों के परिवार वालों या उनके बच्चों को पकड़कर ले जाया जाता है और उनके साथ बहुत निर्मम व्यवहार किया जाता है। यह सब रुकना चाहिए। अपराधियों को कठोर दंड से भी नहीं सुधारा जा सकता। इसके लिए अहिंसक तरीके ही अपनाने पड़ते हैं। जैसा कि लवनम बार-बार कहते रहे हैं—"किसी अपराधी को सजा देना बड़ा आसान काम है लेकिन उसे सुधारना उतना ही मुश्किल है।"[106]
11. इन जनजातियों के आर्थिक विकास की स्कीमों में कई अन्य लघु उद्योगों—डेरी फार्म, सुअर-पालन, मुर्गी-पालन इत्यादि—को भी शामिल किया जा सकता है। इन कामों के लिए ऋण और जरूरी रियायतें देकर सरकार इन्हें आत्मनिर्भर बनाने में मदद कर सकती है।
12. चोरी का काम खरीदने-बेचने वालों, भ्रष्ट अधिकारियों, अपराध पर पैसा लगाने वालों और लोभी वकीलों से सख्ती से निपटा जाना चाहिए। इस तरह के असामाजिक तत्व इन जनजातियों के उद्धार की राह में बड़ा रोड़ा बने हुए हैं। इस बुराई को जड़ से खत्म करके ही इन जनजातियों के साथ न्याय किया जा सकता है और इन्हें विकास की राह पर लाया जा सकता है।
13. इन जनजातियों को उपलब्ध वर्तमान शिक्षा सुविधाएँ पूरी तरह से अपर्याप्त हैं। इसलिए कुछ तेलुगु और अंग्रेजी माध्यम स्कूलों की शीघ्र ही स्थापना करना बहुत जरूरी है। इन स्कूलों को सरकारी मदद देने के साथ-साथ इनमें सभी तरह की आधुनिक शैक्षणिक सुविधाएँ भी उपलब्ध करवाई जानी चाहिए।

सन्दर्भ

1. कपाड़िया, के.एम., 'द क्रिमिनल ट्राइब्स ऑफ़ इंडिया', *सोशयोलॉजिकल बुलेटिन,* 1, 2 (1952)
2. ललिता, 1995, पृ. 132
3. हैच, 1928, पृ. 65
4. वही

5. मद्रास के सी.आई.डी. विभाग द्वारा परीक्षण किए गए अंग्रेजी अखबारों सम्बन्धी एक रिपोर्ट, 31.3.1925 (गोपनीय), ए.पी.एस.ए.
6. हैकरवाल, 934, पृ. 125
7. भारत सरकार, *रिपोर्ट ऑफ़ द बैकवर्ड क्लासेस कमीशन*, खंड-1, गवर्नमेंट प्रेस, शिमला, 1955
8. भराल, जी.पी., 'डीनोटिफाइड कम्युनिटीज एंड देयर प्रॉब्लम्स ऑफ़ रीहैबिटेशन', *जरनल ऑफ़ सोशल वर्क*, 27.4.1968
9. बम्बई सरकार, *रिपोर्ट ऑफ़ द क्रिमिनल ट्राइब्स एक्ट इन्क्वारी कमेटी, 1949-50*, गवर्नमेंट प्रेस, बम्बई 1951
10. भारत सरकार, *रिपोर्ट ऑफ़ द क्रिमिनल ट्राइब्स एक्ट इन्क्वारी कमेटी, युनाइटेड प्राविंसेस, 1947*, गवर्नमेंट प्रेस, इलाहाबाद, 1948
11. कपाड़िया, 1952, पृ. 104
12. गुप्ता, आनन्द स्वरूप, *पुलिस रिफॉर्म इन रिट्रोस्पैक्ट, द इंडियन जरनल ऑफ़ पब्लिक एडमिनिस्ट्रेशन*, 24, 1, जनवरी-मार्च, 1978
13. भारत सरकार, *रिपोर्ट ऑफ़ द बैकवर्ड क्लासेस कमीशन*, खंड-1, गवर्नमेंट प्रेस, शिमला, 1955
14. होम जी.ओ.(गवर्नमेंट ऑर्डर 1675, 2.10.1919; डेविड मायल, 1988, पृ. 129; यूरोप में औद्योगीकरण की प्रक्रिया के साथ-साथ जिप्सी और ज्यादा हाशियों में धकेले जाते रहे थे। इंग्लैंड के सभी कानून घुमन्तू समुदायों से बसे हुए समुदायों की रक्षा की दृष्टि से बनाए गए थे जबकि घुमन्तू समुदायों की सुरक्षा के लिए कानून में कोई प्रावधान नहीं था। उन्नीसवीं सदी में इन घुमन्तू आदिवासियों या बंजारों—जिन्हें वहाँ 'जिप्सी' कहा जाता है—के उद्धार और उत्थान में ईसाई मिशनरियों ने बहुत महत्त्वपूर्ण भूमिका निभाई। औद्योगीकरण के कारण वहाँ इन जिप्सियों के परम्परागत धन्धे चौपट हो गए थे और वे बेरोजगारी और दरिद्रता के शिकार होते चले गए थे। मिशनरियों के द्वारा किए गए काम को बहुत बाद में जाकर ही सरकार ने अपने हाथ में लिया था। तब तक शायद सरकार सामाजिक समस्या से निपटने की जिम्मेदारी अपने हाथ में लेने में या तो सक्षम नहीं थी या इच्छुक नहीं थी। उन्नीसवीं सदी में मिशनरियों द्वारा शुरू किए गए काम को बीसवीं सदी में इंग्लैंड सरकार ने आगे बढ़ाया। इस तरह धीरे-धीरे वहाँ के जिप्सियों का उद्धार और उत्थान हुआ और समय के साथ वे समाज की मुख्यधारा का हिस्सा बनते चले गए।
15. वही
16. हटन, जे.एच., *कास्ट इन इंडिया : इट्स नेचर, फंक्शन एंड ओरिजन*, बम्बई, 1946
17. पनाकल, जे.जे. और पुणेकर, वी.बी., *वेलफेयर ऑफ़ डी-नोटिफाइड कम्युनिटीज़*, बम्बई, 1975
18. वही
19. गुप्ता, ऋषिराम और माथुर, जे.एस., 'सोशल पैथोलॉजी ऑफ़ डीनोटीफाइड ट्राइब्स', *आईसीएसएसआर, रिसर्च एब्स्ट्रेक्ट्स क्वार्टरली*, 3. 1 (1973)
20. भौमिक, पी.के., 'असेन्शियल प्राइमरी कंसीडिरेशंस फॉर री-हैबिलिटेशन स्कीम्स फ्रॉम सम केस हिस्ट्रीज़', कावाली (नेल्लोर जिला, आन्ध्र प्रदेश) में आयोजित एक सेमिनार

'द सोशियो-इकोनॉमिक प्रोग्रेस ऑफ़ द शेड्यूल्ड कास्ट्स एंड ट्राइब्स' में प्रस्तुत एक पर्चा, जवाहर भारती द्वारा प्रायोजित, 5-6, नवम्बर 1970

21. शेर सिंह शेर, 1981, पृ. 117; यह भी देखें, भारत सरकार, *रिपोर्ट ऑफ़ द कमिश्नर फॉर शेड्यूल्ड कास्ट्स एंड ट्राइब्स 1979-80*, गवर्नमेंट प्रेस, नई दिल्ली, 1981
22. लवनम और हेमलता लवनम, 'अवर एक्सपीरियंसेस इन स्टुअर्टपुरम', एथीस्ट सेंटर, विजयवाड़ा, 1976
23. सिंह, जसपाल, *रिफॉर्मेशन ऑफ़ एक्स-क्रिमिनल ट्राइब्स*, हैदराबाद, 1976
24. कलुकोन क्लाइड, *मिरर ऑफ़ मैन*, न्यूयॉर्क, 1949
25. ललिता, 1977, पृ. 61
26. कृष्णलाल सिक्का डी., *एप्लीकेशन ऑफ़ साइकोलॉजी एंड साइकिएट्री इन करैक्शन्स*, अप्रकाशित एम.फिल. शोध-कार्य, टाटा इंस्टीट्यूट ऑफ़ सोशल साइंसिस, बम्बई, 1978
27. वर्मा, पूरिपूर्णानन्द, *क्राइम, क्रिमिनल, कन्विकट*, आगरा, 1963
28. आप्टे जे.एस., 'तलवड़ा आश्रम स्कूल—एन एक्सपेरिमेंट इन ट्राइबल एजुकेशन', *वन्यजाति*, 8, 2 (1960)
29. एक भूतपूर्व अपराधी के साथ भेंटवार्ता, पीटला चिन्ना लक्ष्मैय्या, सिद्धापुरम, 24.11.1994
30. मजुमदार, डी.एन., *रेसेज़ एंड कल्चर्स ऑफ़ इंडिया*, बम्बई, 1965
31. हैकरवार, 1934, पृ. 166
32. वही
33. आर्नोल्ड डेविड, 'डेकॉयटी एंड रूरल क्राइम इन मद्रास, 1869-1940', *जरनल ऑफ़ पीजेंट स्टडीज़*, खंड-6, क्रमांक-2, जनवरी, 1979, पृ. 153
34. भार्गव, 1949, पृ. 19
35. विंडी, एम.ए. (नेल्लोर जिले के एक ग्राम पुनर्स्थापना अधिकारी) द्वारा तैयार की गई और *नेल्लोर जिले के प्रशासन को सौंपी गई एक रिपोर्ट*, जो कप्परल्ला टिप्पा बस्ती पर केन्द्रित थी, 1977
36. शेर सिंह शेर, 1965, पृ. 250
37. लवनम, 1975, पृ. 4
38. ललिता, 1981, पृ. 8
39. लवनम, 1975, पृ. 4
40. स्टुअर्टपुरम बस्ती के एक नेता ने बड़े दुखी मन से हमसे कहा था कि समाज इन समुदाय के प्रति पूर्वग्रहों का शिकार है। उन्हें हमेशा सन्देह की नजर से देखा जाता है जबकि समाज को सचमुच लूटने वाले बड़े चोर-लुटेरे—जिन्हें सफेद कॉलर अपराधी कहा जाता है—समाज में सम्मान के पात्र बने हुए हैं। यह कहाँ का इंसाफ है? बस्ती के सभी लोग समाज के इस पक्षपातपूर्ण और अन्यायपूर्ण रवैये से व्यथित हैं। स्टुअर्टपुरम में 21.2.1992 को और सिद्धापुरम में 25.11.1994 को *भूतपूर्व अपराधियों के साथ हुई भेंटवार्ता* के आधार पर।
41. भारत सरकार, 'रिपोर्ट ऑफ़ द स्टडी टीम ऑन सोशल वेलफेयर एंड वेलफेयर ऑफ़ बैकवर्ड क्लासेस', खंड-1, गवर्नमेंट प्रेस, नई दिल्ली, 1959
42. कपाड़िया, 1952, पृ. 113
43. *नोट*, 1927
44. होम जी.ओ. 1675, 2.10.1999; साथ ही देखें, बेगबी, 1908, पृ. 19; यहाँ हम

विलियम बूथ टकर का उदाहरण दे सकते हैं, जो भारत में साल्वेशन आर्मी के संस्थापक थे और अपनी निस्वार्थ सेवा-भावना के लिए जाने जाते थे। साल्वेशन आर्मी की देश भर में इतनी प्रतिष्ठा थी और ब्रिटिश सरकार भारत में उसके काम से इतनी खुश थी कि विलियम बूथ टकर को 'केसर-ए-हिन्द' की उपाधि से सम्मानित करने का फैसला लिया गया। यह प्रतिष्ठित उपाधि आदिवासियों के उद्धार के लिए उनकी निस्वार्थ सेवा, लगन और कर्मठता को देखते हुए दी गई थी, जिसके बहुत अच्छे परिणाम सामने आए थे। विलियम बूथ टकर वायसराय के हाथों मिली इस उपाधि के सच्चे अधिकारी थे। उनके नेतृत्व में साल्वेशन आर्मी ने भारत की आपराधिक जनजातियों के उद्धार के लिए एक के बाद एक बहुत से अभूतपूर्व कदम उठाए थे और कई सफल प्रयोग किए थे। उनके इन सफल प्रयोगों और उपलब्धियों से प्रभावित होकर ही विभिन्न प्रदेश सरकारें साल्वेशन आर्मी को अपने-अपने क्षेत्र में निमंत्रित करके आपराधिक जनजातियों के उद्धार की होड़ में लग गई थीं। इनमें मद्रास सरकार भी शामिल थीं, जिसके आग्रह के बाद ही सिद्धापुरम और स्टुअर्टपुरम जैसी बस्तियों की स्थापना हुई थी और आन्ध्र प्रदेश में आपराधिक जनजातियों के उद्धार ने एक नया मोड़ लिया था। 'डोम' जनजाति आमतौर से देश के उत्तरी भागों में पाई जाती है और दक्षिण की येरुकला और वोड्डार जनजातियों की तरह एक आपराधिक जनजाति रह चुकी है।

45. वही
46. हॉबर्ट सैंडल, *हिस्ट्री ऑफ़ द साल्वेशन आर्मी*, न्यूयॉर्क, 1955
47. वही
48. होम जी.ओ. 1537, 27.2.1917; आपराधिक जनजातियों के सुधार का काम ईसाई मिशनरियों के हाथ में देने के पीछे कई कारण थे। इनमें से कुछ प्रमुख कारण थे— (1) इन संस्थाओं का प्रभावी नियंत्रण, (2) प्रत्येक अधिवासी पर व्यक्तिगत रूप से ध्यान देने की व्यवस्था, जिससे उन्हें प्रभावित और प्रेरित करने में आसानी होती थी, (3) मिशनरी अधिवासियों को अपनी सन्तान की तरह देखते थे और एक अभिभावक की तरह उनका ध्यान रखते थे, (4) अधिवासियों को खेती के लिए जमीनें देकर उन्हें खेती-बाड़ी के लिए प्रोत्साहित करने में भी मिशनरियों को पर्याप्त सफलता मिल रही थी।
49. होग (ज्यूडीशियल) जी.ओ. 2356, 29.9.1916; येरुकला खेती-बाड़ी में कोई खास दिलचस्पी नहीं ले रहे थे। वे बेमन से ही ये काम करते थे। बस्ती के मैनेजरों को उनसे खेतों में मेहनत करवाने के लिए खुद भी बड़ी मेहनत करनी पड़ती थी। इस स्थिति का काव्यात्मक चित्रण करते हुए एक मैनेजर ने अपने अनुभव कुछ इस प्रकार व्यक्त किए थे—
"साल्वेशन आर्मी को उन्हें अच्छे किसान बनाने
उनसे मेहनत करवाने
के लिए एड़ी-चोटी का जोर लगाना पड़ता है
कोई कब तक उन्हें भेड़-बकरियों की तरह
खेतों में जोत सकता है
न तो उनके हाथों में अच्छे औजार हैं
न दिल में काम करने, पसीना बहाने की इच्छा
फसलें धोखा दे जाती हैं और
हम चाहकर भी निर्धारित लक्ष्यों को नहीं छू पाते।"
(तिरुवेंकट अचारिअर, 1926 : 2-13)

50. होम (ज्यूडी), जी.ओ. 2356, 29.9.1916
51. वही, 2671, 14.11.1916
52. वही, 1537, 27.7.1917
53. वही
54. अयप्पन; 1948, पृ. 37
55. होम (ज्यूडी) जी.ओ. 1537, 27.7.1917; स्टुअर्टपुरम के अधिवासी अनुशासन के मामले में ढीले थे। उनमें जातिगत पूर्वग्रह भी बहुत था। बस्ती में कई बाहरी लोगों की नियुक्ति के कारण भी उन्हें अनुशासन में रखना मुश्किल हो जाता था।
56. वही
57. होम (ज्यूडी) जी.ओ. 1482, 22.6.1918
58. होम (ज्यूडी) जी.ओ. 2436, 24.10.1919
59. वही, 19, 5.1.1920
60. वही, 87, 18.2.1926
61. वही
62. चेंचुराजू, *स्टुअर्टपुरम गिरिजन सैटलमेंट : ए री-हैबिलिटेशन सेंटर फॉर एक्स-कन्विक्ट्स,* हैदराबाद, 1981
63. होम (ज्यूडी), जी.ओ. 572, 8.3.1917
64. मीना राधाकृष्णन, 1992, पृ. 184; बापट्ला, चिराला, करमचेडु और करलापालेम जैसे आसपास के गाँवों-कस्बों के धनवान किसान औने-पौने दामों में अधिवासियों की जमीनों पर कब्जा करने की ताक में रहते थे। जब भी ये कोई अतिरिक्त फसल बोना चाहते थे तो इन अधिवासियों को थोड़ा-से पैसे देकर धड़ल्ले से इन जमीनों का इस्तेमाल करते रहते थे।
65. वही
66. वही
67. भौमिक पी.के., *सम एस्पेक्टस ऑफ़ एन्थ्रोपोलॉजी,* कलकत्ता, 1980
68. वही
69. वेणुगोपाल राव, 1983, पृ. 181
70. वही
71. सक्सेना एन.एस., 'मेन रीजंस फॉर इन्क्रीज इन क्राइम इन इंडियन इन रीसेंट ईयर्स', *द इंडियन जनरल ऑफ़ पब्लिक एडमिनिस्ट्रेशन,* 21, 4 (1975)
72. सिंह, जसपाल, *रिफॉर्मेशन ऑफ़ एक्स-क्रिमिनल ट्राइब्स,* हैदराबाद, 1976, पृ. 3
73. प्रसाद, राजेन्द्र, *19 अगस्त, 1959 को कुरनूल में दिए गए एक भाषण* का अंश
74. नागैय्या, आर., *आदिवासी* (तेलुगु मासिक), 2.10.(1962)
75. वही
76. भारत सरकार, *रिपोर्ट ऑफ़ द कमिश्नर फॉर शेड्यूल्ड कास्ट्स एंड ट्राइब्स फॉर द ईयर 1954'* गवर्नमेंट प्रेस, नई दिल्ली, 1955, प्र. 232 (चौथी रिपोर्ट)
77. वही, 1953, गवर्नमेंट प्रेस, नई दिल्ली, 1954, पृ. 200
78. वही, 1962-74, गवर्नमेंट प्रेस, नई दिल्ली, 1975
79. वही, 1973-74, गवर्नमेंट प्रेस, नई दिल्ली, 1975

80. चेंचुराजू, 1969, पृ. 3
81. *मन्थली लेटर्स ऑफ़ भारतीय आदिम जाति सेवक संघ*, भारतीय आदिम जाति सेवक संघ, नई दिल्ली, 1949; साथ ही देखें, भारत सरकार, *रिपोर्ट ऑफ़ द कमिश्नर फॉर शेड्यूल्ड कास्ट्स एंड शेड्यूल्ड ट्राइब्स फॉर द ईयर 1953* (तीसरी रिपोर्ट), गवर्नमेंट प्रेस, नई दिल्ली, 1954
82. वीरैय्या, पॉलापर्ती, 'वाट वी डिड 1927-64', द *रिपोर्ट ऑफ़ द सैविन्थ कॉन्फ्रेंस फॉर शेल्यूल्ड ट्राइब्स एंड ट्राइब्ल एरियाज*, गुंटूर, नवम्बर, 1964, पृ. 111
83. वही
84. वही
85. वही
86. वही
87. नागैय्या आर. *आदिवासी* (तेलुगु मासिक), अंक 9 और 10 दिनांकित 15.12.1962 और 15.1.1963, विजयवाड़ा
88. वीरैय्या पॉलापर्ती, 1964, पृ. 112
89. नागैय्या, आर., *आदिवासी* (तेलुगु मासिक), अंक 9 और 10 दिनांकित 15.12.1962 और 15.1.1963, विजयवाड़ा
90. 'कुलुमुंटा' एक प्रसिद्ध गाथा है। इसे दो लेखकों पोन्ना कोटेश्वर राव और पोन्ना सत्यनारायण ने मिलकर लिखा है। आन्ध्र राष्ट्र येरुकला महासंघ, विजयवाड़ा द्वारा सन् 1950 में प्रकाशित यह गाथा येरुकला समाज और जीवन-शैली का सजीव चित्र प्रस्तुत करती है। *राम राज्यम* भी येरुकला समाज से जुड़ी एक और प्रसिद्ध गाथा है। यह गाथा सन् 1960 में जयन्ती पब्लिकेशंस, विजयवाड़ा द्वारा प्रकाशित की गई थी। पोन्ना कोटेश्वर राव येरुकला समुदाय की सांस्कृतिक गतिविधियों में गहरी दिलचस्पी लेते रहे हैं। वे पॉलापर्ती वीरैय्या, चडाला जानकीराम और कुछ अन्य लोगों के साथ मिलकर देश के कई भागों का सांस्कृतिक दौरा कर चुके हैं और इन गाथाओं का मंचन भी कर चुके हैं। ये दोनों पुस्तकें बहुत महत्त्वपूर्ण होने के बावजूद आज अनुपलब्ध हैं। मुझे ये दोनों पुस्तकें खुद पोन्ना कोटेश्वर राव से प्राप्त करनी पड़ीं, जिसक लिए मैं उनका हृदय से आभारी हूँ। इन दोनों कृतियों में येरुकला समुदाय के सांस्कृतिक पहलुओं की बहुत-सी जानकारियाँ मौजूद हैं। इनसे उनकी वैवाहिक रस्मों के बारे में भी बहुत कुछ पता चलता है। इसके अलावा इन पुस्तकों में आपराधिक जनजाति बस्तियों की स्थितियों और परिस्थितियों का भी वर्णन किया गया है। सन् 1943 में गुंटूर में शुरू की गई *आदिवासी पत्रिका* एक मासिक पत्रिका है। तेलुगु में छपने वाली इस पत्रिका के संस्थापक रामेश्वरम नागैय्या हैं। तब इसके एक अंक का मूल्य सिर्फ एक आना और वार्षिक शुल्क एक रुपया हुआ करता था। इसी तरह, 1943 में ही एक और पत्रिका *येरुकला पत्रिका* का भी प्रकाशन शुरू हुआ था, जिसके संस्थापक कम्पा पुनैय्या हैं। पोन्ना कोटेश्वर राव द्वारा प्रकाशित *दलित मार्ग* इन जनजातियों पर एक और महत्त्वपूर्ण पत्रिका रही है। अन्य प्रमुख पत्र-पत्रिकाओं में *गिरिजन ज्योति* और *येकलव्य* का नाम लिया जा सकता है। ये सभी प्रकाशन आर्थिक दबावों के कारण 1980 के बाद धीरे-धीरे बन्द होते चले गए। अब पोन्ना कोटेश्वर राव एक बार फिर एक पत्रिका निकालने के इच्छुक हैं, जिसके लिए वे सरकार से आर्थिक सहयोग चाहते हैं।

91. वीरैय्या पॉलापर्ती के साथ भेंटवार्ता, अध्यक्ष, आन्ध्र राष्ट्र आदिम जाति सेवक संघ, विजयवाड़ा, 10.11.1995
92. वीरैय्या पॉलापर्ती, 1964., पृ. 114
93. नागैय्या आर., 'आदिवासी'—'तेलुगु मन्थली' (तेलुगु मासिक) अंक 1 और 2, दिनांकित 15.4.1962 और 15.5.1962, विजयवाड़ा। संघ के निवासियों का कहना था कि राघवैया के प्रयत्नों के कारण ही वे आज एक बेहतर जीवन जी रहे हैं, जिसके लिए वे हमेशा उनके ऋणी रहेंगे। इन लोगों ने यह भी बताया कि किस तरह व्यक्तिगत दिलचस्पी लेकर वे समुदाय की घुमन्तू जीवन-शैली में बदलाव लाने में सफल रहे। पॉलापर्ती वीरैय्या के साथ भेंटवार्ता के आधार पर; साथ ही देखें, 'आदिवासी' (अंक 10, नम्बर 2, दिनांक 15.4.62, पृ. 2), 'आदिवासी' (अंक 15.5.1962, पृ. 1), और 'आदिवासी' अंक 10 (11) दिनांक 15.2.1963
94. भारतीय आदिम जाति सेवक संघ, 'रिपोर्ट ऑफ़ द वर्क ऑफ़ द संघ एंड इट्स एफिलिएटिड इंस्टीट्यूशंस ड्यूरिंग द पीरियड अक्टूबर 1948 टू अक्टूबर 1949', नई दिल्ली, मार्च 1950
95. वही; 'मन्थली लेटर ऑफ़ भारतीय आदिम जाति सेवक संघ फॉर द ईयर, 1949', नई दिल्ली, 1950
96. वही; 'रिपोर्ट ऑफ़ द वर्क ऑफ़ द संघ एंड इट्स एफिलिएटिड इंस्टीट्यूशैस ड्यूरिंग द पीरियड अक्टूबर 1948 टू अक्टूबर 1949', नई दिल्ली 1950
97. नागैय्या आर., *आदिवासी* (तेलुगु मासिक), 10.1.(1962)
98. वही, 4 (1962)
99. वही, II (1963)
100. समाज सेवक लवनम के साथ भेंटवार्ता, एथीस्ट सेंटर, विजयवाड़ा, 20.11.1995; साथ ही देखें, 'ए बर्डज़ आई व्यू ऑफ़ ए डिकेडज़ वर्क', क्रिमिनल रिफॉर्मेशन कॉन्फ्रेंस, एथीस्ट सेंटर, विजयवाड़ा, 17 जून, 1984
101. सरमा मारला, 'संस्कार—ए प्रोफाइल', गांधी पीस सोसाइटी, हाइडलबर्ग, जर्मनी, 1992
102. नागैय्या आर., *आदिवासी* (तेलुगु मासिक), 10.6(1962)
103. वही
104. गुंटूर जिले में पहले से ही इस तरह का सर्वेक्षण किया जा चुका है और इस सम्बन्ध में सरकार को एक 'एक्शन प्लान' भी भेजा जा चुका है। इस तरह के सर्वेक्षण अन्य जिलों में भी करवाए जाने चाहिए।
105. आज कुछ आईएएस और आईपीएस अधिकारियों के साथ-साथ प्रदेश सरकार में भी ऐसे कुछ अधिकारी हैं जो स्टुअर्टपुरम बस्ती में जन्मे और पले-बढ़े हैं। वे अपनी प्रतिभा और योग्यता से विभिन्न क्षेत्रों में अपना नाम कमा चुके हैं।
106. लवनम, 1995, पृ. 1

अध्याय-5

निष्कर्ष

कुल तैंतीस आदिवासी समूहों में आन्ध्र प्रदेश की भूतपूर्व आपराधिक जनजातियाँ सबसे बड़ा समूह है। सन् 1952 में आपराधिक जनजाति कानून को समाप्त किए जाने से पूर्व तक इन्हें सी.टी. (क्रिमिनल ट्राइब्स) यानी आपराधिक जनजातियों के रूप में ही जाना जाता रहा था। देखा जाए तो अपराध मानवीय व्यवहार की एक स्वाभाविक प्रक्रिया है। दुनिया भर के बड़े-बड़े विद्वान और चिन्तक युगों-युगों से अपराध की अवधारणा को लेकर चिन्तन-मनन में उलझे रहे हैं। अपराध कई रूपों, कई रंगों और कई आकारों में प्रकट होता रहता है। फिर भी, हमारे लिए यह जरूरी है कि हम सामाजिक, आर्थिक और ऐतिहासिक परिपेक्ष्य में अपराध के विभिन्न रूपों को तार्किक और वैज्ञानिक दृष्टि से समझने की कोशिश करें। भारत में अपराध करने वाला दुनिया के किसी भी दूसरे हिस्से में अपराध करने वाले से भिन्न नहीं है। वह किसी अन्य मिट्टी का बना हुआ नहीं है। वह भी उन्हीं भय, सन्देह, ईर्ष्या और प्रलोभन का शिकार होता है जो एक सामान्य मानवीय मन को प्रभावित करते रहते हैं, भले ही ये कुछ कम या सीमित मात्रा में हों।

1

अपराधिता पीढ़ी दर पीढ़ी नहीं होती। यह सन्तानों को माता-पिता से विरासत में नहीं मिलती। अगर येरुकला या वोड्डार जैसी जनजातियों में आपराधिक-प्रवृत्ति बहुत ज्यादा रही है तो इसके पीछे उनकी वंशावली न होकर सीधे-सीधे सामाजिक, आर्थिक और ऐतिहासिक शोषण के कारण हैं। इसके पीछे, बार-बार अपनी जमीन से उखड़ने, अपनी आजीविका के परम्परागत साधनों से वंचित कर दिए जाने और अपनी सामाजिक भूमिका खो बैठने जैसे कुछ ठोस कारण हैं। इसके पीछे आपराधिक मनोभाव जैसा कोई भी कारण मूलत: दिखाई नहीं देता। अगर इन जनजातियों ने अपराध का रास्ता अपनाया है तो उन्होंने यह रास्ता अपनी परम्परागत आजीविका को

खो देने के बाद अपनाया है। वे शुरू से ही अपराधी नहीं थे। दूसरे शब्दों में कहें तो अपराध उनके खून में नहीं था। तो फिर उनकी अपराधिता के सामाजिक, आर्थिक और ऐतिहासिक कारणों को समझे बिना उन्हें क्योंकर सी.टी. या आपराधिक जनजातियाँ ठहरा दिया गया? क्या यह इन भाग्यहीन और दरिद्रता की शिकार जनजातियों के साथ घोर अन्याय नहीं था? जैसा कि हम पिछले अध्यायों में देख चुके हैं, ये जनजातियाँ कभी नमक, इमली, शहद इत्यादि बेचने का छोटा-मोटा व्यापार किया करती थीं। इसके साथ ही, ये जनजातियाँ जंगल पर निर्भर थीं। लेकिन रेलवे और मोटर वाहनों के आगमन के बाद इनके परम्परागत धन्धे खतरे में पड़ गए और इन्हें अपनी जमीन से उखड़कर रोजी-रोटी की तलाश में जगह-जगह भटकना पड़ा। इससे इनकी जिन्दगी की धुरी ही हिल गई और इनके जीवन का सन्तुलन बिगड़ गया।

लगभग एक सदी से जारी मिशनरियों, सरकार और सामाजिक कार्यकर्ताओं के प्रयत्नों के बावजूद इन जनजातियों की स्थिति में बहुत ज्यादा बदलाव नहीं आया है। आपराधिक जनजाति कानून को निरस्त हुए भी आधी सदी से अधिक बीत चुकी है, पर इनका सामाजिक दर्जा ज्यों-का-त्यों बना हुआ है। जैसा कि क्लेयरेंस एच. पेट्रिक ने इन जनजातियों पर अपनी टिप्पणियों में कहा था, इनके साथ अछूतों से भी बदतर व्यवहार किया जाता रहा है। इसी कारण इनके दिल में समाज के प्रति रोष और वितृष्णा की भावना है, जो रह-रहकर प्रगट होती रहती है। कानूनी तौर पर भले ही इन जनजातियों को अब आपराधिक जनजातियों के रूप में न देखा जाता हो, पर इस कलंक का मनोवैज्ञानिक प्रभाव अभी तक खत्म नहीं हुआ है। इन समुदायों में आत्म-अभिव्यक्ति का अभाव भी रहा है इसलिए इनकी कठिनाइयों और समस्याएँ खुलकर सामने नहीं आ पातीं। इनके अपने समाज में ऐसा कोई भी लेखक या नेता नहीं है जो इनकी तरफ से मजबूती से आवाज उठा सके और इनकी समस्याओं को दुनिया के सामने रख सके। कोई इनका मार्गदर्शन करने वाला भी नहीं है, इसलिए इनकी समस्याएँ और भी उलझती चली जाती हैं। इनके समुदाय के कुछ लोग भले ही आज प्रतिष्ठित पदों पर हों पर वे भी अपने समुदाय के प्रति उदासीन ही प्रतीत होते हैं।

ब्रिटिश उपनिवेशीय सरकार ने ये सी.टी. बस्तियाँ इसलिए बसाई थीं ताकि इन जनजातियों को अपराध का रास्ता छोड़कर ईमानदारी से अपनी आजीविका कमाने के लिए प्रेरित किया जा सके। बस्ती के अधिवासियों को बस्ती से बाहर जाने की अनुमति नहीं होती थी, जब तक कि अधिकारियों को यह भरोसा न हो जाए कि वे आपराधिक गतिविधियाँ छोड़कर कानून का पालन करने वाले और विश्वसनीय नागरिक बन चुके हैं। वर्तमान अध्ययन के लिए हमने दो भूतपूर्व आपराधिक जनजाति बस्तियों को केन्द्र में रखा है—स्टुअर्टपुरम और सिद्धापुरम। गुंटूर जिले में स्थित स्टुअर्टपुरम बस्ती येरुकला जनजाति की बस्ती है, जिसे आसपास के गाँवों-कस्बों

के लिए बहुत बड़ा खतरा माना जाता रहा है। येरुकला चोरी, सेंधमारी, डकैती और रेलगाड़ियों की लूट के लिए बदनाम रहे हैं। उन्हें मालगाड़ियों के डिब्बों के दरवाजे तोड़कर माल लूटने में महारत हासिल थी। स्टुअर्टपुरम बस्ती के माहौल में आज भी अपराध की छाया मँडराती हुई महसूस होती है। इन जनजातियों की गरीबी भी आज तक दूर नहीं हुई है। आपराधिक गतिविधियाँ हों या ईमानदारी से आजीविका कमाने के साधन, ये लोग आज भी गरीबी रेखा के नीचे ही जी रहे हैं।

सिद्धापुरम बस्ती कुरनूल जिले में स्थित है, जहाँ ज्यादातर डोंगा वोड्डारों की आबादी है। इन्हें कठेरा भी कहा जाता है। यह बस्ती सन् 1813 में अस्तित्व में आई थी। इस बस्ती के डोंगा वोड्डार सामाजिक और सांस्कृतिक दृष्टि से समाज के अन्य वर्गों से बिलकुल कटे हुए हैं। उनमें सभ्य समाज से घुलने-मिलने की इच्छा भी नहीं है। इसका एक प्रमुख कारण आपराधिक जनजाति होने का कलंक है, जो कानूनी किताबों से हट जाने के बावजूद मनोवैज्ञानिक स्तर पर आज भी इनके मन मस्तिष्क पर हावी है। इस कलंक से मुक्त होने के बाद ही ये लोग समाज के अन्य वर्गों के साथ मेल-जोल बढ़ा सकेंगे। दूसरी तरफ समाज की मुख्यधारा के साथ जुड़े बिना इनका आर्थिक, सामाजिक और सांस्कृतिक विकास अधूरा ही रहेगा। हाँ, ये वोड्डार या कठेरा आपस में जरूर खूब घुल-मिलकर रहते हैं और अपने समुदाय के प्रति बड़े निष्ठावान भी होते हैं। दक्षिण भारत में कठेराओं को सबसे खतरनाक और शातिर अपराधी माना गया है।

जहाँ तक सरकारी आँकड़ों का प्रश्न है, येरुकला जनजाति को अनुसूचित जनजाति और कठेराओं को पिछड़े वर्ग में गिना जाता है। इस पक्षपातपूर्ण रवैये के कारण कठेरा समुदाय को काफी झटका लगा है और इसके सदस्यों को कई तरह की समस्याओं का सामना भी करना पड़ता है। उनके बच्चे अनुसूचित जनजातियों को दी जाने वाली सुविधाओं से वंचित हैं। रोजगार को लेकर भी यही स्थिति है। इसके अलावा दोनों बस्तियों की भौगोलिक स्थिति भी बिलकुल अलग-अलग है, जिस कारण इन दोनों बस्तियों के जीवन और विकास पर प्रभाव पड़ना स्वाभाविक है।

2

मद्रास सरकार ने सन् 1912 में साल्वेशन आर्मी को बुलाकर उन्हें वहाँ की आपराधिक जनजातियों के पुनर्वास का काम सौंपने का निर्णय लिया। साल्वेशन आर्मी ने ऐसी पहली बस्ती *स्टुअर्टपुरम* में सन् 1914 में स्थापित की। जैसा कि स्वाभाविक था, इंग्लैंड की यह धार्मिक और परोपकारी संस्था ईसाई धर्म में विश्वास करती है इसलिए इसके काम-काज में ईसाइयत का प्रभाव होना कोई आश्चर्य की बात नहीं थी। फिर भी, संस्था का मूल उद्देश्य धर्म का प्रचार न होकर आपराधिक जनजातियों का

उद्धार और कल्याण करना ही रहा था, और संस्था के सदस्य निस्वार्थ भावना से इस काम में जुटे हुए भी थे।

कई वर्षों से आपराधिक गतिविधियों में लिप्त रहे आदिवासियों की जीवन-शैली में बदलाव लाने के लिए उन्हें खेती-बाड़ी करने की प्रेरणा दी गई। इसके लिए उन्हें मुफ्त जमीनें देने के साथ-साथ बीज, खाद और खेती-बाड़ी में इस्तेमाल होने वाले सभी जरूरी उपकरण भी उपलब्ध करवाए गए। साल्वेशन आर्मी भूतपूर्व अपराधियों को भला मानुष बनाना चाहती थी। यह अपने-आप में एक दिलचस्प और अनूठा प्रयोग था। खेती-बाड़ी के अलावा अधिवासियों को दैनिक मजदूरी के काम देने का भी फैसला लिया गया ताकि खेती न करने वाले लोग कोई दूसरा काम करके अपनी आजीविका कमा सकें। एक अन्य विकल्प के रूप में एक तम्बाकू कम्पनी 'आई.एल.टी.डी.' का काम भी था, जो समय-समय पर बस्तीवालों को अस्थायी कर्मचारियों के रूप में नियुक्त करती रहती थी। इस कम्पनी की फैक्टरी बस्ती से दो-तीन किलोमीटर दूर रामनगर नामक गाँव में थी। पुरुष और स्त्रियाँ दोनों ही इस कम्पनी में नौकरी पा सकते थे। छोटे बच्चों वाली स्त्रियों के बच्चों की देखभाल के लिए फैक्टरी के पास ही एक शिशु-गृह (क्रेच) की भी व्यवस्था थी, जहाँ कुछ प्रौढ़ और वृद्ध स्त्रियाँ दिनभर बच्चों को सम्भालती थीं।

स्टुअर्टपुरम में अधिवासियों के बच्चों की शिक्षा की भी समुचित व्यवस्था थी। यह स्कूल लड़कों और लड़कियों दोनों के लिए ही था। स्कूल में न सिर्फ पहली से पाँचवीं कक्षा तक के लिए नियमित रूप से पढ़ाई होती थी, बल्कि यह प्रयास भी किया जाता था कि बच्चों को अधिक-से-अधिक समय तक उनके माँ-बाप को दूर रखा जाए ताकि उन्हें आपराधिक मानसिकता से दूर रखा जा सके और उन्हें एक अनुकूल और स्वस्थ माहौल मिल सके। हर साल, यहाँ बच्चों की संख्या बढ़ती चली गई।

सिद्धापुरम बस्ती को एक स्वैच्छिक बस्ती माना जाता था। इसका संचालन खुद सरकार के हाथ में रहा है। सरकार के प्रयत्नों से यहाँ स्कूल और डिस्पेंसरी जैसी सभी जरूरी सुविधाएँ भी उपलब्ध करवाई गई हैं। लेकिन इस बस्ती में स्टुअर्टपुरम जैसा उत्साहजनक माहौल नहीं होने के साथ इस क्षेत्र की दुर्गमता भी इसका एक कारण रही जिससे सरकार यहाँ के अधिवासियों के सुधार और विकास पर पूरा ध्यान नहीं दे पाई।

3

किसी भी जीवन्त समाज में परिवर्तन और प्रगति एक निरन्तर प्रक्रिया होती है। इस प्रक्रिया में समाज की जीवन-शैली और संस्कृति में समय के साथ छोटे-बड़े

बदलाव आते रहते हैं। आर्थिक विकास और सांस्कृतिक जीवन में एक ताल-मेल बिठाना जरूरी होता है और किसी सक्रिय, ऊर्जावान समाज में यह प्रक्रिया सतत और स्वाभाविक रूप से जारी रहती है।

घोर निर्धनता, सामाजिक तिरस्कार और सरकारी उपेक्षा के कारण देश की बहुत-सी जनजातियाँ इस प्रक्रिया से सहज प्रकार के निर्वहन से वंचित रह गईं। समय के साथ न तो उनका आर्थिक विकास ही हो पाया और न उनकी जीवन-शैली और संस्कृति में सहज और स्वाभाविक बदलाव आ पाया। परिणामस्वरूप वे समय के साथ पिछड़ती और हाशियों में सिमटती चली गईं।

येरुकला और वोड्डार जनजातियों की व्यथा-कथा का यही सार-तत्व है। यही उनकी पीड़ा है और यही उनकी सबसे बड़ी समस्या भी है। उन्हें इस स्थिति से उबारने के लिए न सिर्फ सहानुभूति बल्कि मनोवैज्ञानिक उपायों की भी जरूरत है। दूसरे शब्दों में कहें तो यह एक गहरी मानवीय समस्या है, जिसे मानवीय दृष्टिकोण से ही धीरे-धीरे हल किया जा सकता है। उन्हें विकास और बदलाव की तरफ जबर्दस्ती या तेजी से नहीं धकेला जा सकता क्योंकि उनकी समस्या सिर्फ आर्थिक विकास या रोजगार के अच्छे अवसरों के अभाव तक ही सीमित नहीं है।

ये दोनों जनजातियाँ आज भी प्राचीन परम्पराओं और प्रथाओं के साथ जी रही हैं। दोनों ही पैतृक व्यवस्था और बड़े परिवारों में विश्वास करती हैं। कुल-पंचायतें आज भी उनके पारिवारिक और सम्पति सम्बन्धी झगड़ों को निपटाने में प्रमुख भूमिका निभाती हैं। ईसाई धर्म अपना चुके येरुकलाओं और वोड्डारों पर हिन्दू धर्म और उसके रीति-रिवाजों का भी काफी प्रभाव दिखाई देता है; खासकर विवाहों और सामाजिक उत्सवों के अवसरों पर। लेकिन दाह-संस्कार के मामले में ईसाई धर्म का प्रभाव ही दिखाई देता है। यह एक अलग तथ्य है कि अधिकांश येरुकलाओं और वोड्डारों में मृतकों को जलाने की बजाय दफनाने की प्रथा है, सिर्फ ईसाइयों में ही नहीं बल्कि हिन्दुओं में भी। जहाँ तक धर्मान्तरण की बात है, दो-तिहाई से भी अधिक येरुकला और वोड्डार ईसाई धर्म में अपना चुके हैं।

हिन्दू समुदायों की देखा-देखी अब इन जनजातियों में भी दहेज की माँग पर जोर दिया जाने लगा है जबकि पहले लड़के वालों की तरफ से वधू-मूल्य चुकाने का रिवाज था। इसी तरह परिवार नियोजन के प्रचार के बावजूद ये लोग ज्यादा बच्चे पैदा करने में विश्वास करते हैं। इसके पीछे सीधे-सीधे आर्थिक कारण हैं क्योंकि छोटे-छोटे बच्चे भी वन-सम्पदा इकट्ठा करके परिवार की गुजर-बसर में हाथ बँटाते हैं।

समस्या यह है कि इन जनजातियों को आधुनिक युग के सामाजिक ढाँचे में कैसे ढाला जाए। यह सही है कि पिछली एक सदी के प्रयत्नों से इनके जीवन में काफी बदलाव आया है। अब इनकी नई पीढ़ियाँ बंजारों की तरह भटकने के बजाय एक निश्चित जगह पर बसना पसन्द करती हैं। इसी तरह, अब ये जनजातियाँ

अपराध को अपना पेशा समझने के बजाय सम्मानजनक रोजगार के अवसर चाहती हैं। फिर भी निर्धनता इनका पीछा नहीं छोड़ रही है और इसी निर्धनता के कारण ये जनजातियाँ कभी-कभी अपराध की तरफ आकर्षित होने के मोह से नहीं बच पातीं।

देश की आजादी के बाद इन जनजातियों को भी एक नए युग में प्रवेश करना चाहिए था। लेकिन ऐसा नहीं हो सका। जैसा कि हम पीछे कह चुके हैं, सन् 1952 में पूरे देश से आपराधिक जनजाति कानून को निरस्त कर दिया गया। सन् 1970 के दशक में इनकी बस्तियों को भी स्वतंत्र आवासीय कॉलोनियाँ घोषित कर दिया गया। ये दोनों कदम बहुत महत्त्वपूर्ण और ऐतिहासिक कदम थे। लेकिन, दुर्भाग्यवश इन जनजातियों को इनका शायद ही कोई लाभ मिल पाया हो। सी.टी. कानून के खत्म होने के पचास-साठ वर्ष बाद भी समाज के बहुत-से वर्ग आज भी इन्हें अपराधियों की तरह ही देखते हैं। पुलिस भी इनके साथ सहानुभूति भरा व्यवहार करने के बजाय इन्हें सन्देह की नज़र से देखती है और इनके पीछे पड़ी ही रहती है।

जैसा कि हमने पूर्व में कहा है, येरुकला और वोड्डार जैसी जनजातियों की समस्याएँ एक मानवीय त्रासदी है। सिर्फ आर्थिक विकास पर जोर देकर इस समस्या के मर्म को नहीं समझा जा सकता। लवनम और हेमलता लवनम जैसे जाने-माने सामाजिक कार्यकर्ता इन जनजातियों के सामाजिक और सांस्कृतिक पुनर्वास की बात करते रहे हैं। ऐसा पुर्नवास इस आर्थिक पुनर्वास से भी ज्यादा जरूरी है। सच्चाई यह है कि सामाजिक और सांस्कृतिक पुनर्वास के बिना आर्थिक पुनर्वास का कोई अर्थ ही नहीं है क्योंकि सामाजिक-सांस्कृतिक आधार के बिना आर्थिक पुनर्वास स्थायी और टिकाऊ साबित नहीं हो सकता। यह एक ऐसा विषय है जिस पर आजादी के बाद भारत सरकार और विभिन्न प्रदेश सरकारें बहुत कम ध्यान दे पाई हैं। यही कारण है कि आर्थिक विकास के तमाम कार्यक्रमों के बावजूद भी इन जनजातियों की समस्याएँ ज्यों-की-त्यों बनी हुई हैं।

साल्वेशन आर्मी ने सी.टी. बस्तियों में बच्चों को अपराधी माता-पिता से दूर रखकर उन्हें परवरिश के लिए एक स्वस्थ और सकारात्मक वातावरण देने का प्रयास किया था। बच्चों को इसका लाभ भी मिला है। आजादी के बाद आपराधिक जनजाति कानून को खत्म करके इन जनजातियों के माथे पर लगे कलंक को तो धो डाला गया है लेकिन इसके मनोवैज्ञानिक प्रभावों को दूर करने का कोई प्रयास अभी तक नहीं किया गया है। इसी तरह सन् 1970 के दशक में सी.टी. बस्तियों की प्रबन्धन समितियों को भंग करके इन बस्तियों को स्वतंत्र आवासीय कॉलोनियाँ घोषित कर दिया गया लेकिन इन जनजातियों के सामाजिक-सांस्कृतिक पुनर्वास के लिए कोई ठोस वैकल्पिक व्यवस्था करने का प्रयास अभी तक नहीं किया गया है।

इन जनजातियों का सामाजिक और सांस्कृतिक पुनर्वास इनकी सबसे बड़ी समस्या है, इस बिन्दु पर आर्थिक पुनर्वास की तरह ही पर्याप्त ध्यान दिया जाना

चाहिए। ये सभी कार्यक्रम साथ-साथ चलाए जाने चाहिए, तभी इन उपायों का अपेक्षित और पर्याप्त लाभ मिल सकता है। जिस तरह सिर्फ आर्थिक विकास काफी नहीं है और सामाजिक-सांस्कृतिक पुनर्वास के बिना आर्थिक-पुनर्वास के लक्ष्य को हासिल नहीं किया जा सकता, उसी तरह आर्थिक विकास के बिना सामाजिक-सांस्कृतिक पुनर्वास भी सम्भव नहीं है।

एक सुखद तथ्य यह है कि इन जनजातियों की नई पीढ़ियाँ जीवन को एक नई दृष्टि से देख रही हैं। वे समाज के अन्य वर्गों के साथ कदम-से-कदम मिलाकर चलना चाहती हैं और उन्हीं की तरह सम्मानपूर्वक जीना चाहती हैं। वे न तो अपराध में लिप्त होना चाहती हैं और न ही पुरानी परम्पराओं, मान्यताओं और प्रथाओं का बोझ ढोते रहना चाहती हैं। समुदाय के वे सभी सदस्य जो अच्छी शिक्षा प्राप्त करके केन्द्र या राज्य सरकारों में ऊँचे पदों पर पहुँच चुके हैं, अपने समुदाय को अतीत की छाया से बाहर निकालने और प्रगति और विकास की राह पर आगे बढ़ाने में जुटे हुए हैं।

4

यदि सिर्फ आर्थिक विकास की बात करें तो इन जनजातियों की प्रगति की रफ्तार बहुत धीमी प्रतीत होती है। इसमें बहुत ज्यादा तेजी लाने की जरूरत है। स्टुअर्टपुरम और सिद्धापुरम दोनों ही बस्तियों की आर्थिक स्थिति सन्तोषजनक नहीं कही जा सकती। सिद्धापुरम में अपेक्षाकृत ज्यादा चिन्ताजनक हालात हैं। वहाँ अपराधी मनोवृत्ति के चिन्ह भी ज्यादा मुखर हैं, जिसके पीछे सीधे-सीधे आर्थिक असुरक्षा एक कारण है।

इससे यह प्रमाणित होता है कि आजादी के बाद इन जनजातियों के आर्थिक पुनर्वास के कार्यक्रम अपने लक्ष्य पर खरे नहीं उतर पाए हैं। इसलिए इन कार्यक्रमों पर नए सिरे से विचार करने और इनमें अपेक्षित सुधार और बदलाव करने की जरूरत है। सरकारी अधिकारियों के लापरवाही भरे और उदासीन रवैये के कारण भी विभिन्न आर्थिक कार्यक्रम अपेक्षित सफलता प्राप्त नहीं कर पाए हैं। जैसा कि हम पहले कह चुके हैं, इन जनजातियों की वर्तमान समस्या एक मानवीय पहलू है, जिसे हल करने के लिए मानवीय दृष्टिकोण और संवेदनशीलता की जरूरत है। सिर्फ सतही और औपचारिक सुधार या बदलाव लाकर इस समस्या की गम्भीरता को नहीं सुलझाया जा सकता।

इस मामले में सामाजिक कार्यकर्ता बहुत महत्त्वपूर्ण भूमिका निभा सकते हैं। सरकार को सब कुछ प्रशासनिक अधिकारियों पर न छोड़कर कुछ जाने-माने, निस्वार्थ और समर्पित सामाजिक कार्यकर्ताओं को साथ लेकर चलना चाहिए। समर्पित और संवेदनशील व्यक्तियों की देखरेख में ही विभिन्न आर्थिक कार्यक्रम सुचारू रूप से चल सकते हैं और अपेक्षित लक्ष्यों को प्राप्त कर सकते हैं। इन जनजातियों के

नेताओं और आर्थिक-सामाजिक दृष्टि से सक्षम सदस्यों को पूरे जोर-शोर से यह माँग उठानी चाहिए ताकि विभिन्न विकास कार्यक्रमों का लाभ सचमुच ही इन जनजातियों तक पहुँच सके। संवेदनारहित और भ्रष्ट अधिकारियों को ऐसे कार्यक्रमों से सख्ती से दूर ही रखा जाना चाहिए।

बच्चों की शिक्षा इन जनजातियों के उद्धार का एक अनिवार्य अंग है। लेकिन समस्या यह है कि जब तक शिक्षा व्यावहारिक तौर पर उनके आर्थिक विकास से जुड़ी हुई न हो और उनके सामाजिक और सांस्कृतिक उत्थान का हिस्सा न हो, तब तक वे सच्चे मन से इसकी तरफ आकर्षित नहीं हो सकते। इसलिए इन जनजातियों को दी जाने वाली शिक्षा को उनकी आर्थिक, सामाजिक, सांस्कृतिक और मनोवैज्ञानिक जरूरतों के अनुकूल बनाने और एक अलग स्वरूप देने की जरूरत है। इसके लिए आश्रमों या गुरुकलों की पद्धति की शिक्षा एक बेहतर विकल्प हो सकती है, जहाँ इन जनजातियों के बच्चों को विभिन्न रोजगारों के लिए जरूरी कौशल का प्रशिक्षण देने के साथ-साथ उन्हें उनकी सामाजिक और ऐतिहासिक स्थिति और भूमिका की सकारात्मक और प्रेरणास्पद जानकारी दी जाए। इसके साथ ही यह शिक्षा उनके सांस्कृतिक और मनोवैज्ञानिक उत्थान से भी जुड़ी हुई होनी चाहिए। किसी भी जनजाति को उसकी संस्कृति से काटकर पश्चिमी आधुनिकता और विकास के रास्ते पर नहीं लाया जा सकता। इससे उनकी संस्कृति और आधुनिक विकास में टकराव की स्थिति पैदा हो जाती है, जो उसके उद्धार के रास्ते में बाधा ही उत्पन्न करती है। इन जनजातियों की संस्कृति को सुरक्षित रखने का अर्थ इनके अज्ञान, कुप्रथाओं या अन्धविश्वासों को बचाए रखना नहीं है। इसका अर्थ है इनकी प्राचीन संस्कृति और आधुनिक मूल्यों और जीवन-शैली के बीच एक सहज और स्वाभाविक समरसता और सामंजस्य स्थापित करना।

यह एक ऐसा विषय है जिस पर बहुत गहराई और गम्भीरता से ध्यान देने की जरूरत है, साथ ही बहुत ज्यादा सावधानी और संवेदनशीलता की भी। आदिवासियों के आधुनिकीकरण का अर्थ उनकी मूल संस्कृति का विनाश न होकर उनकी संस्कृति और आधुनिकता के बीच एक सहज तारतम्य स्थापित करना होना चाहिए। यह न सिर्फ एक आदर्श स्थिति होगी बल्कि इन आदिवासियों के सच्चे, ठोस और स्थायी विकास की जरूरी शर्त भी होगी।

इसलिए इन जनजातियों की शिक्षा और शिक्षा-पद्धति को आम शिक्षा से अलग एक नया रूप और ढाँचा देने की जरूरत है। इसके बाद ही इन जनजातियों की सन्तानें उस अपराध-बोध और अपनी जड़ों से कटने के उस अहसास से मुक्त हो सकती हैं जो इन जनजातियों और समाज के अन्य वर्गों के बीच दीवार बन कर खड़ा है।

अपराध और अपराधियों को लेकर भी समाज और कानून के दृष्टिकोण में अब बहुत अन्तर आ चुका है। अब प्रतिशोधात्मक और निरोधक सिद्धान्त पुराने पड़ चुके

हैं और उन्हें त्याग दिया जाना चाहिए। अब अपराधशास्त्री सिर्फ सुधार की दृष्टि से दंड दिए जाने पर जोर देते हैं। इन जनजातियों की अपराधिता के प्रति भी आधुनिक दृष्टिकोण अपनाया जाना चाहिए। अपराधियों को 'क्लीनिकल' या चिकित्सीय नजरिये से देखा जाना चाहिए। दंड का अन्तिम उद्देश्य अपराधी में सामाजिक भावना का संचार करना और उसे समाज में रहने के योग्य बनाना होना चाहिए। किसी भी व्यक्ति, समूह या समुदाय को जन्मजात अपराधी के रूप में देखना अतार्किक है और यह आज के दंड-सिद्धान्तों और मूल्यों के साथ मेल नहीं खाता। इसलिए पुलिस को भी इस मामले में उदार और सुधारवादी दृष्टिकोण का प्रशिक्षण देने की जरूरत है। जैसा कि शेर सिंह शेर ने सुझाव दिया है, इन जनजातियों के लिए 'डीनोटिफाइड', 'अधिसूचित', 'आदतन अपराधी' या 'भूतपूर्व अपराधी' जैसे शब्दों का प्रचलन एकदम बन्द किया जाना चाहिए। इसके बजाय 'विस्थापित' या अन्य सकारात्मक शब्दों का प्रयोग होना चाहिए। नकारात्मक शब्दों का प्रचलन बन्द होने के बाद ही ये जनजातियाँ अपने अतीत से जुड़े दुखद मनोवैज्ञानिक प्रभाव से मुक्त हो सकेंगी और समाज के साथ सकारात्मक और बराबरी के सम्बन्ध स्थापित कर सकेंगी।

योजना आयोग ने सुधार और पुनर्वास के कार्यक्रमों को आपस में जोड़ने पर जोर दिया है। आयोग का यह भी सुझाव है कि आदिवासियों के कल्याण के लिए निर्धारित की जाने वाली धनराशि का दो-तिहाई हिस्सा भूतपूर्व अपराधियों के उद्धार पर खर्च किया जाना चाहिए। ऐसी गतिविधियों में कृषि, छोटे-मोटे व्यापार, लघु उद्योग और 'श्रमिक अनुबन्ध सोसाइटी' जैसी योजनाएँ भी शामिल की जा सकती हैं। कमीशन ने श्रम को प्रोत्साहन देने वाली गतिविधियों के प्रसार पर भी जोर दिया है। इससे इन जनजातियों में उत्साह और उमंग का संचार होगा और उनके नजरिये और व्यवहार में बदलाव आएगा। इन जनजातियों के उत्साह और आकांक्षाओं को जागृत करके ही शिक्षा, समाज के साथ तालमेल और प्रशासनिक संवेदनशीलता जैसे अन्य मुद्दों में अपेक्षित सुधार और बदलाव लाया जा सकता है।

जैसा कि हम कह चुके हैं, इन जनजातियों के सामाजिक-सांस्कृतिक पुनर्वास पर खास तौर से जोर दिया जाना चाहिए। यह काम सिर्फ प्रशासनिक स्तर पर नहीं हो सकता। इसलिए कुछ निस्वार्थ और समर्पित सामाजिक कार्यकर्ताओं को इस अभियान के साथ जोड़ा जाना चाहिए। इन सामाजिक कार्यकर्ताओं को आवश्यक आर्थिक मदद के साथ-साथ सभी जरूरी सुविधाएँ भी उपलब्ध करवाई जानी चाहिए।

5

बुराई अपने-आप पैदा नहीं होती। यह धीरे-धीरे पनपती और विकसित होती है और इसके पीछे कुछ निश्चित कारण होते हैं। इसी तरह, अपराधी भी जन्मजात नहीं

होते, उन्हें बनाया जाता है और इसके लिए समाज ही जिम्मेदार होता है। असमान आर्थिक व्यवस्था, अन्यायपूर्ण सामाजिक रवैया, गैरकानूनी पुलिस कार्रवाई और भारतीय दंड संहिता की कुछ अतर्कसंगत धाराएँ (401, 402 इत्यादि) वे प्रमुख कारण हैं जो अपराध और अपराधियों को जन्म देते हैं। इन कारणों को दूर करके ही समाज को अपराध और अपराधियों से मुक्त किया जा सकता है या यूँ कहना चाहिए कि इन बुराइयों को कम से कम किया जा सकता है।

देश की उपेक्षित जनजातियों की निष्ठा को फिर से जगा कर और मुख्य समाज के साथ उनके भरोसे को फिर से स्थापित करके उन्हें देश की मुख्यधारा के साथ जोड़ना एक बड़ी चुनौती है। यह हम सबका मानवीय कर्तव्य भी है। इसके सफल निर्वाह से ही येरुकला और वोड्डारों जैसी जनजातियाँ हम सबके साथ और पूरे देश के साथ एक अर्थपूर्ण और सशक्त संवाद स्थापित कर सकती हैं।

परिशिष्ट-1

साल्वेशन आर्मी ने बस्ती के अधिवासियों को निम्नलिखित रोजगार उपलब्ध करवाए थे—

क. बाहरी रोजगार

दिन के समय अधिवासियों को विभिन्न निर्माण परियोजनाओं पर मजदूरी के लिए भेजा जाता था। वे सुबह निकलते थे और सूरज ढलने से पहले बस्ती में लौट आते थे।

ख. बस्ती के भीतर के उद्योग

1. रेशम उत्पादन—इसमें रेशम के कीड़ों के पालन से लेकर रेशम का धागा निकालने, रँगने, चरखियों पर लपेटने और रेशम की बुनाई जैसे काम शामिल थे।
2. कपास और ऊन की बुनाई के काम।
3. दरियाँ और चादरें बनाने का काम।
4. चटाइयाँ और टोकरियाँ बनाने का काम।
5. बोरियाँ और बक्से बनाने का काम।
6. बढ़ईगिरी और दस्तकला के काम

ग. खेती-बाड़ी और पशुपालन

1. अपनी जमीन पर खेती करने का काम
2. सरकारी बगीचों में खेती-बाड़ी का काम
3. मुर्गी-पालन
4. गाय-भैंसों, भेड़-बकरियों या खच्चरों को पालने का काम

घ. अन्य फुटकर काम

1. खदानों में पत्थर के उत्खनन का काम
2. वनों की कटाई-सफाई का काम
3. सड़कों-गलियों से कूड़ा-कचरा बीनने का काम

[**सन्दर्भ :** बूथ टकर एफ. *क्रिमिनोलॉजी ऑर द इंडियन क्रिम एंड व्हाट टू डू विद हिम : ए रिपोर्ट ऑफ़ द वर्क ऑफ़ साल्वेशन आर्मी अमंग द क्रिमिनल ट्राइब्स, हैब्च्यिुअल एंड रिलीज्ड प्रिजनर्स ऑफ़ इंडिया,* अदिनांकित]

परिशिष्ट-2

हफ्ते में चार दिन प्रबन्धक बस्ती के अधिवासियों की खासतौर से निगरानी करते थे। इसके पीछे उनकी गतिविधियों की जानकारी रखने के साथ-साथ बस्ती से खिसकने और अपराधी प्रवृति पर अंकुश लगाने का उद्देश्य था। निगरानी और जाँच-पड़ताल के ये निश्चित चार दिन थे—सोमवार, मंगलवार, बुधवार और शुक्रवार। अन्य तीन दिन अधिवासियों को बिना किसी निगरानी के अपना काम करने की छूट रहती थी।

सोमवार— यह दिन आम जाँच-पड़ताल का दिन था। इस दिन टी-पास भी जारी किए जाते थे। ये पास आमतौर से उन स्त्रियों और बच्चों को जारी किए जाते थे जो वन में खजूर और ताड़ के पत्ते और अन्य सामग्री इकट्ठी करने जाती थीं। यह सामग्री चटाइयाँ और रस्सियाँ आदि बनाने के काम आती थी। सोमवार को औसतन 170-175 पास जारी किए जाते थे। पास-धारकों के नाम एक रजिस्टर में दाखिल किए जाते थे। इसमें बस्ती में वापस लौटने के समय का भी उल्लेख रहता था। इस दिन गाड़ीवानों, व्यापारियों और अन्य लोगों को भी पास जारी किए जाते थे, जिन्हें जी-पास कहा जाता था। ये सभी पास बस्ती के बाहर से घर-गृहस्थी का सामान खरीदकर लाने के लिए भी इस्तेमाल किए जाते थे।

बुधवार— इस दिन बस्ती में घटने वाले छोटे-मोटे अपराधों की जाँच और छानबीन की जाती थी।

मंगलवार और शुक्रवार— ये दोनों दिन एल-पास जारी किए जाने के दिन थे। पास के लिए आवेदन करने वाले व्यक्तियों से पूछताछ करने का भी यही दिन था। उनके द्वारा दी गई जानकारियों को पुष्टि के लिए जिले के पुलिस इंस्पेक्टर के पास भेजा जाता था। जानकारियाँ सही पाए जाने पर एल-पास जारी कर दिए जाते थे। चूँकि ये पास बस्ती से बाहर आने-जाने के लिए इस्तेमाल किए जाते थे, इसलिए इनमें पास-धारक द्वारा आने-जाने के लिए अपनाए जाने वाले रास्ते का भी उल्लेख रहता था। इसके पीछे पास के दुरुपयोग और अपराध पर अंकुश लगाने का उद्देश्य था। इस पास पर हर रात गाँव के मजिस्ट्रेट के हस्ताक्षर करवाने जरूरी होते थे, जो रात के

समय बस्ती में आने-जाने के निर्धारित समय के पालन का ध्यान रखता था। प्रबन्धन का मानना था कि अगर मजिस्ट्रेट सतर्कता और कड़ाई से समय के पालन का ध्यान रखें तो अपराध न के बराबर हो जाएँगे।

[**सन्दर्भ स्रोत :** *मद्रास सरकार, होम ज्यूडीशियल डिपार्टमेंट,* जी.ओ. नं. 2074, 18 अगस्त 1916, टीएनए, मद्रास]

परिशिष्ट-3

बस्ती के कृषि क्षेत्र के विवरण के लिए निम्नलिखित रजिस्टर और कागजात बनाए जाते थे—

1. *रजिस्टर ऑफ़ लोन्स*—यह एक बही-खाता था, जिसमें ऋण लेने वाले व्यक्तियों के बारे में जानकारी रहती थी।
2. *लैंड रजिस्टर*—इसमे हर अधिवासी को दिए जाने वाले ऋण के विवरण, खेत के भाड़े और फसल की किस्म इत्यादि की जानकारी रहती थी।
3. *रजिस्टर ऑफ़ लैंड रेंट*—जैसा कि नाम से ही जाहिर है, इस बही-खाते में खेतों की जमीन के किराए-भाड़े का विवरण रहता था।
4. *कैटल रजिस्टर*—इसमें बस्ती में पाले जाने वाले दुधारू और अन्य पशुओं की जानकारी रहती थी।
5. *स्टोन रजिस्टर*—इसमें पत्थरों के उत्खनन से जुड़ी मजदूरी की दर और अधिवासियों को दी जाने वाली धनराशि की जानकारी रहती थी।
6. *कुली रजिस्टर (मस्टर)*—इस खाते में ईंट, पत्थर, मिट्टी इत्यादि ढोने की मजदूरी की दर और भुगतान इत्यादि की जानकारी रहती थी।
7. *वीकली रिपोर्ट फॉर्म*—इस रिपोर्ट फॉर्म में हर सप्ताह किए जाने वाले कामों का विवरण रहता था। साथ ही कुछ अन्य जरूरी जानकारियाँ जैसे कि रोमपेरु नाले में पानी का स्तर, इत्यादि भी इसमें दर्ज की जाती थीं।

[**सन्दर्भ स्त्रोत :** *मद्रास सरकार, होम ज्यूडीशियल डिपार्टमेंट,* जी.ओ. नं. 2074, 18 अगस्त 1916, टीएनए, मद्रास]

परिशिष्ट-4

आपराधिक जनजातियों के मैनेजरों द्वारा आपराधिक जनजाति बस्तियों के सुचारू संचालन के लिए बहुत-से फॉर्म रखे जाते थे, जिनका जरूरत के अनुसार उपयोग किया जाता था। ये इस प्रकार थे—

1. फॉर्म 'ए'—आपराधिक जनजातियों के सदस्यों का नाम रजिस्टर में दर्ज करने का फॉर्म।
2. फॉर्म 'बी'—उँगलियों की छाप का पर्चा।
3. फॉर्म 'सी'—फिंगर-प्रिंट ब्यूरो द्वारा संज्ञान लिए जाने का फॉर्म, जिसे फॉर्म 'ए' के साथ नत्थी किया जाता था।
4. फॉर्म 'डी'—रजिस्टर से नाम हटाए जाने का फॉर्म।
5. फॉर्म 'ई'—फॉर्म 'ए' का संज्ञान।
6. फॉर्म 'एफ'—यह फॉर्म उन अपराधियों के लिए होता था जिन्हें गाँव के मुखिया को अपने घर का पता देना पड़ता था और पता बदलने की पूर्व जानकारी भी देनी पड़ती थी।
7. फॉर्म 'जी'—पास-धारकों द्वारा बस्ती से बाहर जाते समय भरा जाने वाला फॉर्म।
8. फॉर्म 'एच'—बस्ती में अपनी उपस्थिति और पहचान दर्ज कराने के लिए भरा जाने वाला फॉर्म।
9. फॉर्म 'आई'—प्रतिबन्धित आपराधिक जनजातियों का उपस्थिति रजिस्टर जो पुलिस स्टेशन की सीमा के अन्दर रहते थे।
10. फॉर्म 'जे'—यह फॉर्म भी फॉर्म 'आई' की तरह ही उपस्थिति रजिस्टर था जिसमें पुलिस स्टेशन के अन्दर रहने वाले बाल वयस्कों के लिए था।
11. फॉर्म 'के'—किसी प्रतिबन्धित क्षेत्र से बाहर जाने की अनुमति लेने के लिए भरा जाने वाला फॉर्म।
12. फॉर्म 'एल'—बस्ती के अधिवासियों की बस्ती में उपस्थिति दर्ज करने के लिए भरा जाने वाला फॉर्म।

13. फॉर्म 'एम'—यह फॉर्म उपरोक्त फॉर्म 'एल' की तरह था और बाल-वयस्कों द्वारा भरा जाता था।
14. फॉर्म 'एन'—बस्ती से बाहर जाने की अनुमति लेने के लिए भरा जाने वाला फॉर्म।
15. फॉर्म 'ओ'—बस्ती से बाहर बसने की अनुमति लेने के लिए भरा जाने वाला फॉर्म।
16. फॉर्म 'पी'—बस्ती में आपराधिक जनजातियों का उपस्थिति रजिस्टर।
17. फॉर्म 'क्यू'—बस्ती से बाहर जाकर रहने की अनुमति प्राप्त करने के लिए भरा जाने वाला 'ओ' फॉर्म ।
18. फॉर्म 'आर'—बच्चों के जन्म की सूचना दर्ज करने का फॉर्म।
19. फॉर्म 'एस'—किसी सदस्य की मृत्यु की सूचना दर्ज करने का फॉर्म।
20. फॉर्म 'टी'—बिना अनुमति के बस्ती से अनुपस्थिति दर्ज करने का फॉर्म।
21. फॉर्म 'यू'—बस्ती से हटा दिए गए अधिवासियों की सूचना दर्ज करने का फॉर्म।
22. फॉर्म 'वी'—बस्ती के दंडित किए गए अधिवासियों की सूचना दर्ज करने का फॉर्म।
23. फॉर्म 'डब्ल्यू'—किसी अधिवासी से मिलने जाने वालों की सूचना दर्ज करने का फॉर्म।

[**सन्दर्भ स्त्रोत :** *मद्रास सरकार, होम ज्यूडीशियल डिपार्टमेंट,* जी.ओ. नं. 2671, 14 नवम्बर, 1916, टीएनए, मद्रास; जी.ओ. नं. 2008 एल, 21.12.1926; साथ ही देखें, मद्रास सरकार, मद्रास क्रिमिनल ट्राइब्स मैन्युअल, द क्रिमिनल ट्राइब्स एक्ट, 1924 (VI) जिसे संशोधित करके द क्रिमिनल ट्राइब्स (अमेंडमेंट) एक्ट 1925 (XXVIII) नाम दे दिया गया था; गवर्नमेंट प्रेस, मद्रास, 1927]

फॉर्म-'ओ'

(नियम 40)

..............बस्ती से बाहर निवास करने का पास

1. गिरोह की जिला संख्या और अक्षर :
2. व्यक्तिगत सी.टी.आर. क्रमांक :
3. नाम :
4. निवास क्षेत्र :
5. अवधि : .... से ....तक/आगामी आदेश तक

बाएँ हाथ के अँगूठे का निशान

I

यह पास इस शर्त के साथ जारी किया जाता है कि पास-धारक उपरोक्त निवास क्षेत्र में ही रहेगा और अपने मालिक या मालिक के प्रतिनिधि या जिला पुलिस सुपरिंटेंडेंट की लिखित अनुमति के बिना इस क्षेत्र से बाहर नहीं जाएगा। वह नियमित रूप से और समय पर अपने काम पर जाएगा और एक ईमानदार और मेहनती जिन्दगी जीएगा।

नोट—अगर वह बीमारी या किसी दूसरे कारण से उपरोक्त स्थान को छोड़ना चाहता है तो वह........जिला पुलिस सुपरिंटेंडेंट को एक अर्जी देकर........बस्ती में लौटने की अनुमति ले सकता है।

यह अनुच्छेद सिर्फ इन आवेदकों पर लागू होता है जो किसी निश्चित रोजगार के लिए बस्ती को छोड़कर जा रहे हों।

अथवा II

यह पास इस शर्त के साथ जारी किया जाता है कि पास-धारक उपरोक्त निवास-क्षेत्र में ही रहेगा और पन्द्रह दिनों तक के लिए गाँव के मुखिया या थाने के दरोगा की लिखित अनुमति के बिना और इससे अधिक लम्बी अवधि के लिए........जिला पुलिस सुपरिंटेंडेंट की लिखित अनुमति के बिना इस क्षेत्र से अनुपस्थित नहीं रहेगा। वह अपने जाने और लौटने की सूचना गाँव के मुखिया या थाने के दरोगा को देगा और एक ईमानदार और मेहनतकश इंसान की जिन्दगी जी सकेगा।

यह अनुच्छेद सिर्फ उन आवेदकों पर लागू होता है जिन्हें अच्छे आचरण के कारण बस्ती से बाहर निवास करने की अनुमति दी जा रही हो।

अथवा III

यह पास इस शर्त के साथ जारी किया जाता है कि पास-धारक उपरोक्त स्थान पर ऊपर अंकित अवधि तक रहेगा और........(सक्षम अधिकारी) की लिखित अनुमति के बिना इस क्षेत्र से बाहर नहीं जाएगा।

यह अनुच्छेद सिर्फ इन कुष्ठ रोगियों पर लागू होता है जिन्हें उनकी इच्छा से कुष्ठरोग आश्रम में स्थानान्तरित किया गया हो।

नियमों के किसी भी उल्लंघन के लिए 1924 के क्रिमिनल ट्राइब्स एक्ट, IV की धारा 22 के अन्तर्गत दंड दिया जा सकता है।

जो शर्तें लागू नहीं होतीं, उन्हें काट दिया जाए।

परिशिष्ट-5

मद्रास प्रेसीडेंसी के विभिन्न जिलों की 'आपराधिक' जनजातियों को सी.आई.डी. (क्रिमिनल इन्वेस्टीगेशन डिपार्टमेंट) ने अलग-अलग गिरोहों/गैंगों में बाँट रखा था। ये गिरोह इस प्रकार थे—

क्रमांक	*जनजाति का नाम*	*जिला*	*सी.आई.डी. गैंग नम्बर*
1.	डोंगा दासारी	नेल्लोर	I, II, III
2.	डोंगा येरुकला	नेल्लोर, कडापा	V
3.	डोंगा येरुकला	गुंटूर, गोदावरी, कृष्णा	IV, VI
4.	डोमरा	नेल्लोर	VIII
5.	डोंगा येरुकला	गुंटूर, नेल्लोर	VIII
6.	डोंगा येरुकला	गुंटूर	IX
7.	डोंगा येरुकला	नेल्लोर	X
8.	डोंगा वोड्डार	कृष्णा, गुंटूर	XI
9.	ठोटी नाइक	नार्थ अरकोट, तन्जोर, मद्रास, कोयम्बटूर, साउथ अरकोट, त्रिचिनोपल्ली	XII
10.	डोंगा येरुकला	करनूल, बेल्लारी, अनन्तपुर, कडापा	XIII
11.	डोंगा वोड्डार	करनूल, अनन्तपुर, कृष्णा	XIV
12.	नवाबपेटा कोरचा	नेल्लोर, अनन्तपुर, कडापा, चित्तूर	XV
13.	रुद्रापाड कोरचा	बेल्लारी	XVI
14.	डोंगा दासरी	बेल्लारी, अनन्तपुर	XVII

15.	वेप्पुर परया	तन्जोर, सालेम, त्रिचिनोपल्ली	XVIII
16.	डोंगा दासरी	कडापा	XIX
17.	डोंगा दासरी	चित्तूर	XX
18.	गुड्डु दासरी	कोयम्बटूर, साउथ अरकोट	XXI
19.	थोगामल्ली कोरवा	कडापा, नार्थ और साउथ अरकोट, तन्जोर	XXII
20.	डोंगा वोड्डार	अनन्तपुर	XXIII
21.	तेलगा पामुला	कृष्णा, गुंटूर, नेल्लोर	XXIV
22.	डोंगा वोड्डार	नेल्लोर	XXV

[**सन्दर्भ स्रोत :** *मद्रास सरकार, नोट शोइंग द प्रोग्रेस मेड इन द सैटलमेंट ऑफ़ क्रिमिनल ट्राइब्स इन द मद्रास प्रेसीडेंसी अप टू सेप्टेम्बर 1916*, गवर्नमेंट प्रेस, मद्रास, 1917, टीएनए]

परिशिष्ट-6

स्टुअर्टपुरम बस्ती में अधिवासियों की वर्ष-दर-वर्ष संख्या

वर्ष	*पुरुष*	*स्त्रियाँ*	*बच्चे*	*कुल*
1914	203	198	232	693
1915	302	323	243	863
1916	199	238	370	807
1917	353	333	426	1,112
1918	393	378	431	1,202
1919	515	493	516	1,524
1920	556	505	528	1,589
1921	546	500	561	1,607
1922	556	541	682	1,779
1923	539	526	718	1,783
1924	649	638	829	2,116
1925	666	357	881	2,204
1926	664	651	907	2,222
1927	699	640	890	2,229
1928	678	615	743	2,036
1929	679	601	775	2,055
1930	692	611	830	2,143
1931	662	626	970	2,258
1932	714	660	891	2,265
1933	620	665	820	2,306
1934	693	640	984	2,318

1935	266	624	1,022	2,322
1936	267	101	–	368
1937	267	103	–	370
1938	266	103	482	851
1939	192	66	482	740
1940-45 आँकड़े अनुपलब्ध				
1946	462	600	822	2,162
1947 आँकड़े अनुपलब्ध				
1948	649	646	945	2,240
1949	646	642	1,022	2,310
1950	643	636	1,086	2,365
1951	640	633	1,086	2,365
1952	621	627	1,224	2,472
1953	624	627	1,850	2,501
1954-57 आँकड़े अनुपलब्ध				
1958	692	604	1,282	2,428
1959	586	590	1,266	2,442
1960	379	588	1,346	2,513
1961	574	584	1,426	2,584
1962	559	572	1,601	2,732
1963	581	721	1,628	2,930

[**सन्दर्भ स्रोत :** (1) लॉ (जनरल) डिपार्टमेंट प्रोसीडिंग्स फ्रॉम 1915 टू 1925, एपीएसए, हैदराबाद; (2) होम (ज्यूडीशियल) डिपार्टमेंट प्रोसीडिंग्स फ्रॉम 1926 टू 1935, टीएनए, मद्रास; (3) होम डिपार्टमेंट प्रोसीडिंग्स फ्रॉम 1936 टू 1950, एनएमएमएल, नई दिल्ली; (4) मद्रास एडमिनिस्ट्रेशन रिपोर्ट्स फ्रॉम 1920 टू 1965 टीएनए, मद्रास]

परिशिष्ट-7

साल्वेशन आर्मी, अमेरिकन बॅपटिस्ट (तेलुगु) मिशन और कैनेडियन मिशन इत्यादि बहुत-सी विदेशी परोपकारी संस्थाओं के साथ-साथ कुछ भारतीय संस्थाओं ने भी आपराधिक जनजातियों के उद्धार और विकास में महत्त्वपूर्ण योगदान दिया है। आन्ध्र राष्ट्र आदिमजाति सेवक संघ सुगाली, येरुकला, चेंचू, कोया और यानाडी इत्यादि जनजातियों के बीच लम्बे समय से काम कर रही है। इस संस्था ने इन जनजातियों की युवा पीढ़ियों की उचित शिक्षा के लिए बहुत-से छात्रावास भी स्थापना किए हैं। सिर्फ येरुकला जनजाति के बच्चों के लिए स्थापित छात्रावास इस प्रकार हैं—

छात्रावास का नाम	*संस्थापक/संचालक*	*स्थान*	*स्थापना वर्ष*
येरुकला बालक छात्रावास	बी. वीरैय्या	विजयवाड़ा	1947
येरुकला बालक छात्रावास	डी. हनुमन्त राव	गुंटूर	1948
येरुकला कन्या छात्रावास	वही	गुंटूर	1948
येरुकला बालक छात्रावास	एम. देवदत्तू	बापट्ला	1949
येरुकला कन्या छात्रावास	आर. नागैय्या	चिराला	1949
येरुकला बालक छात्रावास	के. वेंकेट सुब्बैय्या	चिराला	1949
येरुकला बालक छात्रावास	एस. काशीनाथ	विजयवाडा	1949
येरुकला कन्या छात्रावास	एम. देवदत्तू	बापट्ला	1950
येरुकला बालक छात्रावास	पोला. नागरंगगय्या	गिड्डालूर	1950
येरुकला बालक छात्रावास	के. नागप्पा	कल्याडुगपि	1950
कोया बालक छात्रावास	डी. रुतम्मा	जंगरेड्डी गुडम	1950

[**सन्दर्भ स्रोत :** राघवैया, वी., मुरियलु (मुरिया जनजाति, तेलुगु) नेल्लोर 1951]

परिशिष्ट-8

बस्तियों के बच्चों के लिए निर्धारित पाठ्यक्रम बहुत सावधानी और सूझबूझ से तैयार किया गया था। इसमें इस बात का ध्यान तो रखा ही गया था कि बच्चे थ्री-आर प्रणाली (अर्थात रीडिंग, राइटिंग और रिथमेटिक—पाठन, लेखन और गणित) की शिक्षा प्राप्त कर सकें, साथ ही बस्तियों की भौगोलिक स्थिति, गतिविधियों और वातावरण को देखते हुए उनका सामान्य ज्ञान बढ़ाने की भी कोशिश की गई थी। पहली से तीसरी कक्षा तक यह पाठ्यक्रम इस प्रकार था—

(क) दूरी और संख्याएँ

शिशुओं के लिए—(1) एक से बीस तक गिनती, (2) चौकोर, तिकोनी और गोल वस्तुओं की पहचान, (3) भारतीय सिक्कों की पहचान।

पहली कक्षा—(1) 1 से 100 तक गिनती, (2) 100 तक संख्याओं के लिए चार सरल नियमों का व्यवहार, (3) स्लेट पर जमा और घटाना, (4) 2 से 10 तक के पहाड़ों का स्मरण और व्यवहार, (5) वर्ग, आयताकार इत्यादि आकृतियों और क्यूब की विभिन्न सतहों की पहचान, (6) सीधी और तिरछी रेखाएँ, (7) दी गई लम्बाई की रेखा खींचना और खिंची हुई रेखा की लम्बाई नापना, (8) ठोस और तरल वस्तुओं का माप-तौल।

दूसरी कक्षा—(1) 1,000 तक की संख्याओं के लिए चार सरल नियमों का व्यवहार, (2) 2 से 16 तक के पहाड़े 12 के गुणांक तक, (3) दो नियमों के व्यवहार वाले प्रश्नों का हल, (4) भारतीय मुद्रा को बदलना, (5) विभिन्न कोणों की जानकारी; वर्गों और आयताकारों की विशिष्टताएँ; फुट्टे से रेखाएँ खींचना और मापना; ब्लैक-बोर्ड, कमरे इत्यादि को मापना।

तीसरी कक्षा—(1) एक लाख तक की संख्याओं पर चार सरल और विषम नियमों का व्यवहार, (2) दो विषम नियमों के व्यवहार वाले प्रश्न हल करना, (3) भार और लम्बाई के माप के पैमाने, (4) स्कूल/घर का नक्शा, (5) त्रिकोण और वृत्त इत्यादि की विशिष्टताएँ।

(ख) भाषा-ज्ञान

शिशुओं के लिए—(1) इन्फेंट प्राइमर (डी. राममूर्ति लिखित और मेकेमिलन एंड कम्पनी द्वारा प्रकाशित), (2) तीन कहानियाँ।

पहली कक्षा—(1) फर्स्ट रीडर (ई. मार्सडन रचित), (2) आठ कहानियाँ (मौखिक), (3) सचित्र पाठन, (4) सामान्य विषयों के बारे में वार्तालाप, (5) थर्ड रीडर (ई. मार्सडन), (6) पढ़ाए गए पाठ का सार-संक्षेप लिखना या कोई पाठ तीन बार पढ़कर सुनाना या कोई कहानी सुनाना।

दूसरी कक्षा—(1) हस्त-लेखनों को पढ़ना, (2) पत्र लिखना।

(ग) बोलकर पढ़ना

शिशुओं के लिए—कहानी, गीत

पहली कक्षा—कविता की 20 पंक्तियाँ

दूसरी कक्षा—कविता की 30 पंक्तियाँ अर्थ के साथ

तीसरी कक्षा 3—कविता की 40 पंक्तियाँ अर्थ के साथ

(घ) चित्रकला

शिशुओं के लिए—वर्ग, वृत्त, और अंडाकार आकृतियाँ बनाना और इन्हें चूजे, अंडे, छाजन इत्यादि मिलते-जुलते रूपों की वस्तुओं में बदलना।

पहली कक्षा—(1) घरेलू वस्तुएँ बनाना, (2) पत्ते बनाना, (3) पशुओं और उनके बच्चों के सरल चित्र बनाना।

दूसरी एवं तीसरी कक्षा

गतिशील वस्तुओं के चित्र बनाना।

(ङ) ग्रामीण विज्ञान

शिशुओं के लिए—

(1) बगीचे के पौधों और पत्तों की पहचान और उनके नाम, (2) आसपास के पशुओं की पहचान और उनके नाम।

पहली कक्षा—

(1) पौधे के तीन अंग और उनके मुख्य उपयोग

(2) बिल्ली और कुत्ते की तुलना

दूसरी कक्षा—

(1) पत्तों के विभिन्न प्रकार

(2) फूल और उनके विभिन्न अंग

(3) क्षेत्र के पशुओं की आदतें

(4) बीज और उनके विभिन्न अंग

तीसरी कक्षा—

(1) पत्ते का काम/भूमिका

(2) फूल और जड़

(3) कृषि से जुड़ी कुछ प्रमुख बातें

(4) खाद/उर्वरकों का महत्त्व

(5) फसलों की अदला-बदली

(6) पशु, उनकी आदतें और उनका भोजन

(7) रेशम के कीड़े की जिन्दगी

(8) मेंढ़क की जिन्दगी।

[**सन्दर्भ स्रोत :** होम (ज्यूडीशियल) डिपार्टमेंट, जी.ओ. 1225, 20 मई, 1918, टी.एन.ए., मद्रास]

परिशिष्ट-9

क्रमांक	बस्ती	क्षेत्र	प्रबन्धक	स्थापना वर्ष	प्रकार	समुदाय	स्थापना के समय अधिवासियों की संख्या
1.	कालीचेडु	नेल्लोर जिला	मि. लुडविग	1912	औद्योगिक	दासरी, डोम्मार, येरुकला, जोगुला	930
2.	कावाली	नेल्लोर जिला	अमेरिकन बॅपटिस्ट मिशन	1912	कृषि प्रधान	येरुकला	152
3.	सीतानगरम	गुंटूर जिला	साल्वेशन आर्मी	1913	कृषि प्रधान	येरुकला	557
4.	सिद्धापुरम	कुरनूल जिला	स्वैच्छिक बस्ती	1913	औद्योगिक	वोड्डार, चेंचू	112
5.	यानाडी	बापट्ला	स्वैच्छिक बस्ती	1913	सुधार प्रधान	यानाडी	-
6.	भुम्मनागड्डा	चित्तूर जिला	साल्वेशन आमी	1914	कृषि प्रधान	कोरचा	393
7.	स्टुअर्टपुरम	गुंटूर जिला	साल्वेशन आर्मी	1914	कृषि प्रधान	येरुकला	693
8.	चिन्तलादेवी	नेल्लोर जिला	अमेरीकन स्थान	1914	कृषि प्रधान	कंजर भाट	100